Deutsche Reichsbahngesellschaft.
Reichsbahndirektion München.

Zugb...

Heft A

für die

D= und Eilzüge,

nebst den zugehörigen Wagenumlaufplänen.

(Zp A)

Gültig vom 6. Oktober 1935 ab.

Links oben:

1) wenn der Plan von ...
...kalender;

2) wenn der Plan von der Ozl, Zl, einem BA oder einem Bf ...gestellt wird, nach den der Ozl und den Zl zugeteilten Zugnummern... Ämter und Bahnhöfe lassen sich bei Bedarf eine Nummer von ...r zuständigen Zl geben. Nach Aufbrauch der Nummern, sowie zu ...nfang eines Monats ist mit den Nummern wieder von vorn zu be... ...nnen.

...) Da die Außenstellen keine Fahrzeitentafeln haben, benutzen sie zur ...ung von Fahrplänen und Ermittlung von Fahrzeiten die Fahrzeiten ...leichartigen und nach Höchstgeschwindigkeit, Zugkraft, Last und Mindest... ...understellen gleichwertigen Zuges aus den Buchfahrplänen.

...) Zur Verwendung im eigenen Bezirk werden der Oz und den Zl ...hende Nummernreihen zugeteilt:

für Sonderzüge	für Lz und Lpz
19001—19050	13701—13799
19051—19100	13800—13850
19101—19150	13851—13899
19151—19200	13951—13999
19201—19250	13900—13950

Nr 80) u A (Zugg Nr 84) folgende

Betriebsamt	zugeteilte Nummern
Ludwigslust	18001—18500
Lüneburg.......	17001—17500
Neumünster	17501—18000
	17501—18000
	17001—17500
	17501—18000
	18501—18599

Eisenbahn!

...OPA MITROP...
...BUCH RAILWAY GU...

THROUGH CONNECTIONS
FOR GERMANY A...
FOREIGN COUNTRIES

...BINDUNGEN
...TSCHLAND
...H DEM
...LAND

...AUSGEBER
...MITRO...

...US 1.60 RM

PUBLISHE...
PRICE 1.5...

KLEINE AUSGA...
OHNE AUSLAND

REICHS-KURSBUCH

ÜBERSICHT DER EISENBAHN- UND SCHIFFS-
VERBINDUNGEN IN DEUTSCHLAND
Nr. 1
15. Mai 1939
(Sommer 1939, gültig vom 15. Mai bis 7. Oktober)
Die nächste Ausgabe erscheint am 8. Oktober
Herausgegeben von der Reichspost und der Reichs...

REICHSBAHN-KURSBUCH

NORDOST- u. MITTE...
DEUTSCHLAN...

NEBST
FERNVERBIN...

SOMMER...
15. MAI
...KTOBE...

DEUTSCH...
KURSBUC...

AUSLAND
(Teil 7 des Deutschen Kursb...

SOMMER 1939
15. MAI BIS 7. OKTOBER

DEUTSCHE REICHSBAHN
Oberbetriebsleitung Ost, Berlin
PREIS: 0.50 RM

1	2	3	4	5	6	7
Bezeichnung der Züge	Einfahrt		Gleis	Ausfahrt		Bemerkunge...
	Richtung von	Signalbild		Signalbild	Richtung nach	
Braunschweig H., Güterbf.						
Alle nicht besonders genannten Züge	Braun-schweig Ostbf.	⌐	14 oder 15	—	—	Leere Maschi... halten bei Bude J.
„	Wolfen-büttel	⌐	15 oder 16	—	—	Desgl.
„	Gabe-lung	⌐	14 oder 15	—	—	Desgl.
„	—	—	15		Braun-schweig Ostbf.	

Dienstfahrpläne
deutscher Eisenbahnen
1920 bis 1949

Andreas Rasemann

Dienstfahrpläne
deutscher Eisenbahnen
1920 bis 1949

VGB | KLARTEXT
[VERLAGSGRUPPE BAHN]

Titelbild:
Griffbereit und im Blickfeld eines jeden Lokomotivführers
hing der Fahrplankasten für die Buchfahrpläne und die Über-
sicht der Langsamfahrstellen; an seiner Unterseite pinnte der
„Meister" Bremszettel und Fahrbefehle in eine Federklemme.
Hier sehen wir den Arbeitsplatz eines Lokführers auf
der Augsburger 18 490. Die Aufnahme von 1948/49 betitelte
der Pressedienst der neu gegründeten Bundesbahn mit
„Lokomotivheizerstand in der Dampflokomotive S 18" . . .
Foto: Sammlung Robin Garn

Rücktitelbild:
Die Hunde müssen ja morgens raus. Beim Gassigehen kann
ein Päuschen am Bahndamm nicht schaden. So ähnlich
könnte das für viele Jahrzehnte klassisch wirkende Motiv
mit einem streng gekämmten Herrn in Hosenträgern und
seinen Schäferhunden bei Muldenhütten östlich von Frei-
berg/Sachsen entstanden sein. Hunde und Herrchen blicken
gespannt auf einen morgendlichen Reisezug, der mit der
Karl-Marx-Städter 39 172 hügelabwärts gen Dresden strebt.
Ihre flache Behelfsrauchkammer und die nahe des Zugendes
eingereihten Mittleinstiegswagen lassen eine Annäherung
an die mittleren fünfziger Jahre zu. Alsbald wurde dann das
Bergbau- und Hüttenkombinat „Albert Funk" oberhalb der
Strecke erweitert, so dass man sich wegen der Abgase an
dieser Stelle nicht mehr aufhalten konnte.
Foto: Sammlung Andreas Rasemann

Bibliografische Information der Deutschen Bibliothek:
Die Deutsche Bibliothek verzeichnet diese Publikation
in der Deutschen Nationalbibliografie; detaillierte bibliografische Angaben sind unter http://dnb.ddb.de abrufbar.

ISBN 978-3-8375-1872-6

© 2017 by VGB Verlagsgruppe Bahn GmbH

Autor: Andreas Rasemann
Redaktion: Thomas Hilge
Produktion: Robin Garn
Lektorat: Jan Kaczmierczak
Druck: Fotolito Varesco Alfred S.R.L., Auer (Italien)

Die abgebildeten Fahrpläne stammen –
soweit nicht anders vermerkt – aus der Sammlung
Andreas Rasemann. Die Bildhinweise entnehmen
Sie bitte den jeweiligen Seiten.

Vorwort

Ohne Fahrplan keine Zugfahrt! Dieses Prinzip gilt auch heute noch bei allen Eisenbahnverwaltungen. Bis zum Abdruck von Fahrzeittabellen in den öffentlichen Fahrplänen ist eine Vielzahl von Schritten innerhalb der Verkehrsunternehmen erforderlich und hinter deren technokratisch anmutenden Fassade verbirgt sich eine fein abgestimmte, historisch entstandene Mechanik der Fahrplanerstellung und Verteilung. Dies ist für den Außenstehenden nicht immer sichtbar. Zudem wurde die Entwicklung aller Aspekte des Eisenbahnwesens vor allem durch den Einfluss des Militärs mit seinen Forderungen bezüglich Linienführung, Ausbaustandard und höchster Auslastung der Strecken dominiert, was eine gewisse Geheimhaltung der damit verbundenen Vorgänge nach sich zog.

In den dreißiger Jahren erreichte das Schienennetz in Deutschland seine größte Netzdichte. Die Deutsche Reichsbahn-Gesellschaft war zu dieser Zeit das größte Verkehrsunternehmen in Europa. Die für den unvoreingenommenen Betrachter faszinierende Perfektion der Betriebsabwicklung mit ihrem Höchstmaß an Pünktlichkeit, Sauberkeit, Ästhetik von Fahrzeugen und Bahnanlagen ist aus heutiger Sicht bestechend, ja begehrenswert. Dabei darf nicht vergessen werden, dass das System Eisenbahn immer auch von den gerade Herrschenden für deren jeweilige politische und wirtschaftliche Ziele benutzt wurde.

Der hier gewählte Betrachtungszeitraum zwischen 1920 und 1949 wurde ausgewählt, weil in dieser Periode nach der Verschmelzung der Länderbahnen zur Reichsbahn ein weitgehend homogenes Vorschriftenwerk benutzt wurde, was die Bearbeitung der Thematik erleichtert. Auf die Herleitung einiger Zusammenhänge aus der Länderbahnzeit wird dabei eingegangen. Durch die Kriegszeit kamen neue Aufgaben und Verkehrsströme hinzu, die ebenfalls Berücksichtigung finden. Nach 1945 gab es vielfältige Veränderungen durch die Teilung des Landes und Eingriffe der Besatzungsmächte, so dass diese Zeit bis zur Gründung der Deutschen Bundesbahn noch mit betrachtet werden soll.

Der Verfasser hat über die Zeit eine Vielzahl innerdienstlicher Vorschriften und Unterlagen von Länderbahnen und der DRG/DRB/DR ab etwa 1873 bis 1947/48 zusammengetragen und ist selbst mit der Materie durch berufliche Tätigkeit vertraut. Aufgrund der Komplexität des bearbeiteten Fachgebietes ist es nicht möglich, die Dokumente selbst sprechen zu lassen, so dass zu den einzelnen Punkten einige Erläuterungen mit z.T. umfangreichen Querverweisen notwendig sind. Dabei ist die Quellenlage weitgehend dürftig, mussten doch die entsprechenden Fahrplanunterlagen nach Gebrauch zurückgegeben und vernichtet werden und sollten daher aus Gründen der Geheimhaltung keinesfalls im persönlichen Besitz verbleiben. Schlechte Papierqualität erschwert zudem die Vervielfältigung. Dennoch haben eine Reihe von Fahrplanunterlagen fast aller Reichsbahndirektionen trotz strenger Regelungen zur Rückgabe die Zeitläufe überlebt, die nun auszugsweise in diesem Buch dargestellt werden sollen. Wenn möglich soll damit ein Beitrag dazu geleistet werden, das Verständnis vieler noch in Archiven vorhandenen Dokumente zur Abwicklung bestimmter in dieser Zeit durchgeführter Verkehre, wie des kriegswichtigen Güterverkehrs oder der Transporte zu den Fronten zu erleichtern und einige Aspekte dazu aus der Sicht des Eisenbahnbetriebes zu ergänzen. Erleichtert wurden die Analysen des Autors durch die Vielzahl von Standardwerken aus berufener Feder und auch den entsprechenden Sonderheften des EK und des Eisenbahn Journal, die detaillierte und möglicherweise ermüdende Erläuterungen zu einzelnen Aspekten weitgehend überflüssig machten.

Für die Bezeichnung von Städten und Betriebsstellen wurde der Einfachheit halber die im Betrachtungszeitraum übliche Schreibweise, insbesondere die nach der Besetzung von Gebieten ab 1939 übliche verwendet. Im Rahmen der Illustration ließ es sich auch nicht vermeiden, die Unterlagen in der seinerzeit üblichen Form, also mit den damals verwendeten Symbolen zu präsentieren.

Der Autor hofft, dass auch der in diesem Buch behandelte recht trockene Stoff einer Behandlung wert ist. Wenn für den Außenstehenden aber auch Kenner der Materie dennoch einige bisher unbekannte Seiten des Verkehrssystems Reichsbahn erhellt werden konnten und das Verständnis der Materie dadurch erleichtert wurde, hat dieses Buch seinen Zweck erfüllt. Dennoch konnten nicht alle Aspekte ausführlich beleuchtet werden, zumal Zeitzeugen kaum noch befragt werden können. Der Autor ist daher allen interessierten Lesern für Hinweise und Richtigstellungen jeglicher Art dankbar.

Mein Dank gilt insbesondere Robin Garn für das tolle Layout, Andreas Knipping, Wolfgang Löckel, Günter Meyer (†), Thomas Nosske, Dr. Thomas Samek, Andreas Stange, Werner Vierling, Hansjürgen Wenzel, SEM Chemnitz, Frau Runge vom Verkehrsmuseum Dresden, Michael Brandes vom „Fernschreibamt Hausneindorf", Gisela und Peter Illgen aus Nossen und allen anderen, die durch die Herausgabe und Überlassung von Unterlagen dieses Buch mit möglich gemacht haben.

Andreas Rasemann
Freiberg, im August 2017

Pünktlich wie die Eisenbahn! Wie viel Zeit musste ins Land gehen, ehe dieser Leitgedanke des Verkehrsmittels als Sinnspruch im allgemeinen Sprachgebrauch Eingang gefunden hat?

Inhalt

Die Erstellung von Fahrplänen

Berlin-Anhaltische Eisenbahn.

Sommer-Fahrplan vom 15. März 1845 ab, täglich.

In der Richtung von Berlin nach Cöthen.

	Zeit der Abfahrt von: Berlin.	Gr. Beeren.	Ludwigsfelde.	Trebbin	Luckenwalde.	Jüterbog.	Zahna.	Wittenberg.	Koswig.	Roßlau.	Deßau.	Ankunft in Cöthen.	Anschlußfahrten auf der Magdeburg-Leipziger Bahn. Abfahrt von Cöthen:
Morgen-Zwischenz.	—	—	—	—	—	—	—	5¼ Morgens.	5¼ Morgens.	6¼ Morgens.	6¼ Morgens.	7¼ Morgens.	7¼ Morgens nach Leipzig; 7¼ Morgens nach Magdeburg.
I. Personenzug.	7¼ Morgens.	—	—	8¼ Vorm.	8¾ Vorm.	9¼ Vorm.	10 Vorm.	10¼ Vorm.	10¾ Vorm.	11¼ Vorm.	11¼ Vorm.	12¼ Mittags.	12¼ Mitt. nach Magdeb. (Ank. 2 Rm.; in Halberst. 5¼ Rm., in Braunschw. 6¼ Abds, in Hannov. 9 Abds.) — 1 Uhr Nachm. nach Leipzig, (Ank. 2¾ Nachm.)
II. Personenzug.	1¼ Mittags.	—	—	2 Mittags.	2¼ Nachm.	3 Nachm.	3¼ Nachm.	4 Nachm.	4¼ Nachm.	5 Nachm.	5¼ Nachm.	6 Nachm.	6¼ Nachmitt. nach Magdeburg (Ank. 7¼ Abends.); nach Leipzig. (Ank. 8¼ Abds.)
Abend-Zwischenz.	4¼ Nachm.	5¼ Nachm.	5¼ Nachm.	6 Abends.	6¼ Abends.	7 Abends.	7¼ Abends.	8¼ Abends.	—	—	—	—	

In der Richtung von Cöthen nach Berlin.

	Zeit der Abfahrt von: Cöthen.	Deßau.	Roßlau.	Koswig.	Wittenberg.	Zahna.	Jüterbog.	Luckenwalde.	Trebbin.	Ludwigsfelde.	Gr. Beeren.	Ankunft in Berlin.	Ankunftzeit der damit correspondirenden Züge auf der Magdeburg-Leipziger Bahn in Cöthen:
Morgen-Zwischenz.	—	—	—	—	5¼ Morgens.	5¾ Morgens.	6¼ Morgens.	6¾ Morgens.	7¼ Morgens.	7¾ Morgens.	8 Vorm.	8¾ Vorm.	
I. Personenzug.	8 Vorm.	8¼ Vorm.	8¾ Vorm.	9¼ Vorm.	9¾ Vorm.	10 Vorm.	10¼ Vorm.	11 Vorm.	11¼ Vorm.	—	—	12¼ Mittags.	7¼ Morg. von Magdeburg; 7¼ Morg. von Leipzig.
II. Personenzug.	1¼ Nachm.	2 Nachm.	2¼ Nachm.	2¾ Nachm.	3¼ Nachm.	3¾ Nachm.	4¼ Nachm.	4¾ Nachm.	5¼ Nachm.	—	—	6¼ Abends.	12¼ Mittags von Leipzig; 12¼ Mittags von Magdeburg.
Abend-Zwischenz.	6¼ Abends.	7¼ Abends.	7¾ Abends.	8 Abends.	8¼ Abends.	—	—	—	—	—	—	—	6 Abends von Magdeburg und von Leipzig.

Erläuterungen: 1. Die Zwischenzüge in beiden Richtungen befördern Personen in II. und III. Wagenklasse, so wie Güter nach allen unsern Stationen, und übernachten in Wittenberg.

2. Außer den obigen Zügen geht täglich in beiden Richtungen ein Güterzug (ohne Personen) zwischen Berlin — Magdeburg, Halle und Leipzig. Dieser Güterzug fällt, außer den Leipziger Meßzeiten, alle Montage aus.

3. In Berlin können Fahrbillete gleich bis Halle, Leipzig, Magdeburg, Halberstadt, Braunschweig oder Hannover gelöst, und auch das Reisegepäck kann gleich bis an die genannten Orte und bis Dresden aufgegeben werden. Letzteres muß spätestens ½ Stunde vor Abgang des Zuges, unter Vorlegung des Fahrbillets, zur Gepäck-Expedition eingeliefert werden, widrigenfalls die Beförderung mit demselben Zuge nicht zugesichert werden kann.

4. Nach vorstehendem Fahrplan kann die Reise zwischen Berlin und Hannover, so wie Berlin u. Dresden, in beiden Richtungen, in einer Tagesfahrt zurückgelegt werden.

Der „Sommer-Fahrplan“ der Berlin-Anhaltischen Eisenbahn galt damals schon ab dem 15. März des Jahres 1845.

Die Entstehung der ersten Eisenbahnstrecken in Deutschland ab 1835 führte schnell zu der Erkenntnis, dass gegenüber dem Verkehr mit Postkutschen eine größere Regelmäßigkeit und auch Pünktlichkeit erreicht werden konnte, da die Abhängigkeit von den Straßen- und Wetterverhältnissen geringer war. Dies führte schon ab 9. April 1839 bei der damaligen Leipzig-Dresdner Eisenbahn-Compagnie zur Aufstellung von Abfahrtstafeln, auf denen die Abfahrtszeiten der Anfangs- und der Unterwegsstationen angegeben wurden. Hin- und Gegenrichtung wurden dabei jeweils als „Cours“ bezeichnet. Diese ersten Fahrpläne enthielten gleichzeitig die verkehrlichen und tariflichen Bestimmungen, d. h. die Regelungen für die Mitnahme von Gepäck und die Fahrpreise. Ab 1845/ 48 gab es dann schon Fahrplantabellen ähnlich den heutigen Kursbuchtabellen, so von der Berlin-Anhaltischen Eisenbahn aus dem Jahre 1845, der Hannover-Bremer Eisenbahn vom 15. April 1848 und der Magdeburg-Halberstädter Eisenbahn vom 20. Oktober 1855. Auch in Tageszeitungen wurden schon Fahrpläne veröffentlicht, dies unter der Bezeichnung „Zusammenstellung einiger größerer Reise-Routen“. Immer mehr arbeitete sich um 1855 im Bereich des Norddeutschen Bundes der Begriff des Fahrplanes, im süddeutschen und österreichischen Bereich sowie Böhmen die Bezeichnung „Fahrordnung“ heraus.

Der Begriff „Fahrordnung“, der bereits auf eine gewisse Regelmäßigkeit und das Verkehren mehrerer Zuggarnituren hindeutet, findet sich erstmals in der „Tägliche(n) Fahrordnung vom 1. Juni bis 31. August 1847“, die von der Direction der Wien-Gloggnitzer Eisenbahn herausgegeben wurde.

Erste bildliche Fahrpläne sind von der Main-Neckar-Eisenbahn aus dem Jahre 1846 überliefert.

Abbildung aus Großdeutscher Verkehr, Heft 14/1941

Leipzig-Dresdner Eisenbahn.

15½ geogr. Meilen.

Tägliche Abfahrtsstunden der Dampfwagenzüge von den Stationen vom 9. April 1839 an.

Cours von Leipzig nach Dresden	Von Leipzig	Von Wurzen	Von Luppa=D.	Von Oschatz	Von Riesa	Von Pristewitz	Von Oberau
	6 Uhr Morgens	6¾ Uhr Morg.	7¼ Uhr Morg.	7½ Uhr Morg.	8 Uhr Morg.	8½ Uhr Morg.	8¾ Uhr Morg.
	3 = Nachm.	3¾ = Nachm.	4¼ = Nachm.	4½ = Nachm.	5 = Nachm.	5½ = Nachm.	5¾ = Nachm.

Fahrtaxe für Personen und Equipagen

von Leipzig nach	Für eine Person in I. Klasse		Für eine Person in II. Klasse		Für eine Person in III. Klasse		Für eine Halbchaise u. dergl. leichtes Fuhrwerk		Für eine viersitzige Chaise		Für einen vier- oder sechsspännigen Reisewagen	
	Thlr.	Gr.	Thlr.	Gr.	Thlr.	Gr.	Thlr.	Gr.	Thlr.	Gr.	Thlr.	Gr.
Wurzen	—	15	—	10	—	6	2	4	2	12	3	6
Luppa=Dahlen..	1	3	—	18	—	11	3	20	4	8	5	18
Oschatz	1	9	—	22	—	14	4	16	5	6	7	—
Riesa	1	18	1	4	—	18	6	—	6	18	9	—
Pristewitz	2	6	1	12	—	23	7	16	8	16	11	12
Oberau	2	10	1	16	1	1	8	8	9	9	12	12
Dresden	3	—	2	—	1	6	10	8	11	16	15	12

☞ Die in eigenen Wagen mitfahrenden Personen haben Billets II. Klasse, die auf dem Bock III. Klasse zu lösen.

Fahrtaxe für Übergewicht und garantirtes Reisegepäck

von Leipzig nach	Für 41 bis 100 Pf. ohne Garantie		Für 101 bis 150 Pf. ohne Garantie		Für 151 bis 200 Pf. ohne Garantie		Für 1 bis 40 Pf. garantirtes Gepäck		Für 41 bis 100 Pf. garantirtes Gepäck		Für 101 bis 150 Pf. garantirtes Gepäck	
	Thlr.	Gr.	Thlr.	Gr.	Thlr.	Gr.	Thlr.	Gr.	Thlr.	Gr.	Thlr.	Gr.
Wurzen	—	2	—	3	—	5	—	2	—	3	—	7
Luppa=Dahlen..	—	3	—	6	—	8	—	3	—	6	—	11
Oschatz	—	4	—	7	—	10	—	4	—	7	—	14
Riesa	—	5	—	9	—	14	—	5	—	9	—	18
Pristewitz	—	6	—	12	—	17	—	6	—	12	—	23
Oberau	—	7	—	13	—	19	—	7	—	13	1	1
Dresden	—	8	—	16	1	—	—	8	—	16	1	7

Gepäck-Ordnung.

1. Alles Reisegepäck muß mit dem Namen des Eigenthümers und dem Bestimmungsorte deutlich bezeichnet sein.
2. Eine Stunde vor der Abfahrt ist das Gepäck aufzugeben und etwaige Überfracht zu berichtigen, da für **später** eingeliefertes oder unberichtigt gebliebenes Gepäck die Mitnahme nicht zugesichert werden kann.
3. Jeder Reisende hat 40 Pf. frei; für schwereres Passagiergut ist das Übergewicht nach vorstehender Tabelle zu zahlen.
4. Der Reisende hat auf sein Gepäck selbst zu achten und die Abnahme desselben bei Ankunft zu bewirken, da die Compagnie nicht dafür haftet.
5. Wer aber sein Gepäck unter die Garantie der Compagnie stellen will, zahlt dafür die Taxe nach vorstehender Tabelle und erhält dagegen einen Garantieschein mit №, gegen dessen Zurückgabe **allein** das darauf bezeichnete Gepäck am Bestimmungsorte ausgeliefert oder mit 1 Thlr. pro Pf. bezahlt wird, falls solches verloren gegangen sein sollte.
6. Der Inhaber eines solchen Garantiescheines ist für die eigene Sorge für sein Gepäck überhoben, **so wie der Unbequemlichkeit bei Ankunft auf der Station dessen Auslieferung abzuwarten** oder es einem **Träger anzuvertrauen**, indem er es beliebig, jedoch innerhalb 24 Stunden, **gegen den Schein** abfodern lassen kann.
7. Wer sein Gepäck höher als 1 Thlr. pro Pf. versichern will, zahlt eine in obigem Verhältnisse zu erhöhende Prämie.

(Mit einer **Beilage**.)

Erster Fahrplan der Leipzig-Dresdener Eisenbahn mit Angabe der Fahrpreise für Personen und Reisegepäck sowie einer Gepäck-Ordnung. Ein sächsisches Pfund entsprach dabei etwa 467 Gramm.

Fahrpläne – die Trennung von dienstlichen und externen Unterlagen wird erforderlich

Zunächst, in den ersten Jahren der Eisenbahn, wurde kein Unterschied zwischen den Fahrplänen für die Öffentlichkeit und für den internen Gebrauch der Bahnverwaltung gemacht. Mit der Zunahme des Verkehrs, der Bedeutung der Bahnen für militärische Zwecke und der Einführung von Sicherungsanlagen mussten besondere Fahrpläne für das Personal herausgegeben werden, die auch Angaben enthielten, die nicht für Außenstehende bestimmt waren. Die öffentlichen Fahrpläne wie die heutigen Kursbücher und Taschenfahrpläne enthalten daher immer nur eine Teilmenge der insgesamt für das Zusammenstellen und Verkehren von Zügen erforderlichen Informationen.

Fahrplankonstruktion – von der Empirie zur Wissenschaft

Mit der mathematisch-physikalischen Durchdringung der Anfahr- und Bremsvorgänge wurde auch die Wirkung von Einflussgrößen des Rad-Schiene-Systems, wie der Hangabtriebskraft, des Roll-, Reib- und Luftwiderstandes detailliert untersucht und in ihren Auswirkungen auf das Bewegungsverhalten der Züge dargestellt. Mit der Fahrdynamik der Schienenfahrzeuge entstand dabei ein eigenständiges Wissenschaftsgebiet. Jede neu eingeführte Komponente, seien es neue Lagermetalle und Schienenformen oder andere Arten von Bremssohlen, führten sofort zu neuen Erkenntnissen. Die Deutsche Reichsbahn verfügte über ein Versuchsamt in Berlin-Grunewald und eines in München, in dem neue Fahrzeuge erprobt und Lastentafeln für die einzelnen Baureihen, Zugarten und Neigungen aufgestellt wurden.

Schon sehr frühzeitig wurde versucht, den Einfluss der verschiedenen, damals bekannten Widerstandsgrößen und ihre Wirkung auf die Anfahr-, Brems- und Beschleunigungszeiten zu ermitteln. Die Königlich Preußischen Staatseisenbahnen führten dazu neben den wirklichen Entfernungen sogenannte „virtuelle Entfernungen" ein, um die sich die durchfahrene Strecke theoretisch durch das Befahren von Neigungen, Krümmungen und Langsamfahrstellen (damals „Langsamfahr-Objekte" genannt) verlängerte. Unter Benutzung dieser Hilfsgrößen wurden dann näherungsweise die Fahrzeiten ermittelt. Für die „Langsamfahr-Objekte" war dabei nur angegeben, um welche Bereiche es sich handelte, es wurden dazu keine Längen und auch keine vorgeschriebenen Geschwindigkeiten erwähnt, so dass angenommen werden kann, dass damals der heute bei der Ermittlung von Fahrzeitverlusten berücksichtigte Einfluss der Länge der Langsamfahrstelle und der Zuglänge noch nicht geläufig war.

Für die „Fahrplanconstruction", ein auch heute noch benutzter Begriff, wurden bestimmte Grund-

F. Märkisch-Posener Eisenbahn.

18. Frankfurt-Bentschen. / Bentschen - Frankfurt.

Wirkl. Entf. vom Anf. (km)	Zuschläge (Min)	Schnell v. St. z. St.	Schnell vom Anf.	Pers. v. St. z. St.	Pers. vom Anf.	Güter v. St. z. St.	Güter vom Anf.	Namen der Stationen	Schnell v. St. z. St.	Schnell vom Anf.	Pers. v. St. z. St.	Pers. vom Anf.	Güter v. St. z. St.	Güter vom Anf.	Zuschläge (Min)	Wirkl. v. St. z. St.	Wirkl. vom Anf.	Bemerkungen
0,0	1,0	·	0,0	·	0,0	·	·	Frankfurt	10,3	103,7	11,3	115,6	·	·	1,0	9,13	99,37	Passiren der Brücke.
9,13		10,0	10,0	11,3	11,3	·	·	Blankensee	12,1	93,4	12,3	104,3	·	·		12,10	90,24	
21,23		12,5	22,5	14,1	25,4	·	·	Reppen	17,6	81,3	18,2	92,0	·	·		17,35	78,14	
38,58		18,7	41,2	22,8	48,2	·	·	Sternberg	9,8	63,7	11,6	73,8	·	·		9,18	60,79	
47,76		9,8	51,0	9,5	57,7	·	·	Neu-Kunersdorf	6,7	53,9	6,7	62,2	·	·		6,68	51,61	
54,44		7,1	58,1	8,5	66,2	·	·	Topper	7,5	47,2	9,1	55,5	·	·		6,98	44,93	
61,42		7,2	65,3	8,1	74,3	·	·	Wutschdorf	13,8	39,7	16,4	46,4	·	·		13,24	37,95	
74,66		13,3	78,6	13,9	88,2	·	·	Schwiebus	11,3	25,9	13,0	30,0	·	·		10,85	24,71	
85,51		11,0	89,6	11,5	99,7	·	·	Stensch	14,6	14,6	17,0	17,0	·	·		13,86	13,86	
99,37		14,4	104,0	15,8	115,5	·	·	Bentschen	·	0,0	·	0,0	·	·		·	0,0	

19. Guben-Bentschen. / Bentschen-Guben.

Wirkl. Entf. vom Anf. (km)	Zuschläge (Min)	Schnell v. St. z. St.	Schnell vom Anf.	Pers. v. St. z. St.	Pers. vom Anf.	Güter v. St. z. St.	Güter vom Anf.	Namen der Stationen	Schnell v. St. z. St.	Schnell vom Anf.	Pers. v. St. z. St.	Pers. vom Anf.	Güter v. St. z. St.	Güter vom Anf.	Zuschläge (Min)	Wirkl. v. St. z. St.	Wirkl. vom Anf.	Bemerkungen
0,0		·	0,0	·	0,0	·	0,0	Guben	7,9	175,8	7,9	186,0	·	177,8		7,90	172,53	
7,90		7,9	7,9	7,9	7,9	8,4	8,4	Wallwitz	11,5	167,9	11,7	178,1	·	·		11,51	164,63	
19,41		11,5	19,4	11,7	19,6	11,6	20,0	Merzwiese	10,4	156,4	10,9	166,4	·	·		10,21	153,12	
29,62		10,4	29,8	10,9	30,5	10,3	30,3	Crossen	17,7	146,0	17,7	155,5	·	·		17,72	142,91	
47,34		18,1	47,9	17,7	48,2	19,1	49,4	Poln. Nettkow	5,1	128,3	4,8	137,8	·	·		4,83	125,19	
52,17	1,0	4,8	52,7	4,8	53,0	4,8	54,2	Rothenburg	17,4	123,2	17,4	133,0	·	·	1,0	17,45	120,36	Passiren der Brücke.
69,62		17,8	70,5	18,6	71,6	21,2	75,4	Züllichau	6,2	105,8	6,6	114,4	·	·		6,02	102,91	
75,64		6,5	77,0	6,6	78,2	7,5	82,9	Heinersdorf	11,9	99,6	14,8	107,8	·	·		11,13	96,89	
86,77		11,7	88,7	14,8	93,0	11,2	94,1	Bomst	12,6	87,7	17,0	93,0	·	·		12,08	85,76	
98,85		12,0	100,7	17,0	110,0	14,3	108,4	Bentschen	·	75,1	·	76,0	·	79,1		·	73,68	

10

Strecke zwischen den Stationen	D. In Kohlen-Zügen bei Beförderung durch Locomotiven der Gruppe																							
	I		II		III		IV		V		VI		VII		VIII		IX		X		XI		XII	
	Im Sommer	Im Winter	Im Sommer	Im Winter	Im Sommer	Im Winter	Im Sommer	Im Winter	Im Sommer	Im Winter	Im Sommer	Im Winter	Im Sommer	Im Winter	Im Sommer	Im Winter	Im Sommer	Im Winter	Im Sommer	Im Winter	Im Sommer	Im Winter	Im Sommer	Im Winter
35. Von Opalenitza nach Grätz.																								
Opalenitza / Grätz	25	21	31	27	35	30	54	46	48	42	26	22	42	36	67	58	62	54	76	67	87	74	98	84
36. Von Grätz nach Opalenitza.																								
Grätz / Opalenitza	25	21	31	27	35	30	54	46	48	42	26	22	42	36	67	58	62	54	76	66	87	75	98	84
37. Von Berlin nach Stettin—Stargard.																								
Berlin / Angermünde	35	30	45	40	50	44	77	67	68	60	36	33	58	50	93	79	86	73	108	93	120	104	136	116
Stettin / Stargard	35	30	45	40	50	44	77	67	66	60	38	33	60	52	95	83	90	78	110	94	124	106	140	120
38. Von Stargard nach Stettin—Berlin.																								
Stargard / Stettin	35	30	45	40	50	44	77	67	68	60	36	33	60	52	95	83	90	78	110	94	124	105	140	120
Angermünde	31	27	40	34	44	38	67	59	60	52	33	28	52	45	82	70	76	66	95	73	106	92	120	104
Berlin	34	30	42	37	48	42	74	64	66	58	31		56	49	90	76	83	72	104	90	116	100	132	112
39. Von Eberswalde nach Frankfurt.																								
Eberswalde / Seelow	35	30	45	40	50	44	77	67	68	60	38	33	58	52	95	83	90	78	110	94	124	106	140	120
Frankfurt	31	27	40	34	44	38	67	59	60	52	33	28	52	45	82	70	76	67	95	80	106	93	120	104
40. Von Frankfurt nach Eberswalde.																								
Frankfurt / Seelow	34	30	42	37	48	42	74	64	66	58	36	31	56	49	90	76	83	72	104	90	116	100	132	112
Eberswalde	35	30	45	40	50	44	77	67	68	60	38	33	60	52	95	83	90	78	110	94	124	105	140	125
41. Von Angermünde nach Freienwalde.																								
Angermünde / Freienwalde	34	30	42	37	48	42	74	64	65	56	36	31	56	49	90	76	83	72	104	90	116	100	132	112
42. Von Freienwalde nach Angermünde.																								
Freienwalde / Angermünde	31	27	40	34	44	38	67	59	60	52	33	28	52	45	82	70	76	66	95	83	106	92	120	104
43. Von Angermünde nach Schwedt.																								
Angermünde / Schwedt	31	27	40	34	44	38	67	59	60	52	32	27	50	44	80	68	74	64	92	78	102	88	116	100
44. Von Schwedt nach Angermünde.																								
Schwedt / Angermünde	27	23	34	29	40	34	58	50	52	45	29	25	46	40	74	64	70	60	86	74	96	82	110	94
45. Von Angermünde nach Stralsund.																								
Angermünde / Prenzlau	31	27	40	34	44	38	67	59	60	52	33	28	52	45	82	70	76	66	95	83	106	94	120	104
Anclam	34	30	42	37	48	42	74	64	66	58	36	31	56	49	90	76	83	72	104	90	116	100	132	112
Stralsund	31	27	40	34	44	38	67	59	60	52	32	27	50	44	80	68	74	64	92	80	102	88	116	100
46. Von Stralsund nach Angermünde.																								
Stralsund / Züssow	31	27	40	34	44	38	67	59	60	52	32	27	50	44	80	68	74	64	92	78	102	88	116	100
Nechlin	35	30	45	40	50	44	77	67	68	60	36	33	58	50	93	79	86	73	108	93	120	104	136	116
Angermünde	31	27	40	34	44	38	67	59	60	52	32	27	50	44	80	68	74	64	92	78	102	88	116	100

Schlepplastentafeln für unterschiedliche Lokbaureihen mit verschiedenen Lastangaben für Sommer und Winter aus dem Fahrplanbuch der KED Berlin vom 15. Oktober 1883.

Darstellung der virtuellen und wirklichen Entfernungen für die Strecken der Märkisch-Posener Eisenbahn aus dem Fahrplanbuch der KED Berlin vom 15. Oktober 1883.

geschwindigkeiten angenommen, die in der Waagerechten von den für die Züge vorgesehenen Lokomotiven mit der höchstmöglichen im Fahrplan als Anhang angegebenen Achsenzahl eingehalten werden konnten. Damit bildete man die Leistung der Lokomotiven ab. Dazu gab es ebenfalls Tabellen. Auch der Einfluss von Sommer und Winter auf die mögliche Zuglast war schon bekannt, ebenfalls der unterschiedliche Rollwiderstand von Personen-, (gedeckten) Güter- und (offenen) Kohlenwagen. Mit den virtuellen Entfernungen konnte dann für die jeweilige Zugart schnell auf die für das Durchfahren eines Abschnittes erforderliche Zeit

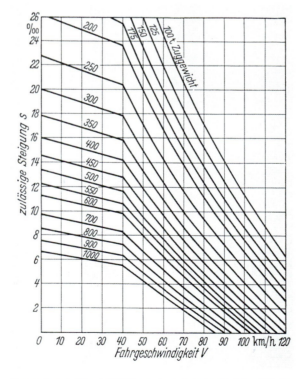

So sahen die s-V-Diagramme aus, hier für die BR 03 für Züge von 100 bis 1000 Tonnen Gewicht [35].

geschlossen und der Fahrplan aufgestellt werden.

Die Streckenneigungen wurden dann um 1900 als Streckenwiderstand in Kilogramm je Tonne Zuggewicht angegeben, bevor man um 1925 zu der heute verwendeten Maßeinheit Promille überging. Diese schrittweise Rückführung der Einflussgrößen auf ihre rein mathematische Beschreibung war erst nach genauer Erforschung ihrer Wirkung möglich.

Die Fahrzeitberechnung wurde weiter standardisiert. Es entwickelte sich ein zweistufiges Verfahren zur Fahrzeitermittlung. Aus den Versuchsfahrten der Versuchsämter wurden sog. s-V-Diagramme erstellt. Diese stellten das Zusammenwirken von Lokomotivzugkraft und Zugwiderstand dar und gaben an, welches Zuggewicht eine bestimmte Lokomotivbauart mit einer konstanten Geschwindigkeit auf einer vorhandenen Steigung bewältigen konnte (Beharrungsfahrt). Diese Angaben gab es in der Regel für Geschwindigkeitsstufen in 10 km/h-Schritten.

Im Anschluss daran wurden unter Zuhilfenahme der Streckenbänder, also des Verlaufes der Gradiente und der Krümmung, bei zweigleisigen Strecken der Streckenachse, schrittweise für die Anfahr-, Durchfahr-

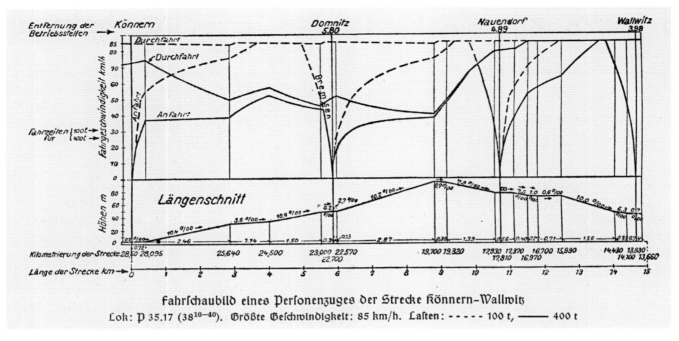

Ein Fahrschaubild für einen Personenzug der Strecke Könnern – Wallwitz – (Halle) aus [37] für 100 und 400 Tonnen Zuglast mit Angabe der Neigungsverhältnisse.

und Bremsabschnitte der Zugfahrt die Fahrzeitanteile ermittelt und mithilfe von Zuschlägen in sog. Fahrschaubilder als grafischer Darstellung der Fahrzeugbewegung überführt. Aus der Zusammensetzung der einzelnen Fahrzeitanteile ließen sich dann relativ schnell die Fahrzeiten für die einzelnen Streckenabschnitte ermitteln und in Fahrzeitentafeln überführen. Die Fahrschaubilder wurden dabei nach den vorhandenen mathematischen Verfahren, etwa denen nach Müller, Unrein oder Strahl, für die auf den betreffenden Strecken verwendeten Lokomotivbaureihen und Zuggewichte ermittelt, so dass sie für die Fahrplanbearbeiter in den Direktionen in Tabellenform vorlagen.

Es gehörte aber zur Ausbildung derjenigen Mitarbeiter, die ein technisches Studium absolviert hatten, dass sie natürlich auch in der Lage dazu waren, für ein konkretes Zuggewicht aus den bekannten s-V-Diagrammen mithilfe der Formeln für die Anfahr- und Beschleunigungsvorgänge auch selbständig eine Fahrzeitberechnung durchzuführen. Mit Voranschreiten der mathematischen Durchdringung der Bewegungsvorgänge wurde auch der Einfluss anderer Parameter als der

Streckenneigung, wie der Bogen-, Lager- und Luftreibungswiderstände entdeckt und in die Berechnung einbezogen. Die genannten Methoden waren noch mit gewissen Ungenauigkeiten behaftet, hierzu nur ein Beispiel: Bei der Fahrzeitermittlung nach Müller wurde der Zug bei der Berechnung als Massenpunkt aufgefasst. Dies war natürlich nur eine Näherung, konnte sich doch beim Durchfahren von Neigungswechseln ein Teil des Zuges noch im Gefälle, ein anderer schon in der Steigung befinden. Im Weiteren sei hier auf die entsprechende Fachliteratur verwiesen.

Im Anschluss daran konnten aus den Fahrschaubildern und den bekannten Zeitanteilen für das Durchfahren bestimmter Streckenabschnitte die grafischen oder Bildfahrpläne des Zugverkehrs für eine Strecke an einem konkreten Verkehrstag aufgestellt werden. Dabei wurden die aus dem Fahrschaubild entnommenen Bewegungsvorgänge idealisiert, das heißt ungeachtet der in der Wirklichkeit vorkommenden Anfahr- und Bremsprozesse als Gerade zwischen zwei Zugmeldestellen dargestellt.

Bei der Erstellung der Bildfahrpläne mussten dann zusätzlich auch

andere Infrastrukturparameter mit einbezogen werden, wie die Ein- oder Zweigleisigkeit einer Strecke und die Ausrüstung der einzelnen Betriebsstellen mit bestimmten Bauarten von Sicherungsanlagen. Die vorhandene Technik bestimmte dabei die erforderliche Zeit für das Einstellen und Auflösen der sicherungstechnischen Fahrwege, Fahrstraßen genannt. Diese aus dem Vorhandensein einer konkreten Stellwerkstechnik in den Bahnhöfen und auf den Blockstellen resultierenden sogenannten Fahrstraßenbildungs- und Fahrstraßenwechselzeiten, die aus einer Vielzahl von einzelnen technologischen Zeiten bestanden, waren neben den bei der Fahrzeitermittlung auf der freien Strecke wichtigen Neigungen, Krümmungen und anderen Parametern maßgeblich für die Durchlassfähigkeit einer Strecke, angegeben in Zügen/Tag und Richtung. Bei Bauzuständen ging diese Leistungsfähigkeit u. U. stark zurück, da für das Befahren des anderen („falschen") Streckengleises oder Ausfahrten aus Bahnhofsgleisen ohne Ausfahrsignal eine Vielzahl schriftlicher Befehle erforderlich war, deren Ausfertigung und Übergabe Zeitverluste mit sich brachte.

Innerdienstliche Fahrpläne der Länderbahnen

Die Inhalte der genannten Unterlagen sollen hier kurz und beispielhaft anhand einiger der gedruckten Dienstfahrpläne ausgewählter Bahnverwaltungen dargestellt werden, für die es bis 1918 bei den verschiedenen Länderbahnverwaltungen unterschiedliche Bezeichnungen gab. Unter Dienstfahrplänen sind dabei hier Fahrplanbücher (bis 1937), Buchfahrpläne (ab 1938), grafische Fahrpläne jeder Art (Bildfahrplan) und Fahrplananordnungen zu verstehen. Die bisherige Literatur zu dieser Thematik u. a. von Ritzau, Mertl zum Fahrplanwesen der deutschen Eisenbahnen konnte zum Inhalt dieser Unterlagen und ihrer Entstehung bisher wenig aussagen, da die Quellenlage vergleichsweise dürftig ist.

In Preußen: Diese Bahnverwaltung wird hier zuerst abgehandelt, weil es sich um die größte der deutschen Länderbahnen handelte. Bei den Kgl. Preußischen und später Preußisch-Hessischen Staatsbahnen (KPEV) wurde für die heute als Buchfahrpläne bezeichneten Hefte der Begriff „Fahrplanbuch" verwendet, für den Bildfahrplan die Bezeichnung „bildlicher Fahrplan". In den Fahrplanvorschriften (FplV) der KPEV vom 1. März 1906 ist dazu als Beilage I ein Muster des Fahrplanbuches mit Darstellung der Inhalte der Vorbemerkungen und einer Buchfahrplanseite dargestellt. Die Grundstruktur der „Fahrplantabellen" oder „Fahrplantableaus" war dabei schon seit etwa 1875 unverändert. Da es im Jahr 1906 auch zu einer Neubezeichnung des Lokomotivparkes mit einheitlicher Bezeichnung der Bauarten kam und die Bezeichnungen der Lokomotiven mit fortlaufenden Nummern und Namen nun wegfielen, wurden ab diesem Zeitpunkt auch die Bespannungen in die Fahrplanbücher aufgenommen. Dabei wurden mindestens eine, meist zwei der auf der betreffenden Strecke eingesetzten

144   **201. Schnell-Zug. 1.—3. Klasse.**

Entfernung in Kilometer	Stationen und Haltestellen	±Zeit-Differenz gegen Berlin +M.	Fahrzeit M.	Berliner Zeit Ankunft U.	Ankunft M.	Aufenthalt M.	Abfahrt U.	Abfahrt M.	Kreuzung mit Zug No.	Ueberholung des Zuges No.	durch Zug No.	Kürzeste Fahrzeit M.
	Guben	5	.	Nm.	.		1	55	202			
7,9	Wallwitz ...	5	.				2	4				
11,5	Merzwiese...	6	20	2	15	1	2	16				18
10,2	Crossen	7	12	2	28	2	2	30				10
17,7	Poln. Nettkow	8	19	2	49	1	2	50				17
4,8	Rothenburg ..	8	7	2	57	6	3	3				6
17,5	Züllichau	9	20	3	23	2	3	25	2208			18
6,0	Heinersdorf..	9	.	.	.		3	32				
11,1	Bomst	10	19	3	44	1	3	45				17
12,1	Bentschen ...	10	14	3	59	5	4	4			2205	12
12,3	Friedenhorst..	11	.				4	17				
4,9	Neu-Tomischel.	11	19	4	23	2	4	25				17
10,9	Eichenhorst..	11	.				4	38				
7,8	Opalenitza ...	12	22	4	47	4	4	51	208			19
9,2	Buk	12	11	5	2	2	5	4				10
4,7	Otusch	13	.				5	10				
11,2	Dombrowka..	13	.				5	22				
9,0	Gurtschin ...	14	.				5	31				
3,7	Posen	14	32	5	36	.	Nm.		2212			29
172,5			195				26					

Grundgeschwindigkeit: 65 km. pro Stunde.

Der Zug kommt von Halle.

202. Schnell-Zug. 1.—3. Klasse.

Entfernung in Kilometer	Stationen und Haltestellen	±Zeit-Differenz gegen Berlin +M.	Fahrzeit M.	Berliner Zeit Ankunft U.	Ankunft M.	Aufenthalt M.	Abfahrt U.	Abfahrt M.	Kreuzung mit Zug No.	Ueberholung des Zuges No.	durch Zug No.	Kürzeste Fahrzeit M.
	Posen......	14	.	Vm.	.		10	12				
3,7	Gurtschin ...	14	.				10	17				
9,0	Dombrowka..	13	.				10	26				
11,2	Otusch	13	.				10	38				
4,7	Buk	12	32	10	44	2	10	46				30
9,2	Opalenitza ...	12	10	10	56	2	10	58			2203	10
7 8	Eichenhorst..	11	.				11	7				
10,9	Neu-Tomischel.	11	21	11	19	2	11	21				19
4,9	Friedenhorst..	11	.				11	27				
12,3	Bentschen ...	10	18	11	39	5	11	44	205 211		2206	17
12,1	Bomst	10	14	11	58	1	11	59				12
11,1	Heinersdorf..	9	.				12	12				
6,0	Züllichau	9	20	12	19	2	12	21	2211			18
17,5	Rothenburg ..	8	19	12	40	5	12	45	2205			17
4,8	Poln. Nettkow	8	.	.	.	†	12	52				
17,7	Crossen	7	27	1	12	2	1	14				23
10,2	Merzwiese...	6	12	1	26	1	1	27				11
11,5	Wallwitz ...	5	.				1	38				
7,9	Guben	5	20	1	47	.	Nm.		201			18
172,5			193				22					

Grundgeschwindigkeit: 65 km pro Stunde.

Der Zug geht nach Halle durch.

Einen Eindruck vom Aussehen und Spaltenaufbau der frühen Fahrplanbücher in Preußen bieten diese beiden Seiten mit den Strecken der Märkisch-Posener Bahn. Die in Spalte 8 angegebenen Zugkreuzungen weisen 13 Jahre nach der Streckeneröffnung auf einen regen Verkehr hin (Fahrplanbuch der KED Berlin vom 15.10.1883).

Lokomotivgattungen mit der jeweils möglichen Last angegeben. Es wurde hinsichtlich der zu befördernden Lasten nach Streckenabschnitten unterschieden.

Der Begriff des Fahrplanbuches wurde als Gesamtheit aufgefasst, für jede Eisenbahndirektion gab es ein Fahrplanbuch. Dies galt bis zur Reform der Eisenbahndirektionen im Jahre 1895. Mit der Zunahme des Verkehrs wurde das Fahrplanbuch in mehrere Hefte unterteilt. Ab 1904/ 05 ging man bei der KPEV aufgrund der Verkehrzunahme und des Hinzukommens weiterer Strecken dazu über, für die gleichen Streckenbereiche die Fahrplanbücher noch in Reise- und Güterzughefte zu unterscheiden, wobei die Reisezughefte mit dem Kleinbuchstaben a und die für die Güterzüge und damit im Zusammenhang stehenden Leerzüge und Lokomotivfahrten mit dem Kleinbuchstaben b versehen wurden. Im Vorortverkehr der Reichshauptstadt Berlin gab es ebenfalls gesonderte Hefte.

Der Spaltenaufbau der preußischen Fahrplanbücher war dem Erscheinungsbild der Jahre zwischen 1920 und 1950 nicht unähnlich, nur die Bespannung war nicht im Kopf, sondern in zwei gesonderten Spalten 12 und 13 enthalten, zudem gab es damals noch die achsbezogenen Bremsangaben, da der Begriff der „Tonnenbremsung" mit der Berechnung von Verhältniszahlen für das Bremsgewicht, den sog. „Bremshundertsteln" erst später eingeführt wurde. Konkret war in den Fahrplanbüchern der KPEV für die einzelnen Streckenabschnitte angegeben, wie viel von jeweils 100 Achsen abzubremsen waren.

Die KPEV führte auch bereits für die Güterzüge eine Trennung in Fern- und Nahverkehr ein, wie es für den Personenverkehr schon seit der Anfangszeit der Ei-

Muster-Schriftbild für Fahrplankopf und Spaltenaufbau aus den Fahrplanvorschriften der KPEV vom 1. März 1906.

Vorbemerkungen zum Fahrplanbuch als Beilage 1 zu den Fahrplanvorschriften, diese waren am Anfang jedes Fahrplanbuches nochmals abgedruckt, ggf. mit direktionsspezifischen Besonderheiten versehen.

Foto: Ernst Liess/Eisenbahnstiftung

D. 145. Schnellzug (Geestemünde—)Zerbst—Kohlfurt 1.—3. Kl.
Grundgeschwindigkeit 85 km in der Stunde.

1 Entfernung km	2 Stationen	3 Fahrzeit M.	4 Ankunft U.M.	5 Aufenthalt M.	6 Abfahrt U.M.	7 Kreuzung mit Zug	8 Überholung des Zuges	9 durch Zug	10 Kürzeste Fahrzeit M.	M.	11 Es sind von 100 Wagenachsen zu bremsen	12/13 Tonnen hat zu befördert
			Anfang vorseitig									S3 240 / S2 210
0,00	**Falkenberg** ...	—	9:16	4	9:20	—	..	..	—	—		
4,91	Beiersdorf ...				9:25	1414	..	..	4,5		63(90)	
3,72	Wahrenbrück ...				9:28				2,5		"	
4,68	Liebenwerda ...	20	....	..	9:31	6098	..	..	3	17,5	"	
2,65	Zeischa Haltep.		....	..	9:33				2		"	
1,91	„ Krzg.=St.		....	..	9:35				1		"	
1,66	Haida ...				9:36				1		"	
3,63	**Elsterwerda** ...	—	9:40	2	9:42	{ 1380a / 1380 }	..	..	3,5	—		
3,17	Kahla ...		....	..	9:46				3		65(90)	
3,71	Plessa ...				9:49				3		"	
8,84	Mückenberg ...	23			9:56	1386	7501	—	5,5	20	"	
2,51	Naundorf a. E.				9:58				2		"	
3,10	Bärhaus ...				10:00	7512			2		"	
5,07	**Ruhland** ...	—	10:05	1	10:06				4,5		"	
4,70	Schwarzbach ...	10	....	..	10:10	8552	..	..	4	9	63(90)	
5,71	**Hohenbocka** ...	—	10:16	1	10:17	..	..	..	5		"	
3,67	Lauta ...				10:23	—			4,5		67(90)	
4,56	Schwarzkollm ...	15	....	..	10:26	..	8553	..	3	13	"	
6,92	**Hoyerswerda** ...	—	10:32	4	10:36	..	7317		5,5		"	
5,52	Koblenz ...				10:41	..	..	..	4,5		"	
7,10	Lohsa ...				10:47	..			5		"	
8,12	Uhyst P.=Bf.				10:53	..			6		"	
2,88	„ Vorbf.	43			10:55	—			2	38,5	"	
3,28	Klitten ...		....	..	10:58	..	..	..	2,5		"	
9,00	Mücka ...				11:05	8554			6,5		"	
9,06	Niesky ...				11:15		7519		8		"	
4,98	**Horka** P.=Bf.	—	11:19	1	11:20		689		4		"	
1,55	„ G.=Bf.				11:22	7318	..	..	2		"	
5,89	Zentendorf ...	23			11:27	7510			4,5	19,5	"	
2,71	Nieder=Bielau ...				11:29	..	..	..	2		"	
5,90	Glaserberg ...				11:37				6		"	
6,77	**Kohlfurt** ...	—	11:43	(5)	11:48				5	—		

n. Breslau Zug 73

Durch den Fläming ziehen zwei von über 1000 gebauten pr. S3 einen nach Süden fahrenden Personenzug nahe Holzdorf auf der Strecke Jüterbog – Falkenberg (Sommer 1904).

Auf der Strecke Falkenberg – Kohlfurt im Bereich der KED Halle war im Sommerfahrplan 1909 dieser Schnellzug mit Lokomotiven der Gattungen S2 oder S3 unterwegs. Die Zuggewichte der schnellfahrenden Züge sollten sich bald weiter erhöhen, so dass zweifach gekuppelte Lokomotiven für diese Züge nicht mehr ausreichten.

senbahn üblich war. So wurde zum 1. Oktober 1898 eine Regelung getroffen, die neben Vieh- und Eilgüterzügen sogenannte Ferngüterzüge, Durchgangsgüterzüge und Nahgüterzüge unterschied. Ferngüterzüge waren dabei den heutigen Ganzzügen vergleichbar, die direkt und ohne Wagenaustausch zwischen Anfangs- und Endbahnhof verkehrten. Durchgangsgüterzüge passierten die kleineren Unterwegsbahnhöfe und führten nur auf den Knotenbahnhöfen einen Wagenaustausch aus, von diesen Bahnhöfen aus übernahmen die Nahgüterzüge die Verteilung der Wagenladungen in der Fläche. Später erfolgten weitere Unterscheidungen und neue Zuggattungen, vor allem für die Verkehrsstatistik, hierzu mehr in den Erläuterungen zur entsprechenden Dienstvorschrift der Deutschen Reichsbahn, der DV 407.

In Bayern: Die Kgl. Bayerischen Staatseisenbahnen betrieben bis 1918 ein linksrheinisches (pfälzisches) und ein rechtsrheinisches Netz, das den Bereich von Bayern und Franken in den durch den Wiener Kongress 1815 festgelegten Grenzen umfasste. Der Begriff „Bayern rechts des Rheins" wurde noch bis zur Auflösung der Gruppenverwaltung Bayern 1933 beibehalten. In Bayern hießen die Dienstfahrpläne ebenfalls Fahrplanbücher. Sie enthielten aber nicht nur die Fahrzeiten, Bespannungen und Lastangaben der Züge, sondern auch die „Fahrplan-Vorschriften", die Diensteinteilung des Zugpersonals sowie die Berechnung der Fahrgelder.

Unter bayrischen Fahrplanvorschriften waren im Gegensatz zu Preußen nicht die Grundsätze zur Aufstellung der Dienstfahrpläne gemeint, sondern die heute als Umlaufpläne der Triebfahrzeuge bezeichneten Unterlagen. Mit Fahrgeldern waren wiederum nicht die von den Fahrgästen zu entrichtenden Tarife, sondern die Vergütungssätze für Lokomotivpersonale, Schaffner und Wagenwärter und deren Berechnung beschrieben.

Der Spaltenaufbau war ähnlich dem in Preußen, nur waren die ansonsten in den letzten Spalten aufgeführten Kreuzungen und Überholungen von Zügen in den Spalten 3-5 dargestellt. Statt „Abfahrt"(-szeit) hieß es bis etwa 1912 „Abgang", die Minuten waren noch in Viertel eingeteilt, womit sich eine Genauigkeit der Fahrzeitberechnung auf 15 Sekunden ergibt. Weiterhin waren die fahrplanmäßigen und kürzesten Fahrzeiten genannt, zu denen wiederum eine Grundgeschwindigkeit (Gr. G.) und eine Höchstgeschwindigkeit (Mx. G.) angegeben waren.

Lastangaben gab es bis in die zwanziger Jahre nicht, auch die Baureihenbezeichnung wurde bis etwa 1925 gar nicht und danach bis 1930 nur in Form der Betriebsgattung nach DRG-Schema dargestellt. Dafür gab es in einem gesonderten Heft jeweils eine Darstellung der von den Zugbildungsbahnhöfen ausgehenden Umläufe, die als Lokomotivpersonalkurse bezeichnet wurden und bei denen auch die Bespannung der Züge angegeben war. Die Bayerische Staatsbahn kannte auch bereits den

Von der Station Bergzabern im linksrheinischen Netz wurde eine Lokomotive der Reihe T4 (DRG 98⁴ bzw. 98⁶) vor Personenzügen eingesetzt (Fahrplanbuch III vom 1. Mai 1910).

Begriff des Fahrtberichtes. Das auf Seite 17 folgende Dokument zeigt eine Buchfahrplanseite der Strecke Würzburg – Nürnberg aus der Zeit kurz nach dem Ersten Weltkrieg.

Bei der Bremsberechnung sprach man von „Bremsprozenten", was –

Foto: Sammlung Johannes Glöckner/Eisenbahnstiftung

FD 80 (Berlin – München) kommt aus dem Burgberg-Tunnel bei Erlangen gestürmt. Das wars mit dem weißen Kleid.

Auszug aus dem Fahrplanbuch 4 vom 1. Juni 1920 mit dem Fahrplan des Schnellzuges D 54 im Abschnitt Würzburg – Nürnberg. In Spalte 2 die Einschränkungen der Höchstgeschwindigkeit für Ein-, Aus- oder Durchfahrten.

Schnellzug D 54. (1. 2. Kl.)

Fortsetzung aus Heft 3.

Entfernung in km	Die Geschwindigkeit ist zu ermäßigen auf	Stationen	× Kreuzt mit Zug	○ Überholt den Zug	Ankunft	Aufenthalt	Abfahrt	Fahrzeit in Minuten fahrplanmäßige	Fahrzeit in Minuten gekürzte	Maßgebende Grundgeschwindigkeit fahrpl. Fahrzeit	Maßgebende Grundgeschwindigkeit gekürzte Fahrzeit
A 20		Würzburg Hbf.			8 36	24	9 00	.	.	60	90
	— a										
	— b										
7,96	D 80	Rottendorf			9 17			17	12½		
	— c										
6,08	.	Dettelbach Bf.		1988	29½			12½	8	75	90
5,25	.	Buchbr.-Mainst.			34			4½	4		
3,66	.	Kitzingen		1972	37			3	3	65	
5,43	.	Mainbernheim			46			9	6½		
4,07	.	Iphofen			53½			7½	5¼		
2,49	.	Markteinersheim		446	58			4½	3¾		
3,33	.	Hellmitzheim			10 03½			5½	4	70	
8,30	.	Marktbibart		7022	12½			9	7		
6,99	.	Langenfeld			18½			6	5		
7,73	.	Neustadt(Aisch)Bf.		1966	27½			9	6½	60	
	— o										
9,51	.	Emskirchen			44½			17	12		
5,10	.	Hagenbüchach			53½			9	5½	70	
	— p										
9,21	.	Siegelsdorf		3004	11 01½			8	7		
3,90	.	Burgfarrnbach			05½			4	3		
	— q										
5,58	.	Fürth (Bay.)			11½	1½	11 13	6	4		
2,25	.	Nürnberg-Doos			17			4	4		
	— b										
	— a										
5,44	E 40	Nürnberg Hbf.			11 25	12	11 37	8	7		

wie in Preußen – auf die prozentuale Anzahl der je 100 Wagenachsen abzubremsenden Achsen hinwies. Der Begriff der Bremsprozente darf daher nicht mit den später verwendeten Bremshundertsteln verwechselt werden, der sich auf die Bremsgewichte der Fahrzeuge bezog.

Für die Abrechnung der Zugleistungen und die Berechnung der Fahrgelder waren am Ende der Fahrplanbücher die Entfernungen zwischen den Betriebsstellen in vollen Kilometern angegeben.

Da es die Begriffe des „Personenzuges mit Güterbeförderung, PmG" und des „Güterzuges mit Personenbeförderung, GmP" noch nicht gab, war bis zur Einführung der Vorschriften für Zugleistungen z.B. bei einzelnen Durchgangs- oder Eilgüterzügen angeben, ob und in welcher Wagenklasse sie Personen befördern.

17

Gruppenbild mit dem Lütten und der seuten Deern: Das Personal der mecklenburgischen T 3a Nr. 563 „Neustadt" (Jung 1892, F.Nr. 120), die ursprünglich von der mecklenburgischen Südbahn Parchim – Neubrandenburg kam.

In Mecklenburg: Die ältesten dem Autor bekannten Unterlagen der Mecklenburgischen Friedrich-Franz-Eisenbahn (MFFE) datieren von 1873, als diese noch mit dem Kürzel FFE bezeichnet wurde. Die Fülle der im Zeitraum bis 1895 überlieferten Unterlagen ist so groß, dass hier nur ein Abriss dargestellt werden kann.

Die Fahrplanbücher wurden in Mecklenburg bis 1885 als „Fahrplantableau", danach als Fahrplanbücher bezeichnet. Im Hauptteil des Fahrplanbuches, von dem es im verkehrsarmen Mecklenburg-Schwerin und Mecklenburg-Strehlitz bis 1895 nur eines gab, waren die Fahrpläne der Personen- und Güterzüge enthalten. Das nebenstehende Bild zeigt den Spaltenaufbau eines Fahrplanbuches am Beispiel eines Personenzuges, der zwischen Ludwigslust und Dömitz sogar Güter beförderte.

Personen-Zug № 160
Heb. B. von Parchim bis Ludwigslust,
auf Strecke **Ludwigslust-Dömitz** mit Güterbeförderung,
von Parchim bis Ludwigslust II. und III. Klasse,
von Ludwigslust bis Dömitz II.—IV. Klasse.

1. Entfernung in Kilometer	2. Stationen.	3. Fahrzeit M.	4. Ankunft U.|M.	5. Halt M.	6. Abfahrt U.|M.	7. Kürzeste Fahrzeit M.	8. Kreuzung mit Zug Nr.	9. Ueberholung des Zuges Nr. / durch Zug Nr.	10. Fahrgeschwindigkeit des Zuges in der Stunde km	11. Es sind von 100 Wagenachsen zu bremsen
	Parchim	—	—		6|10	—				
8,2	Spornitz	14	6|24	4	6|28	13	163		40	
2,5	Dütschow . . .	5	—	×	6|33	4				21 (40)
6,2	Neustadt	11	6|44	3	6|47	10				
4,5	Gr.-Laasch . . .	9	—	×	6|56	8				
4,5	**Ludwigslust** . .	9	7|05	80	8|25	8				
3,7	Techentin . . .	9	—	×	8|34	7			30	18 (30)
2,7	Alt-Karstädt . .	6	8|40	1	8|41	6				
7,2	Eldena	15	8|56	2	8|58	14	313			
4,0	Göhren	8	9|06	1	9|07	8				9 (30)
3,1	**Malliss**	8	9|15	2	9|17	6	112			
4,4	Neu-Kaliss . . .	9	9|26	3	9|29	9				12 (30)
5,3	**Dömitz**	11	9|40	—	—	11				
	Fahrtdauer 3 St. 30 M.	**114**		96						

Im Sommerfahrplan 1895 gab es für ganz Mecklenburg nur ein Fahrplanbuch, hier mit einem Personenzug zwischen Parchim und dem Grenzbahnhof zur KPEV in Dömitz.

Foto: Sammlung Thomas Samek

Lfd. No.	Von — bis	Zug Nr.	Befördert				Bemerkungen.
			Eilgüter	Vieh	Stückgüter	Wagenladungsgüter	
10	**Strasburg-Kleinen**	10	O	O	—	—	**Eilgut** zwischen den Stationen von Strasburg bis Bützow. **Vieh** nur auf Strecke Strasburg-Neubrandenburg bis zu 8 Achsen.
11	**Lübeck-Malchin**	11	O	O	—	O	**Eilgut** ab Kleinen unbeschränkt. **Fische** ab Lübeck ausgeschlossen. **Vieh** aus Richtung Oldesloe gegen 50 % Frachtzuschlag bis zu 6 Achsen. Wagen mit Rohrleitung. **Bier in Wagenladungen während der wärmeren Jahreszeit** von Schwerin nach Sternberg, Rostock F.F. und Teterow in gewöhnlicher Fracht.
12	**Güstrow-Lübeck**	12	+	+	—	O	**Wagenladungen** ab Kleinen für Lübeck. **Bier in Fässern** von Rostock nach den Stationen der Strecken Bützow-Kleinen-Lübeck und Blankenberg transito Richtung Warin, in gewöhnlicher Fracht.
13	**Malchin-Strasburg**	13	+	O	—	O	**Vieh** und **Wagenladungen** von Malchin nach Neubrandenburg, Strasburg und weiter.
14	**Ludwigslust-Wismar**	21	+	+	—	O	**Wagenladungen** ab Ludwigslust für Schwerin und für Uebergang auf Güterzug 301 in Kleinen.
15	**Schwerin-Ludwigslust**	22	+	+	—	O	**Wagenladungen** ab Schwerin nach Ludwigslust und weiter.
16	**Ludwigslust-Wismar**	23	+	O	—	O	**Vieh** gegen 50 % Frachtzuschlag bis zu 6 Achsen. **Wagenladungen** ab Kleinen für Wismar.
17	**Wismar-Ludwigslust**	24	+	O	—	—	**Vieh** ab Wismar bis 10 Achsen, ab Kleinen und Schwerin bis zu 4 Achsen (siehe laufende Nr. 8). **Bier in Fässern** von Rostock nach Schwerin, Ludwigslust, Hagenow (ab Schwerin Zug 84), in gewöhnlicher Fracht.
18	**Ludwigslust-Wismar**	25	O	—	—	O	**Eilgut** nur für Richtung Wismar und Lübeck. **Wagenladungen** ab Kleinen für Wismar.
19	**Wismar-Schwerin**	26	+	+	—	O	**Wagenladungen** ab Wismar für Schwerin und weiter.
20	**Ludwigslust-Wismar**	27	+	O	—	O	**Vieh** ab Ludwigslust bis zu 4 Achsen, ab Schwerin bis zu 10 Achsen, ab Kleinen unbeschränkt. 2 Achsen **Bier** von Ludwigslust transit nach Schwerin und darüber hinaus in gewöhnlicher Fracht. **Wagenladungen** ab Kleinen für Wismar.
21	**Wismar-Ludwigslust**	28	+	+	+	O	**Wagenladungen** nur ab Wismar für Schwerin.

In der Anlage III zum Fahrplanbuch war angegeben, ob der betreffende Zug Eilgut, Vieh sowie Stück- oder Wagenladungsgüter beförderte.

Eine I. Anlage zum Fahrplanbuch enthielt in Folge:
A: Zusammenstellung der Züge nach fortlaufenden Nummern mit Angabe der zu stellenden Begleitungsbeamten, Wagenzüge usw.
B: Dienstplan für die Zugbegleitungsbeamten
C: Bildungs- und Dienstplan für die Wagenzüge
D: Verzeichnis der zu verwendenden Zugrichtungsschilder
E: Übersicht über den Lauf der Postwagen sowie die Beförderung von Briefbeuteln durch das Eisenbahnpersonal

In der Anlage II waren zusammengestellt:
A: Vorschriften über Wartezeiten und sonstige Bestimmungen bei Verspätung der Personenzüge
B: Vorschriften über die Erleuchtung der Personenzüge

Eine III. Anlage enthielt schließlich die Vorschriften über die Beförderung der Eilgüter, Vieh, Stückgüter und Wagenladungsgüter. Im Gegensatz zu den hierfür bei der späteren Reichsbahn für dieses Fachgebiet gebräuchlichen Vorschriften DV 600-608 (PBV und GBV) war im Anhang III nur für die einzelnen Streckenabschnitte angegeben, welche Güter auf den betreffenden Abschnitten befördert wurden, ggf. mit Einschränkungen und Erläuterungen.

Dabei bedeutete ein Kreuz die unbeschränkte, ein Kreis eine beschränkte Beförderung der betreffenden Güter, die Einschränkungen waren in der Spalte „Bemerkungen" erläutert.

Man sieht, dass aufgrund der geringen Verkehrsdichte anders als in Preußen die Betriebs- und Verkehrsvorschriften, die meist länger als eine Fahrplanperiode in Kraft bleiben konnten, noch nicht von den Fahrplänen getrennt worden waren. Andererseits waren im Fahrplanbuch auch die Dienstpläne der Lok- und Begleitpersonale und die Wagenreihung aufgeführt, die unter Umständen sogar während einer Fahrplanperiode mehrfach geändert werden mussten.

Erst nach der 1920 eingeläuteten „Verreichlichung" der Länderbahnen wurden schrittweise ab 1925/26 auch im Bereich der nunmehrigen Reichsbahndirektion Schwerin die Reichsbahnvorschriften eingeführt und somit das betriebliche Vorschriftenwerk von den Dienstfahrplänen separiert.

In Oldenburg: Bei den Großherzoglich Oldenburgischen Eisenbahnen (GOE) wurden die Fahrplanbücher allgemein als „Dienst-Fahrplan" bezeichnet. Der Aufbau der Fahrplantabelle war dem in Preußen nicht unähnlich, wie auch viele andere Normalien bei der GOE von Preußen übernommen wurden. Im Dienstfahrplan vom 1. Mai 1909 enthalten die Vorbemerkungen zunächst eine Übersicht der Fahrgeschwindigkeiten auf den Hauptbahnen und verweisen bezüglich der Geschwindigkeiten auf den Nebenbahnen auf § 48 der Fahrdienstvorschrift.

Es schließen sich ein Entfernungszeiger und ein Verzeichnis der Zugmeldestellen und der ständig bzw. nicht ständig besetzten Zugfolgestellen (heute würde man sagen: Blockstellen) an. Eine davon war die Zugfolgestelle an der 1886 errichteten, von Hand bedienbaren Drehbrücke über den Ems-Jade-Kanal in Sanderbusch, die erst 2006 durch einen Neubau ersetzt wurde.

Man sieht auch an den bahnbetrieblichen Bezeichnungen, dass ei-

II. Verzeichnis der Zugfolgestellen:

a) der ständig bedienten: Heidkrug, Hoykenkamp, Schierbrok, Reiherholz, Neuenwege.
b) der nur zeitweilig bedienten.

Station	Zu bedienen bei dem Zuge
Südende	6360, 6312, 601, 602, 2, 6314, 7903, 6375, 603, 604, 184a, 605, 606, 106, 607, 7 wenn 187b verkehrt, 8, 9F wenn 609, 9, 119b, 6317 wenn 189c verkehrt, 610.
Dangastermoor	98, F, 601, 602, 603, 604, 605, 6316b, 6 wenn Marienzug B verkehrt, 187b wenn 607b verkehrt, 6317a wenn 187c verkehrt, 189a, 99 wenn 307 verkehrt, 307, 88, 609, 11, 229F wenn E verkehrt, 610.
Bant	601, 601b, 6375, 81 wenn F verkehrt, 80b, 6380b, 6313, 603, 605, 5F, 124b wenn 87m verkehrt, 106 wenn 87F verkehrt, 7, 6316, 87, 6 wenn Marienzug B verkehrt, 6317, 129, 88F wenn 609 verkehrt, 609, 9 wenn 88 verkehrt, 8F, 89, 8a wenn 89b oder 89m verkehrt, 119b, 9b, 91F, 610, 10 wenn Marienzug D verkehrt.
Sanderbusch-Brücke	80 wenn 6376 verkehrt, 6380 wenn 180a verkehrt, 180a, 6380b, 81 wenn 180b verkehrt, 85 wenn 185b oder 6305 verkehren, 87F, 186a, 86 wenn 6386 verkehrt, 680, 688, 90 wenn 92 verkehrt.
Tettens	182 wenn 182b verkehrt, 185, 185b verkehrt, 184 wenn 184b verkehrt, 186a, 189c.
Garms	182 wenn 182b verkehrt, 184 we..n 184b verkehrt, 189c.
Wechlov vom 15. Juni an.	6321, 7925, 6025, 25, 107, 105, 110, 26, 28a, 29F, 29 wenn 31F verkehrt, 6327.
Raubauerfeld	22, 6321, 7925, 6025, 6025, 107, 105, 6326a, 24F, 26a, 110, 26, 28a, 28, 29F, 6029, 29, 109 wenn 6327b verkehrt.
Hüllenborg	28.
Brockstreet	6362 wenn 6362b verkehrt, 6363a, 6363, 6371, 66 wenn 6364 verkehrt, 65b, 6367.
Langen	66 wenn 6364 verkehrt.
Oldenbrok	Nur auf besondere Anordnung.
Steinhausen	6218, 6216, 6243, 244 wenn 125F verkehrt, 124b wenn 87m verkehrt, 6264b.
Düngstrup	6441.

In den Vorbemerkungen zum Dienstfahrplan vom Mai 1909 war enthalten, für welche Züge bestimmte Blockstellen besetzt sein mussten.

87. Personenzug. Wittmund=Wilhelmshaven. 2.—4. Kl.
Fahrgeschwindigkeit 30 km, ab Jever 40 km.

	2. Stationen	3. Kürzeste Fahrz.	4. Fahrzeit	5. Ankunft	6. Aufenthalt	7. Abfahrt	8. Kreuzung mit Zug	9. Ueberholung des Zuges	durch Zug	10. Für Bremsbesetzung maßgebende Geschwindigkeit	11. Bremsbesetzung entsprechend der flügigen Fahrzeit (Spalte 3)	12. Fahrordnung
		M.	M.	u. M.	M.	u. M.				km St.	%	Gleis
	Wittmund	6				3 00				30	9,0	II
	Asel	5		3 06	0	3 06				"		
	Vereinigung	6		3 11	0	3 11				"		
	Jever	9		3 17	9	3 26				40	10,0	II
	Heidmühle	4		3 35	1	3 36				"	10,5	I
	Ostiem	8		3 40	1	3 41				"		
	Sanderbusch	5		3 49	1	3 50					9,0	
	Sande	6		3 55	12	4 07	6386a 7				9,8	VI
	Mariensiel	6		4 13	1	4 14				"	"	
	Bant	4		4 20	1	4 21				"	"	
	Wilhelmshaven			4 25								II

87 F. Leerzug. Jever=Wilhelmshaven.
Fahrgeschwindigkeit 40 km. Nur Sonntags sowie am 20. und 31. Mai.

	Stationen	Kürzeste Fahrz.	Fahrzeit	Ankunft	Aufenthalt	Abfahrt	Kreuzung mit Zug	Ueberholung		Geschw.	Bremsbes.	Fahrordnung
	Jever	7				3 08				40	10,0	II
	Heidmühle	9				3 15				"	10,5	I
	Ostiem					...				"		
	Sanderbusch					3 24					9,0	
	Sande	4		3 28	17	3 45		106		"	9,8	VI
	Mariensiel	5				3 50				"	"	
	Bant	2				3 55				"	"	
	Wilhelmshaven			3 57								II

87 m. Lokomotive. Bockhorn=Wilhelmshaven.
Fahrgeschwindigkeit 40 km. Nur Mittwochs.

	Stationen	Kürzeste Fahrz.	Fahrzeit	Ankunft	Aufenthalt	Abfahrt	Kreuzung mit Zug	Ueberholung		Geschw.	Bremsbes.	Fahrordnung
	Bockhorn	5				3 01				40	15,0	II
	Steinhausen	4				3 06				"		
	Ellenserdamm	9		3 10	1	3 11		6316 wartet			9,3	I
	Sande	5				3 20				"	9,8	II
	Mariensiel	5				3 25				"	"	
	Bant	3				3 30				"	"	
	Wilhelmshaven			3 33								III

Auszug aus dem Dienstfahrplan der GOE vom 1. Mai 1909. An der Anzahl der Kreuzungen und Überholungen in den Spalten 8 und 9 erkennt man die damals noch geringe Verkehrsdichte.

nige der später bei der Reichsbahn verwendeten Begriffe schon sehr frühzeitig geprägt wurden. In den Fahrplantabellen war keine Zuglast und Bespannung angegeben, die Bremsbesetzung wurde in Prozent der zu besetzenden Bremsen bei der vorgesehenen Geschwindigkeit genannt (Spalten 10 und 11). In den Bahnhöfen war unter dem Begriff „Fahrordnung" in Spalte 12 das Gleis angegeben, über das der betreffende Zug im Regelbetrieb verkehren sollte.

1899 heißt es dazu: „In den Fahrta-bellen sind die Züge des allgemeinen Fahrplanes mit Ausnahme der Mi-litär-Bedarfszüge sowie diejenigen Angaben enthalten, welche für die Fahrt der Züge notwendig sind." Die Fahrtabellen enthielten alle Angaben wie die Fahrplanbücher in Preußen, zusätzlich zur Last war die Anzahl der Achsen bei Personenzügen mit angegeben. Die Angabe der Bespan-nungen erfolgte nicht einheitlich. Meist war sie nur für die Schnell- und Personenzüge angegeben.

Abfahrt! Eine der als „Pauken-schlag der Moderne" wahrgenom-menen Verbundlokomotiven der sächsischen Gattung XV verlässt im Jahre 1904 den Bahnhof Alten-burg mit dem D 22 (Berlin Anhal-ter Bahnhof – Leipzig – München).

Foto: Reichsverkehrsministerium/Eisenbahnstiftung

In Österreich-Ungarn: In der k. u. k-Monarchie wurden die innerdienstlichen Fahrpläne bis 1918 als Fahrordnung bezeichnet. Dies galt gleichermaßen für die kaiserlich-königlichen Staatsbahnen wie auch die zahlreichen damals noch vorhandenen Privatbahnen. Mit diesem Begriff wurden in den Anfangsjahren der Eisenbahn auch die öffentlichen Fahrpläne bezeichnet, etwa ab dem Jahre 1865 bezog sich dieser Begriff nur noch auf die Dienstfahrpläne. Zur Unterscheidung wurden einige der internen Fahrpläne auch als „Dienst-Fahrordnungen" tituliert, um die Abgrenzung zu den Fahrplänen für die Öffentlichkeit darzustellen. Manchmal wurde auch noch der Zusatz „Darstellung des Fahrens in Raumdistanz" mit Angabe der im Heft verzeichneten Strecken verwendet.

Wie später auch bei der DRG/DRB wurden für die Beschreibung der Streckenverhältnisse auch spezielle Anhänge zu den Fahrordnungen/Dienstfahrordnungen herausgegeben. Nur für internen Gebrauch bestimmt waren alle diese Unterlagen, aber für den Kriegsfall gab es besondere Kriegsfahrordnungen und Fahrordnungen für Sonder-Militärzüge. Diese Fahrpläne und die zugehörigen Unterlagen zu den Verhältnissen auf den Unterwegsbahnhöfen, insbesondere auch zu Wasserstationen, Nutzlängen und Brückenbauwerken sowie Tunneln waren vor dem Ersten Weltkrieg und auch später noch verstärkt Gegenstand der Spionage, dies auch deshalb, da es noch keine geeignete Kopier- und Vervielfältigungstechnik wie heute gab und die damaligen Fotoapparate sehr auffällig, schwer zu transportieren und zu bedienen waren. Die Fahrordnungen und insbesondere die Anhänge dazu enthielten in komprimierter Form nahezu alle für die Betriebsdurchführung wichtigen Angaben, zur Planung militärischer Operationen benötigte man dann eigentlich nur noch die Lagepläne der Unterwegsbahnhö-

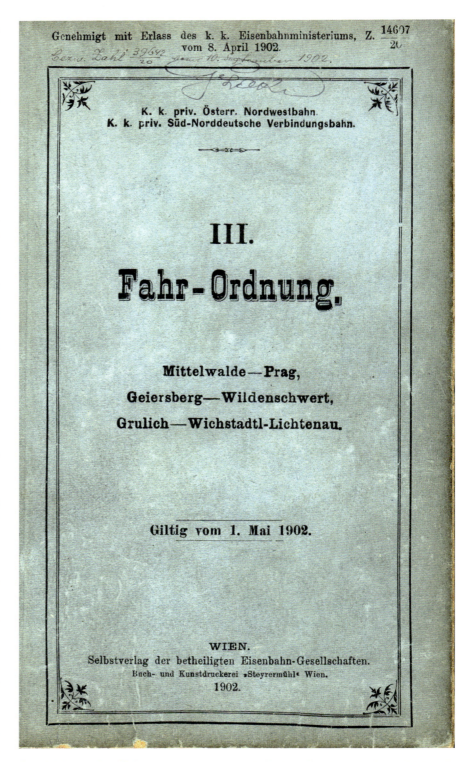

Deckblatt einer Fahrordnung der österreichischen Nordwestbahn mit Fahrplänen der Hauptbahn von Mittelwalde (Grenzbahnhof zur KED Breslau) nach Prag und zwei Nebenbahnen.

fe und das sog. Streckenband, d.h. einen Zerrplan der Trassierungs- und Neigungsverhältnisse. Aus der Historie bekannt ist der im Mai 1913 aufgedeckte Fall des kk. österreichischen Obersten Alfred Redl, Chef des Generalstabes des Prager Korps, der im Rahmen seiner Tätigkeit für Russland nahezu die gesamten Aufmarschpläne der Monarchie verraten hatte, wozu auch die internen und besonders reservaten Kriegsfahrordnungen und Übersichtskarten zur Leistungsfähigkeit der auf die Landesgrenzen zulaufenden Strecken zählten.

Die Fahrordnungen enthielten die Fahrzeiten in Tabellenform,

Foto: Sammlung Schadow/Heinemann

Mit der österreichischen Gebirgsschnellzug-Lokomotive 100.01 entwarf Karl Gölsdorf 1909 den ersten praxistauglichen Sechskuppler.

Seite 63 der Fahrordnung der österreichischen Nordwestbahn von 1902 zeigt dichten Verkehr auf der Verbindung von Prag zur preußischen Grenze bei Mittelwalde, man schaue nur auf die Vielzahl der Kreuzungen.

Nr. 474. Güterzug. (Rang 18.)

Belastung	Stationen	Entfernung in Kilom. einz.	Entfernung in Kilom. zus.	Fahrz. M.	Ankunft Uhr	Ankunft M.	Aufenth. M.	Abfahrt Uhr	Abfahrt M.	Trifft den Zug Nr.	Kürz. Fahrz. M.	V %
F	**Gross-Wosek**	--	—		Abends		—	6	03	104. 109. 471.	—	35/9
—	Libnowes	6·8	6·8	17	6	20	25	6	45	422. 451.	15	25/10
	Žiželitz	11·3	18·1	34	7	19	20	7	39	417. 479.	30	
	Chlumetz	4·7	22·8	15	7	54	46	8	40	410. 469. 507.	14	30/7
G	Dobrenitz·Syrowatka	14·9	37·7	37	9	17	10	9	27	457.	33	
	Praskačka·Urbanitz P. H.	5·9	43·6		—		—				—	»
	Königgrätz	7·1	50·7	33	10	00	124	12	04	{251a. 256. 260. 453. 453a. 466. 474a. 4045.	29	»
	Hohenbruck	13·5	64·2	33	12	37	36	1	13	401. 473.	29	»
—	**Tinischt**	8·3	72·5	22	1	35	37	2	12	473a.	19	»
F	Častolowitz	7·9	80·4	19	2	31	5	2	36		18	»
	Adlerkosteletz	4·0	84·4	11	2	47	9	2	56	455.	10	»
—	Daudleb P. H.	2·9	87·3	10	—		—	3	06		8	»
	Pottenstein	5·1	92·4	19	3	25	6	3	31	475.	15	25/13
G	Lititz a. Adl.	5·5	97·9	24	—		—	3	55		16	»
	Senftenberg	7·9	105·8	26	4	21	3	4	24	409.	22	»
—	**Geiersberg**	6·9	112·7	21	4	45	65	5	50	{402. 477. 1205. 1252.	20	»
F	Gabel...........	9·3	122·0	30	6	20	6	6	26	451a.	25	»
—	Wichstadtl·Lichtenau	11·5	133·5	41	7	07	10	7	17	451.	30	25/10
G	Abzweigung	1·9	135·4	7	—		—	7	24		7	»
	Mittelwalde	6·6	142·0	20	7	44		Früh		459a.	20	»

Fahrzeit	6 St. 59 Min.
Aufenthalte	6 » 42 »
Zusammen	13 St. 41 Min.

Wagenklasse und Belastungsklasse, also keine exakte Lastangabe – ein Anklang an die später eingeführten Belastungstafeln. Zusätzlich waren in den Spalten die Kreuzungsaufenthalte, die kürzesten Fahrzeiten, die prozentuale Besetzung der Handbremsen und die Grundgeschwindigkeit angegeben. Bei zivilen Personenzügen war zusätzlich dargestellt, wie viel Militärpersonen und ggf. auch Pferde anstelle der sonst üblichen Fracht befördert werden konnten. Diese Angaben waren auch an den Fahrzeugen selbst, insbesondere an den Güterwagen angeschrieben, bei Lokomotiven gab es besondere Kennzeichnungen am Führerhaus für die Einsetzbarkeit im Kriegsfall. Darüber hinaus gab es sog. „Allgemeine Fahrordnungen" (KPEV) bzw. „Anhänge zu den Fahrordnungen" (KKStB), deren Inhalt sich mit der vor Ort vorhandenen Sicherungstechnik und den ortsfesten Anlagen befasste. Mehr dazu im Abschnitt zu den Anhängen und Sonderheften ab Seite 55.

25

Deutsche Reichsbahn nach 1920

Obwohl auf schwachen Füßen stehend, boxte die Weimarer Republik durch, wozu sich das Kaiserreich außerstande gesehen hatte: die Verreichlichung der deutschen Länderbahnen. Als Symbol der neuen Ära präsentierten sich die neuen Einheitslokomotiven dem Publikum, wie hier – nach der morgendlichen Ankunft in Leipzig Hbf – eine Schnellzuglok der Baureihe 01, die die ihr vorgespannte 17^{10} preußischen Ursprungs zierlich wirken lässt.

Eine mit der Gründung unserer Nationalbahn verbundene Mammutaufgabe wurde von der Öffentlichkeit unbemerkt in den Büros und Amtsstuben bewältigt: die Harmonisierung betrieblicher Regeln und Dienstvorschriften! In Bahnknoten vorgehaltene und zu Verkehrsspitzen eingesetze Zusatzzüge gehören zum Tagesgeschäft der Deutschen Reichsbahn-Gesellschaft. Wir wissen nicht, warum an einem Tag des Jahres 1936 auf Bahnsteig 5 des Hamburger Hauptbahnhofs solches Gedränge herrschte, das eines im Blockabstand vor dem Eilzug nach Halberstadt laufenden Vorzuges bedurfte. Die Deutschen Schwimmmeisterschaften oder die Reichsverbandstagung der Zimmermeister?

Eilzug
Zuschlagpflichtig

Halberstadt 11²⁹

Vorzug

auptbahnhof Hamburg
Bahnsteig 5

über Lehrte-Hildesheim-Goslar
Bad Harzburg-Wernigerode

alberstadt 11³³

Apokalypse. Ruinöse Ansicht aus Berlin-Wedding, einem Arbeiter- und Industriebezirk der Reichshauptstadt, aufgenommen im März 1945. Langsam nähert sich Kriegslok 52 224 mit einem Güterzug einer nach den letzten Bombenabwürfen aufgeschütteten, abgestützten und geflickten Brückenpartie am Nettelbeckplatz. Trotz immenser Zerstörungen scheint die Eisenbahn ihrer Aufgabe noch gerecht zu werden.

Unmittelbar nach der Schaffung der Deutschen Reichsbahn im April 1920 wurden die Fahrplanbücher weiterhin nach den bisherigen Mustern der Länderbahnverwaltungen gestaltet, lediglich auf dem Deckblatt hieß es nun „Deutsche Reichsbahn" und „Eisenbahndirektion", der Begriff der Reichsbahndirektion setzte sich erst nach 1922 durch. Auch war mit der Abschaffung der Monarchien das „Königliche" bzw. „Großherzogliche" vor dem Begriff der Eisenbahndirektion schon seit 1919 entfallen.

Für die Fahrplanbücher wurde im April 1923 eine „Anweisung über die Herstellung der Fahrplanbücher" herausgegeben (Erl. RVM vom 7. April 1923, E.IV.45.1670), mit der die Anordnung des Druckes und der Inhalt vorgegeben wurden. Sie orientierte sich im Wesentlichen an den Vorgaben der Fahrplanvorschriften der KPEV. Mit der Einführung der Betriebsgattungen für Dampflokomotiven und der neuen Bezeichnungen für elektrische Lokomotiven und Triebwagen wurden ab 1926 schrittweise auch diese Bezeichnungen übernommen; bis 1930 war dieser Prozess abgeschlossen.

Strukturen

Bis zur Einführung einer einheitlichen Organisationsstruktur im Jahre 1927 galten noch die Strukturen der früheren Länderbahnen weiter. Die Organisation der Reichsbahn war durch eine große Einheitlichkeit und straffe innere Organisation gekennzeichnet. Aus den historischen Entwicklungen heraus entstand schrittweise ein System aus vier Ebenen der Betriebslenkung, und zwar:
- Ebene des Reichsverkehrsministeriums mit der Eisenbahn-Betriebsabteilung
- Ebene der Reichsbahndirektionen mit ihren Betriebsabteilungen
- Betriebsämter und
- Dienststellen.

Fahrmeister des Potsdamer Bahnhofs in Berlins Mitte zur Zeit des Zweiten Weltkrieges. Gemäß Rangzeichen war er Beamter im mittleren Dienst.

Fotos: RVM/Sammlung Gerhard

Gebäudekomplex des Reichsverkehrsministeriums in Berlin-Mitte, Voß-, Ecke Wilhelmstraße (um 1925).

Das RVM umfasste bezogen auf den Sektor Eisenbahn mit Stand von Ende 1938 verschiedene sog. Eisenbahnabteilungen und Gruppen, davon war für den Betriebsdienst und damit auch das Fahrplanwesen die Abteilung E II – auch Betriebsabteilung genannt – zuständig. Wehrmachtverkehre und sonstige Wehrmachtangelegenheiten fielen in die Zuständigkeit der Gruppe L (Landesverteidigung/Eisenbahn-Wehrmacht-Angelegenheiten).

Dem Reichsverkehrsminister, gleichzeitig Generaldirektor der DRG, dem ein stellv. Generaldirektor im Rang eines geschäftsführenden Staatssekretärs zugeordnet war, unterstanden zum genannten Zeitpunkt folgende Eisenbahnabteilungen:

– Gruppe A:
  Allgemeine Verwaltung
– Abteilung E I:
  Verkehrs- und Tarifplanung
– Abteilung E II:
  Bau- und Betriebsabteilung
– Abteilung E III:
  Maschinentechnische und Einkaufsabteilung
– Abteilung E IV:
  Finanz- und Rechtsabteilung

– Abteilung E V:
  Personalabteilung
– Gruppe L:
  Eisenbahnmilitärische Angelegenheiten.

In der Unterabteilung E IV B war die Aufsicht über die Privat- und Kleinbahnen angesiedelt (Reichsbevollmächtigte für Bahnaufsicht). Der Reichsverkehrsminister bestimmte nach der Geschäftsordnung der Deutschen Reichsbahn die Gliederung der Eisenbahnabteilungen (Schreiben 20 Oavh des RVM vom 12. Februar 1937).

Mit der Änderung der Struktur ab 1942 wurden Betrieb und Bau getrennt und für den Bau eine neue Abteilung E VI geschaffen.

Innerhalb der Abteilungen und Unterabteilungen waren die fachlichen Tätigkeiten auf Referate verteilt, für die Bürogeschäfte und Schreibarbeiten der Abteilungen gab es gesonderte Büros.

Überbezirkliche Angelegenheiten des Betriebs-, Verkehrs- und Betriebsmaschinendienstes und ebenso die Überwachung der effektiven, flüssigen und pünktlichen Betriebsabwicklung fielen in den

Aufgabenbereich der Oberbetriebsleitungen (OBL)-Süd in München, Ost in Berlin und West in Essen. Am Standort der Oberbetriebsleitung bzw. im Falle der OBL Süd in Würzburg war auch besonders leistungsfähige Notfalltechnik stationiert, das Hauptwagenamt war der OBL Ost angegliedert (ab 1. April 1940, vorher beim EB-Zentralamt Berlin angesiedelt).

Die OBL waren den Reichsbahndirektionen übergeordnet und arbeiteten im Auftrag des Reichsverkehrsministeriums. Bei betrieblichen Maßnahmen, die über den Bezirk einer Reichsbahndirektion hinausgingen, waren sie gegenüber den Direktionen weisungsbefugt. Einige Direktionen in den Grenzbereichen der OBL wechselten im Betrachtungszeitraum mehrmals die Zuständigkeit. So wechselte die RBD Erfurt mit Verfügung 2 Ogd vom 2. August 1938 von der OBL Süd zur OBL Ost, am 6. Dezember 1939 wurde sie wieder der OBL Süd zugeordnet, da im Osten neue Direktionen hinzugekommen waren. Die RBD Frankfurt (Main) wechselte ebenfalls zum 2. August 1938 von der OBL Süd zur OBL West.

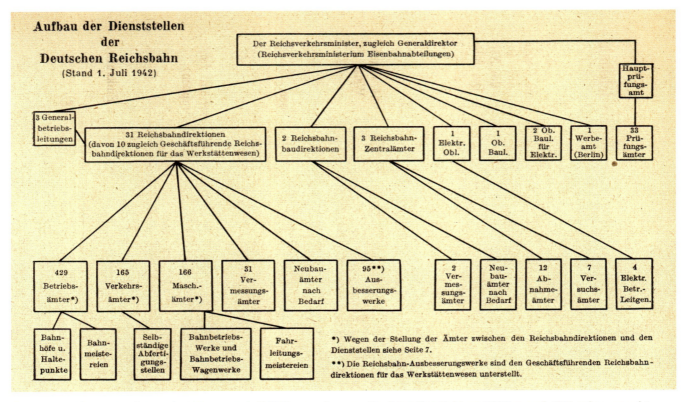

Organisationsstruktur der DR vom 1. Juli 1942, aus der u.a. die damalige Zahl an RBD'en und AW'en hervorgeht.

Daneben bestanden für Fragen der Beschaffung und Konstruktion Eisenbahn-Zentralämter in Berlin und München, Letzteres eine Konzession als Ersatz für den Wegfall der Gruppenverwaltung Bayern ab 1933. Einige Sonderaufgaben, wie die Koordination des Werkstättenwesens, wurden von 10 sogenannten Geschäftsführenden Direktionen wahrgenommen, die dabei jeweils für mehrere Direktionen zuständig waren, wie zum Beispiel die RBD Breslau für die Direktionsbezirke Breslau und Oppeln.

Nach Kriegsbeginn entstanden verkehrliche Probleme, die mit den bisherigen Befugnissen der OBL nicht mehr lösbar waren. Daher wurden die OBL mit Wirkung vom 1. März 1940 zu 3 direkt dem RVM angegliederten Generalbetriebsleitungen und waren nun auch gegenüber den Direktionen noch stärker als bisher weisungsbefugt, etwa bei Fragen der Laufwege für Güterzüge oder des Wagenumlaufes. Dazu gab es in der internen Struktur jeder GBL eine Betriebsabteilung und eine Verkehrsabteilung, an deren Spitze Abteilungspräsidenten mit der Bezeichnung „Oberbetriebsleiter" und „Oberverkehrsleiter" standen.

Nach § 2 Abs. (2) der vom Reichsverkehrsminister mit Verfügung 2 Ogd (Obl) vom 30. April 1940 erlassenen Geschäftsanweisung für die GBL umfasste „... der Geschäftskreis ... insbesondere Maßnahmen von allgemeiner oder größerer Bedeutung für die Abwicklung des Betriebs-, Betriebsmaschinen- und Beförderungsdienstes. Kleindienst in diesen Dienstzweigen und die Sorge für die Betriebssicherheit gehören nicht zum Arbeitsgebiet der Generalbetriebsleitungen." Die oben genannte Anordnungsbefugnis war in § 4 dieser Geschäftsanweisung geregelt.

Für die Direktionen war in § 12 der Geschäftsanweisung für die Reichsbahndirektionen vom 1. Juni 1927 angeordnet, dass der Präsident der Direktion einen Geschäftsplan aufzustellen hatte, nach dem der Bürobetrieb und das Zusammenwirken der Abteilungen, Dezernate, Referate und Büros abzulaufen hatte.

Innerhalb einer Reichsbahndirektion gab es daher verschiedene Abteilungen, die von sog. „Abteilungspräsidenten" geleitet wur-

den. Dafür kamen nur besonders erfahrene Beamte infrage. In der Struktur der RBD Berlin aus dem Jahr 1926 gehörten z.B. das Betriebs- und Fahrplanbüro sowie das maschinentechnische Büro in die Abteilung IV. Die Abteilung selbst war wiederum für insgesamt 10 Betriebsämter zuständig. Innerhalb der Abteilung wurden Referate gebildet, die für den Personenzugfahrplan, den Güterzugfahrplan, Allgemeine Betriebsangelegenheiten und Sonder- sowie Militärverkehre zuständig waren.

Den Dezernenten und Abteilungsleitern waren ggf. auch sog. „Hilfsarbeiter" zugeteilt, bei denen es sich um Personen handelte, für die nach abgeschlossenem Studium und entsprechender Bewährung eine weitere Perspektive im höheren Dienst vorgezeichnet war.

Sogar die Verwendung bestimmter Farbstifte bei der Ab- und Mitzeichnung von Geschäftssachen war in den internen Richtlinien der Direktionen geregelt. So sollte der Abteilungsleiter/Abt.-Präsident IV mit einem roten Stift arbeiten, was zur roten Signatur der Vorschriften für den Betriebsdienst passt.

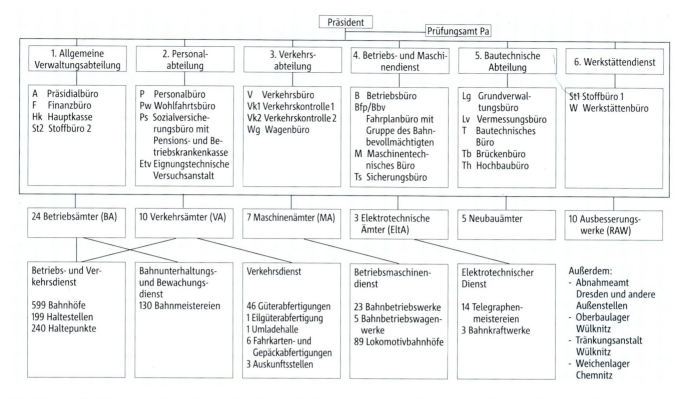

Die Organisationsstruktur innerhalb einer Reichsbahndirektion am Beispiel der RBD Dresden von 1927.

In der Generaldirektion der Ostbahn war in Krakau ebenfalls die Abteilung IV für betriebliche Angelegenheiten zuständig. Das erste Referat in der Hierachie, Ref. 30, war mit den Funktionen Betriebsleiter und Bahnbevollmächtigter (Bbv) belegt. Für die Fahrplanerstellung gab es die Referate 33 (Personenzugfahrplan), 34 (Güterzugfahrplan) und 37 (Besondere Fahrplanangelegenheiten). Die übrigen Referate waren für allgemeine Betriebsangelegenheiten, d.h. die Anwendung und Einhaltung des betrieblichen Vorschriftenwerks (insbes. DV 407, 408, 412 bis 455, 506 und der BO) sowie die Personalüberwachung und die reine Betriebsdurchführung in den zugeordneten Amtsbezirken zuständig.

Der Referatsleiter 34 im Range eines Reichsbahn-Oberrates war gleichzeitig 1. Stellvertreter des Referatsleiters 30, des Bahnbevollmächtigten, der die Verbindung zu den zivilen und militärischen Stellen hielt. RL 30 und gleichzeitig Betriebsleiter der Ostbahn war damals kein anderer als der Präsident der Ostbahn, Adolf Gerteis, im Range eines Verwaltungspräsidenten und Generaldirektors.

Dazu gab es in der Abteilung IV noch ein Referat 37 (Besondere Betriebsangelegenheiten), zu denen mit Sicherheit auch die Abwicklung der speziellen, in diesem Buch noch an anderer Stelle behandelten Transporte „besonderer Personenkreise" zählte.

Die Referatsleiterstellen waren mit Reichsbahnräten bzw. Reichsbahnoberräten besetzt, was damals auf eine große betriebliche Erfahrung und langjährige Dienstzeit schließen ließ.

Als drittes Beispiel soll die Struktur der RBD Dresden aus dem Jahr 1927 dienen. Das Organigramm oben zeigt das Fahrplanbüro mit seinen Referaten in der Abteilung 4 (z.T. wurden für die Bezeichnung auch arabische Zahlen verwendet) für betriebs- und maschinentechnische Angelegenheiten. An das Fahrplanbüro war gleichzeitig der Bereich des Bahnbevollmächtigten mit den Aufgaben der Landesverteidigung mit angegliedert.

Im Jahre 1930 war nach einer Änderung der Struktur der RBD

Sitz der HBD Ost war ab dem 6. September 1941 Poltawa (Ukraine).

Foto: RVM/Sammlung Gerhard

Dresden dann die Abteilung III für betriebs- und maschinentechnische Angelegenheiten zuständig. Für die Fahrplanbearbeitung gab es die Referate 33 (Personenzugfahrplan) und 34 (Güterzugfahrplan), wobei der RL 34 gleichzeitig auch die Funktion des Bbv wahrnahm. Mit der Herausgabe von Richtlinien für die Verdunklung von Bahnanlagen zum 1. Mai 1939 wurde der Bbv auch für die damit im Zusammenhang stehenden Maßnahmen zuständig.

Daneben war noch ein Referat 33A mit der Zuständigkeit für Allgemeine Fahrplanangelegenheiten und Zugbegleitdienst vorhanden, was die besondere Bedeutung der Zugbegleitpersonale im Zugfahrdienst und bei der Erstellung der Verkehrsstatistik unterstreicht.

Die Verwendung von Abkürzungen, mit denen die Referate einer Abteilung im Schriftverkehr – auch im telegrafischen- und im Geschäftsverteilungsplan – gekennzeichnet wurden, war in der DV 121, dem sogenannten „Gruppenplan" der Planvorschrift (Planvo; DV 121a) geregelt, der als Anhang zu dieser Vorschrift herausgegeben wurde. In der Hauptgruppe B (Betrieb) gab es den Bereich Fahrplan - „Bf"- nicht mit der Abkürzung für „Bahnhof" zu verwechseln. Die anschließenden Kleinbuchstaben der nachgeordneten sog. Gruppen ermöglichten eine weitere Unterscheidung z.B. nach Personenzugfahrplan, Güterzugfahrplan, Rangier-/Umstelldienst, Fahrzeitermittlung und auch für Bild- und Buchfahrpläne. So bedeuteten z.B. in der Hauptgruppe Betrieb im Bereich der Fahrplanerstellung und -gestaltung im amtsinternen Schriftverkehr die Kürzel:

Bb: Betrieb-Zugbildungspläne
Bfb: Betrieb-Fahrplan-Bild/
     Buchfahrpläne
Bfz: Betrieb-Fahrplan-Fahrzeit-
     mittlung
Bfp: Betrieb-Fahrplan-Personenzüge
Bfg: Betrieb-Fahrplan-Güterzüge
Bfd: Betrieb-Fahrplan-Drucksachen
Br: Betrieb-Umstell-/Rangierdienst

Anschauungsmaterial für Eisenbahn-Reisende und -Freunde von 1928.

Bfü: Betrieb-Fahrplan-Übersichten/Statistik
Brw: Betrieb-Rangierdienst-
     Wagenübergangspläne

Weitere Kennzahlen und Buchstaben wiesen auf die vor Ort tätigen sog. „Arbeitsanteile" hin, die die eigentliche Büro- und Schreibarbeit bewältigten. Im Gruppenplan, der sehr auf das Planwesen im Bereich Bahnanlagen und Sicherungstechnik zugeschnitten war, waren nicht alle im internen Dienst einer Direktion vorkommenden Tätigkeitsbilder als Buchstabenkürzel enthalten, so dass die RBD dazu eigene Festlegungen trafen.

So bedeutete die Abkürzung „RBD Halle 33 Bfg 20 Bfs" in einem Bahndiensttelegramm, dass die Anordnung des mit diesem Bahndienstfernschreiben eingelegten und mittels Telegrammformular nach DV 410 an mehrere Empfänger übermittelten Sonderzuges vom Referat 33 der RBD Halle, Büro für Fahrplanangelegenheiten, Güterzugfahrplan erfolgte, die anschließende Zahl ermöglichte eine Zuordnung zu dem konkret im Fahrplanbüro tätigen Mitarbeiter, der im vorliegenden Fall für die Sonderzugpläne im Güterverkehr zuständig war. Diese Zahlenkürzel, z.B. Bfp 20, wurden in der Amtssprache auch als Arbeits- oder Geschäftsanteile bezeichnet.

Nicht alle dieser Abkürzungen wurden dabei auch in jeder Direktion verwendet, es gab auch weitere Untergliederungen, d.h. mehr als drei Kennbuchstaben. Zusätzlich kamen in der Kriegszeit noch eine Anzahl neuer Bezeichnungen hinzu, deren Erläuterung im Detail hier zu viel Raum beanspruchen würde.

Zeitübermittlung, Fahrplanperioden, Fahrplanwechsel

Seit April 1893 galt im Deutschen Reich die Mitteleuropäische Zeit (MEZ). Ab dem 15. Mai 1927 wurde bei der DRG die 24-Stunden-Zeit eingeführt. Bis zu diesem Zeitpunkt galt die Regelung, dass die Fahrzeiten der Züge in den öffentlichen Fahrplänen und in den Spalten der Fahrplanbücher, die zwischen 6.00 Uhr abends (18:00 Uhr) und 5.59 Uhr morgens lagen, durch Unterstreichen der Minutenzahlen gekennzeichnet wurden. Dies galt für öffentliche und Dienstfahrpläne gleichermaßen.

Um das Verkehren aller Züge auf den mit Stand 1928 in Deutschland vorhandenen etwa 11.250 Stationen zur gleichen Zeit sicherzustellen wurde die MEZ täglich um 4:00 Uhr morgens von der Sternwarte Potsdam-Babelsberg an die Zeitdienststelle der Reichsbahn im Schlesischen Bahnhof in Berlin mit ihrer MEZ-Pendeluhr übertragen. Von dort aus fand täglich um 8 Uhr vormittags die Übermittlung der Zeitangabe in telegrafischer Form als Morse-Kennzeichen „MEZ" an alle mit Fernschreibtechnik ausgerüsteten Betriebsstellen statt. Von den Bahnhöfen aus erfolgte die Übermittlung an die Weichenposten, Block- und Schrankenwärter mündlich. Dabei galt z.B. in der RBD Augsburg folgender Wortlaut: „Achtung, Zeitansage! Jetzt wird es 8:30 Uhr". Mit Erreichen dieser Zeit an der Bahnhofsuhr fügte die ansagende Person hinzu: „Punkt, Schluß!" Der Empfänger hatte in diesem Moment seine Dienstuhr entsprechend einzustellen. Damit wurde sichergestellt, dass die gleiche Zeit auch in den äußersten Winkeln des Streckennetzes gleichermaßen angewendet wurde.

Sämtliche Dienstfahrpläne, d.h. die Fahrplanbücher/Buchfahrpläne und die Bildfahrpläne wurden für jede Fahrplanperiode neu herausgegeben.

Fahrplanwechsel erfolgten in der Regel immer am letzten Sonntag im Mai und im September (Sommer- und Winterfahrplan). Die Fahrplanvorschriften der preußisch-hessischen Staatsbahn vom 1. März 1906 geben an, dass in der Regel der Fahrplanwechsel am 1. Mai und am 1. Oktober erfolgen sollte. Vor 1900 wurde der Fahrplanwechsel auch zum 1. Juni und zum 15. Oktober durchgeführt. Nach 1918 hatte man aber erkannt, dass für die Planung zusätzlicher Reisezüge der 1. Mai als Beginn des Sommerfahrplanes noch zu früh lag. So erfolgten die Fahrplanwechsel im Jahre 1920 zum 1. Juni und zum 24. Oktober. Ab 1926 wurde der Fahrplanwechsel zum Sommer auf den 2. Sonntag im Mai gelegt. Auch diese Verfahrensweise konnte durch die Ereignisse des Zweiten Weltkrieges nicht immer eingehalten werden.

In den Fahrplanvorschriften der KED Berlin vom 15. Oktober 1883 wird auch erläutert, dass die öffentlichen Fahrpläne nur zu den genannten Terminen (damals 1. Juni und 15. Oktober), die nichtöffentlichen, d.h. Fahrpläne zu „Gruben und Ver-

Neue Zugzielanzeiger auf den Bahnsteigen des Nürnberger Hauptbahnhofs lösten Anfang der dreißiger Jahre die „Hampelmänner" ab.

Foto: RVM/Sammlung Gerhard

bindungsgleisen mit gewerblichen Anlagen" dagegen „nur bei Bedarf" neu herausgegeben wurden.

Der Begriff des Jahresfahrplanes wurde auf den Buchfahrplänen erstmals zum Jahresfahrplan 1943/44 verwendet, ab 1950 wurde er bei der Deutschen Bundesbahn verbindlich eingeführt. Im innerdienstlichen Gebrauch der Reichsbahn wurde er schon früher, etwa ab 1933/34 verwendet. Bei den Bildfahrplänen war dieser Begriff schon seit der Einführung der für die Aufstellung dieser Fahrpläne entwickelten DV 404 im Jahre 1931 gebräuchlich.

Fahrplanwechsel in der Zeit ab 1938 fanden zu folgenden Zeitpunkten statt:

1938 am 15. Mai und am
2. Oktober
1939 am 15. Mai, am 8. Oktober
und 1. Dezember
1940 am 21. Januar, 1. April (Einführung der deutschen Sommerzeit), 6. Oktober sowie 25. November
1941 am 5. Mai und 6. Oktober
1942 am 4. Mai und 2. November
1943 am 17. Mai und am
1. November (gültig bis auf Weiteres)
1944 am 3. Juli (gültig bis auf Weiteres); 17. Dezember (nicht in allen RBD)
1945 letztmalig zum 18. Januar und zum 1. Februar (nicht in allen Direktionen) …

… und nach dem Zusammenbruch bis zur Gründung der Deutschen Bundesbahn:

1946 am 1. Juli und 7. Oktober
1947 am 4. Mai und 5. Oktober
1948 am 9. Mai und 3. Oktober
1949 am 15. Mai 1949.

Im Jahre 1940 mussten nach der Rückführung der im Polenfeldzug nach Osten verlegten Truppenteile und der Verkehrsschwierigkeiten infolge des sehr strengen ersten Kriegswinters 1939/40 mehrere Fahrplanwechsel durchgeführt werden, da sich die Betriebsführung erst

wieder einspielen musste und auch Entscheidungen des RVM über den Umfang des zivilen Reiseverkehrs und den Umfang des Stammplanes erst getroffen werden mussten. Dies war dann zum 1. April 1940 der Fall. Die ab Mai 1942 genannten Termine galten auch für den Fahrplanwechsel in den besetzten Gebieten und bei der Ostbahn.

Die ab 1946 angeführten Termine wurden gleichermaßen in den westlichen Besatzungszonen Deutschlands, der sowjetisch besetzten Zone, in Österreich und im neu gegründeten polnischen Staat angewendet. Erste Versuche einer Normalisierung und der Wiederaufnahme eines eingeschränkten Reiseverkehrs gab es in den britischen und amerikanischen Besatzungszonen schon zum 1. August, 24. September und 1. November 1945. Dabei wurden für einige Strecken neue Bild- und Buchfahrpläne herausgegeben, für andere Strecken und Teilbereiche von Direktionen dagegen zum Teil die alten Buchfahrpläne vom 3. Juli 1944 weiterhin für gültig erklärt.

Zweimal jährlich wiederholt sich das Aushängen neuer Fahrpläne auf den Bahnhöfen – hier sogar (noch) mit einem Hinweis auf die Verbindung mit England.

Dem Begriff des „Taschenfahrplans" am nächsten kamen die handlichen Teilfahrpläne der einzelnen Direktionen, hier der RBD Wien aus dem Jahre 1943.

AMTLICHER TASCHENFAHRPLAN
DER REICHSBAHNDIREKTION
WIEN
JAHRESFAHRPLAN 1943
GÜLTIG VOM 17. MAI 1943 AN
PREIS 40 Rpf
DEUTSCHE REICHSBAHN · REICHSBAHNDIREKTION WIEN

AUSFÜHRUNG ALLER BANKGESCHÄFTE
49 NIEDERLASSUNGEN UND ZWEIGSTELLEN IN DEN DONAU- UND ALPENGAUEN
LÄNDERBANK WIEN

Foto: RVM/Sammlung Gerhard

Kursbücher – welche Ausgaben und Spielarten es neben dem Hauptwerk gegeben hat, verdeutlicht diese Zusammenstellung aus dem Sommerfahrplan 1939.

Öffentliche Fahrpläne, Kursbuch und Taschenfahrplan

Hierunter fielen die für die Öffentlichkeit und zum freien Verkauf bestimmten Fahrpläne, auf die hier nicht näher eingegangen werden soll. Hierzu nur so viel: Kursbücher gab es schon in der Eisenbahn-Frühzeit. Der Begriff Kursbuch betonte dabei die Regelmäßigkeit der Verkehrsdurchführung. Ein Kursbuch konnte den Gesamtverkehr einer Bahnverwaltung oder den Verkehr eines Teilraumes aus dem Verkehrsgebiet der jeweiligen Verwaltung beinhalten.

Erstmals wurde im Jahre 1850 vom Königlichen Generalpostamt in Berlin das sogenannte „Eisenbahn-, Post- und Dampfschiff-Coursbuch" herausgegeben. Bereits ab 1878 gab es Reichs-Kursbücher, in denen neben den Reiseverbindungen im damaligen Deutschen Reich auch die Zugverbindungen in Österreich-Ungarn und der Schweiz dargestellt wurden. Der Begriff des Reichs-Kursbuches wurde mit Gründung der Deutschen Reichsbahn-Gesellschaft beibehalten, die letzte „Gesamtausgabe der Reichsbahn-Kursbücher" datiert vom 3. Juli 1944.

Auch große Tageszeitungen, wie die Leipziger Neuesten Nachrichten (LNN; Verlag E. Herfurth & Co. in Leipzig) gaben eigene regionale Kursbücher für ihre Verbreitungsgebiete heraus.

Zur Thematik der öffentlichen Fahrpläne existierten eine umfangreiche Fachliteratur und eine weit bessere Quellenlage als bei den innerdienstlichen Fahrplänen, so dass auf eine nähere Behandlung dieses Gebietes verzichtet wird. Taschenfahrpläne beinhalteten in einem handlichen, zwischen den Papiergrößen A5 und A6 gelegenen Format die öffentlichen Fahrpläne eines bestimmten Verkehrsgebietes oder einer Reichsbahndirektion.

Die Herausgabe erfolgte durch die jeweilige Direktion, zum Teil wurde der Druck auch durch Werbeeinnahmen finanziert.

Die öffentlichen Fahrpläne enthielten immer nur den Verkehr mit schnellfahrenden und Personenzügen sowie die Personenzüge mit Güterbeförderung und die Güterzüge mit Personenbeförderung. Die nicht im öffentlichen Fahrplanstoff enthaltenen Personenzüge und den Güter- und Militärverkehr konnte man dagegen nur aus der Kenntnis der Dienstfahrpläne heraus nachvollziehen.

Nur für den internen Gebrauch der Bahnverwaltungen gab es daher die nichtöffentlichen Fahrpläne, nämlich Buchfahrpläne und Bildfahrpläne (früher Fahrordnungen, Fahrtabellen, tlw. auch Dienstfahrpläne, bis 1938 Fahrplanbuch), auf die hier vertiefend eingegangen werden soll.

Die Ableitung der Fahrplanunterlagen aus dem Vorschriftenwerk für den Betriebsdienst

Hinsichtlich der Vorbereitung des Fahrplanwechsels wurde nach Reisezug- und Güterzugfahrplan unterschieden. Für die Aufstellung und Fortschreibung des Reisezugfahrplans, insbesondere für den Schnellzugverkehr waren zunächst jeder Direktion eine oder mehrere Relationen zugewiesen, für deren Fahrplangestaltung diese Direktion als „geschäftsführend", d.h. federführend für die Aufstellung der Fahr-, Zugbildungs- und Wagenumlaufpläne bestimmt war. Dazu zählten bei den grenznahen Direktionen auch die Verbindungen ins Ausland. Die geschäftsführenden Direktionen hatten bildliche Übersichten über die Fahrpläne der durchgehenden Zugverbindungen aufzustellen und diese mit den Nachbardirektionen abgestimmten Übersichten an das Betriebsbüro der Hauptverwaltung zur Prüfung zu senden.

Was die Organisation und Stellung des Fahrplanwesens in den Reichsbahndirektionen anbelangt, zeigt die Tabelle unten rechts einen Ausschnitt der Zuständigkeiten für fünf Direktionen mit Stand vom Juli 1925. Daraus wird auch ersichtlich, wie weit die Zuständigkeit einer einzelnen Direktion gehen konnte, wenn sie im Gesamtnetz eine zentrale Bedeutung hatte, so die Direktion Halle. Ein weiteres Beispiel: die Geschäftsführung für das Fahrdienstabkommen zwischen der Reichsbahn und den Niederländischen Staatsbahnen war der RBD Münster zugeordnet.

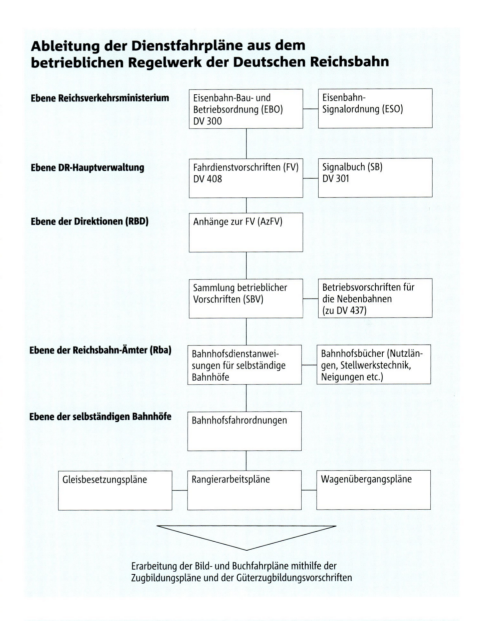

Ableitung der Dienstfahrpläne aus dem betrieblichen Regelwerk der Deutschen Reichsbahn

Ebene Reichsverkehrsministerium	Eisenbahn-Bau- und Betriebsordnung (EBO) DV 300	Eisenbahn-Signalordnung (ESO)
Ebene DR-Hauptverwaltung	Fahrdienstvorschriften (FV) DV 408	Signalbuch (SB) DV 301
Ebene der Direktionen (RBD)	Anhänge zur FV (AzFV)	
	Sammlung betrieblicher Vorschriften (SBV)	Betriebsvorschriften für die Nebenbahnen (zu DV 437)
Ebene der Reichsbahn-Ämter (Rba)	Bahnhofsdienstanweisungen für selbständige Bahnhöfe	Bahnhofsbücher (Nutzlängen, Stellwerkstechnik, Neigungen etc.)
Ebene der selbständigen Bahnhöfe	Bahnhofsfahrordnungen	

| Gleisbesetzungspläne | Rangierarbeitspläne | Wagenübergangspläne |

Erarbeitung der Bild- und Buchfahrpläne mithilfe der Zugbildungspläne und der Güterzugbildungsvorschriften

Geschäftsführende Direktionen für den Personenzugfahrplan

Buchstabe	A	B	H	L	R
Direktion	**Altona**	**Breslau**	**Halle/S.**	**Köln**	**Osten**
Zuständig für die Relationen	Berlin – Dänemark über Kiel, Flensburg oder Lübeck; Nordseebäder über Cuxhaven, Niebüll und Tondern	Berlin und Stettin – Breslau – (Oberschlesien)	Köln und Frankfurt nach Cottbus – (Polen)	Holland, Belgien, Ruhr- oder Wuppergebiet – Süddeutschland und Österreich	Berlin – Frankfurt/ Oder – Eydtkuhnen – (Baltikum)

ENTSTEHUNG DER FAHRPLÄNE DER DEUTSCHEN REICHSBAHN

In acht Heften, jedes im Umfang von 32 Seiten, übermittelte die Deutsche Reichsbahn-Gesellschaft 1928/29 Außenstehenden, wie ihr großer Betrieb funktioniert – mal populärwissenschaftlich, mal in reportageartiger Manier.

Betrieblich-technische Abläufe vor und nach einer Zugfahrt

Für den Außenstehenden sind die Zusammenhänge zwischen den vom Bahnsteig oder von der Strecke aus sichtbaren Abläufen und den vorgeschalteten Prozessen der Zugbildung, Personalgestellung und Fahrplangestaltung nicht ohne weiteres erkennbar. Die Kursbücher oder der elektronische Fahrplan zeigen zwar alle öffentlichen Züge, nicht aber den Güter- und innerdienstlichen Verkehr und die Bedarfszüge. Für deren Abwicklung wird jedoch ein Großteil der Streckenkapazität vorgehalten und umfangreiche Nebenanlagen sind für die Zugbildung und Abstellung erforderlich.

Die nebenstehende Tabelle zeigt die auf der Grundlage der betriebs- und verkehrsdienstlichen Vorschriften vor und nach der Durchführung einer Zugfahrt erforderlichen Abläufe für einen Durchgangsgüterzug. Die dafür bei der Deutschen Reichsbahn vorhandenen Vorschriften, Merkblätter und Vordrucke sowie die auf den Betriebsstellen und von den Zug- und Begleitpersonalen verwendeten dienstlichen Fahrplanunterlagen (Dienstfahrpläne) werden in den nachstehenden Kapiteln im Detail am Beispiel der Deutschen Reichsbahn beschrieben, sofern dies für das Verständnis der fahrplantechnischen und betriebsdienstlichen Abwicklung notwendig ist.

Der Ablauf vor Beginn der Zugfahrt war in der Regel so, dass die Lokomotive vom Lokführer, meist vom Heizer, für die Ausfahrt aus dem Bw vorbereitet wurde, nachdem der Lokführer in der Lokomotivdienstleitung die entsprechenden Dokumente, insbesondere das Amtsblatt und das Befehlsbuch eingesehen hatte und

Durchführung eines Durchgangs-Güterzuges als Regelzug

Durchführungs- und Organisationsebene	Erforderliche Unterlagen auf den Zugbildungs-, Unterwegs- und Zugauflösungsbahnhöfen für die Zugbildung, den Fahrdienst und die Zugauflösung	Im Fahrtverlauf benötigte bzw. vor Fahrtbeginn einzusehende Dokumente auf den Lokomotiven und beim Zugpersonal sowie nach Fahrtende auszufüllende und zu übergebende Unterlagen
Zugbildung/Zugfertigstellungebene	Güterzugbildungsvorschriften, Güterzugbildungsplan des Vbf. Wagenübergangsplan, Rangierarbeitsplan, Bahnhofsbedienungsplan, Bahnhoffahrordnung, Bahnhofsbuch, ggf. betriebliche Zusatzanweisungen für LÜ, AzFV, Achsdruckverzeichnis, Bildfahrplan, Buchfahrplan, Gleisbelegungsplan, Übersicht „La" DV 301, 407, 408, 408.51, 424, 441, 464 II, 472 Sammlung betrieblicher Vorschriften (SBV)	Kenntnisnahme Amtsblatt der RBD und Befehlsbuch. Buchfahrplan oder Fplo, AzFV, Abschnitt 21 zum AzFV, Übersicht „La", Teil A und B, evtl. Betra, ggf. schriftliche Befehle Abgangsbahnhof. DV 301, 407, 408, 464, Anhang I/III zur DV 407 Wagenliste, Bremszettel, Frachtpapiere, Wagenzettel; ggf. betriebliche Anweisungen für Fahrten mit Schwerwagen oder mit LÜ-Sendungen. Kenntnisnahme der SBV
Durchführung der Zugfahrt	Bildfahrplan, Buchfahrplan, Fplo und Betra, Übersicht „La", Streckenfahrplan für Schrankenwärter DV 301, 408, 408.51, 424, 441, 464 I, 464 II, 472	Buchfahrplan oder Fplo, AzFV, Abschnitt 21 zum AzFV, Übersicht „La", Teil A und B, evtl. Betra, ggf. schriftliche Befehle. DV 301, 407, 408, 408.51, 464, Anhang I/III zur DV 407, Merkblatt über Notverbindungen bei Zugtrennung, Wagenliste, Bremszettel
Wagenumstellung/Zugauflösung	Güterzugbildungsvorschriften, Güterzugbildungsplan des Vbf. Wagenübergangsplan, Rangierarbeitsplan, Bahnhofsbedienungsplan, Bahnhoffahrordnung, Bahnhofsbuch, ggf. betriebliche Zusatzanweisungen für LÜ, AzFV, Bildfahrplan, Buchfahrplan, Gleisbelegungsplan DV 301, 407, 408, 424, 441, 455, 464 I u. II, 472 Sammlung betrieblicher Vorschriften (SBV)	Wagenliste, Frachtpapiere zur Übergabe an Bf./GA DV 301, 407, 408, 464 Zugdienstzettel B oder C für Zuggattung 40 bis 99. Fahrtbericht, Lokomotivdienstzettel; ggf. Meldekarten zur Abgabe

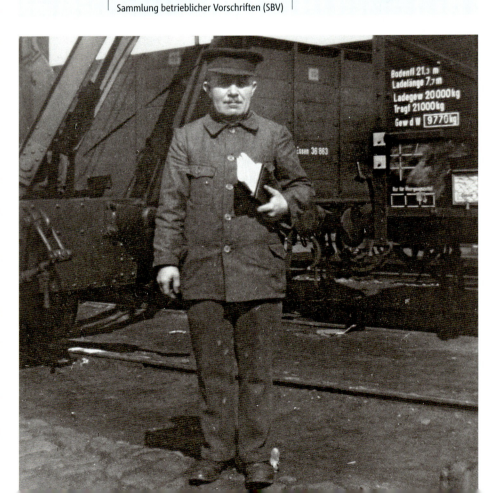

Weites Land. Streckenposten 155 bei Hannover. Der Wärter steht stramm und beobachtet die Vorbeifahrt jedes Zuges.

Mit Fahrplanunterlagen und Bremszettel in der Hand stellt sich im Jahre 1932 auf dem Bahnhof Freiberg (Sachs) der Zugfertigsteller Oskar Hunger dem Fotografen.

sich mit den erforderlichen Buchfahrplänen oder Fahrplananordnungen, der aktuellen Übersicht der vorübergehend eingerichteten Langsamfahrstellen (La) versorgt hatte. Diese mussten vom Personal ggf. noch aktualisiert werden, wenn es Berichtigungsblätter dazu gab. Nach Übergabe der Wagenliste und des Bremszettels konnte dann die Fahrt beginnen. Frachtpapiere und Wagenbezettelungen wurden dann vom Lokpersonal mitgeführt, wenn es kein Zugbegleitpersonal gab. Während der Fahrt konnten ggf. durch betriebliche Ereignisse schriftliche oder mündliche Befehle direkt oder indirekt durch den Zugführer an das Lokpersonal übermittelt werden.

Nach Beendigung der Fahrt mussten die benutzten und als ungültig gekennzeichneten Befehle an die Dienststelle zurückgegeben werden. Weiterhin wurden der Fahrtbericht und die Dienstzettel nach der Vorschrift für die Ermittlung der Betriebsleistungen (DV 407) ausgefüllt, worauf an anderer Stelle noch eingegangen wird.

Für einen Reisezug waren die verwendeten Unterlagen, insbesondere die benötigten Dienstvorschriften im Wesentlichen die gleichen. Anstelle der Güterzugbildungsvorschriften gab es hier den Zugbildungsplan mit seinen Teilen für die Wagenreihung und den Wagenumlauf, da im Reisezugdienst die einmal gebildeten Züge meist

mehrfach verwendet wurden. Zusätzlich gab es dazu noch Umlaufpläne für Postwagen, wenn die Post nicht an anderer Stelle im Zuge befördert werden konnte. Eine Wagenumstellung gab es nicht in dem Umfang wie im Güterverkehr, hier ging es vor allem um das Zu- und Absetzen von Kurswagen bei den Schnellzügen und um das Stärken und Schwächen der Züge in Abhängigkeit vom Reisendenaufkommen. Zu erwähnen ist noch, dass bei Reisezügen während der Fahrt auch Zählzettel für Personen- und Schlafwagen mit Angabe der Platz- und Bettenanzahl sowie deren Belegung geführt wurden, wozu es in der DV 407 ein entsprechendes Formular gab.

Fotos: Sammlung Rasemann, Sammlung Gerhard

Wie aus den vorseitigen Tabellen ersichtlich, besaßen die im Bahnbetrieb verwendeten internen Fahrpläne vor allem für die Vorbereitung und die Durchführung von Zugfahrten Bedeutung, während die Vorgänge der Zugbildung und -auflösung, der sogenannte Rangierdienst, auf den Betriebsstellen und Rangierbahnhöfen, den Betriebswerken und in den Gleisanschlüssen stattfanden.

Das Herzstück des Betriebsdienstes bei der Deutschen Reichsbahn bildete die Fahrdienstvorschrift, die durch das Signalbuch ergänzt wurde. Anhänge zur Fahrdienstvorschrift und die Sammlung betrieblicher Vorschriften beschrieben die örtlichen Besonderheiten.

Von den in den Übersichten auf Seite 40 und 42 erwähnten Fahrplänen sind für den Zugfahrdienst der Bildfahrplan und der Buchfahrplan von ausschlaggebender Bedeutung. Wenn am Betrachter ein Zug vorbeifährt, so ist dessen Fahrzeitgefüge durch das im Bildfahrplan enthaltene Fahrzeitengerüst vorgegeben, das wiederum durch die Streckencharakteristik und die vorhandene Sicherungstechnik bestimmt wird.

Lebendig und mit Fahrzeugen ausgestattet wird dieser Zug jedoch erst durch die Angaben im Buchfahrplan zur Zuglast, zur Bespannung mit einer bestimmten Lokomotivbaureihe, zu den Bremsverhältnissen und Fahrgeschwindigkeiten. Der hinter der Lokomotive folgende Zug ist in seiner Reihung bei Reisezügen durch den Zugbildungsplan vollständig bzw. bei Güterzügen durch die Güterzugbildungsvorschriften dem Grunde nach vorgegeben. Die konkrete Behängung lässt sich wiederum aus den Wagenlisten und den Lokomotiv- und Zugdienstzetteln sowie den Frachtpapieren bis zur Betriebsnummer der Zuglokomotive und der folgenden Wagen und bis zum Ladegut nachvollziehen, was jedoch hier nicht im letzten Detail behandelt werden soll.

Zudem ist jeder Zug eindeutig durch seine Zugnummer zu identifizieren.

Zugnummernschema bei der DRG

In der Regel wurden die Zugnummern bis 5000 für die Reisezüge, die Nummern über 5000 für die Güterzüge verwendet. Je niedriger die Zugnummer, desto wichtiger war ein Zug hinsichtlich der Rangfolge und der betrieblichen Behandlung. Dringliche Hilfszüge konnten ohne Zugnummer verkehren, wurden mehrere Hilfszüge auf eine Unfallstelle zugefahren, wurden Zugnummern beginnend mit 1 verwendet.

Im Groben galt folgende Zuordnung von Nummernreihen zu Zügen des Reise- und Güter- sowie innerdienstlichen Verkehrs, die hier am Beispiel der RBD Regensburg mit Stand Oktober 1935 erläutert werden soll:

Bis Nummer 500: Schnell-, Eil- und Fernschnellzüge, dabei die Nummern unter 50 für besonders wichtige Schnellzüge, FD-Züge und Luxuszüge

Nr. 501 bis 4999: für Personenzüge einschließlich der Vor- und Nachzüge und zugehörigen Leerpersonenzüge

Nr. 5001 bis 5999: für Durchgangseil-, Naheil-, Vieh- und Leichte Eilgüterzüge (Leig)

Nr. 6001 bis 7999: für Durchgangsgüterzüge, Ganzzüge und Großgüterwagenzüge

Nr. 8000 bis 9999: für Nahgüterzüge und Güterzüge mit Personenbeförderung

Nr. 10001 bis 11999: für Leergüterzüge

Nr. 12001 bis 13999: für Lokomotivfahrten (mit und ohne Güterzuggepäckwagen)

Nr. 14001 bis 14999: für Probezüge (Leer- und Lastprobefahrten)

Nr. 15001 bis 16999: für Übergabezüge

Nr. 18001: für Dienstgüterzüge.

Mit der ab Mitte der dreißiger Jahre erfolgenden Verkehrszunahme wurden auch Nummern über 500 für schnellfahrende Züge und die Schnelltriebwagenverkehre vergeben.

Generell durften alle Nummern ab 5000 bis 80000 für Güterzüge benutzt werden, was innerhalb einer Direktion jedoch kaum erforderlich war.

Von dieser Zuordnung wurde in den einzelnen Direktionen auch abgewichen, die Erläuterung

Eisenbahn-Brennpunkt Berlin. Aus der Fliegerperspektive veranschaulicht das Nebeneinander von Personenbahn-höfen (oben der Potsdamer und der Anhalter Bahnhof), deren vorgelagerter Abstell-, Verschiebe- und Ortsgüterbahnhöfe sowie Bahnbetriebswerke den immensen Flächenbedarf und die Bedeutung des Schienenverkehrs für die Hauptstadt.

der Verfahrensweise in allen Direktionen würde aber hier zu weit führen. Offensichtlich gab es unter Beibehaltung der grundsätzlichen Einteilung in Reise- und Güterzüge (bis und ab Zugnummer 5000) gewisse Freiheiten bei der Vergabe der Nummernreihen, so wurden z.B. in der RBD Dresden die Num-

mern ab 11000 für die Güterzüge der Schmalspurbahnen verwendet. Auch bei den Dienstgüterzügen gab es häufig Abweichungen in der Benummerung. Hier handelte es sich aber nur um wenige Zugfahrten innerhalb einer oder zweier benachbarter Direktionen, die zudem nur an wenigen im Fahrplan gekenn-

zeichneten Tagen oder nur einmal im Monat verkehrten.

Planmäßig verkehrende Bedarfszüge, die in den Bild- und Buchfahrplänen enthalten waren, wurden auch mit höheren Nummern der Nummernreihe der Gruppen 20000 bis 69000 bezeichnet. Die auf Seite 44 dargestellte Einteilung

Foto: Sammlung Garn

45

wurde auch bei den ab Oktober 1939 neu errichteten Direktionen in Polen, der Generaldirektion der Ostbahn und den ab 1941 besetzten Gebieten im Osten verwendet. Für die Bedarfs-Durchgangsgüterzüge des Militär- und militärischen Versorgungsverkehrs wurden dreistellige Nummern mit dem vorgesetzten Kennbuchstaben „M“ oder die Nummern 90000 bis 99999 benutzt; dazu in einem späteren Kapitel ab Seite 113 mehr.

Für die Vergabe der Zugnummern galt ferner, dass die niedrigste Nummer einer Gruppe für den ersten Zug nach Mitternacht verwendet werden sollte. Die ungeraden Nummern sollten möglichst für Züge von Westen nach Osten und die geraden für die Züge in Süd-Nord-Richtung benutzt werden.

Innerhalb der 3 Oberbetriebsleitungen in Essen, Berlin und München durften Zugnummern des Fernreiseverkehrs nur einmal vorkommen. Im Bezirksverkehr, d.h. im Nahverkehr einer Direktion konnten sich Zugnummern wiederholen, da diese Züge nur innerhalb eines abgegrenzten Gebietes verkehrten. Diese Regelung betraf sowohl den Reise- als auch den Güterverkehr. Die gleiche Regelung galt auch für die überregionalen Güterzüge (Gag, Gdg, De, Dg und Leig), die Abstimmungen über die Vergabe der Zugnummern wurden im Rahmen der Güterzugfahrplankonferenzen, die jedem Fahrplanwechsel vorausgingen, geführt. Dazu wurden dann auch Grafiken mit schematischer und verzerrter Darstellung der Zugläufe und Übergänge aufgestellt, wie sie beispielhaft für den Dienstkohlenverkehr zwischen der RBD Oppeln und den besetzten Ostgebieten in [41] auf Seite 369 dargestellt sind.

Wurden Zugnummern innerhalb einer Direktion „knapp“, wie es z.B. in den Direktionen Essen, Wuppertal oder Oppeln aufgrund des dort sehr dichten Verkehrs mit Übergabezügen vorkommen konnte, wurden auch Zusatzbuchstaben

1) wenn der Plan von der RBD aufgestellt wird, nach dem Zugkalender;

2) wenn der Plan von der Ozl, Zl, einem BA oder einem Bf aufgestellt wird, nach den der Ozl und den Zl zugeteilten Zugnummernreihen. Ämter und Bahnhöfe lassen sich bei Bedarf eine Nummer von der zuständigen Zl geben. Nach Aufbrauch der Nummern, sowie zu Anfang eines Monats ist mit den Nummern wieder von vorn zu beginnen.

b) Da die Außenstellen keine Fahrzeitentafeln haben, benutzen sie zur Aufstellung von Fahrplänen und Ermittlung von Fahrzeiten die Fahrzeiten eines gleichartigen und nach Höchstgeschwindigkeit, Zugkraft, Last uud Mindestbremshundertsteln gleichwertigen Zuges aus den Buchfahrplänen.

c) Zur Verwendung im eigenen Bezirk werden der Oz und den Zl nachstehende Nummernreihen zugeteilt:

	für Sonderzüge	für Lz und Lpaz
Ozl Hamburg-Altona	19001—19050	13701—13799
Zl Neumünster	19051—19100	13800—13850
Zl Hamburg-Harburg	19101—19150	13851—13899
Zl Wittenberge	19151—19200	13951—13999
Zü 1 u 2 für Groß-Hamburg	19201—19250	13900—13950

Den BA werden für Dstg (Zugg Nr 80) u A (Zugg Nr 84) folgende Nummern zugeteilt:

Betriebsamt	zugeteilte Nummern	Betriebsamt	zugeteilte Nummern
Hamburg-Altona	17001—17500	Ludwigslust	18001—18500
Bad Oldesloe	17001—17500	Lüneburg	17001—17500
Flensburg	18001—18500	Neumünster	17501—18000
Glückstadt	18001—18500	Cuxhaven	17501—18000
Hamburg	17501—18000	Wittenberge 1	17001—17500
Hmb-Harburg	18001—18500	Wittenberge 2	17501—18000
Husum	17001—17500	RBD (Ozl)	18501—18599
Kiel	17001—17500		

Die Verwendbarkeit bestimmter Zugnummerngruppen durch die einzelnen Dienststellen des eigenen Bezirkes ist hier beispielhaft als Auszug aus der SBV der RBD Hamburg, Ausgabe vom 1. April 1939 dargestellt.

zur Zugnummer verwendet (z.B. Üb 15372 und Üb 15372 A vom Anschlussgleis Gleiwitzer Steinkohlengrube nach Gleiwitz Ost Stw. Gla).

Die Nummerngruppen zwischen 19000 und 20000 konnten in der Regel für Sonderzüge verwendet werden. Die Direktion gab im Anhang zu den Fahrdienstvorschriften oder der SBV an, welche Nummernbereiche von welchen Dienststellen und für welche Strecken/Teilnetze benutzt werden durften. Dabei waren manchmal ganze Nummerngruppen für das Büro der Oberzugleitung und das Betriebsbüro der Direktion reserviert. Zum Beispiel waren in der SBV der RBD Regensburg vom März 1943 den einzelnen Zugleitungen (ZL) folgende Nummerngruppen für Sonderzüge zugewiesen:

ZL Hof: 19001- 19200
ZL Regensburg: 19201-19500
ZL Passau: 19501-19700
ZL Eger: 19701- 19900

Für die RBD Hamburg ist die Vergabe der Sonderzugnummern anhand der SBV von 1939 in der obenstehenden Abbildung dargestellt.

Auf die zum Teil verwirrenden Unterschiede zwischen Zugnummer, Fahrt- und Plannummer wird in den Kapiteln zu den Militärverkehren und Sonderzügen eingegangen.

Schneidemühl galt seit dem Bau der Königlich Preußischen Ostbahn zwischen der Hauptstadt und dem fernen Ostpreußen als betrieblich wichtige Station mit fünf abzweigenden Strecken. Am Stadtrand, über der westlichen Ausfahrt der Ostbahn und ihrem Verschiebebahnhof, schwenkt um 1930 ein Personenzug aus Richtung Norden oder Nordwesten ein.

Vorschriftenwerk

Eisenbahn-Bau- und Betriebsordnung (EBO)

Grundlage für die Errichtung und den Betrieb von Bahnanlagen bildete die Eisenbahn-Bau- und Betriebsordnung (EBO, auch BO) aus dem Jahre 1928. Deren Gültigkeit umfasste nur die am 1. Januar 1938 zum Deutschen Reich gehörenden Gebiete. Die vom Reichsverkehrsministerium (RVM) zum 17. Juli 1928 erstmals herausgegebene EBO wurde vor Kriegsende zuletzt unter

Federführung des Fahrdienstausschusses beim Reichsbahn-Zentralamt Berlin mit Wirkung vom 1. März 1943 geändert und war in dieser Fassung bei der Reichsbahn der ehemaligen DDR noch bis Ende 1990 in Kraft.

Für die in diesem Buch zu behandelnden betrieblichen Belange maßgebend waren vor allem die §§ 53, 54 und 66: Der § 53 Abs. (1) regelte die Fahrordnung, nach der

auf zweigleisige Bahnen grundsätzlich rechts zu fahren war. Auf diesen Grundsatz war die Ausstattung der Zugbildungs- und Unterwegsbahnhöfe mit Ausfahr-, Zwischen- und Ausfahrvorsignalen sowie die Durchbildung der Streckenblockanlagen abgestimmt. Ebenso waren die Lokomotiven auf rechtsseitige Bedienung ausgelegt. Mit der Übernahme von Strecken in Österreich und dem vormals österreichi-

Foto: RVM/Sammlung Gerhard

schen Teil der Bahnen im besetzten Polen kamen Strecken hinzu, die für Linksfahrbetrieb eingerichtet waren und deren Sicherungstechnik kriegsbedingt nicht sofort auf Rechtsfahrbetrieb umgestellt werden konnte. Diese Strecken waren in den Anhängen zu den Fahrdienstvorschriften (AzFV) sowie den Buchfahrplänen entsprechend gekennzeichnet.

In § 54 ging es um die Begriffsbestimmung eines Zuges, Angaben zur Gattung und zur Stärke von Zügen. Mit Stärke war die Zahl der Achsen des Wagenzuges gemeint. Zum Begriff des Zuges heißt es in § 54 Abs. (1):

„Züge im Sinne dieser Ordnung sind die auf die freie Strecke übergehenden, aus mehreren Regelfahrzeugen (§ 27 Abs. (1)) bestehenden durch Maschinenkraft bewegten Einheiten, einzeln fahrenden Triebwagen und Lokomotiven. Nebenfahrzeuge (§ 27 Abs. (1), 72) gelten nicht als Züge".

In § 54 Abs. (3) war die Stärke der Züge wie folgt begrenzt:

- Reisezüge mit durchgehender Bremsung 160-B, jedoch nicht mehr als 120 Achsen
- Güterzüge mit durchgehender Bremsung 190-B, jedoch nicht mehr als 150 Achsen.

Mit B waren dabei die für diesen Zug vorgeschriebenen Bremshundertstel (die mindestens zu erreichende Verhältniszahl aus Gesamtbremsgewicht/Gesamtgewicht des Zuges) gemeint. Diese Angaben waren auf die gewöhnlichen Nutzlängen der Überholgleise der Unterwegsbahnhöfe auf Hauptbahnen von bis zu 550 m (EBO § 14 Abs. (1)) abgestimmt. Diese Länge entsprach der Länge eines ganzen Wehrmachtszuges (1700 t Last), woraus ersichtlich wird, unter welchen Gesichtspunkten damals die Bemessung von Bahnanlagen erfolgte.

Der § 66 regelte die zulässigen Fahrgeschwindigkeiten. Abs. (1) führte aus, dass die zulässige Geschwindigkeit eines Zuges auf-

Der Linksfahrbetrieb auf dem im Bezirk der RBD Wien gelegenen Streckenabschnitt nach Amstetten musste auch im Krieg aufrechterhalten werden.

grund besonderer Verhältnisse der einzelnen Bahnstrecken, für die einzelnen Zuggattungen festgelegten Höchstgeschwindigkeiten und durch die Bauart der auf diesen eingesetzten Fahrzeuge begrenzt wird. In Abs. (2) waren die zulässigen Fahrgeschwindigkeiten angegeben, von denen hier nur exemplarisch

Zulässige Fahrgeschwindigkeiten gemäß EBO § 66 von 1928

Zugart	Reisezug	Güterzug
Fahrgeschwindigkeit (km/h)		
auf Hauptbahnen	135	75
auf Nebenbahnen	50	50
auf Nebenbahnen mit Hauptbahncharakter	60	60

die maßgebenden Werte für durchgehend druckluftgebremste Reise- und Güterzüge angegeben werden (siehe kleine Tabelle).

Nebenbahnen mit hauptbahnähnlichen Verhältnissen waren solche Strecken mit einem Vorsignalabstand von 400 Metern, deren Bahnhöfe über Ausfahrsignale und deren Einfahrsignale mit Einfahrvorsignalen anstelle der damals üblichen Kreuztafeln (Kennzeichen K 16 nach DV 301) ausgerüstet waren und ggf. auch bereits über Streckenblockeinrichtungen verfügten.

Die Entwicklung der Lokomotiven für hochwertige Reisezüge ging jedoch weiter, so dass ab 1935 mit der Baureihe 05 und ab 1939-1941

Besonderes Schild am Arbeitsplatz: Zumindest zeitweise wurde die Höchstgeschwindigkeit von einem Dutzend Altonaer 03 auf 140 km/h heraufgesetzt (siehe links) – zur Beförderung sehr schneller Reisezüge auf der Strecke nach Berlin.

mit den Baureihen 06, 01[10] und 03[10] auch Lokomotiven im Geschwindigkeitsbereich zwischen 140 und 175 km/h zur Verfügung standen, für die in den AzFV, den Buchfahrplänen und Fplo Sonderpläne für höhere als in der BO zugelassene Geschwindigkeiten aufgestellt wurden. Erwähnt werden sollen ebenfalls noch die Schnelltriebwagen der unterschiedlichen Bauarten, die ab 1933 als VT 137 mit bis zu 160 km/h nach besonderen

Fahrschaubildern verkehrten und bei deren Ausfall Ersatzpläne mit Lokomotiven der Baureihe 03 zum Tragen kamen, von denen einzelne Lok ebenfalls für 140 km/h zugelassen waren. Auf diese Problematik wird an anderer Stelle noch eingegangen.

Für Güterzüge war noch ausgeführt, dass bei Geschwindigkeiten über 75 km/h die Genehmigung des Reichsverkehrsministeriums erforderlich war und bei Güterzü-

gen, die schneller als 90 km/h verkehren sollten, bei der Zugbildung die Vorschriften für Reisezüge anzuwenden waren (hier waren vor allem Bremsbauart und Bremsstellung maßgeblich). Seit 1936/37 gab es bei der DRG die Lokbaureihen 41 und 45, die als schnelle bzw. überschwere Güterzuglokomotiven beschafft worden waren, so dass auch hier die entsprechende Regelung in der BO eine konkrete Grundlage hatte.

Fahrdienstvorschriften (FV, DV 408)

Die Fahrdienstvorschrift (FV) bildete die Grundlage für die Abwicklung des Zugfahr- und Rangierdienstes bezogen auf das Gesamtnetz der Deutschen Reichsbahn. Die als DV 408 bezeichnete Vorschrift wurde zum 1. September 1933 mit Verfügung 24 Bavfu vom 27. April 1933 eingeführt. Sie wurde auch bei 29 weiteren Bahnverwaltungen (Privatbahnen) im damaligen Deutschen Reich angewendet. Wesentliche Änderungen der FV erfolgten zum 1. Januar 1939 und zum 01. April 1944, eingeführt mit Erlaß 24 Bavf des Reichsverkehrsministers vom 12. Mai 1943. Alle weitergehenden Ausführungen in diesem Buch beziehen sich auf die FV in der Fassung vom 01. April 1944.

Für das Gebiet der annektierten Republik Österreich gab es die „Vorläufige Fahrdienstvorschrift für die Strecken der Ostmark (FV Ostmark, DV 1 408), eingeführt durch Erlaß 24 Bavf (Ö) vom 21. April 1941 in Verbindung mit den Betriebsvorschriften V3. Für die Bahnen der Generaldirektion der Ostbahn in Krakau (Gedob), die die Strecken im damaligen Generalgouvernement verwaltete, wurde mit der Einführung der vollständigen Organisationsstruktur der Deutschen Reichsbahn zum 17. Mai 1943 die FV der DR in der Fassung vom 1. September 1933 in zweisprachiger Ausführung deutsch/polnisch eingeführt (Przepisy Ruchu, DV 2 408). Diese enthielt zusätzlich einen Auszug aus der EBO i.d.F. vom 17. Juli 1928.

Die Bahnen im damaligen Reichsprotektorat Böhmen und Mähren (Protektoratsbahnen, abgekürzt CMD/BMB) hatten während der Besatzungszeit eine eigene Fahrdienstvorschrift, die von der Generaldirektion der CMD/BMB in Prag herausgegeben wurde und ebenfalls zweisprachig abgefasst war.

Das Fahren von Zügen war in § 5 der FV geregelt, konkret umfasste der Begriff Zugfahrt – wie die Formulierung in § 54 der EBO das Übergehen von aus Regelfahrzeugen bestehenden durch Maschinenkraft bewegten Einheiten auf die freie Strecke. Als Züge galten auch einzeln fahrende Lokomotiven, Triebwagen und Kleinlokomotiven. In FV § 3 Abs. (3) wurde der Begriff der Zugnummer eingeführt, demnach musste zum Zwecke der eindeutigen Identifizierung im Betriebsdienst jeder Zug eine Zugnummer erhalten. Hier war auch bereits angegeben, dass Bedarfszüge mit Zusätzen wie „Vz" für Vorzug (verkehrt früher als der Stammzug) oder „Nz" für Nachzug sowie mit Zusätzen wie einem Direktionskürzel (z.B. Bsl für Breslau) vor der Zugnummer im Fahrplan aufgeführt sein konnten. Die im Schriftverkehr der Reichsbahn zu verwendenden Abkürzungen für

Die „Bibel" für den Betriebsdienst der Reichsbahn stellte die Fahrdienstvorschrift dar, von der zum Ende des Krieges die mit Wirkung vom 1. April 1944 in Kraft gesetzte Fassung in Gebrauch war.

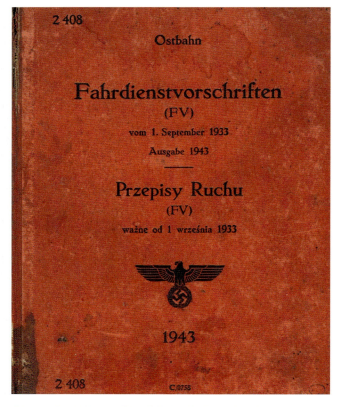

Deckblatt der im Bereich der Ostbahn im besetzten Polen verwendeten Fahrdienstvorschriften. Diese waren bis auf die Zweisprachigkeit mit der im Altreich verwendeten FV identisch.

Blick aus einem Befehlsstellwerk auf eine Bahnhofsausfahrt (hier die von Mainz um 1935). Fahrdienstleiter versuchen jede Zugbewegung auf jeder möglichen Fahrstraße ohne Stockung durchzuführen.

die Direktionen waren in Anlage 8 zur FV dargestellt.

An Zugarten wurden in FV § 5 Abs. (4) grundsätzlich Reise-, Güter- und Dienstzüge unterschieden, in Abs. (6) war bereits ein Hinweis auf die DV 407 - Vorschriften für die Ermittlung der Betriebsleistungen (VBL) enthalten, auf die an anderer Stelle noch eingegangen wird. Weiterhin war vorgeschrieben, dass die Zuggattung des Zuges in den Dienstfahrplänen, das heißt im Buchfahrplan oder der Fahrplananordnung (Fplo, für Sonderzüge) sowie im mit der Bekanntgabe und Durchführung zusammenhängenden Schriftverkehr immer mit anzugeben war. Diese Zuggattung bestand aus einer Zahlen- und einer Buchstabenkombination (z.B. „De 5017 (4,1)"), die immer zusammen zu verwenden waren, wobei das Kürzel der Zuggattung mit der Zugnummer für den Betriebsdienst der äußeren Dienststellen und die in Klammern gesetzte Zahlenkombi-

nation für die betriebliche Statistik wichtig war. Die Zuggattung stellte daher eine Präzisierung der Zugart im Sinne einer Unterscheidung bei der betrieblichen Abwicklung dar und hatte – wie noch gezeigt wird – Bedeutung für die Abrechnung und Verkehrsstatistik.

Die Rangordnung der Züge war in FV § 6 Abs. (9) geregelt, wobei insgesamt 16 Zuggattungen unterschieden wurden, von denen in der Rangfolge der dringliche Hilfszug noch vor dem Schnellzug und der Schnellgüterzug noch vor dem Eilzug und dem Personenzug rangierte.

Der Eisenbahnbetrieb wurde neben dem operativen Betriebsdienst auf den Zugmelde- und Zugfolgestellen durch Zugleitungen überwacht, deren Wirkungsbereich sich über eine ganze Direktion (Oberzugleitungen) oder einen Teil davon erstrecken konnte (Zugleitungen). Diese konnten Einfluss auf den Betriebsablauf nehmen und einzelne Züge auf hoch belasteten

Strecken besonders überwachen (Zugüberwachung, eingerichtet ab 1928 in den RBD Dresden und Hannover). Maßgebend für die Arbeit der Zugleitungen waren neben der FV die DV 424-Dienstvorschrift für Zugleitungsstellen (ZLV) und die DV 439-Anordnungen für die Vormeldungen der Reisezüge. Demnach wurde der Bereich einer Direktion in mehrere Zugleitbezirke eingeteilt, die ihren Sitz am Standort der Betriebsämter hatten.

Darüber hinaus oblag den Zugleitungen die Aufstellung der Fahrpläne für Sonderzüge, soweit nicht Buchfahrpläne oder Anhänge dazu mit vorab konstruierten Fahrplanlagen für Bedarfszüge zur Verfügung standen und die Anordnung der Fahrtnummern für Militärzüge, falls die Aufstellung der Sonderzugpläne auf der Ebene der Bahnhöfe erfolgte. Die Zugleitungen und Oberzugleitungen konnten auch durch sog. Annahme- und Rückhaltesperren Einfluss auf den

Betriebsablauf nehmen, indem bestimmte Verkehrsgebiete für ausgewählte Zeiträume und Gutarten gesperrt werden und somit diese Direktionen von Rückstau und anderen Problemen entlastet werden konnten. Die ZL und OZL bestimmten auch, auf welchen Bahnhöfen ggf. nicht angenommene und rückgestaute Züge hinterstellt werden mussten.

Auf weitere Aufgaben im Bereich der Disposition, die nicht unmittel-

ten, desgl. bei den Schweizerischen Bundesbahnen (SBB).

B) Aushangfahrpläne
(nur für den Reiseverkehr)

Diese gab es als Ankunfts- und Abfahrtstafeln, gemeint waren damit die Fahrplanaushänge auf den Bahnsteigen, in Bahnhofshallen und Warteräumen, die für die Öffentlichkeit, d.h. die Reisenden bestimmt waren. An innerdienst-

heres dazu war auch in der DV 450 „Dienstvorschrift für die Aufstellung der Abfahrt- und Ankunftpläne der Reisezüge v. 1. Oktober 1934" geregelt.

Wie das linksstehende Bild zeigt, wurden für kleinere Bahnhöfe diese Aushangfahrpläne auch in kleineren Formaten als das auf größeren Bahnhöfen gebräuchliche Format A0 oder A1 hergestellt und die Abfahrtszeiten vor der Vervielfältigung handschriftlich eingetragen. Dabei waren die Abfahrtstafeln mit gelbem und die Ankunftstafeln mit weißem Untergrund versehen, dieses Prinzip gilt bei der DB Station & Service AG noch heute.

Die Größe der für die einzelnen Bahnhöfe vorzusehenden Aushangfahrpläne war nach Direktionen und Kursbuchstreckennummern sortiert in der DV 445 „Verzeichnis der Strecken und der Aushangfahrplanblätter" aufgeführt.

Die Bildfahrpläne waren gemäß FV § 6, Abs. (7) zu verteilen an:

– Ämter (Ba, Ma, Va)
– Bahnhöfe (Bf)
– Bahnmeistereien (Bm), Fernmeldemeistereien, Fahrleitungsmeistereien (Flm)
– Bahnbetriebswerke (Bw) und Bahnbetriebswagenwerke (Bww)
– Bahnunterwerke (Uw) und ggf. Bahnkraftwerke (Bkw).

Detail eines Aushangfahrplanes im Format A3 aus Demitz-Thumitz.

bar mit der fahrplantechnischen Abwicklung des Zugverkehrs zusammenhängen, soll hier nicht näher eingegangen werden.

Die spezielle Problematik der innerdienstlichen Fahrpläne (Dienstfahrpläne) war in § 6 der FV bzw. der FV Ostmark / Ostbahn geregelt. Dazu war ausgeführt:

FV § 6, Abs. (1): An Fahrplänen werden herausgegeben:

A) Dienstfahrpläne
Bildfahrpläne
Buchfahrpläne (bis 1937 Fahrplanbücher genannt)
Streckenfahrpläne
Fahrpläne für Sonderzüge

Den Begriff der Dienstfahrpläne gab es auch bei einigen Privatbahnen, die zum Teil ihre Buchfahrpläne als Dienstfahrplanbücher bezeichne-

lichen Angaben führten diese nur die auch in den Dienstfahrplänen enthaltenen Daten:

– Zuggattung
– Zugnummer
– Laufweg und ggf. Übergang auf andere Züge, Hinweis auf Kurswagen, Flügelung
– Verkehrstage
– Ankunfts- und Abfahrtszeiten
– Unterwegsbahnhöfe.

Vor dem Ersten Weltkrieg waren Abfahrtstafeln üblich, bei denen die Zugziele und Abfahrtszeiten mit emaillierten Täfelchen dargestellt wurden. Das Bild auf Seite 53 zeigt eine Abfahrtstafel aus dieser Zeit aus dem Bereich der RBD Essen. Diese Tafeln waren auf kleineren Bahnhöfen noch bis in die neunziger Jahre im Gebrauch. Nä-

Die Bildfahrpläne beinhalteten einen grafischen Überblick (Weg-Zeit-Diagramm) des Zugverkehrs nach Strecken und Zeitverlauf, ggf. aufgeteilt auf mehrere Blätter innerhalb einer Strecke (z.B. Stunde 0-6, 6-12, 12-18, 18-24). In diesen waren alle planmäßig innerhalb einer Strecke verkehrenden Züge (Regelzüge) und die Bedarfszüge mit aufgeführt, nach Zuggattungen farbig abgesetzt und hinsichtlich der Bedeutung in der betrieblichen Abwicklung mit dünnen oder stärkeren farbigen Linien hervorgehoben. Näheres dazu ab Seite 82.

Anhand der Bildfahrpläne konnten in den Fahrplanbüros der

Abfahrt der Züge in der Richtung nach:

Hamm Bahnst. II. Gleis II.				Dortmund Bahnsteig I	
Vorm.	**Nachm.**	**Vorm.**	**Nachm.**	**Vorm.**	**Nachm.**
1 37	13 34		13 00		13
	14 24		14 07		14 21
2 08	15 58		15 43	2 03	15 47
4 50	16 35	3 36	E 16 38		16 05
5 56	18 57	5 30	17 07	5 06	18 38
7 56	19 20	E 7 57	19 29	7 55 *W	19 50
8 29	20 04	8 19	20 20	8 59 *†	20 09
9 47	21 52	9 25	21 12		21 29
† 10 01	22 56	10 53	22 59		
12 10	23 13	12 22	23 41	12 56	23 55

Die mit ∗ bezeichneten Züge fahren nur an bestimmten Tagen (siehe Fahrplan)

Viel Mühe erforderte die Aktualisierung der aus einzelnen Ziffern zusammengestellten Abfahrtstafeln . . .

Foto: Andreas Rasemann

RBD, den Reichsbahnämtern (Betriebsämtern, Bä) bzw. durch die Fahrdienstleiter auf den einzelnen Bahnhöfen dispositive und operative Entscheidungen, wie z.B. die Vorbereitung des nächsten Fahrplanabschnittes, die Planung von Bauzuständen und das Verlegen von Zugkreuzungen oder die Planung von Überholungen erfolgen.

Die Buchfahrpläne wurden gemäß FV § 6, Abs. (7) verteilt an:

– Ämter (Ba, Ma, Va)
– Bahnhöfe (Bf), zugleich für Zugführer und ausnahmsweise für Bremser, soweit dies bei ungünstigen Streckenverhältnissen die Direktion besonders anordnete
– Bahnmeistereien (Bm), Telegrafenmeistereien, Fahrleitungsmeistereien (Flm)
– Bahnbetriebswerke (Bw), zugleich für die Lokomotivführer bestimmt
– Bahnbetriebswagenwerke (Bww)
– selbständige Güter-, Eilgut- und Gepäckabfertigungen (GA bzw. Gepa)
– Bahnunterwerke (Uw) und ggf. Bahnkraftwerke (Bkw)

Auf den Bahnhöfen wurden die Buchfahrpläne an alle besetzten Dienstposten, die unmittelbar mit Zugfahrten befasst waren, d.h. Wärter- und Befehlsstellwerke, Weichenposten und Zugmeldeposten ausgegeben.

Der Inhalt der Buchfahrpläne und ihr Aufbau war in Anlage 2 der FV jeweils für einen Reisezug im Bereich der RBD Kassel und einen Güterzug im Direktionsbereich der RBD Osten dargestellt, nähere Erläuterungen dazu und Hinweise auf Besonderheiten in der Gestaltung bei ein- und zweigleisigen Strecken sind ab Seite 86 ausführlich dargestellt. Wichtig für die örtlichen Personale auf den Betriebsstellen war, dass in den Buchfahrplänen (und der Bahnhofsfahrordnung) auch diejenigen Züge enthalten waren, die nicht im öffentlichen

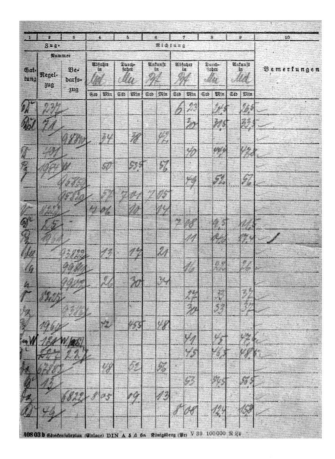

Leider in altdeutscher Schrift ausgefüllt ist dieser Streckenfahrplan aus dem Jahre 1944 für den Block Muldebrücke im Streckenabschnitt Bitterfeld – Muldenstein (RBD Halle).

Fahrplanstoff verzeichnet waren. Dazu zählten in der Kriegszeit eine Vielzahl von Fremdarbeiterzügen und von Zügen mit Häftlingen, die von Bahnhöfen der Reichsbahn zu nahegelegenen, z.T. getarnten Militärobjekten und unterirdischen Anlagen verkehrten und nach Verlassen der öffentlichen Strecken von Zug- in Rangierfahrten übergingen.

Für Abzweig- und Blockstellen (bei der KPEV auch „Blockstationen genannt), auf denen die Fahrtrichtung der Züge nicht verändert werden konnte, die aber am Zugmeldeverfahren gemäß FV § 12 beteiligt waren, besetzte Haltepunkte und Anschlussstellen, Bahn- und Schrankenwärter sowie Führer von Bahnunterhaltungsrotten (Gleisbautrupps) gab es sogenannte Streckenfahrpläne nach Anlage 3 der FV, die für die betreffende Betriebsstelle oder den Streckenabschnitt neben der Zuggattung und Zugnummer nur Ankunfts-, Abfahrts- und Durchfahrzeiten enthielten. Dabei wurde nach Fahrtrichtung sowie nach Regel- und Bedarfszügen unterschieden. Für Schrankenwärter und -posten bezogen sich

die im Streckenfahrplan aufgeführten Zeiten auf die nächstliegende Zugmeldestelle, bei Vorhandensein von Blockstellen auf die nächstgelegene rückliegende Blockstelle. Ob ein Bedarfszug an einem bestimmten Tag auch tatsächlich verkehrte, konnte der vor Ort Tätige entweder den vorliegenden Fernschreiben, Bahndiensttelegrammen, Fahrplananordnungen bzw. der Merktafel entnehmen.

In § 20 der FV wurde nochmals hinsichtlich der Fahrordnung der Rechtsfahrbetrieb betont. Waren mehrere eingleisige Strecken in die gleiche Richtung vorhanden, war im (Buch-)Fahrplan oder der Fahrplananordnung besonders anzugeben, welches Gleis im Regelbetrieb benutzt wurde (FV § 20 Abs. 3). In Bahnhöfen wurde das Benutzen und Besetzen der Haupt-, Überhol- und Nebengleise in einer Bahnhofsfahrordnung mit dem damit im Zusammenhang stehenden Gleisbesetzungsplan geregelt, die durch den Vorsteher der Dienststelle aufzustellen und dem zuständigen Betriebsamt zur Mitzeichnung vorzulegen war (FV § 20 Abs. 4, 5 und 7).

Anhänge zu den Fahrdienstvorschriften (AzFV)

In FV § 38 Abs. (1b) war angegeben, dass die besonderen örtlichen Verhältnisse der einzelnen Bahnstrecken einer Direktion in einem Anhang zu den Fahrdienstvorschriften (AzFV, bis zum Erlaß des RVM v. 4. Juli 1924 auch „Anhang zum Fahrplanbuch, AzF", in Württemberg „Fahrplan-Vollzugs-Anweisung" genannt) dargestellt wurden. Dies umfasste auch die Angabe der örtlich zulässigen größten Fahrgeschwindigkeiten, die bis 1931 zum Teil noch in den AzFV enthalten, später aber als Sonderheft zum AzFV herausgegeben wurden. Gleiches galt für die Vergleichs- bzw. Belastungstafeln (Anhang 5 des AzFV), die zwischen 1942 und 1944 in den besetzten Gebieten ebenfalls gesondert herausgebracht wurden, da die einzusetzenden Baureihen und die befahrenen Strecken häufig wechselten.

Mit dem AzFV wurde auch dem Wunsch der Direktionen Rechnung getragen, alle für ihren Bezirk relevanten, von der FV und der DV 301 abweichenden Besonderheiten in einem Heft zusammenzufassen und nicht – wie zuvor über Merkblätter und Merkbücher in den Aufenthaltsräumen bzw. über „Dienstbefehle" geschehen – einzeln und nur regional bekanntzumachen.

In den AzFV waren die streckenbezogenen und örtlichen Besonderheiten für die allgemeine Betriebsdurchführung sowie das Triebfahrzeug-, Zug-, Rangier- und Aufsichtspersonal dargestellt, etwa, auf welchen Bahnhöfen der Zugführer das Abfahrtssignal zu geben hatte, wo zur freien Strecke besondere Neigungsverhältnisse vorlagen oder Hauptsignale nicht wie gewohnt rechts vom Gleis aufgestellt waren. Die AzFV wurden von jeder Direktion besonders herausgegeben, die Aktualisierung war nicht an die Dauer der Fahrplanperioden gebunden, sondern richtete sich eher nach grundlegenden Änderungen wesentlicher Dienstvorschriften (EVO, FV, Signalbuch) oder erfolgte, wenn bereits mehrere

Die an Zierpflanzen wie Telefonapparaten reich bestückte Betriebsstelle von Dresden Hauptbahnhof (um 1930).

Berichtigungs- oder Deckblätter zum AzFV erschienen waren und daher der Aufwand für deren Einbesserung so hoch geworden war, dass eine Neuherausgabe angezeigt war. Die RBDen Augsburg und München waren in einem gemeinsamen AzFV zusammengefasst.

Die AzFV enthielten wie auch die La eigene Streckennummernkarten, die mit der Einteilung der Strecken in den Buchfahrplänen nicht übereinstimmten. Die AzFV waren grundsätzlich in zwei Ab-

schnitte/Teile unterteilt, die die Zusätzlichen Bestimmungen zu den Fahrdienstvorschriften und die zusätzlichen Bestimmungen zum Signalbuch einschließlich der genehmigten Abweichungen von der Eisenbahn-Signalordnung (ESO) enthielten. Der Teil I war meist nochmals unterteilt in:

A) Fahrdienst auf den Betriebsstellen
B) Zugförderung
C) Rangierdienst
D) Bilden der Züge

Foto: RVM/ Sammlung Gerhard

DEUTSCHE REICHSBAHN
Reichsbahndirektion Oppeln

Anhang

zu den

Fahrdienstvorschriften

und zum

Signalbuch

(A z FV)

Ausgabe 1940

gültig vom 6. Oktober 1940 an

nur für den Dienstgebrauch

11.000. XII. 40. Waldheim-Eberle, Wien

Deckblatt des AzFV der RBD Oppeln, Ausgabe 1940.

Auszug aus dem Abschnitt 13 des AzFV, RBD Oppeln zur Problematik der Beschränkung zulässiger Achsanzahlen bei Reise- und Güterzügen.

1	2	3	4
Bahnhof oder Strecke	Reise-Züge	Güter-Züge	Bemerkungen
	Beschränkung der zulässigen Achsenzahl auf		

7. Gleiwitz $\frac{Hbf}{Vbf}$ —Gleiwitz Ost

Gleiwitz-Gleiwitz Ost	—	+)	+) wenn kein Halt auf nachstehenden Bahnhöfen
Gleiwitz Vbf	—	110	in Gl 53 S Ri Gleiwitz Ost
„	—	110	in Gl 54 S Ri „ „
„	—	90	in Gl 55 S Ri „ „

8. Borsigwerk-Peiskretscham-Groschowitz-Oppeln Ost-(Brockau)

Borsigwerk-Brockau	— +)	— +)	+) wenn kein Halt auf nachstehenden Bahnhöfen
Borsigwerk	39	—	in Ri Klausberg
„	48	—	in Ri Bobrek
Klausberg	54	—	
Peiskretscham	46	—	in Ri Klausberg
„	—	108	in Gl 7–13 aus Ri Klausberg endende Güterzüge
Tost	45	—	in Ri Hartlingen
„	48	—	„ „ Quellengrund
Quellengrund	36	—	
Groß Strehlitz	50	—	„ „ Quellengrund
„	52	—	„ „ Heuerstein
Heuerstein	40	—	
Groß Stein	52	—	
Tarnau	49	—	„ „ Groß Stein
„	54	—	„ „ Groschowitz
Oppeln Ost	37	—	
Klosterbrück	46	—	
Döbern Kupp	45	—	in Ri Klosterbrück
„	39	—	„ „ Rutenau

Reichsbahn-Assistent (Aufsicht oder Blockstellenwärter) am Fernsprecher.

Auf den Teil II wird hier nicht besonders eingegangen. Er enthielt die auf die jeweilige Direktion bezogenen örtlichen Abweichungen und zusätzlichen Bestimmungen zum Signalbuch (SB, DV 301) und zur Eisenbahnsignalordnung (ESO).

Die beiden Bilder oben zeigen das Deckblatt eines AzFV und einen Auszug aus dem Abschnitt 13 für den Bezirk der RBD Oppeln.

Für die Aufstellung der AzFV galt die DV 411-Dienstvorschrift für die Aufstellung des Anhangs zu den Fahrdienstvorschriften (Muster AzFV) vom 15.6.1939.

Eine Übersicht der wesentlichen Inhalte des AzFV, Teil I – also die zusätzlichen Bestimmungen zur Fahrdienstvorschrift – zeigt die folgende Tabelle am Beispiel der RBD Schwerin, Ausgabe vom 15. Mai 1939.

Die in der Tabelle frei gelassenen Nummern von Abschnitten waren im AzFV nicht belegt.

Fotos: RVM/ Sammlung Gerhard

Zusätzliche Bestimmungen zur Fahrdienstvorschrift in der RBD Schwerin (gültig ab 15. Mai 1939)

Abschnitt	Regelungsinhalt	Bemerkungen
A. Fahrdienst auf den Betriebsstellen		
1	Bahnhöfe, Haltepunkte und Anschlussstellen, wo der Zugführer während des Aufenthaltes die Geschäfte des Aufsichtsbeamten wahrnimmt	Oft wegen Überlastung der örtlichen Aufsicht bei größeren Bahnhöfen oder Bahnhöfen ohne örtl. Aufsichtsbeamte
2	Bahnhöfe, wo der Auftrag zur Abfahrt dem Zugführer durch einen Betriebsbeamten übermittelt werden darf	Je nach Lage der Bahnsteige zum nächsten besetzten Stellwerk auch durch Stellwerkspersonal
3	Bahnhöfe, wo der Auftrag zur Abfahrt an den Zugführer durch das Ausfahrsignal erteilt wird	Bei Ausfahrten aus bestimmten Gleisen, die weit entfernt vom Standort der örtlichen Aufsicht waren
4	Bahnhöfe, wo Züge bei Abweichung von der Bahnhofsfahrordnung auf mehrflügliges Hauptsignal ohne Vorsignal oder mit Vorsignal ohne Zusatzflügel einfahren dürfen, ohne vorher gestellt oder durch Vorsichtsbefehl benachrichtigt zu werden	Mit Angabe des Bahnhofes und der genauen Bezeichnung des Signals
B. Zugförderung		
5	Verzeichnis der Lokomotiven und Triebwagen und deren Höchstgeschwindigkeit und Vergleichstafeln der zulässigen Belastungen	In einigen Direktionen auch nur „Belastungstafeln" oder „Verzeichnis der zulässigen Belastungen" genannt
6	Strecken mit Tunneln, wo die Nachtzeichen am Zug auch bei Tag geführt werden müssen	–
7	Bahnhöfe, Haltestellen, Anschlussstellen, wo bei vorübergehendem Abkuppeln der Zuglokomotive oder eines Zugteils im stehenbleibenden, durchgehend gebremsten Zugteil mehr als eine, im handgebremsten Zugteil mehr als zwei Handbremsen angezogen werden müssen	Bahnhofsspezifisch mit Angabe einer Prozentzahl für die anzuziehenden Handbremsen
8	Unterwegsbahnhöfe, wo Durchschriften der Wagenzettel abzugeben sind	Ggf. noch unterschieden nach aufgenommenen und abgesetzten Güterwagen
9	Bahnhöfe, wo nach dem Anhalten des Zugs und Lösen der Bremsen der Zugsicherer den Zug „grenzzeichenfrei" zu melden hat	Bei knapp bemessenen Nutzlängen durch das Strecken des Zuges erforderlich
10	Strecken, wo Züge mit Lokomotiven, Triebwagen oder Steuerwagen an der Spitze nachgeschoben werden dürfen	Mit km-Angabe für das Nachschieben und Angabe, ob die Schiebelok am Zug bleibt oder von der freien Strecke zurückkehrt
C. Rangierdienst		
11	Bahnhöfe, Haltestellen und Anschlussstellen, wo bei allen oder bei bestimmten Zügen der Zugführer die Aufsicht über den Rangierdienst ausübt	Fehlende Besetzung der Bahnhöfe mit Rangierpersonal, ggf. auch tageszeitabhängig
12	Bahnhöfe, Haltestellen und Anschlussstellen, wo die Fahrzeuge mit besonderer Vorsicht zu bewegen sind	Wegen anschließender Neigungsverhältnisse in Richtung der freien Strecke gemäß Angabe im AzFV
D. Bilden der Züge		
13	Beschränkung der allgemein zugelassenen Achsenzahl durch Strecken- und Bahnhofsverhältnisse	Begrenzte Nutzlängen, steigungsreiche Strecken: Sonderheft

Für die Zugförderung von Bedeutung waren vor allem die in den Abschnitten 5 des AzFV in Verbindung mit § 38 (2d) der FV aufgeführten „Verzeichnisse der Lokomotiven und Triebwagen und deren Höchstgeschwindigkeit und Vergleichstafeln der zulässigen Belastungen", in denen die in den einzelnen RBD verwendeten Triebfahrzeugbaureihen aufgeführt waren und man mit Verhältniszahlen die Zuglasten für andere Baureihen, etwa bei Gestellung einer Ersatzlokomotive berechnen konnte. Diese Tafeln gab es für Reisezüge und Güterzüge. Sie waren aus den „Belastungsvorschriften" entstanden, die es vor dem rsten Weltkrieg z.B. bei den Kgl. Bayerischen Staatseisenbahnen als separate Vorschrift gab und die in Preußen als allgemeine Anhänge zu den Fahrplanbüchern bezeichnet wurden.

Abfahrauftrag mit erhobenem Befehlsstab – ein großer Augenblick.

1	2	3	4	5	6	7	8	9	10	11	12	13	14	Bemerkungen
						Lokomotiv-		gattung						
Gt 34. 15 (T 9[3])	Pt 34. 17 (T 12)	Pt 37. 17 (T 18)	P 35. 17 (P 8)	Gt 46. 15 (86*)	Gt46.16 (T 14)	Gt 46. 17 (T 14[1])	G 44. 17 (G 8[1])	G 45. 17 (G 8[2]) G 45. 17 (G 8[3])	G 55. 15 (G 10) P 46. 19 (P 10) Gt 55. 15 (T 16)	Gt 55. 17 (T 16[1]) " " **	G 56. 16 (G 12)	G 56. 20 (43*)	G 56. 20 (44*)	
				Größte zulässige Ge-				schwindigkeit in km/h						
65	80	90	100	70	65	65	55	65 65	60 110 40	40 60	65	70	70	
			T o n n e n							T o n n e n				
576	684	720	756	864	900	972	1008	1044	1080	1152	1260	1512	1548	* = Bauart-reihe von Einheits-lok
592	703	740	777	888	925	999	1036	1073	1110	1184	1295	1554	1591	
608	722	760	798	912	950	1026	1064	1102	1140	1216	1330	1596	1634	
624	741	780	819	936	975	1053	1092	1131	1170	1248	1365	1638	1677	** = umge-baute Lok
640	760	800	840	960	1000	1080	1120	1160	1200	1280	1400	1680		
656	779	820	861	984	1025	1107	1148	1189	1230	1312	1435			
672	798	840	882	1008	1050	1134	1176	1218	1260	1344	1470			
688	817	860	903	1032	1075	1161	1204	1247	1290	1376	1505			
704	836	880	924	1056	1100	1188	1232	1276	1320	1408	1540			
720	855	900	945	1080	1125	1215	1260	1305	1350	1440	1575			
736	874	920	966	1104	1150	1242	1288	1334	1380	1472	1610			
752	893	940	987	1128	1175	1269	1316	1363	1410	1504	1645			
768	912	960	1008	1152	1200	1296	1344	1392	1440	1536	1680			
784	931	980	1029	1176	1225	1323	1372	1421	1470	1568				
800	950	1000	1050	1200	1250	1350	1400	1450	1500	1600				
816	969	1020	1071	1224	1275	1377	1428	1479	1530	1632				
832	988	1040	1092	1248	1300	1404	1456	1508	1560	1664				
848	1007	1060	1113	1272	1325	1431	1484	1537	1590					
864	1026	1080	1134	1296	1350	1458	1512	1566	1620					
880	1045	1100	1155	1320	1375	1485	1540	1595	1650					
896	1064	1120	1176	1344	1400	1512	1568	1624	1680					
912	1083	1140	1197	1368	1425	1539	1596	1653						
928	1102	1160	1218	1392	1450	1566	1624	1682						
944	1121	1180	1239	1416	1475	1593	1652							
960	1140	1200	1260	1440	1500	1620	1680							
			Verhältniszahlen							Verhältniszahlen				
1,6	1,9	2,0	2,1	2,4	2,5	2,7	2,8	2,9	3,0	3,2	3,5	4,2	4,3	

Loktausch: Aus den Belastungstafeln (hier für Güterzüge) konnte bei Gestellung einer Ersatzlokomotive mithilfe der in der Fußzeile dargestellten Verhältniszahlen die mit dieser Lok zu befördernde Last ermittelt werden; Auszug aus dem AzFV der RBD Frankfurt/M., Ausgabe 1936.

Waren Angaben zu bestimmten Baureihen nicht im Abschnitt 5 des AzFV verzeichnet, was im Krieg durch die Vielzahl von Umstationierungen häufig vorkam, mussten bei aus den Bildfahrplänen, dem Fahrschaubild oder den Streckenbändern bekannten Neigungsverhältnissen die entsprechenden Lastangaben ersatzweise aus dem Merkbuch für die Fahrzeuge der Reichsbahn, DV 939 Teil a-c oder e (Klein- und Motorlokomotiven), entnommen werden und dann entschieden werden, ob der Zug mit der vorgesehenen Lokomotive befördert, geteilt oder eine Vorspannlokomotive gestellt werden musste.

Die Einordnung der AzFV in das Vorschriftenschema der Reichsbahn war nicht einheitlich. Teilweise wurden sie als „zu 408" gekennzeichnet, was auf ihre Funktion zur Präzisierung der FV hinwies, teilweise auch als DV 401, „zu 404" oder „411" in Bezug auf die Vorschriften zur Aufstellung der Bildfahrpläne bzw. des AzFV, manchmal auch zusätzlich mit einer Abkürzung der jeweiligen Direktion versehen.

Bei der Reichsbahn der DDR (DR Ost) wurden später die AzFV derart gegliedert, dass der Teil I die örtlichen Besonderheiten und der Teil II die Geschwindigkeitsübersichten enthielt. Die DB ging ab etwa 1954/55 dazu über, die im AzFV enthaltenen Informationen als Anhang zu den Buchfahrplänen mit abzudrucken. Damit waren sie für das Lok- und Zugpersonal auch schneller verfügbar. Bei der heutigen DB Netz AG sind die entsprechenden Informationen zu Streckenverhältnissen und der örtlichen Situation auf den Betriebsstellen in den Örtlichen Richtlinien für das Zugpersonal (ÖRil) und dem Verzeichnis der zulässigen Geschwindigkeiten (VzG) enthalten, soweit nicht das Verhalten auf den Unterwegsbahnhöfen und beim Rangieren durch die Eisenbahnverkehrsunternehmen (EVU) selbst zu regeln sind.

Eine Besonderheit der Kriegszeit war noch, dass bei den über mehr als eine Fahrplanperiode gültigen Vorschriften wie dem AzFV und auch bei der Herausgabe des Achsdruckverzeichnisses auf Papiersparnis geachtet wurde. Auf der Umschlagseite fand sich dann ab 1940 zuweilen folgende Aufschrift: „Es wird empfohlen, diesen Umschlag für spätere Verwendung aufzubewahren, damit für später folgende Auflagen entsprechende Karton-Ersparnisse und Kosten-Verbilligung eintreten". Eine Aufforderung, die auch in der heutigen Zeit ihre Aktualität nicht verloren hat!

Geschwindigkeitsübersichten als Anhänge zum AzFV, Übersicht La, Teil B

Deckblatt des Abschnittes 21 zum AzFV für die südlichste Direktion des Reichsgebietes vom 1. Mai 1944.

Die Übersichten der zulässigen Fahrgeschwindigkeiten wurden für jede Reichsbahndirektion gesondert z.T. als Abschnitt im AzFV (RBD Kassel, Schwerin), meist jedoch als Sonderheft (Abschnitt 21 des AzFV) herausgegeben.

In diesen Übersichten gab die RBD die für die einzelnen Strecken gültigen Bremstafeln gemäß FV § 91 Abs. (3) bekannt. Daraus leitete sich für das Lok- und Zugpersonal die Vorgehensweise bei der Bremsberechnung vor Fahrtantritt, insbesondere die Einhaltung der im Buchfahrplan angegebenen Mindestbremshundertstel (Mbr) und das Verhalten während der Zugfahrt einschließlich der Signalbeobachtung ab. Im Abschnitt 21 waren alle dauerhaft während der Gültigkeit zu beachtenden Abweichungen von der Streckenhöchstgeschwindigkeit unter Angabe von Beginn und Ende, der Länge des Geschwindigkeitseinbruches, die Angabe von Gründen dafür (Bauwerke, Weichen, ungenügende Überhöhungen und zu kurze Übergangsbögen, verkürzte Bremswege) sowie die Standorte von Langsamfahrsignalen (Kennzeichen K5

1	2	3	4	5	6	7	8	9	10	11
		5. Dirschau - Danzig Hbf - Gotenhafen - Stromeck - RBD-Grenze (Ri Groß Boschpol)								
		(Bremstafel 700 m)								
		Größte zulässige Geschwindigkeit = 100 km/h								
		a) Ri Dirschau - Stromeck								
100	1	Praust	21,50	21,70	0,20	690	⌒ u Üh	70	—	
	2	Danzig Vbf-Danzig Hbf...	29,60	32,20	2,60	376 685	u Üh	60	—	▽60 km 29,6
	3	Danzig Hbf-Danzig Olivaertor A .	32,20	33,90	1,70	190 810	WW 190	40	—	
	4	Zoppot E Sig F 2/3 ...	43,96	—	—	—	—	30	—	Stumpf- gl 3 u 5
	5	Adlershorst-Gotenhafen .	49,10	49,90	0,80	—	Notbrücke, neuer Damm	50	—	Fahrzeit- verlust R 1,5 G —
	6	Adlershorst-Gotenhafen .	51,10	51,80	0,70	—	u Üh	90	—	
	7	Gotenhafen ..	54,00	54,20	0,20	190	⌢W 190	40	—	
	8	Gotenhafen ..	54,50	55,20	0,70	—	Einf über Gl 4 zusammen- treffen von Fahrwegen bei Gpa	15	—	▽15 km 54,150
	9	Gotenhafen ..	55,20	56,00	0,58	—	Einf in Gl 1, 2, 3, 4 u 6 Krümmun- gen, Reini- gungs- gruben u Wagen- wäsche	15	.	▽15 kn 55,120
	10	Neustadt (Westpr).....	76,90	77,30	0,40	—	⌢W 500	60	—	Ausf aus Gl 2

Für die Strecke von Dirschau über Danzig zur RBD-Grenze der RBD Stettin bei Groß Boschpol galt im April 1943 eine Höchstgeschwindigkeit von 100 km/h. Das Kürzel WW 190 bedeutet, dass mehrere Weichen EW 49-190-1:9 nur mit 40 km/h befahren werden konnten.

gemäß Signalbuch, DV 301) angegeben. Zu den Gründen gab es im Vorspann der Hefte eine eigene Legende. In den RBDèn in Österreich blieben auch viele regionaltypische Bezeichnungen in Gebrauch, so wurde z.B. die Einfahrt in ein Überholgleis als Einfahrt „in die Ablenkung" und der Rangierdienst als „Verschub" bezeichnet.

Abweichungen von den in den Abschnitten 21/Geschwindigkeitsübersichten ausgewiesenen Geschwindigkeiten wurden durch die RBD in den Übersichten der vorübergehend eingerichteten Lang-

samfahrstellen (Übersicht „La", Teil B) wöchentlich bekanntgegeben. Teil A der La enthielt als kartonierte Umschlagseite die Vorbemerkungen zur Übersicht der vorübergehend eingerichteten Langsamfahrstellen (incl. Zeichen- und Abkürzungserklärung und einer Übersichtskarte). In der La waren neben den Abweichungen von der zulässigen Fahrgeschwindigkeit auch andere Beschränkungen, wie z.B. verkürzte Einfahrwege, vorübergehend bestehende Beschränkungen für bestimmte Baureihen oder Brücken ohne Gangstege aufgeführt. Die

La galt immer von Sonntag, 0:00 Uhr bis Samstag (Sonnabend), 24:00 Uhr.

Den Aufbau einer Geschwindigkeitsübersicht zeigen die abgebildeten Dokumente beispielhaft für Strecken der RBD Danzig (vorherige Seite) und Dresden (rechts).

In den Reichsbahndirektionen Linz, Villach, Wien und Oppeln war es üblich, Geschwindigkeitsbeschränkungen, die auf die im Buchfahrplankopf abgedruckte Höchstgeschwindigkeit bezogen waren, nicht nur im Abschnitt 21, sondern auch in Spalte 2 des Buchfahrplanes anzugeben. Diese musste der Lokführer beachten, jedoch waren zum Teil nur die Betriebsstellen angegeben, ab denen diese Beschränkungen galten und kein exakter Streckenkilometer, so dass ein Studium der Geschwindigkeitsübersicht trotzdem erforderlich war. Weitere Einschränkungen waren bezogen auf die jeweilige Betriebsstelle mit einem nach unten zeigenden schwarzen Dreieck in Spalte 3 hinter dem Namen der Betriebsstelle gekennzeichnet.

Die Hauptverwaltung der Reichsbahn wirkte darauf hin, dass der Umfang des Abschnittes 21 zum AzFV möglichst gering gehalten wurde, d.h. möglichst wenige ständige Langsamfahrstellen vorhanden waren. Dazu gab es eine „Arbeitsgemeinschaft zur Nachprüfung der Fahrgeschwindigkeiten", die in den einzelnen Direktionen die Ursachen für Geschwindigkeitsbeschränkungen detailliert untersuchte. Aus dem Bericht dieser AG vom April 1933 (HV 81 Jo 22) ist herauszulesen, dass wegen der zunehmenden Konkurrenz des Kraftverkehrs auf eine Heraufsetzung der Fahrgeschwindigkeiten und eine Ausnutzung aller möglichen Reserven gedrungen wurde. Aus der Arbeit dieser AG wurden auch wichtige Grundlagen für die fahrdynamische Gestaltung des Oberbaues abgeleitet, wie die zulässigen Seitenbeschleunigungen im Bogen, Längen von Übergangsbögen und die zulässigen Überhöhungsfehlbeträge, die auch heute noch im Wesentlichen ihre Gültigkeit besitzen.

Detail aus dem Abschnitt 21 der RBD Dresden vom Mai 1939 mit einer Reihe von Nebenbahnen.

Übersicht La der RBD Oppeln für die 36. Woche 1944. In den Nachtstunden gab es offenbar auch hier schon Einschränkungen durch „Bandentätigkeit".

Belastungstafeln als Sonderhefte

Deckblatt einer Belastungstafel der RBD Wien aus dem Jahre 1941.

Während in den RBDen des Altreichs die Vergleichstafeln für die Verwendung der einzelnen Triebfahrzeuge als Abschnitt 5 des AzFV zur Anwendung kamen, gab es im Bereich der Ostmark, d.h. der RBD im seit 1938 vom Deutschen Reich annektierten Österreich und bei den Protektoratsbahnen Böhmen und Mähren, sog. Belastungstafeln, die für jede Direktion ebenfalls als Abschnitt 5 des AzFV, allerdings als Sonderheft herausgegeben wurden. Diese enthielten für jede Strecke und jeden Streckenabschnitt zwischen den Zugmeldestellen für die auf diesen Strecken verkehrenden Lokomotiven die Regelbelastungen, die in Sonderfällen um bis zu 10 % überschritten werden durften. In den Buchfahrplänen der RBD Linz, Villach und Wien wurde im Kopf auf die für die jeweilige Strecke anzuwendende Belastungstafel (BT) hingewiesen, so dass das Fahrplanbüro und letztlich auch der Lokführer bei Gestellung einer Ersatzlokomotive in Verbindung mit dem BT sehr schnell die für diese Lokomotive auf der betreffenden Strecke maßgebende Regelbelastung ablesen konnte und das Lokpersonal die Feuerführung und Bedienung der Lokomotive an die ggf. geänderten Lastverhältnisse anpassen konnte.

BT 313 b — Aspang—Fehring

Regelbelastung in Tonnen für eine Lokomotive der Bauart

Belastungsstrecke	Hilfswerte s/v	9313 544	9010 540 542.3	5557 5559	757 758	9222	98130 98135 9814	98701	772 352-3	5634 5631 CSD 434 FS 729	571-4 577 5710 951	
Aspang	25/20	200	190	200	160	160	130	90	200	260	320	
Mönichkirchen	5/25	700	700	800	600	550	450	280	800	1200	1200	
Bierbaum	16/15	350	330	420	290	250	200	150	350	450	600	
Fürstenfeld	7/20	620	600	750	550	480	400	230	650	1000	1100	
Söchau	28/15	200	180	220	170	160	120	100	180	240	300	
Km 9·—	5/25	700	700	800	600	550	450	250	800	1200	1200	
Fehring	3/35	700	650	800	600	500	430	230	800	1100	1200	
Hatzendorf	28/15	200	180	220	170	160	120	100	180	240	300	
Km 9·—	8/20	650	600	680	500	500	350	220	650	850	1000	
Hartberg	13/20	400	380	440	330	300	250	160	430	550	700	
Friedberg (Oststeierm)	16/25	310	300	280	220	230	190	130	330	450	500	
Tauchen-Schaueregg	15/20	360	330	380	280	300	240	160	360	500	600	
Mönichkirchen	3/20	1000	1000	1000	850	750	700	350	1000	1400	1600	
Aspang												

Für die Verlängerung der Aspangbahn in der RBD Wien waren 1941 diese Belastungstafeln gültig.

Dg — Lundenburg Vorbf—Straßhof (Marchfeld)

Höchstgeschwindigkeit 45 km/h — G 56.15 (52) — Last 1800 t (BT 443 d) — Mindestbremshundertstel

1	2	3	7500 (5,1)			7502¹) (5,1)		
			4	6	8	4	6	8
		Lundenburg Vorbf .	—	237		—	500	
2,1		Lundenburg ▼ .	244	45	3,8	507	08	3,8
2,6		Bf Jungmais .		52	4,0		15	4,0
3,7		Bf Holzfeld . .		58	5,0	—	21	5,0
2,9		Bernhardsthal Gbf .		303	3,9	—	26	3,9
2,9		Bf Rabensburg Hp .		07	3,9	—	30	3,9
3,0		Bf Oberfeld . .		11	4,0	—	34	4,0
3,1		Hohenau		16	4,2	—	39	4,2
3,3		Bf Langfeld . . .		21	4,4	—	44	4,4
3,1		Dröfing		26	4,2	—	49	4,2
3,2		Bf Sierndorf . .		31	4,3	—	54	4,3
2,0	45	Bf Jedenspeigen Hp .		34	2,7	—	57	2,7
3,2		Dürnkrut		39	4,3	—	602	4,3
3,7		Bf Grub		45	5,0	—	08	5,0
3,7		Bf Mannersdorf . .		50	5,0	—	13	5,0
2,8		Angern		55	3,8	—	18	3,8
3,3		Bf Schafflerhof .		400	4,4	—	23	4,4
2,1		Bf Dörfles . . .		03	2,8	—	26	2,8
3,2		Gänserndorf . . .		08	4,3	—	31	4,3
2,6		Bf Schönkirchen .		12	3,5	—	35	3,5
2,0		Bf Silberwald . .		15	2,7	—	38	2,7
1,9		Straßhof (M) Stellwert 7		18	2,6	—	41	2,6
1,2		Straßhof (M) . .	422	—	2,1	645	—	2,1
61,6								

¹) Darf bei Verkehr 99640 nicht verfehren.

Im Buchfahrplan Heft 9 der RBD Wien von 1944 sieht man im Kopfteil neben der Lastangabe das Kürzel der für diese Strecke maßgebenden Belastungstafel.

Lokomotivverbotstafeln und Zusammenstellung der Verkehrszulässigkeit von Lokomotiven, Tendern, Triebwagen und Schneeschleudern

I. Verzeichnis der Lokomotiven und Triebwagen
a) Dampflokomotiven

5

Bauartreihe*)	Betriebsgattung	Bemerkungen	Gruppe	Bauartreihe	Betriebsgattung	Bemerkungen	Gruppe
01^{10}	S 36.20	Drilling	1a	53^{72}	G 33.14		2f
01	S 36.20	Zwilling	1a	54^{0}	G 34.14	Ti 12 u JDZ 131	2f
03^{10}	S 36.18	Drilling	1d	54^{1}	G 34.14	BMB 333.1	2g
03	S 36.17/18	Zwilling	1e	54$^{2-3}$	G 34.14		2f
12^{0}	S 47.17/18		1d	54^{4}	G 34.14		2f
12^{1}	S 47.17		1e	54$^{8-11}$	G 34.14	u JDZ 128	2d
	S 47.16	BMB 486.0	2b	55$^{25-56}$	G 44.17		1f
15^{0}	S 35.15		2d	55^{57}	G 44.14	u JDZ 133	2g
16^{0}	S 36.14	u Pn 12	2e	55^{59}	G 44.14	u Tp 17	2f
17^{2}	S 35.17		1f		G 44.13	JDZ 132	3a
17$^{10-12}$	S 35.17		1f	55^{70}	G 44.11		3d
18^{4}	S 36.17		1f	56$^{31-33}$	G 45.14	u FS 729 u BMB 434 u JDZ 24	2e
	S 36.17	BMB 387.0	1g	56$^{34-35}$	G 45.14	u JDZ 25	2g
19^{1}	S 46.18	(Pt 31 poln)	1e	57^{0}	G 55.13	u FS 477, JDZ 134	2g
33^{0}	P 46.14		2e	57^{1}	G 55.13		2f
33^{1}	P 46.15		2d	57$^{2-4}$	G 55.14	u JDZ 28	2f
35^{0}	P 35.14		2e	57^{6}	G 55.14		2f
35$^{1-3}$	P 35.14	u BMB 354.7	2f	57^{7}	G 55.14	BMB 524.2	2g
	P 35.14	JDZ 109	2g	57$^{10-40}$	G 55.15		2d
38$^{10-40}$	P 35.17		1f	58^{7}	G 56.14		2e
38^{41}	P 35.14	u JDZ 03	2f	58^{8}	G 56.14		2f
39$^{0-2}$	P 46.19		1e	58^{9*}	G 56.14		2g
39^{3}	P 46.14		2e	58$^{2-5, 19-22}$	G 56.16		2a
41	G 46.20		1b	59^{0}	G 67.16		2e
44	G 56.20		1b	71^{5}	Pt 24.13		3a
	G 46.18	JDZ 06	1f	75^{7}	Pt 35.14	u JDZ 116	2f
50, 52	G 56.15		2d	75^{8}	Pt 35.14	Okl 11	2f
53^{71}	G 33.12/13	u JDZ 124	3b		Pt 35.14	JDZ 17	2f

*) In der Folge werden Dampflokomotiven statt mit Lok Bauartreihe kurz mit Lok ... bezeichnet.

Streckennummer		Bezeichnung der Strecke	Zulässige Gruppen oder Untergruppen von Lokomotiven und Triebwagen	R Neigungsbeschränkung (siehe Abschnitt IV b)	Zulässige Schneeschleudern
Hpt. Nr.	Unt. Nr.				
1	2	3	4	5	6
039		Wien Obf—Nickelsdorf, Grenze	1f, g, 2, 3, 4	—	1, 2, 3
041		Wien Nordwestbf—Jedlersdorf ...... [1]	2d, e, f, g, 3, 4	R	3
043		Jedlersdorf—Leopoldau—Breitenlee Bbf ... [2]	2, 3, 4		3
045		Abzweig Nordwstb—Brigittenau ... [3]	2f, g, 3, 4		3
047		Breitenlee Nordabzweigung Süßenbrunn—(Nordschleife) ... [4]	1d, e, f, g, 2, 3, 4		3
048		Süßenbrunn—Breitenlee Nordabzweigung (Ostschleife) ... [4]	1d, e, f, g, 2, 3, 4		3
051		Stadlau—Süßenbrunn (Süßenbrunner Gleis) ... [5]	2e, f, g, 3, 4		3
053		Leopoldau—Stadlau	1e, f, g, 2, 3, 4		1, 2, 3
055		Simmering Übergang—Wien Erdberger Lände ... [6]	2, 3, 4		1, 2, 3
057		Wien Erdberger Lände—Wien St Marx	2d, e, f, g, 3, 4		3
059		Abzweigung nach Wien Freudenau—Wien Freudenau	2f, g, 3, 4		3
061		Wien Erdberger Lände—Wien Donaukaibahnhof	2, 3, 4		3
063		Verbindungsschleife bei Tulln	1f, g, 2, 3, 4		1, 2, 3
065		Verbindungsschleife bei Absdorf-H	1f, g, 2, 3, 4		1, 2, 3
067		Wien Sbf—Stegfabrik—Wien Obf Pbf Abzw	2, 3, 4		3
069		Penzing—Wien St Veit .... [7]	2b, d, e, f, g, 3, 4	R	3
071		Wien Rbf Gbf—Wien Donauuferbf.. [8]	2d, e, f, g, 3, 4	—	3
073	1	Wien Brigittenau—Wien Heiligenstadt [9]	2b, d, e, f, g, 3, 4	R	3^{10}
	2	Wien Heiligenstadt—Hütteldorf-H ... [9]	2, 3, 4		3
077		Wien Aspangbf—Abzw. Verbindungsbahn (Wien Hauptzollamt)	2f, g, 3, 4	—	3
079	1	Hütteldorf-H—Wien St Veit ... [11]	2, 3, 4		3
	2	Wien St Veit—Wien Hauptzollamt.. [11]	2, 3, 4		3
	3	Wien Hauptzollamt—Wien Rbf ... [12]	2f, g, 3, 4	R	3^{10}
081		Favoriten—Wien Obf Halle (Konventionsgleis)	1b, c, d, e, f, g, 2, 3, 4		3
083		Favoriten—Wien Obf Gbf	2, 3, 4	—	3

Wo fuhr welche Baureihe? Nachdem aus Spalte 4 der Baureihenübersicht das Kürzel für die Lokomotive entnommen worden war, konnte man in der Streckenübersicht nachschlagen, ob diese Lokbaureihe dort einsetzbar war (ebenfalls Spalte 4); Übersicht der RBD Wien vom Dezember 1942.

Wichtig für die Fahrplangestaltung war neben vielen anderen Faktoren für die Fahrplanbüros der Direktionen, die OZL, Zugleitungen und Betriebsämter auch eine Übersicht der auf den einzelnen Strecken aufgrund der zulässigen Achs- und Meterlasten einsetzbaren Lokbaureihen. Grundlage für die Aufstellung dieser Unterlage bildeten die DV 307 (Achsdruckverzeichnis) und das zugehörige Bahnhofsverzeichnis zum Achsdruckverzeichnis (DV 308), in denen für alle Strecken sämtlicher Direktionen sowie für die meisten Privatbahnen in Europa diese Parameter verzeichnet waren.

In Kenntnis dieser Unterlagen wird auch verständlich, warum bestimmte Lokbaureihen der Einheitsbauart, wie die Baureihen 01, 01^{10} und 43/44, die nicht über eine Vorrichtung zur Umstellung der Achslast auf 18 t verfügten, damals auf einigen Strecken nicht eingesetzt werden konnten, da der Oberbau und die Ingenieurbauwerke noch nicht für die erforderliche Achslast von 20,0 t (ausnahmsweise auch 25,0 t) und die Meterlast von 8,0 t/m zugelassen waren. Mit fortschreitendem Streckenausbau wurden diese Vorschriften überarbeitet, die letzte Ausgabe des Achsdruckverzeichnisses vor Kriegsende stammte vom März 1942.

Die einzelnen Direktionen gaben daher in Präzisierung von § 73 Abs. (2) der FV sog. Lokomotivverbotstafeln heraus, in denen die Strecken, Streckenabschnitte und Bauwerke verzeichnet waren, die von bestimmten Lokbaureihen nicht oder nur mit Einschränkungen befahren werden durften und auf denen bei Lokzügen zwischen den Lokomotiven ggf. Zwischenwagen einzustellen waren. Die Lokomotiven wurden dabei nach der Achs- und Meterlast in bestimmte Gruppen, meist von 1-4 eingeteilt. Dies stand im Zusammenhang mit den für die befahrenen Strecken und deren Brückenbauwerke maßgebenden Lastenzügen N, G oder E nach der DV 804 „Berechnungsgrundlagen für stählerne Eisenbahnbrücken

Für die Güterzugloks der Reihe 44 gab es aufgrund ihres hohen Gewichts besonders viele Einschränkungen bei der Verwendbarkeit. 44 382 wurde im Oktober 1941 fabrikneu dem Bw Mannheim Rbf zugeteilt, das in der Generalbetriebsleitung Süd im Güterverkehr, vornehmlich auf der Rheinstrecke, die höchsten Laufleistungen erzielte.

(BE)" vom 1.2.1934, die auch heute noch in abgewandelter Form als Ril 804 der DB Netz AG angewendet wird. Die Lokomotivverbotstafeln waren wie folgt aufgebaut:

Teil A: Fahrgeschwindigkeiten (Einschränkungen für bestimmte Lokomotivgattungen)

Teil B: Beschränkungen in der Verwendbarkeit von Vorspannlok beim Befahren der Brücken

Teil C: Lokomotivzüge, Nichtdurchführbarkeit auf bestimmten Strecken oder Beschränkungen (Begegnungsverbote, Ausschlüsse für konkrete Bauwerke).

Hinsichtlich der Einsetzbarkeit der vorhandenen Baureihen auf den einzelnen Strecken einer Direktion gab es zusätzlich zu den Verbotstafeln jeweils eine „Übersicht über die Verwendbarkeit der Lokomotiven und Triebwagen, ÜVT" bzw. in den RBDen Linz, Wien und Villach eine sogenannte „Zusammenstellung der Verkehrszulässigkeit der Lokomotiven, Tender, Triebwagen und Schneeschleudern". In diesen Unterlagen waren die Lokbaureihen zunächst in Gruppen eingeteilt, die mit Zahlen und Buchstaben (z.B. BR 03^{10} Gruppe 1d) beschrieben werden. Dabei ist die Gattungsbezeichnung mit angeführt, aus der man bei den DRG- und ehem. ČSD-Lokomotiven auch auf die Achslast dieser Lokomotiven

schließen konnte. Anschließend wird in einem Verzeichnis der Streckenabschnitte aufgeführt, welche Gruppen, d.h. Lokomotivbaureihen auf den betreffenden Strecken verkehren durften. In Abhängigkeit von der Belastbarkeit der Bauwerke und des Oberbaues sowie der Krümmungsverhältnisse konnten die Fahrplanbearbeiter ablesen, welche Lokomotiven für die betreffenden Züge verwendet werden durften. Mit Zusatznoten waren andere Einschränkungen, wie Geschwindigkeitsbeschränkungen für einzelne Baureihen auf bestimmten Streckenabschnitten vermerkt.

Diese Unterlagen wurden an die Ämter, Bahnhöfe, Bahnmeistereien, Bahnbetriebswerke und Fahrleitungsmeistereien der betreffenden Direktion verteilt, die Generalbetriebsleitungen verfügten über Exemplare aller Direktionen ihres Bereiches und der angrenzenden RBD/OBD. Damit konnte auch „aus der Ferne" in Verbindung mit dem Achsdruckverzeichnis entschieden werden, ob die Umstationierung oder auch nur Überführungsfahrten bestimmter Lokbaureihen auf Strecken in andere Direktionen ohne betriebliche Zusatzanweisung möglich waren.

Im Bereich der Generaldirektion der Ostbahn kamen Umleitungen von insbesondere Güterzügen häufig vor, da die Mehrzahl der Hauptbahnen nur eingleisig ausgeführt waren. Zur Vereinfachung der Übersicht und zur Vermeidung von Fehlleitungen wurde für dieses Gebiet daher zum 1. Mai 1942 eine besondere Karte mit Angabe der streckenbezogen zulässigen Achslasten und der maximal möglichen Zuglasten herausgegeben. Dabei waren aus Platzgründen für die einzelnen Strecken nur ein oder zwei Baureihen, zudem im polnischen Bezeichnungssystem angegeben, für andere Gattungen mussten die Grenzlasten aus den Vergleichstafeln im AzFV ermittelt werden.

Weiterhin konnte durch die Direktion auch mittels Eintrag in der La, Teil B, geregelt sein, dass einzelne Streckenabschnitte oder Bauwerke von Lokomotiven bestimmter Baureihen nur mit verminderter Geschwindigkeit befahren werden durften. Diese waren dann in der La angegeben und wurden mit der nächsten Berichtigung in die Verbotstafeln übernommen, wenn die Einschränkung nicht beseitigt werden konnte.

Nach 1945 gab es eine Vielzahl neuer Lasteinschränkungen, vor allem durch Behelfsbrücken und Bombenschäden an Bahndämmen. In der SBV der RBD Dresden vom 1. Juli 1947 sind neben den Baureihen 01 und 01[10] und 84 sogar noch die Lokomotiven der Gattungen St 37.20 (61 001) und St 38.18 (61 002) aufgeführt, die nur ein-

Abschnitt A
Fahrgeschwindigkeiten
(Einschränkungen für bestimmte Lokomotivgattungen)

Es dürfen befahren werden:

1 Strecken-Nr nach dem AzFV	2 Strecke	3 Bemerkungen
1	(Görlitz—) km 77,400—Dresden-Neust Klotzsche— Dresden-N Gbf / Dresden-N Stellwerk 4 (GDV-Verbindungsstrecke von der GD-Linie nach dem Gbf Dresden-Neust)	mit 30 km/h von Lok der Gattg Gt 57.18 (84) über die Brücke in km 0,318 GDV
10	(Děčín ČSR—) km 11,860—Schöna—Dresden Hbf	mit 30 km/h von Lok der Gattg Gt 46.17 (93⁵⁻¹²), Gt 55.17 (94⁵⁻¹⁸) über die Brücke in km 45,161 BD (Pirna)
12/14 19/20 30/31	Dresden—Döbeln—Karl-Marx-Stadt	Von Meißen—Coswig (Bez Dresden) im Zugdienst, auf den übrigen Streckenabschnitten nur als Lokfahrt nach und von dem Raw „Wilhelm Pieck" Karl-Marx-Stadt mit 50 km/h und halben Vorräten von Lok der Gattg Gt 57.18 (84)
16	Dresden Hbf—Cossebaude—Großenhain Berl Bf—km 40,500—(Elsterwerda)	mit 30 km/h von Lok der Gattg St 38.18 (61⁰⁰²), G 46.18 (41), Gt 57.18 (84), Gt 46.17 (93⁵⁻¹²), Gt 55.17 (94⁵⁻¹⁸) über die Brücke in km 1,35 DE (Dresden-Friedr) mit 30 km/h über die Niederwarthaer Brücke in km 8,99 bis 9,34 nicht befahren von Lok der Gattg G 46.18 (41), G 56.16 (58⁴; 10⁻¹²) das 4. Gleis (rechtes Randgleis) der Brücke in km 1,742 DE (Dresden-Cotta)
20/21	(Leipzig Hbf—)km 50,750—Riesa—Coswig (Bez Dresden)—Dresden-Neust	mit 30 km/h von Lok der Gattg S 36.20 (01, 02, 01¹⁰), S 36.18 (03¹⁰), S 36.17 (03), S 35.17 (17⁰⁻¹, 10⁻¹²), S 36.17 (18⁰), S 46.17 (19⁰), P 35.17 (38¹⁰⁻⁴⁰), P 46.19 (39⁰⁻²), G 45.17 (56¹, 20⁻³⁰), G 46.18 (41⁰), G 46.20 (41), G 56.16 (58⁴, 10⁻²¹), St 37.20 (61⁰⁰¹), über die Brücke in km 114,917 LD (Johann-Meyer-Str) mit 10 km/h über die Riesaer Elbbrücke

3

Da eine Lokomotivverbotstafel aus der Vorkriegszeit nicht überliefert ist, hier ein Auszug aus der Übersicht der Rbd Dresden von 1958. Immer noch waren es vor allem beschädigte Brücken, die nur langsam befahren werden durften. Einige der hier erwähnten Lokgattungen waren 1958 lange perdu.

zeln über die Dresdner Elbbrücke (Marienbrücke) verkehren durften. Man hoffte zu dieser Zeit wohl noch auf eine Wiederaufnahme des Schnellzugverkehrs mit dem Henschel-Wegmann-Zug nach Berlin,

jedoch war das zweite Streckengleis bereits abgebaut und die 61 001 stand in der britischen Zone und sollte auch nicht mehr zurückkehren. Ferner verblieb nicht eine einzige 01[10] in der SBZ.

Fahrzeitentafeln für Reise- und Güterzüge

Neben den Fahrzeitentafeln für Hilfszüge gab es in jeder RBD gesonderte Verzeichnisse mit Fahrzeitentabellen für Reise- und Güterzüge. Die Herausgabe erfolgte unabhängig von den Fahrplanwechseln. In diesen Verzeichnissen wurden für die einzelnen Strecken für verschiedene Lasten und eine vorgegebene Höchstgeschwindigkeit, ggf. mit Schiebelokomotive, die kürzesten Durchfahrzeiten zwischen den Stationen und die Zuschläge für Anfahren und Bremsen dargestellt. Dabei wurden bestimmte, auf den betreffenden Strecken regelmäßig eingesetzte Baureihen zugrunde gelegt. Diese Tabellen wurden vor allem für das Aufstellen von Fahrplananordnungen und handgeschriebenen Fahrplänen verwendet, wenn keine vorab konstruierten Fahrpläne in den Fahrplanbüchern/ Buchfahrplänen für Bedarfszüge enthalten waren oder andere als die in diesen Fahrplänen verzeichneten Lokomotiven zum Einsatz kommen sollten. Die angegebenen kürzesten Fahrzeiten durften keinesfalls unterschritten werden (FV § 38 Abs. (5)).

Aus der RBD Dresden sind Fahrzeitentafeln für Hauptbahnen überliefert, aus denen hier eine Tabelle für eine Hauptbahn gezeigt wird (oberes Bild). In der RBD Stuttgart sahen die Fahrzeitentafeln etwas anders aus, hier war es möglich, für verschiedene Bewegungsfälle Fahrzeitanteile zusammenzustellen, wie das folgende Bild mit der Fahrzeitentafel für Güterzüge der Strecke Bretten – Mühlacker vom 1. Juni 1940 zeigt. Vorgesehen war hier eine Bespannung mit der Baureihe 59^0 (Wü K).

Für die Aufstellung eines Fahrplanes für einen Zug mit 100 t Last von Bretten nach Mühlacker mit Zwischenhalt in Maulbronn ergab sich demnach eine Fahrzeit von 4,1+1,2+1,2+2,4+2,3+2,3+4,3 +3,7 = 21,5 min.

Entfernung km	Stationen und Blockstellen	250 t kürzeste Durchfahrzeit von Stat. zu Stat. Min.	250 t kürzeste Durchfahrzeit von Abschn. zu Abschn. Min.	250 t Zuschläge für Bremsen Min.	250 t Zuschläge für Anfahren Min.	300 t von Stat. zu Stat.	300 t von Abschn. zu Abschn.	300 t Bremsen	300 t Anfahren	350 t von Stat. zu Stat.	350 t von Abschn. zu Abschn.	350 t Bremsen	350 t Anfahren	400 t von Stat. zu Stat.	400 t Bremsen
	Reichenbach (B.) o. Bf														
3,0	Göltzschbrücke Bf (21 a*)	2,8			0,6	2,8			0,6	2,8			0,6	2,8	
2,3	Netzschkau	1,8	10,3			1,8	10,6			1,8	11,1			1,8	11,9
2,9	Limbach (Vogtl.)	2,9				3,0				3,1				3,4	
2,4	Herlasgrün	2,8				3,0				3,4				3,9	
2,8	Christgrün Bf (22 c*)	2,5				2,5				2,7				2,9	
1,6	Ruppertsgrün	1,2				1,2				1,2				1,2	
2,5	Jocketa	1,9	12,7			1,9	12,9			1,9	13,5			1,9	14,0
3,2	Jößnitz	2,6				2,7				2,8				2,8	
1,9	Haselbrunn Bf (23 b*)	1,9				2,0				2,2				2,4	
2,6	Plauen (Vogtl.) ob. Bf	2,6		0,5		2,6		0,5		2,7		0,5		2,8	0,5
3,6	Waldgrün Bf (24 b*)	4,6			1,6	4,8			1,7	5,2			1,7	5,7	
2,6	Syra	3,3				3,4				3,8				4,4	
2,8	Frotschau Bf (25 d*)	3,5				3,7				4,2				4,2	
2,1	Mehltheuer	2,7				2,9				3,2				3,3	
3,4	Drochaus Bf (26 d*)	2,9				2,9				3,0				3,2	
2,8	Schönberg (Vogtl.)	2,4				2,5				2,6				2,8	
2,7	Kornbach Bf (27 d*)	2,4				2,5				2,7				3,0	
2,9	Rodau Bf (27 g*)	2,9				3,1				3,4				3,8	
2,3	Reuth (Sa.)	2,4	46,4			2,5	47,6			2,9	50,7			3,4	54,0
3,1	Mißlareuth Bf (28 a*)	2,6				2,6				2,8				3,0	
2,5	Grobau Bf (28 c*)	1,9				1,9				1,9				2,0	
2,7	Gutenfürst	2,0				2,0				2,0				2,1	
2,2	Bayer. Landesgrenze Bf (29 c*)	1,7				1,7				1,7				1,7	
2,7	Unterhartmannsr. Bf (29 e*)	2,0				2,0				2,0				2,0	
2,4	Feilitzsch	1,8				1,8				1,8				1,8	
3,1	Unterkotzau Bf (30 d*)	2,3				2,3				2,3				2,3	
2,4	Hof Hstp	1,9				1,9				2,0				2,0	
2,3	Hof Hbf	3,1				3,1				3,2				3,3	
170,6		152,3				161,4				169,2				177,2	

Fahrzeitentafeln für die Strecke Reichenbach (V.) – Hof in der RBD Dresden vom 1. Februar 1928. Die Fahrzeiten waren für die Lokbaureihe 38$^{10\text{-}40}$ berechnet.

Km Entfernung	Betriebstellen	Beschränkung der Höchstgeschwindigkeit im Gefälle auf Km/h	Kürzeste Fahrzeit Last 100t bei A/B Min	Kürzeste Fahrzeit Last 100t bei A D Min	Kürzeste Fahrzeit Last 100t bei D D Min	Kürzeste Fahrzeit Last 100t bei D D Min	Planmäßige Fahrzeit bei Durchfahrt auf allen Betriebsstellen Last 100t 10% D Min	Last 650 t A/B Min	Last 650 t A D Min	Last 650 t D D Min	Last 650 t D D Min	Last 925 t A/B Min	Last 925 t A D Min	Last 925 t D D Min	Last 925 t D D Min
	Bretten	55													
2,9	St. Lüngerwald	—	4,1	3,2			35	—	5,3	4,3	—	—	7,1	6,0	—
1,1	Rück Lzg	—		1,2			1,3	—		1,7		—		2,6	
1,1	St. Dürrenmüller	—		1,2			1,3	—		1,9		—		2,5	
2,2	St. Ölbronn Lzg	—		2,4			2,6	—		3,6		—		5,1	
2,1	St. Elfingen	—		2,3			2,5	—		3,5		—		5,0	
1,6	Maulbronn Lzbf	—		1,8	2,3		1,9	—		2,5	3,2	—		3,5	4,2
3,1	Ötisheim	4,8	4,3	3,4	3,9		3,7	5,5	4,8	3,8	4,5	5,9	5,1	4,0	4,8
2,9	Mühlacker	4,4	3,9	3,2	3,7		3,5	5,1	4,4	3,4	4,1	5,4	4,6	3,4	4,2
16,9				18,7			20,3			24,7				32,1	
3,2	St. Haßlaich	—	4,5	3,5	—		3,8	—	5,6	4,3	—	—	6,7	4,5	—
2,3	Illingen (Württ)	—		2,6	3,1		2,9	—		2,6	3,3	—		2,7	3,5
2,1	St. Schützingen Lzg	—		3,2	2,3		2,5	—		4,3	2,5	—		5,2	2,7
2,7	Vaihingen (Enz) Nord	—		3,0	3,5		3,3	—		3,3	3,9	—		3,4	4,1
2,5	St. Sersheim Lzg	—		3,5	2,8		3,0	—		3,8	2,8	—		4,1	2,8
3,4	Großsachsenheim	—		3,7	4,2		4,0	—		3,9	4,6	—		3,9	4,7
2,7	St. Klein-Sachsenheim	—	3,8	3,0			3,3	—	4,5	3,3		—	4,9	3,3	
1,6	St. Tagbrücke	—		1,6			1,8	—		1,8		—		1,8	
2,3	Bietigheim (Württ)	—		2,6	3,1		2,8	—		3,2	3,8	—		3,2	4,0
22,8				25,1			27,4			27,7				28,3	

Fahrzeitentafeln der Strecke Bretten – Kornwestheim (RBD Stuttgart) vom 1.6.40.

Fahrzeitentafeln für Hilfszüge

Grundlage für das Verkehren von Hilfszügen war wiederum die FV, hier der § 72. Hilfszüge mussten im Bahnbetrieb immer dann verkehren, wenn es zu Bahnbetriebsunfällen, Bahndammbränden, Einstürzen von Bauwerken, Schneeverwehungen sowie vor allem in der Kriegszeit zu Anschlägen, Streckenunterbrechungen oder anderen Beschädigungen durch „Feindeinwirkung" oder „Bandentätigkeit" gekommen war.

Die Bahnhöfe und Bahnbetriebswerke, die über Hilfszüge verfügten, waren im „Verzeichnis der Maschinenämter, Bahnbetriebswerke, Bahnbetriebswagenwerke, Lokomotivbahnhöfe, Bahnhofsschlossereien und Hilfszüge" v. 1.4.1939 bzw. in den Übersichtskarten der einzelnen Direktionen für das Unfallmeldewesen vermerkt. Hilfszüge bestanden in der Regel aus 2-4 Geräte- und Begleiterwagen, oft älterer Bauart. Die Hilfszüge rangierten in der betrieblichen Dringlichkeit vor allen anderen Zügen und waren in der Regel ständig mit Personal besetzt und mit einer betriebsbereiten Lokomotive bespannt.

Für das Verkehren von Hilfszügen gab jede Direktion besondere Fahrzeitentafeln heraus, die für jede Strecke Musterfahrzeiten enthielt, so dass unter Zuhilfenahme dieser Unterlage schnell Fahrpläne für das Verkehren von Hilfszügen bis in den Bereich vor dem gesperrten Gleis aufgestellt und verteilt werden konnten. Auf Hauptbahnen waren i.d.R. die Fahrzeiten für 75 km/h angewendet, darüber hinaus gab es Pläne für andere Geschwindigkeiten, etwa, wenn das zuständige Bw für den betreffenden Zug keine Lokomotive dieser Geschwindigkeitskategorie stellen konnte oder der Hilfszug aus Wagen gebildet wurde, die nur für geringere Geschwindigkeiten zugelassen waren. In den Fahrzeitentafeln waren neben den Zugmelde- und Zugfolgestellen auch die Block- und Deckungsstellen mit aufgeführt.

1b Probstzella — Nürnberg Hbf / Nürnberg Rbf

Beschränkung der höchstzulässigen Geschwindigkeit km/h	Betriebsstellen	75 km/h Min.	Übr hun dert stel	60 km/h Min.	Übr hun dert stel	45 km/h Min.	Übr hun dert stel
	●Probstzella ...		53		53		42
	Bf Falkenstein	2,7		2,7		2,7	
	Bf Lauenstein (Ofr.) Hp	3,8	11,1	3,8	11,1	3,8	11,1
	●Ludwigsstadt ...	4,6		4,6		4,6	
	Bf Leinenmühle ..	5,1		5,1		5,1	
	●Steinbach a. W. ..	4,2		4,2		4,2	
55	Bf Bastelsmühle ..	3,0		3,0		3,3	
	Bf Kohlmühle ...	2,6	25,0	2,6	25,0	2,8	26,4
	●Förtschendorf ...	2,6		2,6		2,8	
	Bf Hessenmühle ...	3,9		3,9		4,2	
	●Rothenkirchen (Ofr)	3,6		3,6	34	4,0	20
	●Stockheim (Ofr) .	4,4		5,5		7,4	
	●Gundelsdorf ...	2,8	11,2	3,4	13,8	4,6	18,6
	●Kronach ▼ ...	4,0		4,9		6,6	
	●Neuses b. Kronach .	2,4		2,7		3,6	
	●Küps ...	2,9		3,6		4,8	
	Bf Oberlangenstadt Hp	1,5	12,6	1,9	15,4	2,6	20,7
	●Redwitz (Rodach) ..	3,0		3,7		5,0	
	Hochstadt-Mzln. .	2,8		3,5		4,7	
	Bf Trieb	2,2		2,6		3,1	
	Michelau (Ofr) ...	1,6	7,4	1,8	8,6	2,4	11,2
	Bf Oberwallenstadt .	1,5		1,9		2,6	
	●Lichtenfels ▼ ...	2,1		2,3		3,1	
	●Staffelstein ...	5,4		6,2		8,3	
	●Ebensfeld ...	4,4		5,5		7,4	
	Zapfendorf	4,8		6,0		8,0	

Fahrzeitentafeln für dringliche Hilfszüge RBD Nürnberg vom 15.4.1934, Seite 4.

Den Arztwagen „701143 Hamburg", zum Altonaer Hilfszug gehörig, verschlug es aus Baden an die Elbe; hier beim Straßentransport zu einer Ausstellung 1948.

Foto: Walter Hollnagel/Eisenbahnstiftung

Sammlung betrieblicher Vorschriften (SBV)

Zu beteilen sind die über den Arlberg fahrenden Bremser (ungünstige Neigungsverhältnisse).

Nr A I 4
Zu FV § 6 (7)
A, b) Fahrpläne

Versand der Fahrpläne

Nr A I 5
Zu FV § 6 (8)
Verteilen,
Empfangs-
bestätigung

Die Buchfahrpläne beim Fahrplanwechsel, die Nachträge, Deck- und Berichtigungsblätter zu denselben gehen den Empfangsstellen unmittelbar mit Empfangsschein zu. Der Empfang ist der absendenden Stelle sofort zu bestätigen.

Die Bildfahrpläne gehen den Ämtern unter „Einschreiben" zu; diese beliefern ihre Dienststellen nach dem Verteilungsplan. Das übrige Fahrplanmaterial geht den Dienststellen ohne Empfangsschein unmittelbar zu. Größere Dienststellen haben einen Verteilungsplan aufzustellen, aus dem die zu Beliefernden ersichtlich sind; die Abgabe an diese erfolgt gegen Empfangsbestätigung.

Schriftlich bekanntgegebene Sonderzugpläne und sonstige fahrplantechnische Anordnungen der RBD (Fplo) gehen den Empfangsstellen unmittelbar zu. Der Versand erfolgt nach einem „Verteilungsplan der Fahrplananordnungen für Sonderzüge", der von der RBD aufgestellt ist. Am Schluß jeder Fplo ist der Verteilungsplan derselben vorgetragen, unterteilt nach Strecken und sonstigen Stellen, die zu beliefern sind. Bei allen Fplo der RBD ersetzt der auf ihnen vermerkte Verteiler und die Aufforderung zur Empfangsbestätigung den Empfangsschein.

Die Fplo für „Reisen nach Sondervorschriften" werden von der RBD unter „Einschreiben" verschickt unter Beigabe von 3 Bescheinigungszetteln für Einschreibsendungen und eines mit Aufschrift versehenen Telegrammbriefumschlages. Der Stamm wird von der Briefstelle der Gepäckabf Augsburg nach Empfangsbestätigung dem Auflieferer zurückgegeben; die Gepäckabfertigung übergibt die Fplo dem Fahrladeschaffner gegen Empfangsbestätigung auf der 1. Pause ab. Sie ist bei der Briefstelle ein halbes Jahr aufzubewahren. Die 2. Pause nebst dem Telegrammbriefumschlag erhält der Fahrladeschaffner; auf der Pause haben die Dienststellen den Empfang zu bestätigen. Diese Pause ist vom Fahrladeschaffner mit dem nächsten Zug unter Verwendung des vorbereiteten Umschlags an das Fahrplanbüro (Bf 11) der RBD Augsburg zurückzuschicken.

Empfangsbestätigung

Die Ämter haben sofort nach Erhalt einer Fplo der RBD die Empfangsbestätigung telegraphisch an die Fernmeldestelle Augsburg Hbf zu geben; diese bestätigt den Eingang schriftlich an das Fahrplanbüro oder das Büro Bbv. Die Empfangsbestätigung der Ämter hat beispielsweise zu lauten: „RBD Augsburg. Fahrplananordnung Nr ... RBD Augsburg erhalten. BA Bludenz, Name".

Die Ämter tragen selbst die Verantwortung dafür, daß alle Stellen ihres Bezirks ihnen den Eingang der Fplo unverzüglich melden und rechtzeitig mit der Fplo ausgestattet sind. Den Empfang der Fplo einer fremden RBD bestätigen die Dienststellen dem vorgesetzten Amt, die Ämter der anordnenden RBD.

Für die durch die RBD Augsburg telegraphisch eingelegten Sonderzüge ist die Abgabe des Telegramms durch die Fernmeldestelle Augsburg Hbf fernmündlich an das Fahrplanbüro Ruf Nr 353, nach Dienstschluß an die Oberzugleitung Ruf Nr 317, zu bestätigen. Die in der Telegrammanschrift genannten Bahnhöfe sind für die Weitergabe des Einlegetelegramms an die Stellen ihres Streckenbereichs verantwortlich.

Die vom Bbv Büro telegraphisch angeordneten Wehrmachtzüge sind nach dem „Merkblatt über die Einlegung von Wehrmachtzügen im Bezirk der RBD Augsburg vom 28. Februar 1939 zu behandeln".

Nr A I 6
Zu FV § 6 (10)
Merkkalender

Die Fahrplananordnungen sind in besonderen Mappen

a) für den laufenden Tag,
b) für spätere Einlegetage oder noch zu bestimmende Tage (Einlegetag nicht festliegend) im besonderen Ordner

aufzubewahren und täglich vor Mitternacht durchzusehen und einzuordnen. In die Mappen sind Inhaltsübersichten einzulegen, woselbst die Fplo nach Eingang einzutragen sind.

Enthielt der AzFV schon die strecken- und bahnhofsbezogenen Besonderheiten innerhalb einer Direktion, so wurden in der SBV die betrieblichen Bestimmungen für die einzelnen Strecken und Betriebsstellen weiter detailliert und verdichtet sowie durch organisatorische Festlegungen ergänzt. Konkret ging es dabei vor allem um die örtlichen Bestimmungen zur Anwendung der FV und zu Abweichungen von dieser Vorschrift, den Abweichungen vom Signalbuch und der Eisenbahn-Signalordnung sowie der Bahnbetriebsunfallvorschrift und ggf. den Block- und Stellwerksvorschriften.

Die SBV wurden für jede RBD gesondert herausgegeben und beinhalteten alle nur für diese Direktion gültigen Abweichungen bis hin zu Besonderheiten beim Betrieb auf elektrisch betriebenen Strecken, auf Schmalspurbahnen, den Verkehr mit benachbarten Bahnverwaltungen oder Bestimmungen für den Winterdienst. Für die Aufstellung der SBV gab es keine besondere Dienstvorschrift. Häufig finden sich auch hier Hinweise auf die Verteilungspläne für Fahrplanunterlagen wie der Buchfahrpläne.

Beispielhaft sind die hier abgebildeten Bestimmungen der RBD Augsburg für den Versand der Fahrpläne aus der SBV für die Strecken der Ostmark vom 30.11.1941 (Seite 7 und 8) aufgeführt.

Dienstvorschrift für Abweichungen vom Regelbetrieb, DV 406 (BAR)

Für die Aufstellung und Bekanntgabe von Baumaßnahmen mit Auswirkungen auf die Betriebsgleise gab es ebenfalls eine eigene Vorschrift, die „Dienstvorschrift für die Aufstellung und Bekanntgabe von Betriebs- und Bauanweisungen bei Abweichungen vom Regelbetrieb" (BAR; DV 406 vom 18. Juni 1939).

Bei Bauzuständen oder nach Naturereignissen und später dann im Krieg musste vom Regelbetrieb nach der Fahrdienstvorschrift und den veröffentlichten Fahrplänen; d.h.

- vom Rechtsfahrgebot auf zweigleisigen Strecken
- von den vorgesehenen Fahrwegen in den Bahnhöfen
- von den vorgesehenen Geschwindigkeiten
- von den zulässigen Achsanzahlen und Achslasten

abgewichen werden oder es gab andere Besonderheiten zu beachten, wie den Wegfall von Halten oder die Einrichtung von Interimsbahnsteigen. Dazu wurden Betriebs- und Bauanweisungen (Betra) bedarfsweise erstellt, zuständig waren die Betriebsämter, bei komplizierten Bauzuständen, wie dem zeitweise eingleisigen Betrieb, der auch eine Umstellung der Strecken- und Bahnhofsblockeinrichtungen nach sich zog, musste die Direktion mitzeichnen. Die Betra beinhaltete die mit dem Bauzustand verbundenen Änderungen in der Örtlichkeit, die für eine Zugfahrt maßgebend waren. Für die Fahrt selbst galt bei Regelzügen weiterhin der Regelfahrplan. Abweichungen vom Fahrtverlauf waren in der Übersicht der vorübergehend eingerichteten Langsamfahrstellen und sonstigen Besonderheiten (La) enthalten, die es für jede Direktion gab. Die La wurden an die Lokomotiv- und Zugbegleitpersonale ausgegeben, das Selbststudium und die Kenntnisnahme der La in

Kopfbogen einer Muster-La aus der DV 406, Seite 29.

der Lokleitung war Bestandteil des Vorbereitungsdienstes.

Für dieses Buch erwähnenswert ist dabei die Anlage 2b der DV 406, in der die Inhalte der La erläutert wurden. Dieser prinzipielle Aufbau einer La gilt im Wesentlichen auch heute noch, wenngleich sich indessen einige fahrdienstliche Begriffe geändert haben. In der La waren auch die vom Fahrdienstleiter der einzelnen Betriebsstellen auszustellenden schriftlichen Befehle aufgeführt. Deren Ausstellung und Übergabe verursachte Zeitverluste, da es damals noch keinen Zugfunk gab und die Befehle nur über die

Signalfernsprecher diktiert werden konnten oder persönlich übergeben werden mussten. Dies war auch einer der Schwachpunkte der Reichsbahn, da bei anderen Bahnverwaltungen schon frühzeitig erste Gleisbildstellwerke und Lichtsignale eingeführt wurden, die auch das Befahren des Gegengleises auf Signal ermöglichten und durch Gleisfreimeldeanlagen die Besetzung der Bahnhofsgleise anzeigten. Ein erster Schritt zur Verbesserung war hier die Einführung des Ersatzsignals an den Hauptsignalen, die eine Vorbeifahrt ohne schriftlichen Befehl „Ab" gestatteten.

Dienstvorschrift für die Ermittlung der Betriebsleistungen (DV 407, VBL)

Diese ab dem 1. April 1934 eingeführte Vorschrift ersetzte die davor seit 1926 geltende Vorschrift für Zugleistungen (VZL) und die DV 416-Vorschrift für die Ermittelung der Leistungen der Lokomotiven und Triebwagen. Die nachstehenden Erläuterungen beziehen sich auf die Ausgabe 1939 der VBL und der zugehörigen Ausgabe 1941 der VBL der Ostbahn im damaligen Generalgouvernement sowie der für die besetzten Gebiete in der Sowjetunion erlassenen „Dienstanweisung für die Ermittlung der Betriebsleistungen in den besetzten Ostgebieten" vom 1. Januar 1943.

Für das bessere Verständnis einiger Angaben in den Dienstfahrplänen (Buch- und Bildfahrpläne) ist es erforderlich, einen kurzen Blick auf einige Inhalte der DV 407 zu werfen, die die aus dem Zugfahrdienst resultierende Verkehrsstatistik (Ermittlung der Zug-, Tonnen- und Wagenachskilometer) und damit auch – wie es die Einführungen zur VBL darstellen – die Überwachung der Wirtschaftlichkeit des Eisenbahnbetriebes regelte.

Die Erhebung der Verkehrsstatistiken wurde bei der Deutschen Reichsbahn nach Direktionen durchgeführt. Zum Stichtag 1. Januar 1939 gab es 31 Reichsbahndirektionen (RBD) und 9 geschäftsführende Direktionen für das Werkstättenwesen (Anlage 6 zur VBL). Zum 01. März 1941 gab es schon 36 RBD und 10 GDW (Anlage 6 zur VBL Ostbahn), dabei muss allerdings berücksichtigt werden, dass die RBD Dresden wegen der Unterteilung der Anhänge I zur DV 407 nach Vollbahnen und Schmalspurbahnen sowie die RBD Wien wegen der unterschiedlichen Aufgaben im Betriebs- und Werkstättendienst jeweils

zweimal aufgeführt waren. Für die Ostbahn (Gedob) in Krakau waren 4 Direktionen in Krakau, Lublin, Radom und Warschau verzeichnet, von denen mit der Einführung der Reichsbahnstruktur ab Mai 1943 noch die Ostbahndirektionen (OBD) Krakau und Warschau und die erst ab Oktober 1941 hinzugekommene OBD Lemberg verblieben. In diesem Verwaltungsbereich war die OBD Krakau zugleich GDW, nachdem die RBD Wien ab 1942 diese Aufgabe abgegeben hatte.

Die VBL enthielt die Bestimmungen zur Ermittlung der Betriebsleistungen und zur Verkehrsstatistik für alle Verkehre mit Ausnahme der S-Bahnen in Berlin und Hamburg, des Ruhr-Schnellverkehrs und der Fahrten mit Straßenfahrzeugen.

Die VBL wurde an alle Bahnhöfe, Lokführer, Zugführer, Zugschaffner und Schlafwagenschaffner ausgegeben, da diese die entsprechenden Lokdienstzettel, Zugdienstzettel A und B für Reise- und Güterzüge, die Lokpersonaldienstnachweise (Anlagen 3a, 3b, 9, 31 und 32) und Zugbegleitdienstnachweise zu führen hatten. Für deren Ausfüllung wurden aus den Buchfahrplänen die Angaben zu Zuggattung und Lokbaureihe, Fahrt- und Aufenthaltszeiten benötigt. Die Lastangaben für die Ausfüllung dieser Nachweise wurden aus den Bremszetteln entnommen,

da die im Buchfahrplan angegebene Last nur die auf die eingesetzte Baureihe abgestimmte Regellast des Zuges beinhaltete.

Eine wesentliche Angabe in den Dienst-(Buchfahrplänen) bildete die Zugbezeichnung und die zugehörige Zuggattungsnummer und Unternummer, aus der darauf geschlossen werden konnte, um welche Zugart es sich handelte und ob es ein Regel- oder Bedarfszug war.

Die Einführung von Zuggattungsnummern machte sich mit der Diversifizierung der Zugangebote im Reise- und Güterverkehr erforderlich und war durch die „Verreichlichung" der Länderbahnen erst möglich geworden. Vor der Einführung der Dienstvorschrift für Zugleistungen und später der VBL gab es nur allgemeine Zugbezeichnungen wie „Eilgüterzug", „Übergabezug" und Zuggruppennummern, deren Auswertung nicht für das im Jahre 1926 für die Verkehrsstatistik eingeführte Lochkartenverfahren geeignet war. Die Handhabung des Hollerith-Lochkartenverfahrens ist ausführlich im Jahrgang 1929 der Zeitschrift „Der Eisenbahnfachmann" beschrieben, weswegen hier auf detaillierte Ausführungen dazu verzichtet wird.

In der Anlage 5 zur VBL, Ausgabe 1939 wurden zunächst Hauptnummern der Zugarten vergeben, und zwar unterschieden nach Reise-, Güter- und Dienstzügen wie folgt (siehe Tabelle).

Diese Gruppen wurden danach in der Anlage 5 durch Unternummern weiter unterteilt und mit den Abkürzungsbuchstaben (Zugbezeichnung, z.B. D-Zug, P-Zug) versehen. Zur Abkürzung der Zuggattung kam dann noch die Zugnummer hinzu, die u.a. Rückschlüsse auf die Zugart

Haupt- und Gruppennummern der Zuggattungen

Zugart	Hauptnummer	Gruppennummer (ab 1941)
Reisezüge		
Schnellzüge	10 bis 19	1 (auch DmW)
Eilzüge	20 bis 29	2 – auch Triebwagen
Personenzüge	30 bis 39	3 – auch Triebwagen (und SF-Züge)
Güterzüge		
Schnellgüterzüge	40 bis 44	4
Eilgüterzüge	45 bis 59	4 – auch Leig- und Viehzüge
Frachtenzüge	60 bis 79	5, 6 – 6: Nahgüter- u. Übergabezüge
Dienst- und Arbeitszüge	80 bis 89	7, 8 – 8: Arbeitszüge
Dienstzüge	90 bis 99	9

C Unternummern der Zuggattungen

Nr	Reisezüge	Güter- und Dienstzüge (ausgenommen Lz und Lpaz)	Nr	Lz und Lpaz für
	a) Regelzüge			**a) Regelzüge**
1	Vollzüge	Voll- und Leerzüge	1	Reisezüge
2	Leerzüge	—	2	Güterzüge
	b) Sonderzüge		3	Dienstzüge
	Vollzüge		4	Rangierdienst für Betriebszwecke
3	Verwaltungssonderzüge ohne Fahrpreisermäßigung, auch Vor- und Nachzüge zu regelmäßig verkehrenden Vollzügen und MS-Zügen[1]	Sonderzüge (vgl auch GZB Abschnitt I Zif 14), sofern sie nicht durch die Unternummern 4 bis 7 zu kennzeichnen sind (Voll- und Leerzüge)	5	Rangierdienst für Bauzwecke
4	Verwaltungssonderzüge mit Fahrpreisermäßigung, z B Wochenend- und Sportsonderzüge, Züge zur Leipziger Messe (ohne MS- und LM-Züge) und dergl; ausgenommen Feriensonderzüge, Kindersonderzüge, Wehrmachturlauberzüge und Arbeitsdiensturlauberzüge	Eisenbahnvereinssonderzüge (Voll- und Leerzüge)	6	Leistungen anstelle ortsfester Anlagen (Vorheizen, Reinigen v Viehwagen u Wasserpumpen)
5	Feriensonderzüge	Bestellte Güterzüge wie Zirkuszüge und dergl (Vollzüge)		**b) Sonderzüge**
6	Kindersonderzüge	—	7	Reisezüge
7	Wehrmachturlauberzüge	Wehrmachtzüge (Voll- und Leerzüge)	8	Güterzüge
8	Arbeitsdiensturlauberzüge		9	Dienstzüge
9	Bestellte Reisezüge und zwar Sonderzüge auf Einzelbestellung, Gesellschaftssonderzüge und LM-Züge[2]), ausgenommen „Kraft durch Freude"-Züge		10	Rangierdienst für Betriebszwecke
10	„Kraft durch Freude"-Züge	—	11	Rangierdienst für Bauzwecke
	Leerzüge		12	Leistungen anstelle ortsfester Anlagen (Vorheizen, Reinigen v Viehwagen u Wasserpumpen)
11	Leersonderzüge	—		

(Güter-/Personenzug) und die Himmelsrichtung zuließ, in die der Zug verkehrte.

Zusätzlich gab es noch die Unternummern, die an die Zuggattungsnummer als Nachkommastelle angefügt wurden (Teil C der Anlage 5), von denen hier nur die 1 für Vollzüge und die 2 für Leerzüge angeführt werden sollen (wie auf rechtsstehender Abbildung).

Die Haupt- und Unternummern sind in obiger Abbildung aus der DV 407 mit Stand vom 1. Januar 1939 dargestellt. Hauptnummer und Unternummer wurden immer zusammen angegeben (Beispiel (60,3) für einen nicht regelmäßig verkehrenden Durchgangsgüterzug) und in Klammern gesetzt.

Hier ein Beispiel: P 679 (30,1) 2.3. Klasse Dessau – Falkenberg (Elster). Die Zuggattungsnummer verweist mit 30 auf einen Personenzug (zuschlagfreier Zug mit mehr als 12 Achsen) und mit der Unternummer 1 auf einen Regelzug.

Mit der geänderten VBL Ausgabe 1941 und § 9 der VBL Ostbahn

wurden zur Vereinfachung der Leistungsaufschreibung anstelle der Hauptnummern Gruppennummern eingeführt (siehe Tabelle oben), so dass ein regelmäßig verkehrender Durchgangsgüterzug (Zugg. 60,1) nunmehr in die Gruppennummer 5 eingeordnet und damit die Zuggattungsnummer 5,1 zu verwenden war. Ausgenommen waren nur die Gattungen 63 (Gdg-Großgüterwagenzüge) 66 (Gagzüge, heute als Ganzzüge bezeichnet) und 67 (Sonderganzzüge = „Gas"-Züge). Reisezüge mussten weiterhin mit der vollständigen Gattungsnummer erfasst werden. Zusätzlich zu den Gruppennnummern 1-9 gab es noch die 10 für Werkstätten- und Werkstättenprobezüge, 11 für Werkstätten-Leerfahrten sowie 12 für Lokleerfahrten mit oder ohne Begleiterwagen (Lz bzw. Lpaz).

Zusätzlich zur Statistik nach den Bestimmungen der VBL hatte der Zugführer nach FV § 48 i. V. m Anlage 22 der FV auch einen Fahrtbericht zu führen. Dieser war für alle Züge außer Übergabezüge

Übersicht der Unternummern: Anlage 5 zur DV 407, Ausgabe 1939.

Übersicht der Meldestellen für die Führung der Fahrtberichte für die RVD Minsk vom 1. Januar 1943.

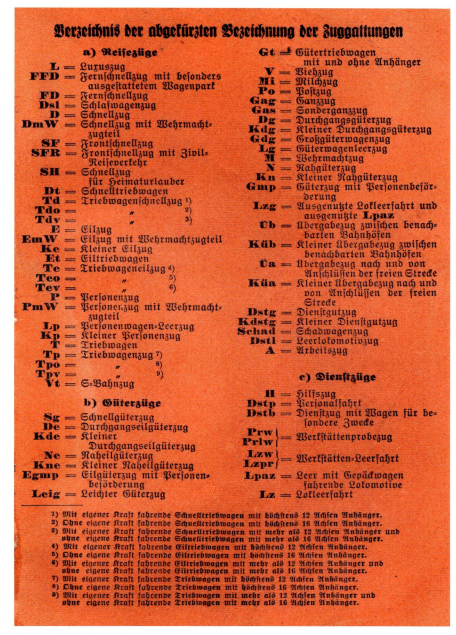

Übersicht der Abkürzungen der Zuggattungen
aus dem Buchfahrplan 9 der RBD Wien vom 3. Juli 1944.

(bis etwa 1927 auch „Schleppzüge" genannt) auszufüllen und enthält Angaben zum Fahrtverlauf, zu den tatsächlichen Ankunfts- und Abfahrtszeiten, den vorhandenen Lokomotiv- und Wagenzuggewichten und Bremshundertsteln (Brh). Die Zugnummer wurde aus dem Buchfahrplan entnommen. Außerplanmäßige Aufenthalte und Verzögerungen waren mit Angabe des Grundes im Fahrtbericht zu vermerken (FV § 48 Abs. (18)). Dazu gab es auch Abkürzungsverzeichnisse, die z.T. auch in den Vorbemerkungen, Teil B zu den Buchfahrplänen abgedruckt wurden.

Die Fahrtberichte wurden durch die Direktion ausgewertet und daraus Handlungsempfehlungen für die Verbesserung der Betriebsabläufe abgeleitet. Dazu gab es die DV 455 - „Richtlinien für Bearbeitung der Fahrtberichte" v. 1.8.1931. Neben dem bereits genannten Zweck diente die Auswertung der Berichte auch der Überwachung der Dienstausübung der Personale und der Erkennung von Mängeln an den Betriebseinrichtungen (vgl. DV 455, Punkt A).

Die Fahrtberichte mussten durch das Zugpersonal bis zu den Grenzbetriebsstellen an den Grenzen zu benachbarten Direktionen geführt werden. Dazu enthielten die Kilometerzeiger/Anhänge I zur VBL entsprechende Hinweise (vgl. unten links beispielhaft für die RVD Minsk in Deutsch und Russisch dargestellt). Die VBL enthielt auf Seite 8 eine Übersicht der Fristen, zu denen die einzelnen Dokumente an die Lochkartenstelle, das Heimat-Bw oder das Fahrplanbüro (im Falle der Belastungsnachweise für Güterzüge) einzusenden waren.

Einige Direktionen, wie z.B. die RBDen München und Wien, druckten am Schluss der Buchfahrpläne ein Verzeichnis der häufig verwendeten Zuggattungen mit einer Erklärung ab oder legten ein Einlegeblatt bei, um den Lok- und Zugpersonalen Hinweise auf die Art der zu befördernden Züge zu geben. In der Anlage 8 der FV (Abkürzungen im Zugmeldedienst) waren ebenfalls zur Vereinfachung der operativen Betriebsführung einige Zuggattungen erklärt (z.B. Schiebelokomotiven, Hilfszüge, Bezeichnung von Lokomotivleerfahrten).

Eine noch zu erwähnende Besonderheit waren die Reisendenzählung und die Ermittlung der Belegung von Betten und Liegeplätzen in den Schlaf- und Liegewagen. Im Gegensatz zur heutigen Zeit, wo infolge der Weiterentwicklung der mathematischen Statistik aus einer begrenzten Stichprobe mit einer bestimmten statistischen Sicherheit auf das Vorhandensein einer mittleren Reisendenzahl geschlossen werden kann, gab es damals durch die Besetzung aller Züge mit Zugführer und/oder Schaffner die Möglichkeit der Vollerhebung und deren Auswertung. Dazu enthielt die VBL in Anlage 27 ein entsprechendes Formular. Es wurde nicht auf allen Unterwegsbahnhöfen gezählt, vielmehr gab das Betriebsbüro der RBD ein Zählstellenverzeichnis nach Anlage 27 heraus, das für jede Strecke und Richtung die Zählstellen enthielt, meist waren dies Bahnhöfe, wo weitere Strecken einmündeten oder abzweigten oder größere Bahnhöfe.

In den Fahrplanbüchern und Buchfahrplänen erschien die Angabe der Zuggattungen und der Unternummern schrittweise ab 1928. Dabei wurde zunächst noch nach der alten Dienstvorschrift für Zugleistungen von 1926 verfahren. Demnach erhielt z.B. ein Schnellzug die Zuggattungsnummer 1, ein Personenzug die Nr. 4, ein Bedarfs-Personenzug die 1/1. Ab 1931 erfolgte die Umstellung auf die neuen Zuggattungsbezeichnungen nach der VBL.

Beispiele für Zugbezeichnungen, die in der VBL enthalten waren:

P und Kp

Das Zeichen P stand für einen Personenzug mit mehr als 12, bei elektrischem Lokomotivbetrieb von mehr als 16 Achsen, Zuggattungsnummer 30. Dieser war in der Regel mit mehr als 3 Köpfen Zugbegleitpersonal besetzt. Handelte es sich um einen kleinen Personenzug, Kp, Zuggattungsnummer 31, durfte dieser nicht mehr als 12 bzw. 16 Achsen haben und von weniger als 3 Personen Zugpersonal begleitet werden. Kleine Personenzüge wurden immer dann eingesetzt, wenn auf einzelnen Strecken oder zu bestimmten Tageszeiten nur ein geringes Verkehrsaufkommen zu bewältigen war.

De und Ne

Beide Zuggattungen gehörten zur Gruppe der Eilgüterzüge (Zuggattungshauptnummern 45-57 nach DV 407, Anlage 5). Durchgangseilgüterzüge (De, Zuggattungsnummer (45,1)) waren Eilgüterzüge, die über den Bereich einer Direktion hinaus verkehrten und nur auf wenigen, wichtigen Bahnhöfen hielten. Sie dienten vorwiegend der Beförderung von Eilgut, verderblichen Waren (Obst, Gemüse und Eier) und lebenden Tieren. Die Last betrug in der Regel zwischen 500 und 800 t. Um die Last für halbe Wehrmachtszüge auszunutzen und trotzdem noch eine akzeptable Geschwindigkeit zu erreichen, wurde

in den östlichen Direktionen und den RVD die Last auf 850 t festgesetzt. Die Geschwindigkeit nach Fahrplan betrug zwischen 60 und 65 km/h, damit alle Güterzuglokomotiven und z.T. auch die BR 38$^{10-40}$ für diese Züge verwendet werden konnten. Da die Bespannung der De oft wechselte, war in den Buchfahrplänen meist hinter der Lastangabe eine römische Ziffer angegeben, die die Nummer der Vergleichstafel im AzFV markierte, um die Suche nach den Ersatzdaten zu erleichtern, wenn eine andere als die im Fahrplan angegebene Gattung bereitgestellt wurde. Gleiches galt auch für die Naheilgüterzüge.

Leig-Züge

Der leichte Eilgüterzüg (Leig, Zuggattungsnummer (52,1)) wurde 1927 eingeführt und gehörte hinsichtlich der Reichweite zu den Naheilgüterzügen und sollte neben einem Begleiterwagen maximal 10 Achsen führen und aus miteinander kurzgekuppelten Doppelwagen bestehen, die mittels Übergangsbrücke und Faltenbalg miteinander so verbunden waren, dass ein großer Laderaum entstand. Sie verkehrten entweder nur innerhalb einer Direktion oder zu den angrenzenden Knotenbahnhöfen im Nachbarbezirk. Die Aufgaben und Stärke der Leig-Züge war in den Güterzugbildungsvorschriften geregelt.

Leig-Züge dienten insbesondere dem Stückgutverkehr und sollten ein Vielfaches der Reisegeschwindigkeit eines Nahgüterzuges erreichen. Eine Besonderheit der Leig-Züge waren sog. Gütertriebwagen, die Antriebsaggregat und Laderaum in einem Fahrzeug vereinten. Leig-Züge verkehrten bis in die letzten Kriegstage. Der Einsatz der Leig-Züge war in der DV 461-Dienst-

Elektrischer Betrieb im Riesengebirge: Eine E 50 vor einem aus sogenannten Leig-Einheiten gebildeten Zug zur beschleunigten Beförderung von Stückgütern im Bahnhof von Petersdorf, gelegen an der Strecke Hirschberg – Polaun.

Sächsischer Schrankenposten mit sich näherndem Personenzug.

Buchfahrplanseite: Der De 5139 war ein Feldpostzug, dessen Zuglauf im Sommerfahrplan 1944 bis Orscha (RVD Minsk) weiterführte.

		De 5139 (4,1) Di							7
Berlin=Rummelsburg — Fürstenwalde — Frankfurt (O) Pbf — Neu Bentschen — Posen — Kutno — Warschau — Brest Litowsk									
Höchstgeschwindigkeit **60** km/h						Maßgebende Bremshundertstel **29**			
P 35.17 (38 10—40)			**Last 1400 t**			Mindestbremshundertstel **26**			
1	2	3	4	5	6	7	8	9	11
		Bln=Rummelsburg	—	—	**12 28**				
2,3		Karlshorst		—	**33**	5	3,2		⌇
1,7		Abzw Ostendgestell .		—	**35**	2	1,8		
1,3		Abzw Stadtforst .		—	**36**	1	1,4		
1,6		Berlin-Köpenick . . .		—	**38**	2	1,8		
2,9		● Bln-Friedrichshagen .		—	**42**	4	3,2	27	
2,4		Bf Müggelsee		—	**45**	3	2,6	22,6	
2,2		● Rahnsdorf		—	**48**	3	2,4		
1,4		Bf Fichtenau		—	**50**	2	1,8		
1,4		Wilhelmshagen		—	**52**	2	1,8		
2,3		Erkner		—	**55**	3	2,6		
2,9		Bf Löcknitz		—	**59**	4	3,0		
3,4		Fangschleuse		—	**13 03**	4	3,8		
3,0		Bf Grünheide . .		—	**07**	4	3,3		
3,6		Hangelsberg . .		—	**11**	4	3,8	27	
3,8		Bf Heidehaus . .		—	**15**	4	3,9	24,8	
2,8		Bf Neuland		—	**18**	3	3,1		
3,5		**Fürstenwalde (Spree)**		—	**13 22**	4	3,9		
42,5						54	47,4		
		Frankfurt (O) Pbf . . .	14 12	—	14 32				
		Neu Bentschen . . .	17 15	—	17 40				
		Posen	19 00	—	19 58				
		Brest Litowsk	20 50	—	—				

vorschrift für den Einsatz und die Bewirtschaftung der Leigeinheiten (Leigvo) vom 1.3.1937 geregelt. Nach § 3 Abs. (3) dieser Vorschrift sollte die Höchstgeschwindigkeit 65 km/h nicht übersteigen, so dass bei der Bespannung auch alle Güterzugbauarten für die Beförderung verwendet werden konnten. Häufige Bespannungen waren daher die BR 58[10-22], 74[4-13] und 91[3-18], in Bayern auch die Bauartreihen 38[4], 70[0] und natürlich auch elektrische Lokomotiven geringer Höchstgeschwindigkeit (E 75, E 77). Die Zuglasten waren sehr gering, meist

nur zwischen 60 und 100 Tonnen. Leig-Züge durften auch Wagen mit feuergefährlichen Stoffen, aber keine mit Sprengstoffen beladene Wagen mitführen.

Die Oberbetriebsleitungen verfügten über einen vorab bereitgehaltenen Park von Reserveleigeinheiten, die auf bestimmten, festgelegten Bahnhöfen in den Bezirken stationiert waren.

Die Zugnummern der Leig-Züge waren drei- oder vierstellig, wobei die ersten beiden Ziffern die Nummer der Direktion nach der DV 407 angab (führende Null wurde dabei nicht dargestellt). Diese Strenge in der Nummerierung wurde im Krieg nicht mehr durchgängig umgesetzt.

Naheilgüterzüge (Ne, Zuggattungsnummer (48,1)) hatten im Wesentlichen die gleichen Aufgaben wie die De, verkehrten aber nur innerhalb einer Direktion. Zusätzlich gab es den Kne (kleiner Naheilgüterzug, Zugg (49,1)), der mit maximal 30 Achsen fuhr und nicht mit einem Zugbegleiter im Dienst besetzt war, daher auch keinen Güterzuggepäckwagen führte. Die Geschwindigkeiten und Zuglasten waren ähnlich wie bei den Durchgangseilgüterzügen.

Kohleganzzug: 58 1139 mit Großraumgüterzug Gag 6548 vor der Kulisse des Siebengebirges mit Drachenfels und Drachenburg bei Bonn-Mehlem (um 1938).

Buchfahrplan: Kohle für Berlin. Ganzzüge in Heft 19 RBD Oppeln vom 3. Juli 1944.

Gag und Gdg

Diese Zuggattungen sind auch heute noch bekannt. Entstanden sind sie durch die Aufnahme von Kohle- und anderen Massengutverkehren wie Schotter, Kies und Kalk, die erst mit der Entwicklung von 4-achsigen Großraumgüterwagen durch die Firmen Waggonfabrik Talbot, Orenstein & Koppel AG; Werk Dorstfeld sowie von Drehgestellwagen für Gase und Flüssigkeiten ab etwa 1926/27 möglich wurden und durch deren Einsatz es auch gelang, mit voller Beladung die zulässigen Achslasten nach der Streckenklasse C für 20 t Achslast und 8,0 t Meterlast (heutige Bezeichnung C4 nach EN 15528) auszunutzen. Dies führte rasch zur Einführung von Ganzzügen (Gag, Zuggattungsbezeichnung 66), die, einheitlich aus Güterwagen einer Gattung gebil-

14		Gdg 6981 (5,3) B								

Berlin-Schöneweide—Cottbus—Sagan—Glogau—Breslau-Mochbern—
Brockau—Karlsmarkt—Peiskretscham—Klausberg—Beuthen Stadtwald

Höchstgeschwindigkeit 55 km/h   Maßgebende Bremshundertstel **30**
G 44.17 (55 25—56)   **Last 900 t**   Mindestbremshundertstel **27**

1	2	3	4	5	6	7	8	9	10	11
		Peiskretscham ...	**1 48**	(68)	**2 56**					
3,9		Bf Böhmswalde	—		**3 11**	15,1	4,8	30,5 / 14,5		
4 1	●	Schakanau	—	—	**18**	7,4	5,0	14,5		
3,9		Klausberg	**3 26**	21	**47**	8,0	4,7			6829
3,8		Bf Abzw Abw	—		**56**	8,0	4,6	11,9 / 6,4		
1,5		Borsigwerk	**4 00**	20	**4 20**	3,9	1,8	6,4	6262	
3,1	●	Bobrek	—	×	**26**	6,0	4,4	11,4 / 8,7		
1,3	●	Karf	**31**	10	**41**	5,4	4,3	8,7		
2,8		Beuthen Stadtw.	**4 48**	—	—	7,2	4,4			
24,4				51		61,0	34,0			

Bw—Bf Gleis 3.
Wenn 6981 a nur von der Beuthengrube (Beuthen Stadtwald) geladen wird, dann verkehrt er Ps ab 2.56, Klausberg durch 3.26, Abw 33, Bw 37, Kreuzung mit 7322 B, Bf 43, Kf an 50, ab 55, Beuthen Stadtwald an 4,05.

Gdg 6982 (5,3) B

Karf—Klausberg—Peiskretscham—Brieg—Brockau—Breslau-Mochbern—
Arnsdorf b Lig—Sagan—Cottbus—Berlin-Schöneweide

Höchstgeschwindigkeit 55 km/h   Maßgebende Bremshundertstel **30**
G 55.15 (55 25—56).   **Last 1950 t**   Mindestbremshundertstel **27**

		Karf	—	—	**12 19**					
1,3	●	Bobrek	—		**25**	6,1	4,2	12,0 / 8,9		
3,1		Borsigwerk	**12 31**	30	**13 01**	5,9	4,7	8,9		6984B
1,5		Bf Abzw Abw	—		**08**	6,9	2,2	13,9 / 7,8		
3,8		Klausberg	**13 15**	32	**47**	7,0	5,6	7,8		7066
3,9	●	Schakanau	—		**55**	8,1	5,9	23,1 / 18,4		
4,1		Bf Böhmswalde	—		**14 03**	8,0	6,2	18,4		
3,9		Peiskretscham ...	**14 10**	(30)	**14 40**	7,0	6,3			
21,6				62		49,0	35,1			

Von Borsigwerk bis Bobrek auf Gleis 3.

det, zwischen vorgegebenen Zielen in vorher festgelegten Plänen pendelten und von Groß(raum)güterwagenzügen (Gdg), die mit der Zuggattungsnummer 63 bezeichnet wurden und ebenfalls auf festgelegten Relationen pendelten und sich durch die Zugbildung aus Wagen mit besonders großem Laderaum hervorhoben. Diesen Zügen konnten auch Wagen anderer Gattung beigestellt werden, ohne dass die Gattungsbezeichnung geändert werden musste.

Die Rückläufe der Leerzüge wurden bei diesen Gattungen nicht als Leerzug (Lg), sondern ebenfalls unter der Gattung Gag bzw. Gdg abgewickelt. Im Gegensatz zu diesen Zügen führten die normalen Durchgangsgüterzüge (Dg) Wagen aller verfügbaren Gattungen.

Im Krieg wurde ab 1941 die Ganzzugbildung verstärkt, da durch die Verdunklungsvorschriften und die infolge der Luftangriffe erforderliche Einstellung des Rangierbetriebes Rangierzeiten auf den Rangierbahnhöfen verlorengingen und dadurch die Wagenumlaufzeit weiter anstieg. Daher bildete man vermehrt Ganzzüge auch zwischen mittleren und auch kleineren Bahnhöfen, um damit die Anzahl der Wagenumstellungen zwischen Einzelzügen zu verringern.

Beispiele für Gag sind hier im letzten Jahresfahrplan der Kriegszeit, gültig ab 3. Juli 1944, z.B. Gag 67443 (66,3) B Brüx – Pirna – Seddin – Stendal – Oebisfelde – Salzgitter mit Treibstoff aus den „Sudetenländischen Treibstoffwerken AG" in Maltheuern b. Brüx bzw. ein Gag 76190 B (66,3) Niedobschütz – Brockau – Wustermark – Stendal – Braunschweig – Salzgitter mit Stückkohle und Hüttenkohle für die damaligen „Reichswerke Hermann Göring", womit die Lieferung von oberschlesischer Kohle bestimmter Qualität bis in dieses Gebiet belegt ist.

Ein Gdg-Zugpaar verkehrte ab 4. Mai 1942 als Bedarfszug unter der ab 1941 eingeführten Gruppennummer 5 als Gattung (5,3)

mit den Nummern Gdg 6981/6982 zwischen Beuthen Stadtwald/Karf (Kohle von der Beuthengrube) mit BR 55²⁵⁻⁵⁶ über Peiskretscham, Karlsmarkt, Breslau-Mochbern, Sagan und Cottbus nach Berlin-Schöneweide und zurück (Versorgung für Kraftwerk Klingenberg), womit auch belegt ist, dass die Rückleistungen der Leerzüge ebenfalls unter der Gattungsbezeichnung Gdg stattfanden (Last 900 t, Last des Kohlezuges 1950 t). Ladegut war mit Sicherheit oberschlesische Steinkohle für ein Heizkraftwerk in der Hauptstadt mit Entladebunkern, denn die anderen Kohlelieferungen wurden als Dg mit offenen Güterwagen durchgeführt. Offenbar wurden dem Leerzug auf der Rückfahrt noch andere Wagen beigestellt. Durch die zunehmenden Luftangriffe wurden diese Züge mit Kohle für Berlin ab Ende 1943 auf außerhalb gelegene, dafür provisorisch hergerichtete Auffangbahnhöfe wie Rüdnitz b. Berlin, Fredersdorf, Großbeeren oder Bad Freienwalde gefahren und von dort aus je nach Luftlage in neuer Zugbildung nach Weisung der RBD Berlin verteilt. Auch dies ist durch Buchfahrpläne belegt.

Muster eines Lokomotivdienstzettels aus der DV 407. Die Lokbaureihe ist mit der Zahl 120 verschlüsselt. Die Erklärung dafür findet sich im Bild auf der folgenden Seite.

Anhänge zur DV 407

Für die hier beschriebene Materie ist von den beiden Anhängen zur DV 407 der Anhang I (bis 1937 „Kilometerzeiger" genannt; in einigen Direktionen und nach 1945 auch Anhang III) zur VBL von Bedeutung, der Anhang II beinhaltete eine Sondernummerierung der einzelnen Lokbauarten. Diese Nummerierung war für die Ausfüllung der Lok- und Triebwagendienstzettel gedacht, auf denen in Spalte 1 des Kopfteiles die Codierung der für die Zugleistung verwendeten Lokbauart eingetragen werden musste, die dazu wiederum aus Spalte 7 des Anhanges II entnommen werden sollte. Diese dreistellige Zahl diente der Vereinfachung der Erfassung der Fahrleistungen durch das Lochkartenverfahren, ein früher Vorläufer der heutigen elektronischen Datenspeicherung.

Der Anhang I/III zur VBL wurde von jeder Reichsbahndirektion besonders herausgegeben, er beinhaltete neben einer Streckenkarte, getrennt nach Haupt-, Neben- und Schmalspurbahnen die Kilometertafeln für jede Strecke und für beide Fahrtrichtungen bis zu den Anstoßbahnhöfen in der benachbarten Direktion. Hauptbahnen wurden mit den Nummern 001-099, Nebenbahnen mit den Nummern ab 601, Schmalspurbahnen ab Nr. 901 bezeichnet. Die Betriebsstellen wurden in diesen Tafeln als Meldestellen bezeichnet und waren für jede Strecke fortlaufend nummeriert, auf den umrandeten Betriebsstellen war zusätzlich die Platzausnutzung der Reisezüge zu zählen.

Die Entfernungen wurden in Spalte 1 als wirkliche Entfernungen zwischen den Fahrzeitmesspunkten mit 2 Nachkommastellen angegeben. Maßgebend für das Ausfüllen der Zugdienstzettel A und B nach Anlage 3a bzw. 3b der VBL, der Triebwagendienstzettel und Lokleistungsbücher und des Lokpersonaldienstnachweises gemäß Anlage 32 waren die abgerundeten Entfernungen in den Streckentabellen, Spalte 6 des Anhanges. Die Nummer der Direktion gemäß Anlage 6 der VBL war auf der Vorderseite des Heftes mit einem Kreis umrandet aufgedruckt. Die untere Abbildung zeigt beispielhaft eine

A. Lokomotiven
Abschnitt I: Dampflokomotiven

Vorbemerkung

Wenn in Spalte 5 die abgekürzte Länderbezeichnung (bad, bay, sa usw) oder die Bezeichnung der Sonderbauart (Einheitslok, Hochdrucklok, Turbinenlok usw) fehlt, handelt es sich um ehemals preußische Gattungen

1	2	3	4	5	6	7
Hauptgattung	Bauartreihe	Unterbauart	Betriebsgattung	frühere Länderbezeichnung	Betriebsnummern beginnen mit	Lochkartennummer
S-Lok	01		S 36.20	Einheitslok	01 001	101
	02		S 36.20	Einheitslok	02 001	110
		1	MS 36.18	Mitteldrucklok	02 101	111
	03		S 36.17	Einheitslok	03 001	120
	05		S 37.18	Versuchslok	05 001	121
	06		S 48.18	Versuchslok	06 001	122
	17	0—1	S 35.17	S 10	17 001	130
		2	S 35.17	S 10²	17 201	131
		4	S 35.15	S 3/5 (bay)	17 401	132
		5	S 35.16	S 3/5 (bay)	17 501	133
		10—12	S 35.17	S 10¹	17 1001	134
	18	0	S 36.17	XVIII H (sa)	18 001	140
		1	S 36.16	C (wü)	18 101	141
		3	S 36.17	IV h¹⁻³ (bad)	18 301	142
		4	S 36.16	S 3/6 (bay)	18 401	143
			S 36.17			
		5	S 36.18	S 3/6 (bay)	18 509	144
	19	0	S 46.17	XX HV (sa)	19 001	150
	H 17	2	HS 35.20	Hochdrucklok	nur 17 206	160
	T 18	10	TS 36.20	Turbinenlok		161
P-Lok	24		P 34.15	Einheitslok	24 001	201
			MP 34.15	Mitteldrucklok	24 069 u 70	202

In Spalte 7 des Anhanges II zur VBL findet sich für die Zahl 120 aus dem Lokdienstzettel die Baureihe 03 als Zuglokomotive.

1	2		3		4	5		5
Wirkl. Entfernung km	Nummer Strecke 027	Strecke 028	Meldestelle Name	Abkürzung		Entfernung in Kilometern		
	1	1	Thorn-Mocker	Tho		Thorn-Mocker		
2,49	2	2	Katharinenflur	Ktf		2 Katharinenflur		
7,65	3	3	Posemsdorf	Pof		8 6 Posemsdorf		
9,94	4	4	Ostichau	Osi		10 8 2 Ostichau		
15,49	5	5	Griffen	Gf		15 13 7 5 Griffen		
19,17	6	6	Kulmsee	Ke		19 17 11 9 4 Kulmsee		
26,95	7	7	Atzmannsdorf	Az		27 25 19 17 12 8 Atzmannsdorf		
30,86	8	8	Fedelhusen	Fe		30 28 22 20 15 11 3 Fedel- husen		
33,72	9	9	Konraden	Kon		34 32 26 24 19 15 7 4 Kon- raden		
40,47	10	10	Gottersfeld	God		40 38 32 30 25 21 13 10 6 Gottersfeld		
45,31	11	11	Adlig Waldau	Aw		45 43 37 35 30 26 18 15 11 5 Adlig Waldau		
50,82	12	12	Mischke	Mk		51 49 43 41 36 32 24 21 17 11 6 Mischke		
57,31	13	13	Graudenz Pbf	Gdz		57 55 49 47 42 38 30 27 23 17 12 6 Graudenz Pbf		
58,51	14	14	Graudenz Rbf	—		59 57 51 49 44 40 32 29 25 19 14 8 2 Graudenz Rbf		
63,79	15	15	Wossarken	W		64 62 56 54 49 45 37 34 30 24 19 13 7 5 Wossarken		
70,38	16	16	Roggenhausen (Westpr)	Ro		70 68 62 60 55 51 43 40 36 30 25 19 13 11 6 Roggenhausen (Westpr)		
75,18	17	17	Garnsee (Westpr) Süd	Gas		75 73 67 65 60 56 48 45 41 35 30 24 18 16 11 5 Garnsee (Westpr) Süd		
77,29	18	18	Garnsee (Westpr)	Ga		77 75 69 67 62 58 50 47 43 37 32 26 20 18 13 2 Garnsee (Westpr)		
82,28	19	19	Dianenberg	Di		82 80 74 72 67 63 55 52 48 42 37 31 25 23 18 12 7 5 Dianenberg		
83,53	20	20	Forstsee	Fss		84 82 76 74 69 65 57 54 50 44 39 33 27 25 20 14 9 7 2 Forstsee		
88,48	21	21	Sedlinen	Sdl		88 86 80 78 73 69 61 58 54 48 43 37 31 29 24 18 13 11 6 4 Sedlinen		
91,26	22	22	Weißenkrug	Wku		91 89 83 81 76 72 64 61 57 51 46 40 34 32 27 21 16 14 9 7 2 Weißenkrug		
96,84	23	23	Marienwerder (Westpr)	Mi		97 95 89 87 82 78 70 67 63 57 52 46 40 38 33 27 22 20 15 13 9 6 Marienwerder (Westpr)		
105,40	24	24	Rachelshof	Raf		105 103 97 95 90 86 78 75 71 65 60 54 48 46 41 35 30 28 23 21 17 14 8 Rachelshof		
110,05	25	25	Rehhof	Rhf		110 108 102 100 95 91 83 80 76 70 65 59 53 51 46 40 35 33 28 26 22 19 13 5 Rehhof		
117,09	26	26	Stuhmsdorf	Std		117 115 109 107 102 98 90 87 83 77 72 66 60 58 53 47 42 40 35 33 29 26 20 12 7 Stuhmsdorf		
121,00	27	27	Stuhm	Stu		121 119 113 111 106 102 94 91 87 81 76 70 64 62 57 51 46 44 39 37 33 30 24 16 11 4 Stuhm		
124,85	28	28	Neuhakenberg	Nhb		124 122 116 114 109 105 97 94 90 84 79 73 67 65 60 54 49 47 42 40 36 33 27 19 14 7 3 Neuhakenberg		
126,67	29	29	Braunswalde	Brw		127 125 119 117 112 108 100 97 93 87 82 76 70 68 63 57 52 50 45 43 39 36 30 22 17 10 6 3 Braunswalde		
134,84	30	30	Marienburg (Westpr)	Mar		135 133 127 125 120 116 108 105 101 95 90 84 78 76 71 65 60 58 53 51 47 44 38 30 25 18 14 11 8 Marienburg (Westpr)		

RBD Danzig: Auszug aus dem Anhang I vom 1.10.1944 für die Weichselstädtebahn von Thorn nach Marienburg/Westpr.

Kilometertafel der RBD Danzig mit der Weichselstädtebahn Thorn – Graudenz – Marienwerder – Marienburg aus dem Winterfahrplanabschnitt 1944/45. Gelegentlich wurden die Anhänge I zur VBL auch nur als Kilometerzeiger bezeichnet, nicht zu verwechseln mit den „Entfernungsanzeigern für den Fahrkartenverkauf", die es zusätzlich für jede Direktion gab.

Die Kilometertafeln enthielten auf Strecken, auf denen Züge regelmäßig nachgeschoben wurden, auch die Kilometrierung der Brechpunkte, bis zu denen die Schiebelokomotiven am Zug blieben. Auf Strecken mit Übergabezügen zu Anschlüssen der freien Strecken waren auch die Entfernungen zu diesen Betriebs- und Ladestellen mit verzeichnet, auf Nebenbahnen auch andere Betriebsstellen wie Ausweichstellen, die unbesetzt waren und an denen das Zugpersonal betriebliche Meldungen abgeben musste.

Für Vorspann- und Schiebelokomotiven war durch die Direktion in den Ausführungsbestimmungen angegeben, wie die Bruttotonnen auf die Vorspann- und Zuglokomotiven aufgeteilt wurden und wie bei Lokomotiven mit unterschiedlichen Leistungsziffern, d.h. wesentlichen Unterschieden in der Leistung beider Maschinen zu verfahren war. Besonders ausführlich erfolgte das in der Direktion Oppeln. Manche RBD verzichteten ganz auf solche Vorbemerkungen.

In Spalte 4 der Kilometertafeln war die für den Fernschreibdienst bedeutsame telegrafische Abkürzung der Zugmeldestellen bzw. Zuglaufmeldestellen angegeben, diese Buchstabenkombination durfte innerhalb einer Direktion, bei dichten Streckennetzen innerhalb des Bezirkes eines Betriebsamtes nur einmal vorkommen. In einigen Bezirken, so in der Direktion Stettin, wurden auch für die Anschlussstellen telegrafische Abkürzungen angegeben. In den Direktionen gab es zusätzlich mit der DV 506 entsprechende Verzeichnisse der telegrafischen Abkürzungen.

Zugbildungspläne A und B, Wagenumlaufpläne

Für die Reisezüge wurden die Zugzusammenstellung und der anschließende Wagenumlauf der Zuggarnituren in Zugbildungsplänen dargestellt. Die Wagenreihung wurde dabei in der Reihenfolge der einzelnen Wagen am Abgangsbahnhof von der Zugspitze her angegeben. Davon gab es mit Stand vom Mai 1942 folgende:

– Zugbildungsplan A
   für Schnell- und Eilzüge,
   Teil 1 (Wagenreihung)
– Zugbildungsplan A
   für Schnell- und Eilzüge,
   Teil 2 (Umlaufplan).

Die Zugbildungspläne A, Teil 1 waren nach Direktionen in Gruppen wie folgt eingeteilt:

Berlin Ost und West bezog sich dabei auf die Trennung der im Zugbildungsplan aufgeführten Züge der Berliner Stadtbahn (S-Bahn) in der Ost- bzw. der Westrichtung; in der Direktion Hamburg wurde die Richtungen Süd und Nord unterschieden, so dass auch diese Direktion zweimal erwähnt war.

Der Teil 2 oder II des Zp A enthielt unter A die Wagenreihung und Umlaufpläne der einzelnen in der Gruppe enthaltenen Reichsbahndirektionen und als Teil B die Umlaufpläne der an der Wagenstellung beteiligten außerdeutschen Bahnverwaltungen und der Mitropa. Dieser Teil wurde von der Generalbetriebsleitung Ost in Berlin herausgegeben.

Deckblatt eines Zugbildungsplanes A, hier der RBD München vom 6. Oktober 1935.

Einteilung der Gruppenhefte für die Zugbildungspläne A, Teil 1

Gruppe Nr.	für Direktionsbezirke	gedruckt in	Bezeichnung
1	Essen, Köln, Münster, Wuppertal	Köln	Zp A I, Gr. 1
2	Frankfurt/Main, Karlsruhe, Mainz, Saarbrücken	Mainz	Zp A I, Gr. 2
3	Augsburg, München, Nürnberg, Regensburg, Stuttgart	München	Zp A I, Gr. 3
4	Berlin (Ost), Hamburg (Süd), Hannover, Kassel	Kassel	Zp A I, Gr. 4
5	Berlin (West), Breslau, Danzig, Königsberg, Oppeln, Osten, Posen	Osten (Frankfurt/Oder)	Zp A I, Gr. 5
6	Hamburg (Nord), Schwerin, Stettin	Stettin	Zp A I, Gr. 6
7	Linz, Villach, Wien	Wien	Zp A I, Gr. 7
8	Berlin (nur Ausgang Anhalter Bf.), Halle, Erfurt, Dresden	Dresden	Zp A I, Gr. 8

Dabei wurden in den Plänen zu den Zugnummern separate Nummern für die Wagenumläufe eingeführt, da einmal gebildete Zugeinheiten, ggf. mit Wagenzu- oder -abstellung unter mehreren Zugnummern verkehren konnten, insbesondere bei Personenzügen.

Der Zugbildungsplan B enthielt die Pläne für die Personenzüge und bestand auch aus zwei Teilen, enthaltend die Wagenreihungs- und die Wagenumlaufpläne. Verzeichnet waren darin auch die Güterzüge mit Personenbeförderung.

Einige Direktionen mit einem hohen Anteil an Nebenbahnen, wie ihn z.B. die Direktionen Nürnberg, Regensburg und Stettin aufwiesen, gaben auch noch einen gesonderten Zugbildungsplan C für die auf diesen Strecken verkehrenden Reisezüge heraus.

Als Anhänge zu den Zugbildungsplänen gab es – sofern es die Größe des Bezirks erforderte – Umlaufpläne für die im Bezirk verkehrenden Postwagen und Pläne für den Wagenbedarf in den einzelnen Direktionen.

Um die Zugbildungspläne für Reisezüge lesen zu können, d.h. erkennen zu können, welche Art Wagen sich denn hinter der Lokomotive befanden, waren Kenntnisse zu den Wagenhaupt- und Nebengattungszeichen erforderlich, die an dieser Stelle vorausgesetzt werden. Einige technische Daten zu den in der betreffenden Direktion verwendeten Wagen waren auch immer in den Vorbemerkungen zu den Zp und auch in der Anlage 4 zur DV 409 (Nummernplan der Reichsbahnpersonen- und Gepäckwagen) abgedruckt. Zusätzlich war in den Vorbemerkungen zu den Zugbildungsplänen eine Übersicht beigefügt, die für die in den Wagen vorhandenen Wagenklassen die Anzahl der Sitzplätze und Sonderabteile enthielt.

Die Verteilung der Zugbildungspläne war etwas restriktiver als die der Buchfahrpläne, AzFV und Geschwindigkeitsübersichten, diese Pläne erhielten nur die Zugbildungsbahnhöfe und wichtige Unterwegsbahnhöfe sowie die mit der Versorgung und Reinigung, Zugbildung und Bespannung betrauten Dienststellen (Bw und Bww).

Beispiel für eine Zugbildung für den Schnellzug D 25 aus Zugbildungsplan A der RBD München vom 6. Oktober 1935.

Zugbildungsplan B RBD München vom 21. Januar 1940, Seite VIII der Vorbemerkungen mit einer Übersicht der Abteile und der Platzanzahlen.

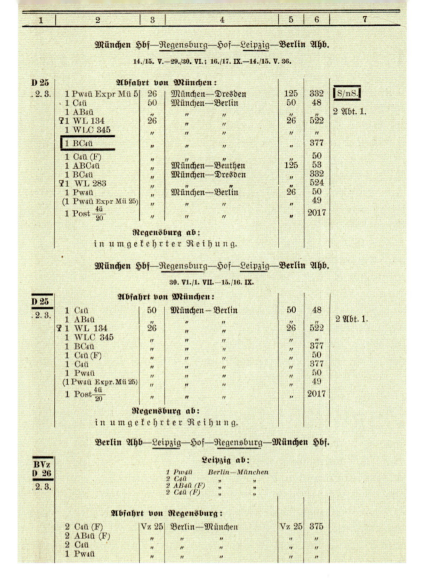

Gattung	Länge von Puffer zu Puffer m	Eigengewicht in t	Ladegewicht in t	Anzahl der Abteile 1. Kl.	2. Kl.	3. Kl.	Anzahl der Plätze 1. Kl.	2. Kl.	3. Kl.	Bemerkungen

C. Übersicht über Längen und Gewichte der Personen- und Gepäckwagen sowie Anzahl der Abteile und Plätze (Durchschnittszahlen).

A. Personenwagen

1. Vierachsige Abteilwagen

Gattung	Länge m	Eigengew. t	Ladegew. t	1. Kl.	2. Kl.	3. Kl.	Plätze 1. Kl.	Plätze 2. Kl.	Plätze 3. Kl.	Bemerkungen
B4	18,7	32	—	4 u 8				45–48		
BC4	19,1	37	—	3 u 4	5 u 6			21	47	
C4	19,2	36	—			9 u 10			84	
C4tr	19,2	36	—			7 u 8			68	
C4kr	19,2	36	—			7			59	

2. Dreiachsige Durchgangswagen

Gattung	Länge m	Eigengew. t	Ladegew. t	1. Kl.	2. Kl.	3. Kl.	Plätze 1. Kl.	Plätze 2. Kl.	Plätze 3. Kl.	Bemerkungen
BC3i	13,9	20	—	—	2	3	—	20	24–32	
C3i	13,6	19	—	—	—	2	—	—	40–69	
C3itr	12,8	18,6	—	—	—	2	—	—	30	

3. Zweiachsige Durchgangswagen

Gattung	Länge m	Eigengew. t	Ladegew. t	1. Kl.	2. Kl.	3. Kl.	Plätze 1. Kl.	Plätze 2. Kl.	Plätze 3. Kl.	Bemerkungen
Bi (Einh)	14	21	—	—	2	—	—	38	—	
BCi	11,4	15	—	—	2	2	—	15	26	
BCi (Einh)	14	21	—	—	2	1	—	15	34	
Ci	14	19,6	—	—	—	2	—	—	50–56	
Ci (Einh)	14	21	—	—	—	2	—	—	50–58	
Ci (Einh)	14	20	—	—	—	2	—	—	66	Mit Bretterbänken.
Citr	11	12	—	—	—	2	—	—	30	

Güterzugbildungsvorschriften

Wie der Zugbildungsplan für die Reisezüge, so stellten die Güterzugbildungsvorschriften (GZV) ebenfalls eine Art Zugbildungsplan für die Güterzüge des sogenannten Stammplanes dar. Darunter war der in den Fahrplankonferenzen erarbeitete und zwischen den Bezirken abgestimmte Regelfahrplan einschließlich der bereits im Fahrplan berücksichtigten Bedarfsgüterzüge zu verstehen. Die Stammgüterzüge wurden dabei immer gefahren, unabhängig von der Auslastung, und waren in den GZV nicht besonders gekennzeichnet. Die Direktion versuchte aber, durch Beistellung anderer Auslastungsgruppen die mögliche Zuglast auszunutzen. In einigen bekannten Fällen waren aber im Buchfahrplan die Nicht-Stammplanzüge durch ein Zeichen in Form eines kleinen Rechteckes [] vor der Zugnummer gekennzeichnet, so dass man daraus auf die Züge des Stammplanes schließen konnte. Analog wurde dieses Zeichen auch in den GZV verwendet. In der folgenden Abbildung sind auch 2 Zugbildungen für die an anderer Stelle besonders erläuterten Kohlenzüge nach Italien aus dem Bereich der RBD Essen dargestellt. Gegliedert waren die GZV in:

– Abschnitt I (Allgemeine Bestimmungen)
– Abschnitt II (Zusatzbestimmungen der Reichsbahndirektion zu Abschnitt I)
– Abschnitt III (Vorschriften für die Zusammenstellung und Benutzung der einzelnen Züge).

In Direktionen mit umfangreichem Güterverkehr wurde die GZV zudem in mehrere Teile (bezeichnet mit Großbuchstaben A, B, C usw.) gegliedert, in denen jeweils eine Anzahl Strecken zusammengefasst waren.

Interessant ist, dass es in der Kriegszeit auch einen ausgeprägten Ferngüterverkehr mit langlaufenden Zügen gab. Das anbeistehende Bild zeigt Güterzugverbindungen zwischen Hamm am Rande des Ruhr-

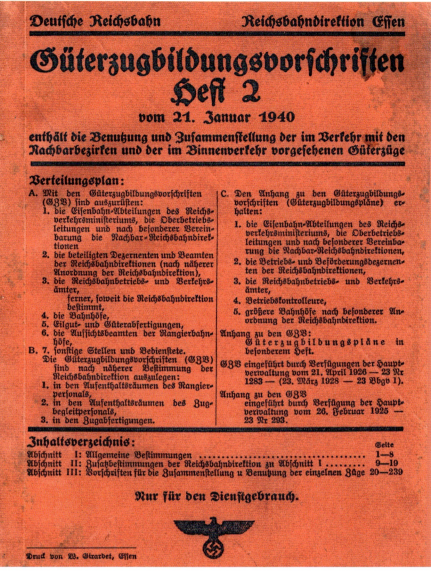

Deckblatt der Güterzugbildungsvorschriften mit Darstellung der Unterteilung in die Abschnitte I-III am Beispiel der RBD Essen.

Lange Zugläufe waren kennzeichnend für die Zeit bis 1945; hier ein Beispiel aus den GZV der RBD Hannover vom 17.5.43.

Beispiel für Kohleverkehre nach Italien aus den GZV der RBD Essen vom 21.1.40.

gebietes und Neu-Bentschen bzw. Schneidemühl, die direkt und ohne Wagenumstellung auf Unterwegsbahnhöfen verkehrten. Die grenz.

überschreitenden Verkehre wurden auf internationalen Fahrplankonferenzen besprochen und vereinbart. So fand z.B. für die Vorbereitung des Fahrplanwechsels 1937/38 vom 5. bis 10. April 1937 eine Fahrplankonferenz unter Vorsitz der ČSD in Salzburg statt. In den nationalen Fahrplankonferenzen führte das RVM bezüglich der allgemeinen Verkehre den Vorsitz, bei den Gruppenverhandlungen waren die Oberbetriebsleitungen federführend.

Die GZV enthielt im Abschnitt III eine Reihung der Wagen in den einzelnen Zügen (Sektionierung), getrennt nach Wagenarten und dem Ladezustand (beladen, leer, schadhaft). Dabei wurde auf die Anordnung der Neben- und Umschlagsanlagen auf den Unterwegsbahnhöfen Rücksicht genommen, um das Ab- und Zusetzen von Wagen zu erleichtern. Es wurde auch auf besondere Gutarten wie Stück- und Feuergüter sowie Einzelwagen z.B. mit Pressgas für die Lok- und Zugbeleuchtung oder mit Fäkalien hingewiesen. Die GZV galten für eine Fahrplanperiode. Sie enthielten auch die Personenzüge, mit denen regelmäßig Güterwagen transportiert wurden (PmG), Züge der im Bezirk evtl. vorhandenen Schmalspurbahnen und alle Leer- und Übergabezüge. In den Direktionen in Österreich wurden die Leerzüge auch Überstellzüge genannt. Im Gegensatz zu den Zp A und B, der jeden einzelnen Wagen und dessen Stelle im Zug angab, waren in den GZV nur die Reihung und die Bestimmungs- sowie Übergangsbahnhöfe von Wagengruppen aufgeführt. Die Auflistung erfolgte der Zugnummer nach. Züge mit gleichem Laufweg und gleicher Zusammenstellung waren unter einer Überschrift zusammengefasst.

In einigen westlichen Direktionen waren die Zugausfälle und Streckenunterbrechungen durch Luftangriffe ab Mitte 1943 so groß, dass zusätzliche Maßnahmen zur Aufrechterhaltung eines Mindestverkehrs zur Sicherstellung der Kriegsproduktion und der Versorgung ergriffen wurden. So gab es zu den Buchfahrplänen ergänzende „Verzeichnisse der Stammplanzüge im Güterverkehr". Die Züge wur-

den dabei in 3 Stammpläne von I bis III eingeordnet und mit der Zugnummer, dem Laufweg und der Verkehrszeit angegeben. Die Züge des Stammplanes I durften unter keinen Umständen ausfallen. Die Stammpläne II und III führten in der Reihenfolge die Züge auf, die auf den einzelnen Strecken in der Rangfolge danach unbedingt verkehren sollten. Es waren sowohl Dg, Ne, N als auch Gmp aufgeführt, was darauf hindeutet, dass ein bestimmter Mindestverkehr auf allen Strecken unbedingt erhalten bleiben sollte, um das Funktionieren der Kriegswirtschaft und des Arbeiterberufsverkehrs zu gewährleisten. Ob auch dieser Mindestverkehr unabhängig von der anfallenden Gütermenge gefahren wurde, ist dem Autor nicht bekannt.

Mit den GZV nicht zu verwechseln sind die Güterzugbildungspläne, die für einen Rangierbahnhof oder wie damals auch bezeichnet Verschiebebahnhof die Aufstellung der in den einzelnen Zugbildungsbezirken für die verschiedenen Zielbahnhöfe regelmäßig zu bildenden Wagengruppen zeigte. Dabei waren die einzelnen Züge mit ihrer Zugnummer und den mitzuführenden Wagengruppen dargestellt.

Der Übergang der im Zug vorhandenen Wagengruppen innerhalb eines Rangierbahnhofes war in den Wagenübergangsplänen dargestellt, die wiederum die

	Strecke Winden (Pf)—Landau (Pf)—Neustadt (Weinstr) und Gegenrichtung			
	1	2	3	4	5
Stammplan I				
Dg 6125	(Einsiedlerhof) Neustadt (Wstr)	(21) 23	Abzw Hartwiesen (Karlsruhe Rbf)	23 (1)
Dg 6812	Landau	3	Winden (Straßburg)	4 (7)
Dg 7312	(Einsiedlerhof) Neustadt (Wstr)	(2) 3	Landau (Hbf)	3
Dg 7313	Landau Hbf	1	Neustadt (Wstr) (Einsiedlerhof)	2 (3)
Dg 7335	Landau Hbf	21	Neustadt (Wstr) Einsiedlerhof	21 (22)
Dg 7341	Landau Hbf	3	Neustadt (Wstr) (Lhafen [Rh] Rbf)	3 (4)
Dg 7348	(Lhafen [Rh] Rbf) Neustadt (Wstr)	(22) 23	Landau Hbf	23
N 9944	Landau Hbf	7	Winden (Weißenburg)	9 (11)
N 9947	Winden	10	Landau Hbf	10
N 9970	Neustadt (Wstr)	17	Landau Hbf	19
N 9971	Landau Hbf	20	Neustadt (Wstr)	22
Stammplan II				
Dg 6843	(Straßburg) Winden	(9) 11	Landau Hbf	11
Dg 6853	(Straßburg) Winden	(1) 3	Landau Hbf	3
Dg 6862	Landau Hbf	18	Winden (Straßburg)	19 (21)

Detail aus dem Verzeichnis der Stammplanzüge für den Güterverkehr der RBD Mainz vom 3. Juli 1944 mit Zügen der Stammpläne I und II.

Grundlage für die Ausführung der Rangiervorgänge in den einzelnen Bereichen eines Rangierbahnhofes oder größeren Unterwegsbahnhofes bildeten (Rangierarbeitspläne). Deren Darstellung im Detail würde wie bei den bereits genannten Güterzugbildungsplänen den Rahmen dieses Buches sprengen.

Betriebliche Sonderhefte

Auf den in Abhängigkeit von der Bahnverwaltung und der zeitlichen Epoche mehrfachen Gebrauch des Begriffes der Fahrordnung wurde bereits eingegangen. Dennoch sind dazu noch einige zusätzliche Erklärungen notwendig, um Missverständnisse zu vermeiden. In den AzFV wurden die für das fahrende

Strecken Nr.	Betriebsstelle	Sperre mit Zugverkehr	Sperre ohne	Beginn der Sperre Uhr	Min.	d.i. nach Einlangen der Rückmeldung vom Zug	Ende der Sperre Uhr	Min.	d.i. vor Zug	Betriebsstelle ist besetzt durch	Endpunkt	Anfangspunkt
16	Zentralfriedhof		—	20	53	9839	5	10	9800	Ww.¹)		
	Laaerberg B.A.	—				—	—		—	Fdl.		
	Maria Lanzendorf		—	20	46	554	5	16	543	Ww.¹)		
	Laxenburg Biedermannsdorf	—				—	—		—	Fdl.		
	Guntramsdorf-Kaiserau		—	20	57	554	5	03	543	Ww.¹)		
	Traiskirchen Reichsb.		—	21	05	554	4	57	543	Ww.¹)		
	Trumau		—	21	09	554	4	53	543	Ww.¹)		
	Ober Waltersdorf		—	21	15	554	4	45	543	Ww.¹)		
	Tattendorf		—	21	27	554	4	38	543	Ww.¹)		
	Sollenau											
	Felixdorf³)											

1 Bezeichnung der Züge	2 Einfahrt Richtung von	3 Signalbild	4 Gleis	5 Ausfahrt Signalbild	6 Richtung nach	7 Bemerkung
Braunschweig H., Güterbf. Alle nicht besonders genannten Züge	Braunschweig Ostbf.		14 oder 15			Leere Maschinen halten vor Bude J.
"	Wolfenbüttel		15 oder 16			Desgl.
"	Gabelung		14 oder 15			Desgl.
"			15		Braunschweig Ostbf.	
"			16		"	
"			15		Wolfenbüttel	
"			16		"	
"			15		Gabelung	
Gz. 7536			16/39	ohne Signal	"	Fährt durch Rüningsfeld a…
Sämtliche Rangierzüge u. Maschinen zwischen Rüningerfeld und Güterbf.	Rangierbahnhof Rüningerfeld		—		Rangierbahnhof Rüningerfeld	Nach besonderer Vereinbarung der Fahrdienstleitung

Auszug aus dem Sonderheft E3 der RBD Wien vom 5. Mai 1941 mit Angabe der streckenbezogenen Zeiten für die Dienstruhe (dort „Sperre" genannt).

Übersicht der gezeigten Signalbilder in Braunschweig Hbf. für ausgewählte Fahrwege aus der allg. Fahrordnung der KED Hannover vom 1.2.1916.

Personal, d.h. die Lokführer, Heizer, Beimänner, Zugschaffner und Zugbegleiter und für das örtliche Personal auf den Bahnhöfen und Stellwerken wichtigen betrieblichen Bedingungen für die Abwicklung des Zugfahr- und Rangierdienstes im Sinne der in der Örtlichkeit bzw. auf der Strecke zu beachtenden Signale und Bestimmungen dargestellt.

Die für die Bedienung dieser ortsfesten Anlagen erforderlichen Handlungen und die bei der Zugfahrt zu beachtenden Signale, besonderen Verhältnisse und die Standorte der ortsfesten Einrichtungen waren Gegenstand der örtlichen Einweisung und der Verwendungsprüfung für die Fahrdienstleiter und Weichenwärter sowie der Streckenkenntnis für die Lokpersonale (§ 40 der FV).

Um den Erwerb der Streckenkenntnis zu unterstützen und auf Veränderungen aufmerksam zu machen, waren bei der preußischen Staatsbahn und in einigen Direktionen in den „Allgemeinen Fahrordnungen" bzw. in Sonderheften für alle sicherungstechnischen Fahrwege in den Bahnhöfen und auf den Abzweigstellen die Signalbilder grafisch dargestellt, die im Regelbetrieb, das heißt in diesem Fall bei ordnungsgemäßer Wirksamkeit der Bahnhofs- und Streckenblockeinrichtungen und voller Bedienbarkeit aller ortsfesten Signale bei der Vorbeifahrt gezeigt wurden. Damit wurde den Lokpersonalen eine zusätzliche Hilfe an die Hand gegeben. Jede Abweichung davon zeugte entweder von einem anderen als dem planmäßigen Fahrweg oder einer Signalstörung.

Für die Vorbeifahrt an Halt zeigenden Signalen wurden entweder besondere Signaltafeln (M-Tafel, „Rautentafel") oder schriftliche Befehle und ab etwa 1935 das sogenannte Ersatzsignal, damals noch als Dreilichtsignal („A") verwendet. Darüber hinaus gab es in den genannten Unterlagen auch für zeitweise ausgeschaltete Betriebsstellen ein Verzeichnis der Signalbilder, die während der Zeit der Nichtbesetzung gezeigt wurden.

In einigen Direktionen wurde die Praxis der Sonderhefte auch nach 1938 noch aufrechterhalten, indem man zusätzliche Hefte mit den an der Strecke gezeigten Signalbildern herausgab. Aufgrund des sehr hohen Aufwandes in der Herstellung und Aktualisierung wurde diese Praxis ab 1942 schrittweise aufgegeben. Bei den polnischen und tschechischen Staatsbahnen wurde derartige Unterlagen auch nach 1945 noch herausgegeben.

Der Bildfahrplan

Grundlage für das Zugange-bot einer Strecke stellten die Bildfahrpläne dar, die als grafische Übersicht auf einem Blatt (Bild) alle Züge einer Strecke abbildeten. Sie waren innerhalb einer Fahrplanperiode das bildlich-musterhafte Instrument für alle betrieblichen Ebenen zur Verlegung der Fahrplanlage von Zügen, Überholungen und Kreuzungen sowie zur Neueinlegung von Zügen, zu denen auch Sperrfahrten zählten. Bei längeren Strecken mit zudem dichtem Verkehr war ein Fahrplanblatt in mehrere Unterblätter, getrennt nach Stunden (meist im 6- oder 12-Stunden-Abstand) unterteilt. Dabei waren die Betriebsstellen im Kopfteil und die Tagesstunden an den Außenseiten dargestellt.

Diese Form wurde als sog. „liegende Form" in Preußen, Württemberg und später auch bei der Deutschen Reichsbahn verwendet, im Vergleich dazu gab es die „stehende" Form mit obenliegenden Zeit- und seitlichen Ortslinien in Bayern, Österreich-Ungarn und der Schweiz. Die Bildfahrpläne in Österreich wurden dort auch als „Grafikon" bezeichnet.

Erste Bildfahrpläne, die an die bis heute übliche Form erinnerten, gab es schon seit 10. Juli 1874, als in Preußen die Königliche Ostbahn aufgrund des gestiegenen Verkehrsaufkommens grafische Fahrpläne verwendete.

Im Jahre 1909 gab das damalige Reichseisenbahnamt eine „Anleitung zur Anfertigung der Bildfahrpläne" heraus. Nach der „Verreichlichung" der Länderbahnen wurde die Gestaltung der Bildfahrpläne mit Verfügung des RVM vom 7. Juli 1924 (E.41.3808) neu geregelt. Zur Aufstellung der Bildfahrpläne gab es bei der DRG eine eigene Vorschrift, die DV 404 „Vorschriften zur Aufstellung des Bildfahrplanes" aus dem Jahre 1940, erstmals eingeführt mit Verfügung der Hauptver-

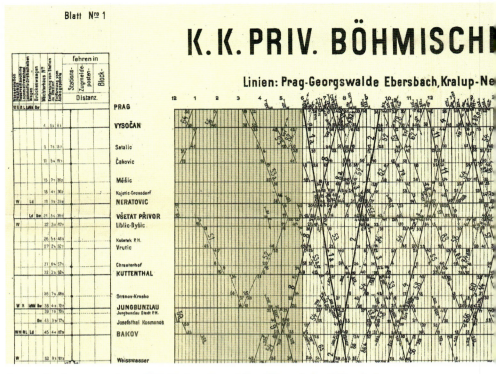

Ausschnitt aus dem Bildfahrplan (Grafikon) der Böhmischen Nordbahn für die Strecke Prag – Ebersbach vom 1. Mai 1907 als Beispiel für die „stehende" Form des Bildfahrplanes.

waltung 20 Bfdb 8 vom 13. Februar 1931 und ein Hilfsheft aus der Reihe „Hilfshefte für das dienstliche Fortbildungswesen" der Verkehrswissenschaftlichen Lehrmittelgesellschaft mbH, Leipzig (h 303). Die genannte Vorschrift wurde nicht an die äußeren Dienststellen, sondern neben der Hauptverwaltung und den Direktionen nur noch an die Betriebs-, Verkehrs- und Maschinenämter verteilt.

Für die Beschriftung im Kopfteil wurde ab 1931 die DIN-Schrift nach DIN 1451 als fette oder Mittelschrift verwendet, davor in Preußen die Schrift nach Musterzeichnung IV 44 von 1906, die die KPEV unter anderem für die Beschriftung von Schienenfahrzeugen und Bahnhofsnamen benutzte.

Die Tagesabschnitte waren im Fahrplanblatt im 6-Stunden-Abstand durch dicke Linien besonders abgesetzt.

Die Fahrplanblätter wurden am ersten Montag im Mai neu

herausgegeben. im Kopf war die Gültigkeit angegeben, z.B. „Jahresfahrplan 1942/43, gültig vom 4. Mai 1942 bis 2. Mai 1943". Durch die Kriegsereignisse wurden die Gültigkeitszeiträume überholt, so dass die Neuherausgabe im genannten Jahresfahrplan nochmals zum 2.11.1942 und dann erst am 17.5.1943 erfolgte. Bei grundlegenden Änderungen – wie hier genannt – wurde dann auch der aktuelle Stand mit angegeben, z.B. „Nach dem Stande vom 17. Mai 1943".

Die Blattnummer wurde an allen vier Ecken des Bildfahrplanes angegeben, die einzelnen Blätter waren innerhalb jeder Direktion als Fahrplanblätter nummeriert. Jedes Blatt hatte eine Überschrift zu den auf ihm verzeichneten Strecken. Bei Nebenbahnen war die Streckenhöchstgeschwindigkeit und bei Schmalspurbahnen die Spurweite mit angegeben.

Im Kopf des Fahrplanes waren neben den Betriebsstellen und ihren

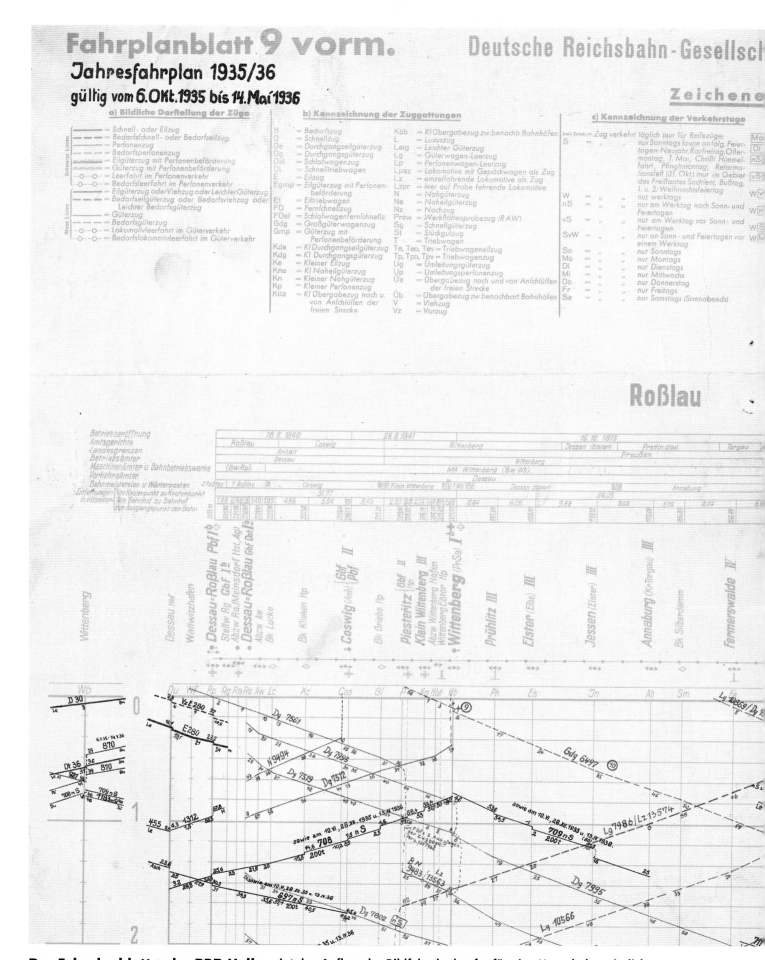

Das Fahrplanblatt 9 der RBD Halle zeigt den Aufbau des Bildfahrplankopfes für eine Hauptbahn mit dichtem Verkehr am Beispiel der Strecke von Dessau-Roßlau nach Kohlfurt (vom 6. Oktober 1935).

telegrafischen Abkürzungen sowie den Rangklassen der Bahnhöfe angegeben die Kennzeichnungen:

– für die bildliche Darstellung der Züge
– desgl. für die Zugbezeichnung (E, Dg, N …)
– eine Kennzeichnung der Verkehrstage und eine Erläuterung zu besonderen Zeichen
– die Eröffnungsdaten der Streckenabschnitte
– die Lage der Landesgrenzen sowie der Grenzen der technischen Dienststellen (BA, MA, VA, Bw)
– die absolute und die relative Kilometrierung der Strecken
– die Entfernungen zwischen den Bahnhöfen und ausgewählten Knotenbahnhöfen mit zwei Nachkommastellen.

Soweit vorhanden wurde für die größeren Bahnhöfe die Ausrüstung mit Arzt- bzw. Gerätewagen angegeben.

Über dem Gitternetz, das die einzelnen Züge enthielt, waren die Betriebsstellen nach Zugmelde- und Zugfolgestellen kategorisiert, ausgeschaltete Betriebsstellen waren in Kästchen gesetzt dargestellt. Die vorhandenen Streckenfernsprecher waren entsprechend der Entfernung als Perlenschnur dargestellt. Weiterhin war angegeben, ob ein Streckenblock vorhanden war und wenn ja, in welcher Richtung.

Die Zuglinien der Regelzüge waren ausgezogen, der Bedarfszüge gestrichelt und die der Leerfahrten durch Strich und Kreis gekennzeichnet. Weitere Unterteilungen der Linienarten und Linienstärken waren in § 3 der DV 404 genannt. Die Einschränkungen des Güterverkehrs an Sonn- und Feiertagen (SGV) waren im Bildfahrplan nicht mit aufgeführt.

Für die Farbgebung galt in der Regel Schwarz für die Reise- und Blau für die Güterzüge. Schnellfahrende Züge wurden durch eine stärkere Linie hervorgehoben.

Am linken und rechten Rand der Bildfahrplanblätter war bei wichti-

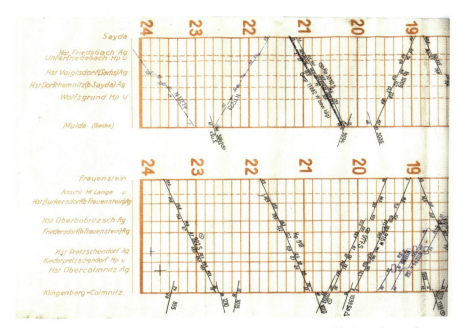

Auf den Schmalspurbahnen lief der Betrieb gemächlich und es gab kaum Zugkreuzungen, die Bildfahrplanblätter wurden handschriftlich erstellt (Bildfahrplanblatt 34 der RBD Dresden vom 4. Mai 1942).

gen Strecken eine schematische Darstellung der Anschlussbeziehungen in den wichtigsten Knotenbahnhöfen abgedruckt.

Das Beiblatt zu jedem Blatt enthielt Angaben zu den schematischen Gleisbildern der Unterwegsbahnhöfe z.T. mit Nutzlängen und Fahrtrichtungen, zu der sicherungstechnischen Ausrüstung, den Neigungs- und Krümmungsverhältnissen und zusätzliche Angaben dazu sowie die Entfernungen als Hektometrierung mit einer oder zwei Nachkommastellen. Es war damit hinsichtlich der enthaltenen Informationen dem Streckenband, das zur Fahrplanerstellung und in den Bahnhöfen benutzt wurde und dem zum M-Buchfahrplan ausgehändigten Streckenbehelf ähnlich. Weiterhin waren auch in den meisten Direktionen in den Beiblättern Angaben zur Dimensionierung der Lokbehandlungsanlagen einschließlich der Durchmesser der Drehscheiben und der Tragfähigkeit von Gleiswaagen enthalten. Bezüglich der Zeichenerklärung wird auf § 2 der DV 404 verwiesen.

Der Inhalt der Beiblätter war daher höchst vertraulich und sollte geheim gehalten werden. Die Beiblätter wurden nur an wichtige Unterwegsbahnhöfe ausgegeben und

waren vom Dienststellenvorsteher unter Verschluss zu halten. Bei der DB wurden später die Angaben aus den Beiblättern im Kopf der Bildfahrpläne aufgeführt, bei der Reichsbahn in der DDR unterblieb dies aus Gründen der Geheimhaltung.

Die Bildfahrpläne wurden im Format A0 mit einer Größe von 84,1 x 118,9 cm gefertigt und bis zum Format A4 gefaltet an die Dienststellen verteilt. Für die Fahrplanbüros in den Betriebsämtern und Direktionen gab es auch Hängeschränke, in denen die Fahrplanblätter einer Fahrplanperiode ungefaltet abgehängt wurden. Der Maßstab für die Darstellung der Strecken sollte in der Länge 1:300.000, in der Höhe 1:5000 betragen. Für die Darstellung der Überschriften und der Angaben im Kopf war die senkrechte Blockschrift, für alle übrigen Angaben im Blatt selbst die schräge Blockschrift anzuwenden. Bei Nebenbahnen wurden teilweise auch handschriftliche Darstellungen der Züge verwendet.

Für größere Bauzustände mit einer damit verbundenen Neuordnung des Zugprogramms einer Strecke war es üblich, auch besondere Bildfahrplanblätter herauszugeben (vgl. § 3 Abs. (13) der DV 406).

Erstellung eines Bildfahrplanes in der Zugüberwachung Gießen (Main-Weser-Bahn) in den vierziger Jahren.

Das Muster des Beiblattes nach Anlage 2a zur DV 404 enthielt viele Angaben zur Strecken- und Bahnhofsinfrastruktur und war daher nicht einmal für die Abgabe an benachbarte Bahnverwaltungen vorgesehen.

Der Buchfahrplan

Bis zum Fahrplanwechsel am 15. Mai 1938 galt der Begriff „Fahrplanbuch", danach die Bezeichnung „Buchfahrplan". Ursache für diese Umbezeichnung war hier vor allem die Möglichkeit der Verwechslung mit regionalen, zum Teil von Tageszeitungen herausgegebenen Fahrplänen für die Öffentlichkeit, die auch als Fahrplanbücher bezeichnet wurden.

Vorbemerkungen zum Buchfahrplan

Hier waren die allgemeinen Vorbemerkungen (Teil A), zu denen eine gesonderte Vorschrift existierte und der Teil B zu unterscheiden, der in den Heften selbst als Einführung abgedruckt wurde und eine Erklärung hauptsächlich zum Spaltenaufbau und zu den Verkehrstageregelungen enthielt.

Teil A, Allgemeine Vorbemerkungen, (DV 408.51): Diese als DV 408.51 Vorbemerkungen, Teil A zum Buchfahrplan mit Verfügung des RVM 24 Bfdf 74 v. 22.1.1942 (gültig bis auf weiteres) eingeführte nur aus 5 Seiten bestehende Vorschrift unterlag ebenso wie die Buchfahrpläne, Streckenbehelfe und M-Fahrplanbücher einer besonderen Vertraulichkeit, enthielt sie doch die für einen Außenstehenden zum Verständnis der Fahrplanunterlagen notwendigen Erläuterungen. In der Zeit davor waren die Vorbemerkungen Teil A in den Buchfahrplänen selbst abgedruckt. Der Einfachheit halber sind im Folgenden die Inhalte der DV 408.51 vollständig abgedruckt.

Zum Punkt Höchstgeschwindigkeit der Züge (vgl. Seite 48 ff.) ist noch anzuführen, dass mit der Fahrplanperiode 1942/43 infolge der zunehmenden Luftangriffe auf das Reichsgebiet und dem Anstieg der Güter- und Militärverkehre mit Fahrgeschwindigkeiten zwischen 50 und 60 km/h die Höchstgeschwindigkeit der schnellfahrenden Züge auf 100 km/ h herabgesetzt wurde. In den Übersichten der zulässigen Fahrgeschwindigkeiten (Abschnitt 21 des AzFV) waren jedoch weiterhin noch bis 1944/45 die zulässigen Streckenhöchstgeschwindigkeiten aus der Vorkriegszeit – sofern zustandsbedingt noch fahrbar – einschließlich der Sonderregelungen für Schnelltriebwagen bis 160 km/h aufgeführt. Mit Erlaß des RVM 20 Bfp 292 vom 14.12.1943 wurde die für die Fahrzeitberechnung maßgebende Höchstgeschwindigkeit der Reisezüge weiter auf 85 km/h herabgesetzt, jedoch verkehrten auch in der letzten Fahrplanperiode der Kriegszeit ab 3. Juli 1944 ausweislich der in der Sammlung des Autors vorhandenen Unterlagen weiterhin die schnellfahrenden Reisezüge und SF-Züge mit bis zu

Deckblatt und Inhalt der Allgemeinen . . .

Seite 2 (links oben)

d) Die **Mindestbremshundertstel**; für den vorgesehenen Fahrplan müssen sie mindestens im Zug vorhanden sein.

Bei allen Wehrmachtzügen müssen mindestens 38 Bremshundertstel vorhanden sein.

Werden bei Reisezügen durch unvorhergesehenen Ausfall von Bremsgewicht die Mindestbremshundertstel unterschritten, so vermindern sich auf Hauptbahnen die im Kopf und in Spalte 2 des Fahrplans angegebenen Höchstgeschwindigkeiten bei Reisezügen mit mehr als 70 km/h Höchstgeschwindigkeit für je 10 fehlende Bremshundertstel und bei Reisezügen bis 70 km/h Höchstgeschwindigkeit für je 5 fehlende Bremshundertstel um 5 km/h.

Bei stark besetzten Reisezügen (mehr als die Hälfte der Plätze besetzt), aber nicht bei Triebwagen, kann besonders in Gefällen und bei Anwendung der kürzesten Fahrzeiten der Bremsweg bei Hauptbahnen bis zu etwa 10% größer werden als der Abstand zwischen Vorsignal und Hauptsignal. Der Lokomotivführer hat deshalb bei stark besetzten Reisezügen besonders vorsichtig zu bremsen und, soweit es ihm nötig erscheint, die Bremsung schon etwa 100 m vor dem in Warnstellung stehenden Vorsignal oder einer Langsamfahrscheibe einzuleiten, das ist bei Vorsignalen mit Baken in Höhe der einstreifigen Bake. Bei unsichtigem Wetter hat er die Geschwindigkeit vorsorglich entsprechend herabzusetzen. Bei Nebenbahnen ist sinngemäß zu verfahren.

Auf Zugausgangs- und Lokomotivwechselbahnhöfen unterrichtet der Zugführer den Lokomotivführer über die Besetzung des Zugs. Im übrigen hat sich der Lokomotivführer durch Beobachtung des Verkehrs laufend ein Bild über die Stärke der Besetzung zu machen. In Zweifelsfällen hat er mit dem längeren Bremsweg zu rechnen.

e) Die **maßgebenden Bremshundertstel**; sie werden nur bei Güterzügen angegeben. Sind sie im Zug nicht vorhanden, so muß der Lokomotivführer mit einem Bremsweg rechnen, der bei Hauptbahnen etwa 100 m vor dem Vorsignal beginnt. Im übrigen ist wegen der Verlängerung des Bremswegs nach 2d) zu verfahren.

Die Höhe der vorhandenen Bremshundertstel wird bei Güterzügen dem Lokomotivführer vom Zugführer jeweils mitgeteilt.

Sind bei Güterzügen keine maßgebenden Bremshundertstel angegeben, so ist eine Verlängerung des Bremsweges nicht erforderlich.

f) Die **Betriebsgattung** der Zuglokomotiven und in Klammern die Bauartreihe — nötigenfalls für die einzelnen Streckenabschnitte — (vgl. auch Ziff 11).

g) Die **Last**; sie ist das Wagenzuggewicht, das der Berechnung der planmäßigen Fahrzeit zugrunde gelegt ist*). Der Lokomotivführer ist jedoch gehalten, in Ausnahmefällen auch Lasten, die bis zu 5% über der angegebenen Last liegen, zu befördern.

*) Bei Reisezügen enthält das Wagenzuggewicht auch **das Reisegewicht** (die Hälfte der Plätze besetzt).

— 2 —

Seite 3 (rechts oben)

3. In Spalte 2 sind die **Geschwindigkeitsbeschränkungen** angegeben, die durch das Gefälle und durch die dem Fahrplan zugrunde liegenden Bremshundertstel bedingt sind. Die in Spalte 2 angegebene Geschwindigkeit darf auf dem in Spalte 3 durch Kilometerzahlen oder durch Betriebstellen bezeichneten Teilabschnitt nicht überschritten werden. Die in Spalte 2 angegebenen Trennstriche geben an, zwischen welchen Betriebstellen oder Kilometerzahlen die Teilabschnitte liegen.

Ein Stern * in Spalte 2 zeigt an, daß es sich um eine Geschwindigkeitsverminderung wegen verkürzten Vorsignalabstandes handelt.

4. In Spalte 3

b) bezeichnet ● die Betriebstellen, auf denen bei einem haltenden Zug die bedienten Handbremsen angezogen bleiben müssen (FB § 46 (25)),

a) deutet das Zeichen ❘ **rechts neben** dem Namen der Betriebstelle auf das Vorhandensein von ständigen Geschwindigkeitsbeschränkungen hin, die innerhalb der Betriebstelle beginnen,

zwischen den Namen zweier Betriebstellen auf das Vorhandensein von ständigen Geschwindigkeitsbeschränkungen hin, die auf der freien Strecke zwischen diesen beiden Betriebstellen beginnen.

Die Streckenteile (km-Angaben), auf denen die Geschwindigkeit nach b und c eingeschränkt werden muß, und die auf diesen Streckenteilen „zulässigen Fahrgeschwindigkeiten" sind aus dem AzFB, Abschnitt 21, zu ersehen.

Die Namen der Zuganfangs-, Abzweig- und Endbahnhöfe sind fett gedruckt.

5. In Spalte 5 bedeutet:

× der Zug hält nach Bedarf,
❘ " " " nur zum Aussteigen,
◖ " " " nur zum Einsteigen,
+ " " " nur aus fahrdienstlichen Rücksichten.

Nach den mit + bezeichneten Bahnhöfen dürfen Wagen nicht mitgegeben werden. Die Bahnhöfe selbst können jedoch Wagen beistellen, wenn dadurch der Aufenthalt nicht überschritten wird.

6. In den Spalten 4 und 6 sind bei Reisezügen bei den Uhrzeiten lediglich für die Fahrzeitberechnung Zehntelminuten angegeben. Für die Erteilung des Abfahrauftrags, Führung der Fahrtberichte usw sind nur die vollen Minutenzahlen maßgebend.

Bei Güterzügen sind in den Spalten 4 und 6 nur die vollen Minuten der Uhrzeiten angegeben. Gleiche Uhrzeiten bei zwei sich folgenden Betriebstellen bedeuten, daß da die Fahrzeit zwischen zwei Betriebstellen kleiner als 1 Minute ist.

— 3 —

Seite 4 (links unten)

7. Die in Spalte 8 angegebenen **kürzesten Fahrzeiten sind bei Verspätungen anzustreben, sie dürfen jedoch nicht unterschritten werden. Da die kürzesten Fahrzeiten für 100 t Last ermittelt sind, können sie nicht immer — besonders in Steigungen — erreicht werden. Jedoch sind die planmäßigen Fahrzeiten in Spalte 7 so reichlich bemessen, daß durch ihre Kürzung erhebliche Verspätungen — auch bei voller Zuglast — eingeholt werden können.**

8. In Spalte 9 ist die Summe der planmäßigen und der kürzesten Fahrzeiten für die durch waagerechte Striche abgegrenzten Streckenabschnitte angegeben, wenn zwischen den Halten eine oder mehrere Betriebstellen liegen.

9. In den Spalten 10 und 11 weist ein Sternchen * hinter der Zugnummer darauf hin, daß bei der betreffenden Zugnummer ein einzelner Reise- oder ein Güterzug auch sonntags verkehrt. Die Verkehrstage sind dann im Fahrplan dieses Zuges festzustellen (vgl (2) a) Kennzeichnung der Verkehrstage).

Bei zweigleisigen Strecken fällt die Spalte 10 fort.

10. Die Strecken, auf denen der letzte Wagen eine bediente Bremse haben muß, vgl FB § 92 (3), sind in Spalte 11 durch eine senkrechte sägeförmige Linie ⦚ bezeichnet. Es ist jedoch gestattet, einen nicht mit Reisenden besetzten Wagen ohne Bremse hinter dem Schlußbremswagen anzuhängen. Wo zwei sägeförmige Linien ⦚⦚ eingetragen sind, darf hinter dem Schlußbremswagen kein Wagen eingestellt werden im Fall FB § 92 (12).

Wird die durchgehende Bremse eines Zuges unterwegs unbrauchbar (FB § 60 (6)) und sind in Spalte 11 des Buchfahrplanes für den betreffenden Zug vorgesehen

keine sägeförmige Linie	eine sägeförmige Linie ⦚	zwei sägeförmige Linien ⦚⦚
5	10	20 Bremshundertstel

so sind bei der Weiterfahrt von Hand bremsen im Wagenzug zu haben.

11. Muß ein Zug durch eine Lokomotive einer anderen Gattung befördert werden, so ist die Last für diese Lokomotive aus den Vergleichstafeln im AzFB, Abschnitt 5, zu ermitteln.

12. Bei heftigem Wind, starkem Schneefall oder Schneetreiben, durch Glatteis, Reif oder Laubfall, schlüpfrigen Schienen kann, wo dieses angeht, die festgesetzte Tonnenzahl vom Aufsichtsbeamten angemessen ermäßigt werden, wenn der Lokomotivführer erklärt, den Zug sonst ohne Vorspann nicht befördern zu können.

13. Kennzeichnung der **Verkehrstage**:

B = Zug verkehrt nur nach Bedarf (Bedarfszug)

S = Zug verkehrt an Sonntagen sowie an folgenden Feiertagen: Neujahrstag, Karfreitag, Ostermontag, 1. Mai, Himmelfahrtstag, Pfingstmontag, Bußtag, 1. und 2. Weihnachtstag.

W = Zug verkehrt werktags, d h der Zug verkehrt nicht an den unter S genannten Tagen **(nur für Reisezüge)**

— 4 —

Seite 5 (rechts unten)

nS = Zug verkehrt an Werktagen nach Sonntagen und nach folgenden Feiertagen: Neujahrstag, Karfreitag, Ostermontag, 1. Mai, Himmelfahrtstag, Pfingstmontag, Bußtag, 2. Weihnachtstag

auS = Zug verkehrt auch an Sonntagen sowie an folgenden Feiertagen: Neujahrstag, Karfreitag, Ostermontag, 1. Mai, Himmelfahrtstag, Pfingstmontag, Bußtag, 1. und 2. Weihnachtstag **(nur für Dienstzüge)**

vS = Zug verkehrt an Werktagen vor Sonntagen und vor folgenden Feiertagen: Neujahrstag, Karfreitag, 1. Mai, Himmelfahrtstag, Bußtag, 1. Weihnachtstag

SvW = Zug verkehrt an Sonntagen, am Neujahrstag, Karfreitag, Ostermontag, 1. Mai, Himmelfahrtstag, Pfingstmontag, Bußtag und 2. Weihnachtstag, wenn diesen Tagen unmittelbar ein Werktag folgt

So = Zug verkehrt sonntags

Mo = " " " montags

Di = " " " dienstags

Mi = " " " mittwochs

Do = " " " donnerstags

Fr = " " " freitags

Sa = " " " samstags

31. X. ⎬ = Zug verkehrt an dem angegebenen Tag

Mo / Di = Zug verkehrt täglich, ausgenommen montags bzw dienstags usw

nS = Zug verkehrt täglich, ausgenommen an Werktagen nach Sonntagen und nach folgenden Feiertagen: Neujahrstag, Karfreitag, Ostermontag, 1. Mai, Himmelfahrtstag, Pfingstmontag, Bußtag, 2. Weihnachtstag

vS = Zug verkehrt täglich, ausgenommen an Werktagen vor Sonntagen und folgenden Feiertagen: Neujahrstag, Karfreitag, 1. Mai, Himmelfahrtstag, Bußtag, 1. Weihnachtstag

31.V. usw = Zug verkehrt täglich, ausgenommen am 31. Mai usw

S 31.V. usw = Zug verkehrt an S, ausgenommen am 31. Mai usw

W vS = Zug verkehrt W, ausgenommen vS

W nS = Zug verkehrt W, ausgenommen nS

W Sa = Zug verkehrt W, ausgenommen samstags

W Mo = Zug verkehrt W, ausgenommen montags

❌ = Zug verkehrt nur auf besondere Anordnung

— 5 —

. . . Vorbemerkungen zum Buchfahrplan, Ausgabe 1942.

100 km/h. Für die Güterzüge war schon mit dem Fahrplanwechsel zum 21. Januar 1940 die Geschwindigkeit für Durchgangsgüterzüge auf 55 und für Eilgüterzüge auf 60 km/h festgesetzt worden, jedoch gab es auch hier bis zuletzt Ausnahmen, besonders bei den De- und Leig-Zügen.

Zu den Mindestbremshundertsteln (Punkt 2d) und der Verfahrensweise bei fehlenden Bremshundertsteln (Brh) finden sich in der DV 408 51 ergänzende Hinweise, wie bei fehlenden Brh zu verfahren war, für die erneute Bremsberechnung und die dann zulässige Fahrgeschwindigkeit konnten natürlich auch die Bremstafeln für 400, 700 und 1000 m Bremsweg gemäß Anlagen 28-30 der FV benutzt werden.

Wichtig waren auch die Hinweise zu Punkt 10 bezogen auf die Einstellung ungebremster Wagen unter Berücksichtigung der Neigungsverhältnisse (Sägelinien in Spalte 11 des Buchfahrplanes) und zur Verfahrensweise bei Unbrauchbarwerden der Druckluftbremse. Dabei bedeuteten die Sägelinien gemäß FV § 89, Abs. (6) und § 92 Abs. (3):

- 1 Sägelinie: Maßgebende Neigung der Strecke bis 1:100 (10 ‰)
- 2 Sägelinien: Maßgebende Neigung der Strecke über 1:100 bis maximal 1:40 (25 ‰), bei Neigungen steiler als 1:40 galt bei Hauptbahnen die Vorschrift für den Dienst auf Steilstrecken (DV Steilstr, DV 465).

In Punkt 11 wieder der Hinweis auf die Ermittlung der zulässigen Zuglast aus den Vergleichstafeln im Abschnitt 5 des AzFV bei Verwendung einer Ersatzlokomotive mit einer anderen als im Buchfahrplankopf angegebenen Betriebsgattung.

Der Teil B der Vorbemerkungen zu den Buchfahrplänen war in den Heften selbst enthalten und vom Inhalt her je nach Fahrplanperiode und betriebsführender RBD unterschiedlich, auf einige Besonderheiten wird im folgenden Abschnitt eingegangen.

Zugverzeichnis

Zug Nr	Seite	Zug Nr	Seite	Zug Nr	Seite	Zug Nr	Seite
Dg 6045	29	Dg 7635	37	Dg 7907	44	Lg 10 620	20
„ 6048	1	„ 7637	37	„ 7933	45	„ 10 804	21
„ 6056	1	„ 7638	6	„ 7935	46	„ 10 846	22
„ 6057	29	„ 7639	36	„ 7937	47	„ 10 848	23
„ 6582	2	„ 7741	38	„ 7939	47	Lzg 15 004	23
„ 6585	30	„ 7861	39	„ 7942	10	Üb 15 005	24
„ 6587	30	„ 7862	7	„ 7943	48	Lg 20 524	24
„ 6588	2	„ 7865	39	„ 7953	49	„ 20 528	24
„ 6589	30	„ 7866	7	„ 7959	49	„ 20 564	25
„ 6591	30	„ 7867	39	„ 7969	50	„ 20 592	26
„ 6593	31	„ 7871	39	„ 7975	51	„ 20 616	27
„ 6595	31	„ 7872	7	„ 7983	52	„ 20 620	28
„ 6597	31	„ 7873	40	„ 7984	11	Dg 26 489	54
„ 7461	34	„ 7875	40	„ 7986	11	„ 27 905	55
„ 7467	34	„ 7877	40	N 8461	53	„ 27 942	10
„ 7477	35	„ 7879	41	„ 8463	53	„ 67 083	32
„ 7481	35	„ 7880	9	„ 8464	4	„ 67 084	3
„ 7482	4	„ 7883	41	Lg 10 562	12	„ 67 086	3
„ 7624	5	„ 7885	41	„ 10 564	14	„ 67 087	32
„ 7625	37	„ 7887	42	„ 10 572	13	„ 67 089	33
„ 7627	37	„ 7891	41	„ 10 574	14	„ 67 881	42
„ 7628	5	„ 7893	43	„ 10 578	15	„ 67 882	8
„ 7629	36	„ 7894	9	„ 10 590	16	„ 67 886	8
„ 7630	5	„ 7895	43	„ 10 592	16	„ 67 888	8
„ 7631	36	„ 7896	9	„ 10 596	17	„ 67 889	42
„ 7633	36	„ 7898	9	„ 10 616	18		
„ 7634	5	„ 7899	43	„ 10 618	19		

Um die einzelnen Züge im Buchfahrplan schneller finden zu können, gab es in fast allen Heften ein Zugverzeichnis (Buchfahrplan 1b RBD Berlin vom 3.7.44).

Teil B - Vorbemerkungen zu den einzelnen Heften: Die nachstehenden Ausführungen beziehen sich auf die Buchfahrplanhefte des Regelfahrplanes mit den darin enthaltenen vorab trassierten Bedarfszügen. Für die Anhänge zu den Buchfahrplänen galten die Vorbemerkungen in den Stammheften gleichermaßen, jedoch waren in den Anhängen zusätzliche Bestimmungen für die Vormeldung der in der Regel mit Militärzügen belegten Trassen von M-Betriebsstelle zu M-Betriebsstelle enthalten. Dazu an anderer Stelle mehr.

Vielfach kam es innerhalb einer Fahrplanperiode zu Fahrplanänderungen. Die Gründe waren verschieden, meist ging es um Fahrzeitänderungen, Verlegung planmäßiger Kreuzungen oder auch Änderungen im Zuglauf. Auf der Innenseite des Umschlags oder auf der ersten Seite war daher bei den meisten Direktionen eine Tabelle abgedruckt, in die Änderungen, die mittels Fernschreiben oder Telegramm bzw. durch die Verteilung von Deckblättern für einzelne Buchfahrplanseiten übermittelt wurden, eingetragen werden mussten. Handschriftliche Einbesserungen oder Deckblätter gab es nur bei geringfügigen Änderungen von Bespannungen, Lasten, Verkehrstagen oder Fahrzeiten. Die Deckblätter waren speziell nur für den Teil der Buchfahrplanseiten angefertigt, der sich geändert hatte, sie waren mit Papierleim beschichtet und mussten an der entsprechenden Stelle über den alten Text geklebt werden. Größere Änderungen wurden durch Berichtigungsblätter bekanntgegeben, die die kompletten Zugläufe, die geändert wurden, in einem Änderungsheft zusammenfassten, das in einigen Fällen bis zu 60 Seiten umfassen konnte.

Auf der Innenseite der Buchfahrpläne oder am Schluss wurde bei den meisten Direktionen ein Zugverzeichnis aufgeführt, das in tabellarischer Form die Züge und die Seiten, auf denen sie im Fahrplanheft zu finden waren und meist auch die Zugbezeichnungen (z.B. P, D, Ne usw) mit enthielt und als Erleichterung zum Aufsuchen der Fahrplantabellen gedacht war (vgl. obiges Bild).

Vorbemerkungen

A. Allgemeine Erläuterungen
siehe besonderes Heft

B. Bestimmungen der Reichsbahndirektion Berlin für örtliche Besonderheiten

1. Wird die Gestellung einer Schiebelokomotive erforderlich, so hat der Lokomotivführer die Bereitstellung durch den Ausgangsbahnhof oder einen sonstigen geeigneten Bahnhof rechtzeitig zu veranlassen. Der beauftragte Bahnhof gibt die Meldung durch Fernsprecher an den Bahnhof, der die Schiebelokomotive zu stellen hat, weiter. Die Bahnhöfe haben beim Eingang solcher Anforderungen eine ihrer planmäßigen Verschiebelokomotiven rechtzeitig zum Nachschieben bereitzustellen.

2. Alle Leerfahrten der Lokomotiven mit Tender sind, wenn die Betriebsverhältnisse ein Drehen der Lokomotive nicht ausschließen, möglichst mit Schornstein voran auszuführen.

3. **Maßnahmen des Zugpersonals bei Fliegerangriffen.**

   a) Bei jeder Luftlage während der Dunkelheit jeden Lichtschein vermeiden. Signale am Zuge und Handlaternen vorschriftsmäßig abblenden (Lamellen waagerecht, Neigung nach außen). Schadhafte Abblendevorrichtungen austauschen. Abblendevorrichtungen an Handlaternen nur mit der verstellbaren Schute benutzen.

   b) Vor Einschalten der Beleuchtung Personen-, Post- und Gepäckwagen vorschriftsmäßig verdunkeln. Vorhänge am Führerhaus sorgfältig schließen.

   c) Warnmeldung „Luftgefahr" wird durch den AB an Zugführer abfahrender Züge gegeben. Reisende und fahrende Züge werden nicht unterrichtet. Gespannte Luftlage ist daran zu erkennen, daß auf vollaufgehellten Bahnhöfen die Schleierbeleuchtung eingeschaltet wird.

   d) Warnmeldung „Fliegeralarm" und „Öffentliche Luftwarnung" werden beim Halt auf Bahnhöfen oder vor Abfahrt vom AB an Zugführer gegeben, der Lokführer und übriges Zugbegleitpersonal unterrichtet. Steht der Gepäckwagen am Schluß des Zuges, sind vom AB Lokomotivführer und Zugführer zu unterrichten.

   e) Durchfahrenden Zügen werden „Fliegeralarm" und „Öffentliche Luftwarnung" von sämtlichen Bahnhöfen und Blockstellen bei Tage durch gelbblau-gelbe Flagge (Fliegerwarnflagge) und bei Dunkelheit durch blaues Blinklicht angezeigt. Benachrichtigung gilt jeweils bis zum nächsten Bahnhof.

   f) Hat der Lokführer das Fliegerwarnzeichen erkannt, so gibt er als Antwort einen kurzen Pfiff mit der Dampfpfeife und zur Unterrichtung des Zugbegleiters mit der Fahrzeugpfeife in mäßig langen und kurzen Tönen das Zeichen .—.—.—. Zugführer hat außerdem Zugbegleiter über Zustand „Fliegeralarm" oder „Öffentliche Luftwarnung" zu unterrichten. Reisende in fahrenden Zügen werden vom „Fliegeralarm" und „Öffentliche Luftwarnung" nicht benachrichtigt. Zugbegleitmannschaft hat „Fliegeralarm" und „Öffentliche Luftwarnung" so lange als vorliegend anzusehen, bis auf einem Haltebahnhof entwarnt wird. Gegebenenfalls hat Zugführer sich zu erkundigen. Während der Fahrt hat Zugpersonal des öfteren den Luftraum zu beobachten.

   g) Bei Fliegeralarm in allen dafür eingerichteten Wagen, vor allem bei Zügen mit Durchgangswagen, sofort Beleuchtung aus oder auf Schlaflicht (Lichthauptschalterstellung = ¼) schalten.

   h) Auf strengste Einhaltung der Verdunkelungsdisziplin achten. Handlaternen auch innerhalb verdunkelter Züge — nur mit vorschriftsmäßiger Abblendevorrichtung verwenden, sonst löschen. Beim Abgeben von Signalen Handlaternen so halten, daß keine Lichtstrahlen über Waagerechte hinaus nach oben austreten.

   i) Feuertür der Lokomotive möglichst wenig und nur bei verschlossenen Verdunkelungsvorhängen öffnen, und nach jeder Schaufel Kohlen, die aufgeworfen wird, sofort wieder schließen. Soweit Lokomotiven mit Verdunkelungsvorhängen noch nicht ausgerüstet, bei Fliegeralarm Bedienung des Feuers auf notwendigstes Maß beschränken.

   k) Bei zu erwartendem oder erkanntem Angriff (Bordwaffenbeschuß, stärkerem Flakfeuer usw.) Reisende in den Abteilen und unverzüglich die Schlafwagenschaffner (in Schlafwagenzügen den Oberschaffner) verständigen. Diese fordern Schlafwagenreisende auf, sich anzukleiden und sich zum Verlassen des Zuges auf besondere Anordnung bereitzuhalten. Eigenmächtiges Aussteigen nicht gestattet.

   l) Bei zu erwartendem oder erkanntem Angriff (Bombenabwurf in der Nähe, Bordwaffenbeschuß) Zug sofort anhalten. Wenn Zugführer erkennt, daß unmittelbare Gefahr nicht oder nicht mehr droht, kann er im Interesse einer möglichst planmäßigen Durchführung der Züge bei guten Sichtverhältnissen den Zug weiterfahren oder durch Lokführer die Geschwindigkeit festsetzen lassen.

Weiterhin enthielten die Vorbemerkungen detaillierte Erklärungen zu den Angaben im Buchfahrplankopf, die im entsprechenden Abschnitt näher erläutert werden. Ab etwa 1941 wurde bei einigen Direktionen auf diese Angaben aus Gründen der Papierersparnis verzichtet, sie wurden erst ab 1946-48 wieder in den Vorbemerkungen zu den Buchfahrplänen vollständig abgedruckt. In einigen Fällen war auch in den Vorbemerkungen ein Verzeichnis von Abkürzungen für Verspätungsursachen oder Verzögerungen aufgeführt, diese verschlüsselten Verspätungsgründe dienten als Kürzel beim Ausfüllen der Lokdienstzettel und Fahrtberichte.

In einigen besonders luftgefährdeten Direktionen, allen voran der RBD Berlin, waren in den Vorbemerkungen Hinweise für das Verhalten der Lok- und Zugpersonale bei Fliegeralarm abgedruckt. Demnach gab es auch besondere Signalgebungen für die durchfahrenden Züge, indem während eines Angriffes von den Stellwerken aus bei Tag eine gelb-blau-gelbe Fliegerwarnflagge und bei Nacht ein blaues Blinklicht gezeigt wurde. Stellvertretend für die anderen Direktionen sollen hier die Vorbemerkungen zu dieser Thematik aus einem Buchfahrplan der RBD Berlin, gültig ab 3. Juli 1944, abgedruckt werden.

Viele Vorschriften dazu waren im Sommer 1944 überholt, da die alliierten Flugzeuge die Zielgebiete auch ohne Hinweise durch Lichtschein am Boden fanden und daher die entsprechenden Bestimmungen für Verdunklungsmaßnahmen nur noch bedingt wirksam waren.

In den besetzten Gebieten der Sowjetunion wurden ab 1942 bedingt durch die Rückschläge an den Fronten, besonders aber infolge der Besatzungspolitik verstärkt auch Anschläge von Einheimischen und eingeschleusten Partisanen auf Eisenbahnanlagen ausgeführt, die in ihren Auswirkungen in

„Örtliche Besonderheiten":
In der in den Jahren 1943/44 besonders von alliierten Luftangriffen bedrohten Direktion Berlin gab es ab November 1943 zu dieser Thematik ausführliche Vorbemerkungen auch in den Buchfahrplänen (Buchfahrplan 1b der RBD Berlin vom 3. Juli 1944).

Außer Gefecht gesetzt. Unfallstelle auf der Strecke Snamenka – Dolinskaja im Spätherbst 1943 mit der entgleisten 52 5548 und dem eingetroffenen Hilfszug, geführt von 52 2263. Beide Kriegsloks sind erst wenige Monate alt. Erstgenannte verblieb in der Ukraine, die andere in Polen.

der entsprechenden Literatur ausführlich beschrieben sind. Ab Anfang 1943 nahmen diese Anschläge zerstörerische Ausmaße an. Immer neue Gegenmaßnahmen wurden erdacht, um den Betrieb der Strecken in das frontnahe Gebiet und im Hinterland aufrechterhalten zu können.

Für die Buchfahrpläne der RVD Minsk vom 1.11.1943 sind in den Vorbemerkungen Teil B detaillierte Hinweise enthalten, die auf eine der wesentlichsten Schutzmaßnahmen gegen „Banden", wie die Partisanen genannt wurden, die Beistellung von Schutzwagen vor der Zuglokomotive, abzielen. Demnach gab es ein Merkblatt für die Schutzwagengestellung (Verf RVD Minsk 31 B1 Bz vom 28.1.1943). Die Höchstgeschwindigkeit der Züge mit Spitzenschutzwagen war demnach auf 40 km/h bei Tage und 25 km/h bei Dunkelheit beschränkt. Als Anlage 1 zu den Buchfahrplänen waren dafür Fahrzeitentafeln für 25 km/h

Vorbemerkungen Teil A zum Buchfahrplan siehe Sonderausgabe

Bestimmungen für örtliche Besonderheiten

a) Nach dem Merkblatt für die Schutzwagengestellung zur Minderung der Minenschäden (Verf RVD Minsk 31 B 1 Bz vom 28. 1. 43) wird die Höchstgeschwindigkeit der Züge mit Spitzenschutzwagen bei Tage auf 40 km/h und bei Dunkelheit auf 25 km/h beschränkt.

b) Bei Tage können die im Buchfahrplan aufgeführten Fahrpläne eingehalten werden, da in ihren Fahrzeiten derart große Zuschläge enthalten sind, daß die Höchstgeschwindigkeit von 40 km/h nicht wesentlich überschritten wird.

c) Bei Dunkelheit sind auf den Strecken mit Spitzenschutzwagen für die Durchführung der Züge die in der Anlage 1 der betr Buchfahrpläne aufgeführten Fahrzeiten für eine Höchstgeschwindigkeit von 25 km/h anzuwenden.

Die dort angegebenen planmäßigen Fahrzeiten gelten bei Durchfahrt auf allen Betriebstellen. Bei Anfahrt auf einer Betriebstelle ist ein Zuschlag von 2 Minuten und bei Halt ein Zuschlag von 1 Min zuzuschlagen.

d) Auf Strecke Minsk—Shlobin sind zwischen 18.00 und 6.00 Uhr die Fahrzeiten für 25 km/h berechnet.

Die Gestellung von Schutzwagen und das vorsichtige Fahren mit 25 bzw. 40 km/h wurde im Bereich der RVD Minsk als „örtliche Besonderheit" behandelt, was sich auch bis zum Ende der Besetzung nicht ändern sollte (Buchfahrplan 60 der RVD Minsk vom 1. November 1943).

Foto: Walter Hollnagel/Sammlung Garn

für jede Strecke angegeben, da die Fahrgeschwindigkeit gemäß Buchfahrplan für die wenigen Arbeiterzüge und Gmp schon fast friedensmäßige 45 bzw. 55 km/h betrug. Auch die Spitzenschutzwagen halfen aber nur bedingt, denn die Partisanen setzten dann später Sprengsätze mit Zählwerken ein, die den Schutzwagen passieren ließen und erst unter der Lokomotive auslösten. Für die Abbeförderung der anfallenden Schadwagen und Lokomotiven gab es besondere Schadwagenzüge und Lokzüge, die als Flügelpläne zu den Übergangsbahnhöfen zwischen den RVD und der benachbarten RBD Königsberg und der Gedob (z.B. Wolkowysk, Kowel, Rowno, Brest) verkehrten. Bespannt wurden diese z.B.

in der RVD Minsk mit BR 38[10-40] und 55[25-56], in der RVD Kiew sind auch die BR 58[23-27] (poln. Ty 23) aus Buchfahrplänen und die BR 50 ÜK, 52 und 56[20-30] von Bildern bekannt.

Zusätzlich gab es bei einigen Direktionen als Teil C der Vorbemerkungen entweder am Anfang oder am Schluss der Buchfahrpläne Übersichten mit Fahrzeiten für Hilfszüge für verschiedene Geschwindigkeitskategorien und zusätzlich auch Verzeichnisse der kürzesten Fahrzeiten. Aufgeführt waren dabei nur die im Buchfahrplan enthaltenen Strecken. Dies wurde aber nicht einheitlich gehandhabt, da jede Direktion zusätzlich eigene Fahrzeitentafeln für Hilfszüge herausgab, in denen dann alle Strecken verzeichnet waren.

Der Inhalt des Buchfahrplans

Die Vorgänger der Buchfahrpläne, die in ihrer Bezeichnung von der KPEV übernommenen Fahrplanbücher, machten ihrem Namen alle Ehre, sie waren dicke Bücher mit einem Seitenumfang bis zu 400 Seiten und damit für den Gebrauch auf der Lokomotive schwierig zu handhaben. Der Begriff des Fahrplanbuches wurde bis zum Winterfahrplanabschnitt 1937/38 verwendet, danach wurde der Begriff „Buchfahrplan" eingeführt.

Für die Einteilung der Buchfahrplanhefte einer Direktion gab es am Schluss der Hefte eine Übersichtskarte. Es gab zunächst Hefte, die nur Hauptbahnen und solche, die nur Nebenbahnen enthielten sowie reine Güterzug- und Personenzughefte, aber auch gemischte. Hefte, die nur Nebenbahnen enthielten, gab es vor allem in den Direktionen der Gruppenverwaltung Bayern und der RBD Dresden, die einen hohen Anteil Nebenstrecken und Schmalspurbahnen aufwies. In der RBD Dresden gab es zum Stichtag 31.12.1938 Schmalspurbahnen mit einer Betriebslänge von 499, 95 km. Daher wurden die Schmalspurbahnen in 4 gesonderten Heften zusammengefasst, von denen das umfangreichste allein die Zug- und Lokomotivfahrten von 12 Strecken beinhaltete. In Bayern waren die Nebenbahnhefte grundsätzlich mit der Nummer 16, dem Anfangsbuchstaben der Direktion und einer römischen Zahl für die Nummer des Nebenbahnheftes gekennzeichnet (z.B. 16 R II für die Direktion Regensburg). In den 4 (bis 1931 mit Würzburg noch 5) Direktionen der Gruppenverwaltung Bayern gab es so im Jahresfahrplan 1934/35 insgesamt 17 Hefte, die nur Nebenstrecken enthielten.

In den Fahrplanvorschriften unter § 2 Abs. (1) war u.a. als Hinweis für die Direktionen aufgeführt, dass die Hefte so eingeteilt werden sollten, dass die Gesamtseitenzahl

Frauen bei der Reichsbahn ersetzten die Männer im Krieg – hier einen Buchfahrplan studierend an einem elektrischen Triebwagen in der RBD Stuttgart.

Foto: RVM/Sammlung Gerhard

aller Druckstücke (Seitenzahl x Auflagenhöhe je Heft) möglichst niedrig blieb.

Mit der Zunahme des Personen- und Güterverkehrs ab 1936 infolge der verstärkten Aufrüstung (erwähnt sei der „Vierjahresplan" 1936-1940) wurden die Hefte von den Direktionen neu strukturiert, d.h. die Anzahl der Buchfahrplanhefte vergrößert und die Seitenzahl verringert. Personen- und Güterverkehre wurden immer mehr getrennt. Einheitlich wurde der Kleinbuchstabe a für die Reisezug- und der Buchstabe b für die Güterzughefte verwendet. Großbuchstaben waren seltener (RBD Essen, Münster). Ein Vorteil der veränderten Einteilung war, dass die Hefte handlicher wurden, d.h. eine geringere Seitenzahl als die dicken Fahrplanbücher hatten und daher für den Gebrauch auf der Lokomotive praktischer waren. Auch nach der Neueinteilung der Hefte nach dem Übergang von den Fahrplanbüchern der Zeit bis 1935/37 zu den Buchfahrplänen gab es aber noch Güterzughefte mit relativ großem Seitenumfang, wie etwa für die „Rollbahnen" Hannover – Hamm (zwei Hefte, jeweils für die geraden und die ungeraden Zugnummern), Hannover – Stendal (300 Blatt), die „Kohlenmagistrale" Neu Herby – Karschnitz – Hohensalza – Gdingen (RBDen Oppeln, Posen und Danzig, 362 Seiten; jeweils Ausgabe vom 1.11.1943) und die Güterzughefte 6 und 10 in der RBD Stettin mit bis zu 400 Seiten.

In der RBD Hamburg gab es Strecken wie die Verbindung nach Berlin, die zudem mit 286 km (davon 35 km in der RBD Berlin) relativ lang war, die sogar in 4 Hefte mit den Kennbuchstaben a bis d zuzüglich der zugehörigen Anhänge und in 2 Streckenabschnitte (Hamburg – Wittenberge und Wittenberge – RBD Grenze/Berlin) eingeteilt waren. In der RBD Essen waren die Reisezughefte mit angehängten Großbuchstaben als Heft 1A bis 1F eingeteilt, die Güterzughefte mit ggf. zusätzlichen Kleinbuchstaben als Hefte 2 bis 9.

Veränderungen in der Einteilung der Hefte innerhalb einer Direktion gab es insbesondere mit der Umgruppierung von Strecken, der Zunahme des Verkehrs ab 1937, der Auflösung von Direktionen wie der RBD Ludwigshafen zum 01. April 1937 (Aufteilung der Strecken auf die RBD Mainz und Saarbrücken) und infolge der Übernahme von Strecken anderer Länder, wie nach der Eingliederung von Gebieten der damals als Sudetenland bezeichneten Territorien ab Oktober 1938, wobei vor allem die Direktionen Dresden, Oppeln und Regensburg beträchtliche Erweiterungen ihrer Zuständigkeiten erfuhren.

Die Hefte waren innerhalb einer Direktion ab 1937/ 38 in der Regel wie folgt strukturiert:

- Nummern 1- maximal 30, getrennt nach a und b für die Reisezug- und Güterzughefte (z. B. 1a, 3b, 17b usw.)
- Beihefte zu den Buchfahrplänen für Lokleerfahrten bei einigen Direktionen (RBD Mainz)
- Nummer 51 für Bedarfszüge des Reiseverkehrs
- Nummern 55, 56 für Werkstätten- und Probezüge, ggf. bei größeren Direktionen mit Unterbuchstaben für einzelne Verkehrsgebiete besetzt (RBD Augsburg, Halle)
- Nummer 60 - Schnellzüge für Fronturlauber auf allen Hauptbahnen einer Direktion.

Sofern nicht gesonderte Beihefte für Leerfahrten oder Hefte für Probezüge (RBD Berlin) herausgegeben wurden, waren diese Fahrten am Schluss der Buchfahrplanhefte verzeichnet. Hefte ohne Kleinbuchstaben enthielten entweder nur Reise- oder nur Güterzüge mit den zugehörigen Leerfahrten bzw auch beide Verkehrsarten. Die Direktionen hatten hier eine gewisse Freiheit. Hefte mit Personenzügen und Güterzügen in einem Buchfahrplan gab es vor allem in Direktionen mit einer geringen Verkehrsintensität und Dichte des Streckennetzes (RBD Schwerin).

Die Deckblätter

Der Inhalt der Deckblätter umfasste folgende Angaben:

- Bahnverwaltung (Deutsche Reichsbahn-Gesellschaft, Deutsche Reichsbahn, Ostbahn,
- Name der Direktion, in besetzten Gebieten auch Wehrmacht-Verkehrsdirektion oder Reichsverkehrsdirektion)
- Heftnummer
- Fahrplanabschnitt, gültig ab ... (ggf. Hinweis auf überarbeitete Neuausgabe), ab 6.10.1941 Hinweis „bis auf weiteres"
- Verzeichnis der enthaltenen Zugarten und ggf. Lokomotivfahrten/Probezüge
- Verzeichnis der enthaltenen Strecken und ggf. Anstoßstrecken
- Hinweis auf bestimmte Züge, die in anderen Heften abgedruckt wurden
- Vertraulichkeit („Nur für den Dienstgebrauch")
- Hoheitszeichen (bis 1931 Weimarer Adler mit Umschrift, bis 1936 Weimarer Adler, ab Februar 1937 Hoheitszeichen des Dritten Reiches, ab 15. Mai 1938 Regelausführung des Hoheitszeichens)
- Bezeichnung der Vertragsdruckerei, manchmal auch Auftragsnummer, Monat und Auflage.

Die Farbgebung der kartoniert oder als Steifpapier (150-220 g/m²) ausgeführten Deckblätter und Rückseiten variierte zwischen Beige (RBD Stuttgart), Hellrosa (RAL 3015, RBD Dresden, Hannover u.a.) über Hellrot (RAL 3024-3028; RBD Essen, Oppeln) bis Rubinrot (RAL 3003; RBD Erfurt, Wuppertal). Dies entsprach der Zugehörigkeit der Dienstfahrpläne zu den Vorschriften für den Betriebsdienst (Nummerngruppe 400-499). Ab 5. Mai 1941 bis zum Fahrplanwechsel 1943/ 44 am 1. November 1943, teilweise auch bis zum 3. Juli 1944 wurden in der Mitte der Deckblätter zwei etwa 5 mm breite hell- oder mittelgrüne Streifen im Abstand von 2,5 cm angeordnet, die dazu dienten, die Fahrplanunterlagen von Dienstvorschriften zu unterscheiden und als vertrauliche interne Unterlagen der Reichsbahn zu kennzeichnen. Ab Fahrplanwechsel im Sommer 1944 waren diese Streifen schwarz-weiß kariert, ähnlich den Rändern eines Filmstreifens. Diese Kennzeichnung wurde von einigen Direktionen (München,

nummer vermerkt, um den Umgang mit den Heften zu vereinfachen, die in den Lokleitungen und Fahrplanbüros in offenen Schränken oder Regalen zur Ausgabe und Benutzung bereitstanden.

Noch bis 1938 wurden in einigen Direktionen keine Hoheitszeichen auf den Buchfahrplänen verwendet. Ab dem Fahrplanwechsel zum 22. Mai 1937 erfolgte schrittweise bis zum Fahrplanwechsel am 15. Mai 1938 eine Umstellung auf das Hoheitszeichen des Dritten Reiches, z.T. noch mit den vor- und nachge-

den Buchfahrplänen, AzFV, GZV und Geschwindigkeitsübersichten in unterschiedlichen Größen und in 3 Ausführungen verwendet, in der RBD Mainz gab es bis 1944 eine faximilierte Version, die stark an den ersten Entwurf für ein Hoheitszeichen erinnerte, das ab 1937 an den Lokomotiven angebracht wurde.

In einzelnen Fällen kam es vor, dass in den Heften auch Leistungen über die angegebenen Streckenendpunkte hinaus entweder bis zum nächsten Zugendbahnhof oder bis zum nächsten Knotenbahnhof in

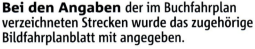

Bei den Angaben der im Buchfahrplan verzeichneten Strecken wurde das zugehörige Bildfahrplanblatt mit angegeben.

In der RBD Mainz gab es viele Nebenbahnen, die heute keiner mehr kennt. Das Hoheitszeichen war hier in einer sonst kaum gebräuchlichen Form aufgedruckt.

Regensburg) noch bis Ende 1946 beibehalten. Zwischen den Streifen war bei der Mehrzahl der Direktionen der Schriftzug „Nur für den Dienstgebrauch" angeordnet.

Zu den Heftnummern wurden gelegentlich auch die zugehörigen Nummern der Bildfahrpläne (Fahrplanblätter) erwähnt. Auf der Stirnseite war nochmals die Heft-

setzten Buchstaben „DR". Man hielt sich dabei an einen Entwurf des Professors Klein aus München, dessen Rechte 1937 von der Deutschen Reichsbahn gekauft wurden [40] und dessen Proportionen für die Hoheitszeichen der Lokomotiven, Triebwagen und Personenwagen angewendet wurden. Dieses Zeichen wurde auf allen Dienstvorschriften,

einer benachbarten Direktion aufgeführt wurden, um die Handhabung der Fahrplanunterlagen für die Lok- und Zugpersonale zu vereinfachen. In § 1 Abs. (2) der Fahrplanvorschriften (DV 404 IV) war dazu als Begründung angegeben, dass durch diese Verfahrensweise die Anzahl der Druckstücke minimiert werden sollte.

Erläuterungen zum Buchfahrplankopf

In den Jahren bis 1941 wurden in den meisten Buchfahrplanheften die Angaben in den Kopfzeilen und den Spalten der einzelnen Fahrplantabellen mit jedem Heft im Teil B der Vorbemerkungen erläutert, da es zu dieser Zeit noch keine Vorschrift für das Aufstellen der Buchfahrpläne gab und die entsprechenden Angaben im Teil A, den allgemeinen Vorbemerkungen, nicht vollständig erläutert wurden.

Immer angegeben waren im Buchfahrplankopf für alle Zugarten und Gattungen folgende Daten:

- **Zugbezeichnung** (abgekürzte Bezeichnung der Zugart, z.B. D, Dg, Kp, T)
- **Zugnummer**, die jeder Zug auf dem gesamten Laufweg beibehielt
- **Zuggattungsnummer** nach der DV 407 in Klammern, bestehend aus Haupt- und Unternummer, ab April 1940 wurden bei Güterzügen anstelle der Hauptnummer nur die Gruppennummern angegeben (z.B. Dg 7159 (5,1))
- bei Reisezügen die im Zug mitgeführten **Wagenklassen** (ab 1928 Wegfall der 4. Klasse), zusätzlich die Angaben, ob der Zug Speise- oder Schlafwagen führte
- die Kennzeichnung der **Verkehrstage**, Züge ohne Angabe verkehrten täglich; Züge, die an einzelnen Wochentagen verkehrten, waren mit Tagangabe aufgeführt (z.B. P 703 (30,1) 2., 3. Klasse Mo, Sa für Montag und Samstag)
- **Anfangs-, Zielbahnhof und der Laufweg des Zuges**, Abschnitte in dem betreffenden Heft, in einigen Bezirken auch die Abschnitte des Zuglaufes innerhalb einer Direktion, waren fett hervorgehoben
- die **Höchstgeschwindigkeit** des Zuges auf den betreffenden Strecken in der Direktion, ggf. nach Strecken- und Bespan-

nungsabschnitten unterschiedlich
- die **Mindestbremshundertstel** und die maßgebenden Bremshundertstel
- die **Betriebsgattung der Zuglokomotive** und in Klammern die Baureihe (z.B. P 46.19, 39^{0-2})
- die **Last**, sie war das Wagenzuggewicht, das der Berechnung der planmäßigen Fahrzeiten zugrunde lag. Der Lokführer war jedoch gehalten, in Ausnahmefällen bis zu 2-10 % höhere Lasten als im Buchfahrplan zu befördern, diese Angaben schwankten je nach Direktion.

Hinsichtlich der Zugläufe und Zuglasten gab es auch Ausnahmen, so wurde z. B. bei der RBD Osten im Fahrplankopf nur der jeweilige, im konkreten Heft enthaltene Streckenabschnitt dargestellt, am Anfang des Heftes gab es aber eine umfangreiche Übersicht, aus der die gesamten Zugläufe mit den Anfangs- und Endbahnhöfen ersichtlich waren, soweit es sich um Züge handelte, die über den betreffenden Abschnitt hinausliefen. Ebenfalls waren bei dieser Direktion die Buchfahrplanlast und die Zuggattung nicht im Kopf, sondern in den Spalten 4-6 unter der Zugnummer angegeben.

Bei den Angaben zur Betriebsgattung (Zuglokomotive, Bespannung) waren auch die Gattungen von Vorspann- oder Schiebelokomotiven und die von diesen befahrenen Streckenabschnitte mit angegeben und die Zuglasten wurden mit oder ohne diese Lokomotiven angegeben. Die Darstellung wurde nicht einheitlich gehandhabt. Bis 1930 wurde nur die ab 1925 bei der DRG verwendete Gattungsbezeichnung einschließlich der Untergattungen angegeben (z.B. P 35.17 für BR 38^{10-40}). In einigen ab 1939 wiedererrichteten oder vergrößerten Direktionen wie der RBD Posen

oder Oppeln hielten sich hartnäckig auch die alten, von der KPEV überkommenen Gattungsbezeichnungen (hier P 8) oder es wurden nur oder zusätzlich die zwischen 1919 und 1939 gebräuchlichen Gattungsbezeichnungen der PKP (hier Ok 1) angegeben. Bei der Gedob waren bis etwa Mai 1942 nur die polnischen, nach Inkrafttreten des Umzeichnungsplanes für die Normalspurlokomotiven vom 29. August 1941 auch die Betriebsgattung und die Baureihenbezeichnung der Reichsbahn mit aufgeführt. Dennoch hielten sich auch die alten preußischen Gattungsbezeichnungen noch bis zum Ende, war man doch diese aus der Zeit vor 1920 gewöhnt. Mit der Einführung der Reichsbahnorganisation bei der Gedob wurden zur Betriebsgattung 3 Angaben gemacht (z.B. S 46.18 (19^1) [Pt 31]), die polnische Bauartbezeichnung wurde dabei zur Unterscheidung in eckige Klammern gesetzt.

Bei Triebwagen mit Verbrennungsmotor wurde die Leistung mit angegeben (z.B. 2xVT 410 PS für die Schnelltriebwagen der „Fliegenden Züge" VT 137^{1-2}), bei Elektrotriebwagen die Gattungen (z.B. ET 11, ET 18) und bei Bei-, Mittel- und Steuerwagen auch die in den Wagenhaupt- und Nebengattungszeichen kodierten Angaben zu Achsfolge, Bauart der Einstiege/ Übergänge und Wagenklasse. Die Speichertriebwagen wurden entweder als „AT" für Akkumulatortriebwagen oder als Triebwagen im Buchfahrplankopf angegeben.

Elektrische Lokomotiven wurden nur mit einem E und der DRG-Baureihenbezeichnung und ggf. mit der Untergattung angegeben (z.B. E 18^2 für die teilweise noch in Österreich bestellten und nach dem Anschluss an die DRG gelieferten Loks der Baureihe E 18).

Im bis 1918 zum Deutschen Reich gehörenden Elsass und in Lothringen (RBD Karlsruhe und Saarbrücken) waren die von den

11

D 147 (15,1) 1. 2. 3. Klasse (550 t)

Budapest—Preßburg—Prag—Lobositz—Dresden—**Elsterwerda**—**Wünsdorf**—Berlin Ahb

Höchstgeschwindigkeit **100** km/h   Laft **600** t   (15)   Mindestbremshundertstel **95**
S 36.20 (01)

1	2	3	4	5	6	7	8	9	11
		Elsterwerda	**722**	2,0	**724**				
1,4		Biehla Hp	—		—	—	—		
4,9		Hohenleipisch	—		**34**	10,0	4,6	21,0 / 13,1	
3,6		Bk Gorden	—		**37**	3,0	2,1		
4,0		Rückersd=Oppelh ...	—		**40**	3,0	2,4		
6,0		Doberlug=Kirchh ..	**45**	2,0	**47**	5,0	4,0		

Lg

Berlin Frankfurter Allee—**Berlin=Grunewald**—Belzig—Köthen—Bernburg

Höchstgeschwindigkeit **55** km/h   Laft **1000** t   Maßgebende Bremshundertstel **38**
G 45.17 (56 ¹)   Mindestbremshundertstel **34**

10 616 (5,3) B

1	2	3	4	6	4	6	8
		Berlin=Grunewald	**131**	**132**	—	—	
3,9		Bk Großer Stern	—	**38**	—	—	5,0
3,5		Bk Havelchaussee	—	**43**	—	—	3,5
3,2		Berlin=Wannsee ..	—	**48**	—	—	3,2
4,1		Abzw Bot	—	**53**	—	—	4,1
1,9		Drewitz	—	**56**	—	—	1,9

24   P 453 (30,1) 2. 3. Klasse (200 t)

Meiningen—Eisenach

ab Bad Salzungen nur W ¹)

Höchstgeschwindigkeit **85** km/h   Laft **350** t   Mindestbremshundertstel
Pt 37.20 (62 0)

1	2	3	4	5	6	7	8	9	10	11
		Meiningen ▼......	—		**443**				7372	
5,8		Walldorf (Werra)	**449**	1	50	6,0	5,5			
6,4		●Wasungen ▼......	56 7	1	57 7	6,7	5,9			
3,5		Schwallungen Hst	502 3	1	503 3	4,6	3,8			
3,6		Wernshausen ▼...	08 1	3	11 1	4,8	4,2			

Beispiele für Buchfahrplankopf und Spaltenaufbau aus den Direktionen Halle, Berlin und Erfurt.
Auf zweigleisigen Strecken gab es keine Spalten für Zugkreuzungen (mittleres Bild).

Reichseisenbahnen Elsass-Lothringen bzw. der für dieses Gebiet ab 1919 zuständigen französischen Bahnverwaltung Réseau ferroviaire d'Alsace Lorraine (AL) verwendeten Baureihenbezeichnungen auch nach der Eroberung im Juni 1940 weiter in Gebrauch. So wurde die preußischen S 10 in ihren verschiedenen Ausführungen dort als S 9 bezeichnet, die Baureihe 18 als S 14 und die mit dieser Achsfolge in Deutschland nicht vorhandene 2'D2'-Personenzuglok mit der Gattungsbezeichnung Pt 48.17 als Baureihe 95 und der AL-Gattung T 20 geführt, was auch zu Verwechslungen mit der bei der DRG in 45 Exemplaren vorhandenen Baureihe 95^0 führen konnte. Von dieser Baureihe gelangte nach dem Krieg ein Exemplar zur DR-Ost und lief dort als Versuchslok bei der VES(M) Halle unter der Reihenbezeichnung 79^0.

Zug- oder Lokomotivfahrten von Schlepptenderlokomotiven mit Tender voran waren besonders angegeben („Lok mit Tender voran"), die Höchstgeschwindigkeit betrug dann 50 km/h. Die Lokbaureihen 50 und 52 konnten auch rückwärts mit 80 km/h laufen.

In den Direktionen der Gruppenverwaltung Bayern wurde als Zusatz bei Nebenbahnen die Bezeichnung der Strecke in abgekürzter Form hinter der Zugbezeichnung angegeben (z.B. Kp Geo 3 W, 3. Klasse) für einen an Werktagen verkehrenden Zug Nr. 3 der Strecke Georgensgemünd – Spalt im Bereich der RBD Nürnberg, der nur die dritte Klasse führte.

Bei Zügen mit Schlaf- oder Speisewagen war angegeben, ab welchem Bahnhof oder bis wohin diese Wagen am Zug blieben. Einzelne Züge änderten auch in ihrem Lauf die Zuggattung. Sie gingen von einem Personenzug in einen Eilzug über oder umgekehrt, auch dies war im Kopf aufgeführt (z.B. „E 107 Hagen-Arnheim (20,1); 2.3. Klasse, 160/250t, ..., ab Emmerich als P (30,1)".

Die Zuglast war in der Zeit vor Kriegsbeginn in einigen Direktionen

Vergleichstafel I

1	2	3	4	5	6	7	8	9	10	11
										Lokomotiv-
S	S	S	S	S	P	P	Pt	Pt	Pt	Pt
36.20	36.18	36.20	36.18	35.15	46.19	35.17	48.17	37.17	35.15	35.16
(01)	(03^{10})	(S 16)	(S 14)	(S 9)	(P 10)	(P 8)	(T 20)	(T 18)	(Reihe 64)	(VI c)
	18		18^5	17$^{0-10}$	39$^{0-2}$	3810-40	95	78$^{0-10}$	Einheitslok	754,5,10,11
										Größte zulässige
120	140	120	120	120	110	100	90	90	90	90
										Tonnen
150	95	140	100	50	100	50	100	60	55	50
195	140	160	130	80	135	75	130	90	80	70
240	180	230	160	100	170	100	160	110	100	80
280	225	270	215	150	210	125	200	150	120	95
330	270	320	240	170	245	150	230	170	140	110
380	310	380	280	190	280	175	250	190	160	130
430	350	420	320	220	315	200	280	220	180	145
475	395	460	360	240	350	225	310	240	200	160
525	440	500	400	270	390	250	350	260	220	180
575	485	540	430	290	420	275	380	280	240	200
620	525	580	470	315	460	300	410	300	260	220
665	575	630	520	335	495	325	440	320	285	240
710	610	700	560	350	535	350	500	330	300	255
760	660	770	600	380	575	375	540	370	320	270
800	700	810	630	410	610	400	570	390	340	290
850	750	840	660	440	645	425	600	420	360	300
880	790	880	690	460	680	450	630	440	380	320
930	830	920	710	480	720	475	650	460	400	335
980	875	950	740	500	780	500	680	490	420	345
1030	960	1000	800	530	950	550	720	500	480	370
	1050	1100	850	560		600	780	530	510	410
	1130	1200	900	610		650	840	560	550	450
	1200		960	650		700	900	600	600	480
			1020	700		750	960	650	650	510
			1100	750		800	1000	690	700	550
			1180	800		850	1050	730	760	590
			1220	820		900	1100	750	790	610
				830		950		780	810	650
				890		1000		820	850	700
				920		1100		850		
				1000				950		
										Verhältnis-
3,0	2,8	2,9	2,6	2,0	3,0	2,1	3,1	2,0		2,0

In der RBD Karlsruhe waren auf den Strecken im Elsass auch Lokomotiven der AL unterwegs, wie hier die in Spalte 8 aufgeführten Loks der Reihe T 20.

P 1008 (30,1) 2. 3. Klasse $\left(\begin{array}{l}\text{300 t bis Glauchau}\\\text{260 t ab Glauchau}\end{array}\right)$

Dresden Hbf—Reichenbach (V) ob Bf

Höchstgeschwindigkeit 85 km/h
P 46.19 (39$^{0-2}$) Dre—Ch
P 35.15 (38$^{2-3}$) Ch—Rchb
Vlot G 56.16 (58$^{10-22}$) Tha—Kl-C

Last — Dr Hbf—Thar 300 t / Thar—Klingenbg-C 150 t (mit Vlot 300 t) / Klingenbg-C—Reichenbach 300 t

Mindestbremshundertstel 7...

1	2	3	4	5	6	7	8	9	10	11
•		Dresden Hbf ▼....	—	—	632					
1,8		Dresden-A Stellw 3			34 9	2,9	2,3			
1,2		Dresden-Plauen	—	—	—	—	—			
0,9		Bl Felsenkeller			37 5	2,6	2,1	12,5/9,8		
1,8		Freital Ost			39 6	2,1	1,6			
1,2		Freital-Potschappel .			41	1,4	1,0			
1,9		Freital-Deuben			42 9	1,9	1,5			

In der RBD Dresden wurde im Kopf die Zuglast nach dem Zugbildungsplan auf eine Tonne genau angegeben, die anderen Werte waren die für die Fahrzeitberechnung bestimmenden Lasten (Buchfahrplan 9 vom 15. Mai 1938).

Eine frühe Farbaufnahme zeigt einen Personenzug von Chemnitz/Karl-Marx-Stadt nach Dresden mit der beim Bw Reichenbach beheimateten Lok 39 172 zwischen Freiberg und Muldenhütten direkt vor dem Muldenhüttener Viadukt.

auf eine Tonne genau angegeben, so z.B. in der Direktion Dresden (siehe Bild links unten). Dies deutet darauf hin, dass die Wagenreihung des Zuges vorher genau bekannt war.

A) Besonderheiten für Reisezüge

Bei Reisezügen war im Fahrplankopf die Regelzuglast nach dem Zugbildungsplan in Klammern gesetzt angegeben. Über dem Spaltenaufbau war dann ggf. die Regellast nochmals fett gedruckt angegeben, dies entsprach der Last, die die vorgesehene Zuglokomotive noch mit der für den Zug maßgebenden Geschwindigkeit befördern konnte. Waren auf unterschiedlichen befahrenen Streckenabschnitten verschiedene Zuglasten maßgebend, etwa durch die Verstärkung der Zuges oder das Zu- und Absetzen von Kurswagen, wurden die Zuglasten als Bruch dargestellt.

B) Besonderheiten für Güterzüge

Zusätzlich wurde bei Güterzügen durch ein vor der Zugnummer stehendes Rechteck angegeben, ob es sich um einen Stammplanzug, d.h. einen in den Güterzugbildungsvorschriften (GZV) verzeichneten Zug handelte.

Bei Güterzügen wurden rechts oben im Buchfahrplan nicht nur die Mindestbremshundertstel nach FV § 91 Abs. (2), sondern auch die sog. „Maßgebenden Bremshundertstel" angegeben. Die Maßgebenden Bremshundertstel waren dabei etwas höher angesetzt. Dies hatte seinen Grund darin, dass bei Güterzügen durch ungebremste Wagen, einlösige Bremsen und der gegenüber Reisezügen höheren Durchschlagszeit der Druckluftbremsen ein Anhalten des Zuges innerhalb des nach der Bremstafel vorgegebe-

nen Entfernung zwischen Vor- und Hauptsignal nicht immer möglich war. Daher war der Lokführer angewiesen, bei Nichtvorhandensein der Maßgebenden Bremshundertstel die Zugbremsung schon etwa 100 m vor dem Vorsignal, d.h. in etwa an der einstreifigen Vorsignalbake einzuleiten. Die damals verwendeten Bremsstellungen waren im Wesentlichen P und G (in Bayern auch als „L" für langsamwirkend bezeichnet), wenn davon abgewichen wurde, d.h. Güterzüge in Bremsstellung P gefahren werden sollten, war dies in der SBV bzw. im Fahrplan besonders angegeben. Einige Direktionen verwendeten auch sog. Bremsgewichtsüberschusstafeln, aus denen für die Stellungen „G" und „P" abgelesen werden konnte, welches Bremsgewicht bei Vorhandensein einer bestimmten Lokomotivgattung unter den im Fahrplan vorgegebenen Mindestbremshundertsteln zusätzlich bei der Bremsberechnung anrechenbar war. Je mehr Mindestbremshundertstel gefordert waren, desto weniger war als Bremsgewichtsüberschuß anrechenbar, insbesondere bei Güterzugloks (Gattung G oder Gt).

Die Last der Güterzüge war unter Berücksichtigung der Streckenverhältnisse, der Lokomotivgattung und der vorgesehenen Geschwindigkeit unter Berücksichtigung der Belastungstafeln nach der DV 939 a-c, e angegeben. Handelte es sich um Höchstlasten, war zusätzlich ein H nach der Lastangabe vermerkt. In den Anhängen zu den Buchfahrplänen, die die Bedarfspläne für Güterzüge enthielten, war ebenfalls eine Regellast unter den oben genannten Prämissen angegeben und der Hinweis enthalten, dass die Regellast für (halbe) Wehrmachtszüge 850 t und für Vollzüge 1700 t betragen sollte. Dies wurde kriegsbedingt nicht immer eingehalten. In den Direktionen der Gruppenverwaltung Bayern waren bis etwa 1932 bei der Zuglast 3 Werte aufgeführt, und zwar die auf dem betreffenden Abschnitt mögliche Höchstlast, die der Fahrplanberechnung zugrundeliegende planmäßige Zuglast und die Zuglast, die bei Annahme der kürzesten Fahrzeiten noch mit den angegebenen Zuglokomotive zu befördern war.

Der Zusatz „SGV" in Großbuchstaben hinter der Zugnummer bedeutete, dass es sich um einen Güterzug handelte, der nach den Bestimmungen für die Güterverkehre an Sonn- und Feiertagen nach Sondervorschrift „SGV" verkehrte.

Dazu gaben die Direktionen besondere Vorschriften heraus. Der Güterverkehr der Reichsbahn fand in der Regel in vollem Umfang nur montags bis samstags statt. Zur Verkürzung der Wagenumlaufzeiten, aber auch zur Aufrechterhaltung der Bedienung bestimmter Industrien und auch für die Beförderung verderblicher Güter gab es einen eingeschränkten Güterverkehr an Sonntagen sowie gesetzlichen Fei-

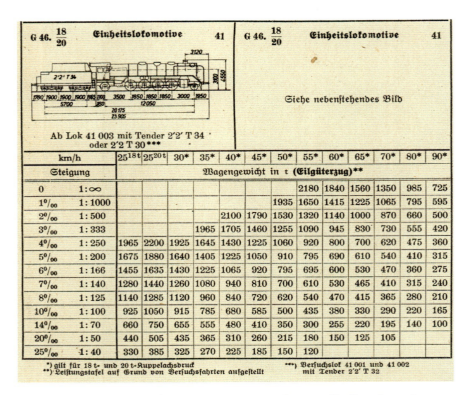

Aus den Leistungstafeln zur DV 939, Ausgabe 1944 für die Lokomotiven der BR 41. Es wurde nach D-Zug, Personen-, Güter- und Eilgüterzug unterschieden.

III. Verzeichnis

der Güterzüge nach Zugnummern

Gattung und Nummer des Zuges	Strecke	Der Zug verkehrt vor	an	nach einem Sonn- oder Festtage bei Plan	Bemerkungen (Aufstellungsort, Änderung der Beförderungsaufgaben usw.)
1	2	3	4	5	6
De 5001	Köln G-Duisburg H-Hamm-Berlin H u L	AB	AB	B	
BDe 5002	Berlin H u L-Hamm-Duisburg-Köln G	—	—	—	
De 5004	Berlin H u L-Hamm-Wanne-E H-Duisb H-Köln G	AB	**AB**		
De 5007	Köln G-Duisb H-Wanne-E H-Hamm-Berlin H	AB	**AB**	AB	
De 5008	Berlin H u L-Hamm-Duisburg Hbf-Köln Ger	AB	AB		
De 5009	Aachen W-Duisb-Hochf S-Hamm-Berlin H u L	AB	AB		
	M.Gladbach-Duisb-Hochfeld S-Oberhausen H	—	—	AB	G/n G
De 5010	Berlin Sp-Hamm-Wanne-E H-Duisb H-Köln G	AB	**AB**	AB	
De 5012	Duisburg-Neuß Gbf	AB	**AB**	AB	
De 5014	Hamm-Duisburg H-Köln G		AB	—	
De 5058	Duisburg H-Lintorf-Mainz Gbf	—	AB	—	
	Duisburg H-Duisb-Wald-Neuß Gbf	—	**AB**	—	G bef Pl
BDe 5065	Mainz G-Köln E-Lintorf-Mülh-Speldorf	—	AB	—	
BDe 5067	Kobl-Lützel-Lintorf-Mülh-Speldorf	—	AB	—	
BDe 5069	Kobl-Lützel-D-Hochfeld S-Mülh-Speldorf	—	AB	—	
BDe 5073	Weiterstadt-D-Hochfeld S-Duisburg H	—	**AB**	—	
BDe 5079	Mainz G-D-Hochfeld S-Essen N-Dortmund S	—	**AB**	—	
BDe 5087	Aachen W-Duisb-Hochfeld S-Mülh-Speldorf	—	AB	—	
De 5101	Aachen W-Duisb-Hochfeld S-Wanne-E H	AB	AB	AB	von Duisburg Hbf bis Wanne-E Hbf n Bed
	Sinsen-Hamburg-Han Gbf	—	—	—	
De 5105	Recklinghausen S-Sinsen-Osnabrück G-Kirchweyhe	—	—	—	
		AB	AB		
BDe 5106	R schweyhe-Sinsen-Duisburg Hbf-Neuß Gbf	AB	AB		
De 5107	Köln G-Duisburg H-Sinsen-Hamburg-Han Gbf	AB	AB	**AB**	
De 5110	Cuxhaven-Sinsen-Duisburg H-Köln G	AB	AB	—	ab Osnabrück regelm

Eine Seite aus dem Verzeichnis der Züge des Güterverkehrs an Sonntagen für die RBD Essen, Ausgabe vom 21. Januar 1940.

Im Sommer 1943 eilt eine Lokomotive der Baureihe 58$^{10\text{-}21}$ mit einem Durchgangsgüterzug von Dresden-Friedrichstadt kommend durch den Bahnhof Muldenhütten.

ertagen. Dieser betraf nahezu alle Zuggattungen des Güterverkehrs, also nicht nur Durchgangsgüter- und Nahgüterzüge. Die mit dem genannten Zusatz SGV versehenen Züge verkehrten dabei in 2 Plänen. Plan A umfasste die Züge mit verderblichen Güter, wie Milch, Fische, lebende Tiere sowie die zur Brennstoffverladung bestimmten Züge im Umkreis der Industriegebiete. In einem zweiten Plan, Plan B genannt, waren diejenigen Züge enthalten, deren Verkehren an Sonntagen und arbeitsfreien Tagen besonders zur Beschleunigung des Wagenumlaufes beitrugen, wenn etwa Leerzüge wieder auf die Verladebahnhöfe der Stein- und Braunkohleförderung zugefahren werden konnten. Weiterhin gab es einen Abschnitt V. der SGV, der diejenigen Züge enthielt, die an den auf einen Sonn- oder Feiertag bzw. an den auf Sonn- oder Feiertage folgenden Tagen ausfielen, wenn der Güterverkehr sonntags wie an Werktagen gefahren wurde.

Wenn in der Kriegszeit bei Reisezügen zwischen den Lastangaben und den Bremshundertsteln eine Zahl „10" oder „15" in einem Kreis oder in Klammern erschien,

bedeutete dies, dass in den Fahrzeiten des betreffenden Zuges eine Reserve von 10 oder 15 % gegenüber den reinen Fahrzeiten enthalten war. Dabei wurden D- und DmW-Züge mit 15, Eil- und Personenzüge meist mit 10 % Fahrzeitzuschlag ausgewiesen.

Ein weißes Kreuz in einem schwarzen Kreis oder Ellipse neben der Zugnummer bedeutete, dass dieser Zug nur auf besondere Anordnung der zuständigen Zugleitung verkehrte, eine Besonderheit der Kriegszeit, eingeführt mit dem „kleinen" Fahrplanwechsel zum 1. April 1940. Werks- und Arbeiterpersonenzüge, die nicht in den Aushangfahrplänen, Taschenfahrplänen und Kursbüchern abgedruckt waren, und die zu militärisch bedeutsamen Anschlüssen unter teilweiser Benutzung von Teilen der Infrastruktur der Reichsbahn verkehrten, erhielten den Zusatz: „Erscheint nicht im öffentlichen Fahrplanstoff".

Die Bezeichnungen „oG" bzw. „bG" hinter der Zugnummer und Lastangabe bedeutete, dass der Zug ohne Gepäckwagen oder nur mit beschränkter Gepäckbeförderung

verkehrte. Dieses kam vor allem bei Triebwagenzügen vor.

C) Lokomotivfahrten

Für Lokomotivfahrten (Lz) und die damit verbundenen Fahrten mit einzelnen Zugführerwagen (Zugbezeichnung Lpaz) waren in einigen Direktionen separate Hefte vorgesehen, in anderen waren sie am Ende des Buchfahrplanes als besonderer Teil C (RBD Dresden) oder zu den entsprechenden Strecken im Nachsatz aufgeführt. Zusätzlich war der Aufkommens- oder Zielzug mit angegeben, z.B. (V-Lok aus Dg 7225). Baureihen waren nicht immer beigefügt, die Last wurde auch bei Fahrt mit Packwagen nicht dargestellt. Leerfahrten der RAW zu Probefahrt- oder Abnahmezwecken waren als Lzw bzw. Lzpr aufgeführt, im Gegensatz zu den Lastprobefahrten, die am Zug erfolgten und für die in einigen Direktionen mit dichtem Verkehr (RBD Berlin, München) gesonderte Probezug-Buchfahrpläne herausgegeben wurden. Nach dem Krieg wurden dann die Gründe für die Leerfahrten auch in der Zugbezeichnung mit angegeben, z.B. Lzz – Lok zum Zug [Nr], Lzv – Lok von Zug [Nr].

D 111 (15,1) 1. 2. 3. Klasse (450 t)

den Haag-**Oldenzaal**-**Bentheim**-**Löhne** (Westf)-Berlin Stadtb

Höchstgeschwindigkeit 100 km/h
S 36.17 (03)　　　　　　**Last 600 t**　　(10)　Mindestbremshundertstel 97

1	2	3	4	5	6	7	8	9	11
Ent-fer-nung	Be-schrän-kung der Höchst-geschw. im Gefälle	Betriebsstellen	Ankunft	Auf-ent-halt	Abfahrt	Plan-mäßige Fahr-zeiten	Kür-zeste Fahr-zeiten	Summe der planm. Fahrzeit kürzesten Fahrzeit	Überholung durch Zug
km	km/h			M		M	M	M	
		Oldenzaal ▼ ▼ ..	10⁰⁷	(10)	10¹⁷				
7,4		Bf Springbiel ..,	—	—	26	9,0	5,4		
4,7		●Gildehaus	—	—	30	4,0	2,8	18,0 / 10,3	
3,0		●Bentheim	35	35	11¹⁰	5,0	2,1		

Als Beispiel für die Spaltenaufteilung soll dieser Zuglauf aus der RBD Münster dienen (Heft 3A vom 17. Mai 1943). Auf zweigleisigen Strecken entfiel die Spalte 10 für Kreuzungen.

Spalten-aufbau

Die Bedeutung der Spalten in den Fahrplantabellen war bis etwa April 1940 grundsätzlich in den Vorbemerkungen, Teil B zum Buchfahrplan erklärt. Zusätzlich wurde in der Regel auf der ersten Fahrplanseite ergänzend zur Spaltennummer die Bedeutung noch einmal erläutert.

Der Spaltenaufbau der Buchfahrpläne unterschied sich grundsätzlich für ein- und zweigleisige Strecken, da bei Eingleisigkeit zusätzlich die Züge, mit denen Überholungen und Zugkreuzungen stattfanden, mit dargestellt wurden und außerdem die Abgabe betrieblicher Meldungen durch das Zugpersonal oder örtliche Bedienstete abgebildet war, bei einigen RBD auch der notwendige Halt vor einer Trapeztafel auf Nebenbahnen.

In Spalte 1 wurden die wirklichen Entfernungen zwischen den Betriebsstellen einer Zugfahrt bezogen auf den Zuganfangsbahnhof aufgeführt und am Ende des Zuglaufes in Summe mit einer Nachkommastelle dargestellt. Durch Auf- und Abrundungen stimmten die in Spalte 1 enthaltenen Entfernungen nicht immer mit der Summe aller Teilentfernungen im Anhang I/III zur DV 407-VBL überein.

Die in **Spalte 1** angegebenen Entfernungen unterschieden sich auch von der absoluten Kilometrierung oder auch Hektometrierung (Hektometersteine), die die tatsächlich vor Ort vorhandene Streckenkilometrierung abbildete, die jeweils auf den Nullkilometer oder Streckenanfang der befahrenen Strecke hinwies, der nicht mit dem Fahrzeitmesspunkt (Mitte Empfangsgebäude) des betreffenden Bahnhofes oder Abzweiges übereinstimmen musste, sondern meist den Weichenanfang der Verzweigungsweiche innerhalb eines Bahnhofes markierte, an der die abzweigende Strecke begann. Die absoluten Kilometrierungen einschließlich eventuell im Streckenverlauf vorhandener, aus Umbauten resultierender Statio-nierungssprünge oder Fehlstationierungen waren aus dem Buchfahrplan nicht abzulesen, sondern mussten aus dem Abschnitt 21 des AzFV oder aus den bahnamtlichen Lageplänen (Isg, Isl) entnommen werden. Letzteres kam jedoch für die Lok- und Zugpersonale nicht in Betracht. Für die Ausfüllung der Lok- und Zugdienstzettel waren die in Spalte 1 des Buchfahrplanes aufgeführten Kilometerangaben nicht maßgebend, hier mussten die Werte aus den Anhängen I bzw. III der DV 407 verwendet werden.

Spalte 2 enthielt Abweichungen im Streckenverlauf, bei denen eine geringere als die im Kopf des Buchfahrplanes angegebene Höchstgeschwindigkeit gefahren werden musste. Die genauen Streckenkilometer waren vor Fahrtantritt durch das Lokpersonal im Rahmen des Vorbereitungsdienstes aus dem AzFV zu entnehmen und waren zudem Bestandteil der Streckenkenntnis, d.h. der Kenntnis des Streckenverlaufes und der Signalisierung bei Tag und Nacht.

Spalte 3 beinhaltete in der

R 5301 (4,1) Beuthen (Oberschlei)—Tarnowitz—Loben—Kreuzburg (Oberschlei)
De 5056 (4,3) B Kreuzburg (Oberschlei)—Oels—Breslau-Breslau-Mochbern
Leig 5812 (4,1) Loben—Kreuzburg (Oberschlei)—Oels—Breslau Ost

Höchstgeschw 65 km/h   Maßgebende Bremshundertstel 43
G 56.15 (R 50)   Last 500 t   Mindestbremshundertstel 39

			Ne 5301 (4,1)		De 5056 B (4,3)		Leig 5812 (4,1)		
1	2	3	4	6	4	6	4	6	8
Entfernung km	Beschränkung der Höchstgeschw im Gefälle km/h	Betriebstellen	Ankunft	Abfahrt	Ankunft	Abfahrt	Ankunft	Abfahrt	Kürzeste Fahrzeit Min
		Tarnowitz Pbf .	16 46	17 23	—	—	—	—	
2,6		Tarnowitz Stellw To	—	27	—	—	—	—	
1,1		Tarnowitz Stellw Tw	—	29	—	—	—	—	1,7
1,5		Tarnowitz Stellw Tn	—	32	—	—	—	—	1,7
1,5		Georgenberg . . .	—	35	—	—	—	—	1,7
3,7		Bf Tiergarten .	—	40	—	—	—	—	3,9
4,4		Stahlhammer ▼	—	46	—	—	—	—	5,9
3,9		Bk Erdmannshain	—	51	—	—	—	—	3,8
3,5		Koschentin . . .	—	56	—	—	—	—	4,0
6,0		Bf Ruschinowitz Hp	—	18 03	—	—	—	—	6,6
5,9		Loben	18 12	35	—	—	—	17 59	7,0
5,2		Bk Kochtschütz .	—	41	—	—	—	18 05	5,7
5,1		Teichwalde . .	—	47	—	—	18 12	23	5,6
5,4		Breitenmarkt . .	—	55	—	—	32	45	5,9
4,9		Bf Gnadenkirch .	—	19 01	—	—	—	52	5,3
3,6		Schofschütz . .	—	06	—	—	57	19 18	3,9
6,6		Rosenberg . . .	19 16	27	—	—	19 28	39	7,6
5,1	60	● Alt Rosenberg .	—	33	—	—	46	57	5,6
6,6		Bankau . . .	—	43	—	—	20 06	20 29	7,1
4,6		Bf Kuhnau . ▼	—	47	—	—	—	35	4,9
3,7		Kreuzburg OS .	19 52	—	—	18 48	20 40	21 08	4,3

Ab 1943 wurden zur kriegsbedingten Papierersparnis bis zu drei Zugläufe auf einer Seite dargestellt, hier im Buchfahrplan 15b der RBD Oppeln vom 3.7.44.

Reihenfolge des Zuglaufes die durchfahrenen Betriebsstellen im Sinne der FV, in Ausnahmefällen waren auch besondere Bauwerke im Fahrtverlauf mit aufgeführt. Ein nach unten gerichtetes schwarzes Dreieck zeigte ständige Einschränkungen für den Bereich der betreffenden Betriebsstelle an, die Gründe dafür waren aus dem Abschnitt 21 des AzFV ersichtlich. Stand dieses Dreieck zwischen den Betriebsstellen, handelte es sich um eine Geschwindigkeitseinschränkung auf der freien Strecke. Ein schwarzer Kreis vor oder hinter der Bezeichnung der Betriebsstelle bedeutete, dass evtl. im Zug bediente Handbremsen während der Aufenthalte angezogen bleiben mussten (FV § 46 Abs. (27)). Dies hatte seine Ursache meist in der Gradiente in Richtung der Nachbarbetriebsstellen, d.h. der am Bahnhofsende beginnenden Neigungen, da die Bahnhöfe selbst meist in einer geringen Neigung von maximal 1,5 ‰ errichtet wurden.

Eine Besonderheit in den Direktionen der Gruppenverwaltung Bayern (bis 1935/36) und in der RBD Dresden (bis etwa 1932) war, dass in Spalte 3 für Züge mit einer Höchstgeschwindigkeit über 50 km/h die Beschränkungen der Ein- und Ausfahrgeschwindigkeit

als sog. „Gedächtnishilfen" für den Lokführer in viereckige Kästchen gesetzt dargestellt wurden. Damit wurde ein Blick in den Abschnitt 21 des AzFV überflüssig.

In **Spalte 4** und **6** waren die planmäßigen Ankunfts- und Abfahrtszeiten des Zuges angegeben, in **Spalte 5** die Aufenthaltszeiten in Minuten. Bei den Ankunfts- und Abfahrtszeiten wurden für Reisezüge tiefgestellt die Zehntelminuten aus der Fahrzeitberechnung mit angegeben, bei Güterzügen nur die vollen Minuten. Bedarfshalte waren mit einem X, Halte die nur zum Ein- oder Aussteigen gedacht waren, mit einem schwarzen Halbkreis mit dem Durchmesser nach links oder rechts und Betriebshalte mit einem + als Bezeichnung dargestellt.

In den **Spalten 7** und **8** waren die planmäßigen und die kürzesten Fahrzeiten mit einer Nachkommastelle dargestellt. Die im Buchfahrplan angegebenen kürzesten Fahrzeiten durften nicht unterschritten werden (FV § 50 Abs. (2)). Die planmäßigen Fahrzeiten stammten aus der Fahrzeitberechnung unter Berücksichtigung von Halten und Zuschlägen.

In **Spalte 9** waren die Summe der planmäßigen und kürzesten Fahrzeiten als Bruch dargestellt, teilweise nach für den Zuglauf bedeutsamen Streckenabschnitten getrennt.

Die **Spalten 10** und **11** beinhalteten die Angaben über planmäßige Kreuzungen und Überholungen mit Zügen, wobei bei den Zugbegegnungen auch die Verkehrstage und ob es sich dabei um einen Regel- oder Bedarfszug handelte, mit vermerkt waren. Am Rand der Buchfahrpläne wurden die Neigungsverhältnisse der befahrenen Abschnitte durch Angabe der in ihrer Bedeutung bereits erklärten Sägelinien hervorgehoben.

In der Kriegszeit wurden aus Gründen der Papierersparnis auf zweigleisigen Strecken bis zu 3 Fahrzeitentabellen auf einer Seite dargestellt und die kürzesten Fahrzeiten nur einmal am rechten Rand dargestellt, besonders oft erfolgte das bei Güterzügen. Dann war allerdings kein Platz mehr für die Darstellung der Aufenthaltszeiten in Spalte 5, es wurden nur noch die Ankunfts- und Abfahrtszeiten in den Spalten 4 und 6 abgedruckt.

In den Fahrplanbüchern der Gruppenverwaltung Bayern wurden als Spalte 12 noch 3 Lastangaben in Bruchform dargestellt, diese symbolisierten die zulässigen Regelbelastungen, Höchstbelastungen und diejenige Belastung, die bei der Einhaltung der kürzesten Fahrzeiten zugrunde zu legen war.

Innenseite, Rückseite

Auf der Innenseite des Rückeinbandes oder der Rückseite befand sich bei den Stammheften eine Übersichtskarte, ggf. auch mit textlicher Erläuterung zur Einteilung der Buchfahrplanhefte des Direktionsbezirkes nach Strecken, Personenzug- und Güterzugheften. Dabei waren oft auch Angaben zu den Nummern der Bildfahrpläne enthalten, deren Einteilung abweichend war, da im Bildfahrplan alle Züge jeweils einer Strecke auf einem Blatt dargestellt sind. Die Hefte für Bedarfszüge mit den Nummern 51, 55 und 56 hatten z. T. eigene, von den Stammheften abweichende Übersichten (RBD Halle). Bei den Heften mit der Nummer 60 für die SF- und SFR-Züge wurde die Übersichtskarte der Stammhefte verwendet.

Ab dem 15. Mai 1927 wurde bei der DRG die 24-Stunden-Zeit eingeführt. Zur Erleichterung der Orientierung für die Lok- und Zugpersonale wurde in einigen Direktionen auf dem Deckblatt oder der Rückseite ein Zifferblatt mit der Darstellung der Tagesstunden abgedruckt, am längsten erfolgte dies bei der RBD Essen, die noch in den ab dem 4. Mai 1942 geltenden Heften auf der Rückseite diese Übersicht abdruckte.

D 25 (15,1) 1. 2. 3. Klasse (640 t)

Rom—Kufstein—München Hbf—Hof Hbf —Leipzig—Berlin Ahb / —Dresden—Breslau

Höchstgeschwindigkeit Mhh—Mi 100 km/h, Mi—Nw 90 km/h, Nw—Rt 75 km/h, Rt—Okp 90 km/h, Okp—Ho 70 km/h — 94 Mhh—Rh — Mindestbremshundertstel $\frac{78}{\cdot}$ Rh—Ho

Mhh—Rh E 17 / Rh—Ho S 36.20 (02) — Last Mhh—Rh 650 t *) / Rh—Ho 650 t II

1	2	3	4	5	6	7	8	9	10	11
		München Hbf ▼ .	—	—	21 45					
1,9		Bf Donnersbergerbr ▼	—	—	48_6	3,6	2,3			
3,8		Bf Kanal	—	—	52_1	3,5	2,4			
4,1		●München=Moosach .	—	—	54_8	2,7	2,5			
4,7		●Feldmoching ▼ ..	—	—	58	3,2	3,2			
4,1		●Schleißheim ...	—	—	22 00_7	2,7	2,5	$\frac{29,5}{26,2}$		
4,8		Lohhof	—	—	03_7	3,0	2,9			
3,0		Bf Eching Hp ..	—	—	05_6	1,9	1,8			
4,0		Neufahrn (b Fr) .	—	—	08_1	2,5	2,4			
5,8		●Bf Pulling (b Fr) Hp	—	—	11_7	3,6	3,5			
4,4		●Freising	—	—	14_5	2,8	2,7			
4,4		Bf Marzling Hp	—	—	17_2	2,7	2,7			
5,4		●Langenbach (Oberbay)	—	—	20_6	3,4	3,3			
7,1		Moosburg ▼ ..	—	—	25_2	4,6	4,4	$\frac{23,7}{22,3}$		
7,5		●Bruckberg. ...	—	—	30_3	5,1	4,8			
2,9		●Bf Gündlkofen Hp	—	—	32_1	1,8	1,7			
8,1		Landshut (Bay) Hbf 40	22 38_2	2	40_2	6,1	5,4			
4,1		●Bf Ergolding Hp	—	—	45_2	5,0	4,1			
3,9		●Mirskofen ▼ ..	—	—	48_1	2,9	2,6			
6,9		●Bf Kläham Hp	—	—	53_7	5,6	4,9			
4,1		●Ergoldsbach ...	—	—	56_6	2,9	2,7	$\frac{29,7}{26,7}$		
4,2		Neufahrn (Niederbay) ▼	—	—	22 59_6	3,0	2,8			

*) Bei einer Last von 650 t zwischen München Hbf und Landshut (Bay) Hbf Fahrzeitüberschuß = 1,3 Minuten.

Ein letztes Beispiel für die Spaltenaufteilung mit einer Schnellzugleistung – für eine Hofer 02 – in der RBD Regensburg (Heft 5 vom 6. Oktober 1935).

Formate, Schriftarten und ihre Entstehung

Mit der schrittweisen Einführung der DIN-Formate Anfang der zwanziger Jahre wurden auch die Papierformate neu gestaltet. Konkret regelte ab August 1922 die DIN 476 (heute DIN EN ISO 216) die Einteilung der Papierformate nach 4 Reihen, von denen hier die Reihe A mit den Formaten DIN A0 bis DIN A10 infrage kommt, von denen wiederum die Formate herab von A0 bis DIN A6 aus dem Planwesen der Deutschen Reichsbahn am bekanntesten sind. Für die Vorschriften und Buchfahrpläne der DRG galten zunächst noch die aus der Zeit vor 1914 überkommenen Formate, die z.T. etwas schmaler und höher (bei der KPEV etwa 130x207 mm, z.T. auch Sonderformat 142,5x225 mm) als das für die Buchfahrpläne später vorgeschriebene Format DIN A5 „hoch" (148x210 mm; abgekürzt A5 h) waren. Vielfach wird

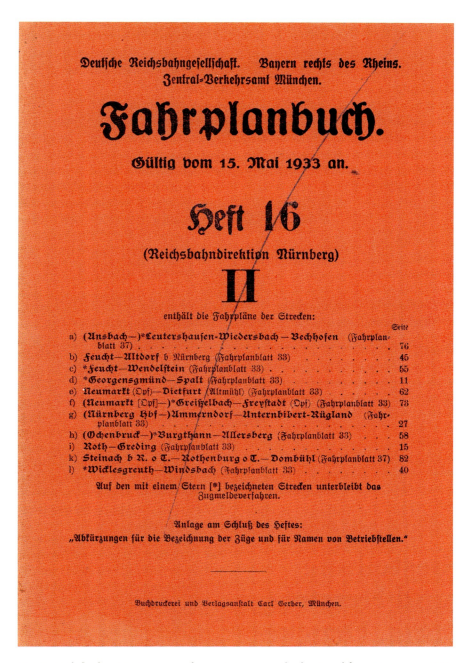

Im Bereich der Gruppenverwaltung Bayern wurde das Druckformat erst um 1932 auf A5 umgestellt, hier das Deckblatt eines Nebenbahnheftes der RBD Nürnberg.

heute auch noch vom Oktavformat (ca. 120x210 mm) gesprochen. Oktavformat bedeutete dabei aber nur, dass der Musterbogen, der ein bestimmtes Format hatte, nach dreimaligem Falten 8 Blätter ergab (im Archivwesen auch als 8° abgekürzt). Nach den DIN-Formaten bedeutete dies, dass ein Blatt mit dem Format A5 (Achtelbogen), welches für die meisten Dienstvorschriften und die Buchfahrpläne verwendet wurde, aus dem Bogen A2 (Einfachbogen) durch dreimaliges und aus dem Format A0 durch fünfmaliges Falten entstanden war. Die Kantenlängen

ändern sich bei der Faltung jeweils genau um das √2-Fache.

Die Dienstfahrpläne, AzFV und SBV galten als Drucksachen im Sinne von § 1 Abs. (1) der DV 209, Vorschriften für die Drucksachen, Schreib- und Zeichenstoffe. Zuständige Druckdirektion war nach Anhang III der genannten Vorschrift die jeweilige Reichsbahndirektion. Nach dem Anschluss Österreichs wurde z.B. mit Verfügung 2 Ogded 30 vom 23. August 1938 die RBD Wien zuständige geschäftsführende Direktion für den Bereich der RBD Wien, Linz und Villach.

Der Satzspiegel der Buchfahrpläne sollte nach den Fahrplanvorschriften 197 mm hoch und 131 mm breit sein. Als Papierqualität war in der DV 209 holzhaltiges Papier mit etwa 60-90 g/m² angegeben, der Umschlag sollte aus rotem, geglättetem Steifpapier (150-500 g/m²) gefertigt sein. Ab dem Fahrplanwechsel vom 17. Mai 1943 wurde diese Vorschrift nicht mehr durchgängig eingehalten und es wurden auch minderwertige und holzhaltige Papiere, z.T. auch farbige, verwendet. Das Papiergewicht wurde dabei teilweise auf 60 g/m² abgesenkt.

Die Papiergewichte und Stoffklassen richteten sich nach der DIN 827 (Ausgabe April 1925) und RAL 470 A (Ausgabe April 1935). Für Vordrucke, Dienstvorschriften, Fahrpläne, Fplo und Telegrammbriefe konnten die Papiersorten Normal 6a, 6b, 8a, 8c und 8d verwendet werden. Diese Abkürzungen bezogen sich auf das speziell für die Klassifizierung der Papiersorten entwickelte Musterbuch der Reichsdruckerei, Ausgabe 1931. So bedeutete z.B. das Kürzel „A4 Bk 50 6b gelb Dresden III 44 25000 L/0218", dass es sich hier um ein A4-Formular als 50-seitigen Block handelte, mit der für Telegrammbriefe nach 410.01 verwendeten Papiersorte 6b in Gelb (70 g/m²), die Druckdirektion war Dresden und die Auflage aus dem März 1944 betrug 25.000 Stück, die letzte Angabe stellte die interne Nummer der Druckerei dar. Zum Format (z.B. A4) hinzugesetzte Kleinbuchstaben h, q und d bedeuteten, dass das Formular im Hoch-, Querformat oder als Umschlagseite gedruckt war. Die Papiersorte 6a (Musterblatt 7 des Musterbuches) bzw. 6b (Musterblatt 8) war nach der DIN auch als Schreib- und Kanzleipapier vorgesehen, bei der Klasse 8a handelte es sich um Druckpapier für wichtige, länger als 10 Jahre aufzubewahrende Dokumente (z.B. Dienstvorschriften) und bei den Klassen 8c/ 8d, die häufig für die Buchfahrpläne verwendet wurde, um Papier für untergeordnete Zwecke des täglichen Verbrauches. In einigen Direktionen wie in der RBD München und Stuttgart wurde aber bis etwa 1935 auch die Klasse 8a für Buchfahrpläne verwendet, so dass diese Hefte beim Betrachter auch heute noch einen neuwertigen Eindruck hinterlassen.

Die Umstellung der Zuschnitte der Buchfahrplanhefte auf das Format DIN A5 „hoch" zog sich bis etwa 1934 hin, obwohl die DIN-Formate z.B. bei der RBD Dresden schon mit Verfügung Gz 2.1618 vom 7. Juli 1924 eingeführt worden waren. Am längsten dauerte dieser Prozess in den Reichsbahndirektionen der Gruppenverwaltung Bayern mit dem selbständigen, für die Bahnen in „Bayern rechts des Rheins" zuständigen Zentral-Verkehrsamt München, das erst 1933 aufgelöst wurde und in der RBD Ludwigshafen, die den größten Teil der ehemaligen, seit 1909 zur bayerischen Staatsbahn gehörenden Strecken der Pfalzbahn verwaltete.

In den nach dem Anschluss Österreichs an das Deutsche Reich im März 1938 gegründeten Reichsbahndirektionen Linz, Villach und Wien wurde von vornherein die Reichsbahnorganisation eingeführt und die DIN-Formate verwendet.

Fahrzeitentafeln für Hilfszüge sowie für Schnell-, Güter-, Wehrmachts- und Personenzüge wurden im Format DIN A5, in hektografierter Form aber auch in DIN A4 herausgegeben.

Die Einführung der DIN-Formate bei der DRG/ DR hatte unter anderem auch Auswirkungen auf andere Ausrüstungsteile, wie z.B. die Buchfahrplanhalter auf den Führerständen der Lokomotiven, die Größe von Aktenmappen und Aktenordnern und die Gestaltung von Büromöbeln wie Schränken und Regalen.

Ab 1945 wurde bis etwa zur Ausgabe ab 3. Oktober 1948 in allen damals noch als Reichsbahndirektionen bezeichneten Direktionen der Übergang zur lateinischen bzw. Antiqua-Schrift mit und ohne Serifen vollzogen. Diese wurde jedoch nicht einheitlich verwendet, sondern meist nur für die Bahnhofsnamen in den Fahrplänen, im weiteren kam eine Vielzahl von Schriftstilen zur Anwendung, deren Aufzählung hier zu weit führen würde. Dies hing auch damit zusammen, dass zum Teil die Vertragsdruckereien zerstört waren und auf andere Bezugsstellen zurückgegriffen werden musste, in denen die Schriftsätze für die bisher verwendeten Schriftstile nicht vorhanden waren.

zu melden. Dabei war auch der Bedarf an Druckstücken benachbarter Direktionen mit anzugeben. Für die Anmeldung waren Bedarfslisten mit Angabe der Blatt- bzw. Heftnummer für die Buch- und Bildfahrpläne und ggf. Streckenfahrpläne aufzustellen. Solche Listen gab es auch für den internen Bedarf der Ämter und Direktionen.

Nach einer Verfügung der Hauptverwaltung der DRG vom 25. Juni 1925 (Az. 23. 3745) waren die Vorlagensätze zum Druck der Personenzugfahrpläne 4 und die

Kürzel für die Auflage des Heftes 11 der RBD Wien: Gedruckt im Juni 1944 in 2300 Exemplaren, Druckerei von Waldheim-Eberle, Wien.

Bestellung und Herstellung, Druckereien, Auflage

Die Anforderung und Verteilung der Fahrdienstdrucksachen war erstmals im Erlaß der Hauptverwaltung der KPEV vom 13. Juli 1911, Az II. C. 1920 geregelt und wurde später durch die Hauptverwaltung der DRG wiederholt präzisiert. Für das im Mai beginnende Fahrplanjahr war z. B. durch die zugeordneten Dienststellen der selbständigen Bahnhöfe bis zum 12. Februar der Bedarf an Fahrplandrucksachen beim Mutterbahnhof anzumelden und wurde bis zum 18. Februar an das Betriebsbüro der Direktion übermittelt. Die Bw und Bww hatten ihren Bedarf dort selbständig

des Güterzugfahrplanes 3 Wochen vor dem Fahrplanwechsel an die Vertragsdruckereien zu übergeben, was aus heutiger Sicht schon knapp bemessen erscheint und ein eingespieltes System erforderte.

Jede Direktion hatte im hier behandelten Betrachtungszeitraum von 1920 bis 1949 eine oder mehrere Vertragsdruckereien, die nach Submission für eine vertraglich festgelegte Zeit die Lieferung von Dienstvorschriften und Fahrplänen übernahm. Darüber hinaus verfügten die meisten Direktionen auch über eigene Druckereien, die jedoch keine Dienstfahrpläne, wohl aber kurzlebige Unterlagen wie Fahrplananordnungen oder die Berichtigungsblätter zu den Buchfahrplänen druckten. Dienstvorschriften wurden dagegen oft in den eigenen Druckereien der RBDen hergestellt. Eine Übersicht der Vertragsdruckereien ist – getrennt nach Direktionen – in der Tabelle rechts dargestellt.

Teilweise waren auf dem Deckblatt der Hefte im unteren Bereich die bahninterne Abkürzung der Druckerei, die Auflage für das betreffende Heft und das Herstellungsdatum (Monat) vermerkt (vergleiche Bild links).

Für die Vertragsdruckereien war der Druck von Unterlagen für die Reichsbahn ein willkommenes Zubrot. Einige Betriebe waren auch bekannte Druck- und Verlagsanstalten wie die Firma Du Mont Schauberg in Köln, die bereits zur Zeit der Napoleonischen Kriege als Herausgeber von Tageszeitungen hervorgetreten war oder Erdmann Raabe in Oppeln, der z.B. die Briefmarken für das zwischen Februar 1920 und Juli 1922 geschaffene

von einer Interallierten Kommission kontrollierte sogenannte Abstimmungsgebiet in Oberschlesien druckte.

Die separaten und als geheim eingestuften Vorschriften für die Durchführung der Militärverkehre im Höchstleistungsfahrplan sowie die Vorbereitung der Luftschutzmaßnahmen auf Bahnanlagen (DV 1104 und 1106) wurden in der Reichsdruckerei Berlin hergestellt, wo eine noch größere Vertraulichkeit der Bearbeitung gegeben war.

Ab dem Fahrplanwechsel vom 2. November 1942 wurden die Vertragsdruckereien bei den meisten Direktionen nicht mehr im Klartext auf dem Deckblatt aufgeführt sondern nur noch eine Schlüssel-

bezeichnung mit einem Buchstaben und einer 4-stelligen Firmennummer verwendet. So wurde die in der Tabelle aufgeführte Mainzer Verlagsanstalt & Druckerei mit dem Kürzel K/0623 abgekürzt. Gelegentlich waren auch bei einigen Direktionen nach einem Schräg- oder Bindestrich eine auf das Heft bezogene Druckauflage, manchmal auch der Monat und das Jahr der Auslieferung (z.B. 1700 / 06.44) angegeben.

Der Druck erfolgte bis zum Zusammenbruch in einer der damals noch weit verbreiteten Frakturschriften (Bruchschriften). Bis etwa 1930 wurden noch die damals im Buchdruck gebräuchlichen gotischen Schriftstile (u.a. Courante

Übersicht der Vertragsdruckereien nach Direktionen (Stand: 30.9.1941)

Nummer DV 407, Anlage 6	Direktionssitz	Vertragsdruckerei/Verlag
1	Altona/Hamburg	Druckerei Adolff GmbH, Hamburg-Altona
2	Augsburg	Literar. Institut P. Haas & Cie, Augsburg; Gebr. Reichel/D. Eisele & Sohn, Augsburg
3	Berlin	Ernst Steininger Druck- & Verlagsanstalt Berlin SW 19; Greve Druck, Berlin SW 29
4	Breslau	M. Walther, Reichenbach i. Schl.; Wilhelm Gottlieb Korn, Breslau
5	Kassel (Reihenfolge noch wie Cassel)	Weber & Weidemeyer, Kassel
6	Dresden (Vollspur)	B. G. Teubner, Dresden
7	Dresden (Schmalspur u. Sudetenland)	B. G. Teubner, Dresden
8	Wuppertal	Sam. Lucas, Elberfeld (später Lucasdruck Wuppertal-E.)
9	Erfurt	A. Stenger, Erfurt
10	Essen	Verlag von M. Du Mont Schauberg, Köln
11	Frankfurt (Main)	Buchdruckerei Carl Ritter, Frankfurt a. M.
12	Halle (Saale)	Gebauer-Schwetschke AG, Halle (Saale)
13	Hannover	Gebr. Jänecke, Hannover; C. Baensch jun., Magdeburg
14	Karlsruhe	C. F. Müller, Karlsruhe
15	Köln	Verlag von M. Du Mont Schauberg, Köln
16	Königsberg (Pr.)	Buchdruckerei R. Leupold, Königsberg (Pr.)
17	Linz	Buch- und Steindruckerei J. Wimmer, Linz; NS-Gauverlag und Druckerei GmbH, Linz-Donau
18	Danzig	A. W. Kalemann, Danzig
19	Mainz	Mainzer Verlagsanstalt und Druckerei AG Will & Rothe
20	München	Druckerei und Verlagsanstalt Carl Gerber, München
21	Münster	Druckerei „Der Westfale", Münster; C. J. Fahle, Münster (Westf.)
22	Nürnberg	Sebaldus-Verlag GmbH, Nürnberg; W. Tümmels Buchdruckerei, Nürnberg
23	Villach	Druckerei von Waldheim-Eberle, Wien
24	Oppeln	Druckerei von Erdmann Raabe, Oppeln
25	Osten/Frankfurt (Oder)	Buchdruckerei Trowitzsch & Sohn, Frankfurt (Oder)
26	Regensburg	Druckerei Carl Gerber, München; Friedrich Pustel, Grafischer Großbetrieb, Regensburg
27	Schwerin	W. Sandmeyer, Schwerin (Meckl.); Bärensprungsche Buchdruckerei, Schwerin i. M.
28	Stettin	F. Hessenland GmbH, Stettin
29	Stuttgart	J. B. Metzlersche Buchdruckerei; Gebr. Rath; Druck- und Verlags-Anstalt S.; Ernst Klett, Stuttgart
30	Saarbrücken	Jakob Lintz, Trier (bis 1935); Eigenverlag der RBD/ED Saarbrücken
31	Wien	Druckerei von Waldheim-Eberle, Wien
36	Posen	NS Druck Wartheland, Posen; Eigenverlag RBD Posen
91-94	RVD Minsk, Riga, Kiew, Dnjepro	NS Druck Wartheland, Posen, Eigenverlage
95	Gedob EBD Krakau	Druckerei und Fahrkartenverwaltung Krakau
96	Gedob EDB Lublin	Druckerei und Fahrkartenverwaltung Krakau
97	Gedob EBD Radom	Buchdruckerei W. L. Anczyc & Co., Krakau
98	Gedob EBD Warschau	Buchdruckerei W. L. Anczyc & Co., Krakau

Gotisch, Neu-Gotisch und Haas-Gotisch) und die sog. Kanzleischrift benutzt. Nach Anhang IV der DV 209, Ausgabe 1939, waren diese Schriftarten aber nicht mehr erwünscht. Frakturschriften galten um 1933 zwar als altmodisch, wurden aber dennoch bei der DRG/DR für Druckschriften weiter benutzt. Da sich einige Schriftarten noch aus der Anfangszeit des Buchdrucks und aus dem englischsprachigen Raum herleiteten und man seitens der Reichsregierung und der NSDAP nach einem „deutschen" Schriftstil suchte, wurden von 1933 bis 1938 dann die Schriftarten „National/ Deutschland", „Potsdam 36" und „Tannenberg" und andere eingeführt. Um 1925 gab es im Deutschen Reich immer noch etwa 300 verschiedene Frakturschriften, von denen etwa 20 für den Druck der Dienstvorschriften, Dienstfahrpläne und der Anhänge zur DV 407 verwendet wurden. Zu nennen sind dabei neben den bereits genannten die Bernhard-Fraktur (verwendet für RBD Dresden, Essen, Stettin), Koch-Fraktur (RBD Hamburg, Regensburg), Leipziger Fraktur (RBD Berlin), Offenbacher-Schwabacher (RBD Halle, Hannover), Mainzer Fraktur (RBD Frankfurt) und Normal-Fraktur (RBD Frankfurt, Mainz) sowie die sog. Deutsche Reichsschrift und dazu noch die oben genannten, erst nach 1933 eingeführten Frakturschriften (RBD Osten, Oppeln, Linz). Die Druckereien benutzten für den Satz der Fahrpläne die jeweils vor Ort vorhandenen Lettern. Daher waren in einzelnen Heften und allein auf dem Deckblatt bis zu 5 verschiedene Frakturschriften zu finden.

Für die AzFV, Geschwindigkeitsübersichten und die Buchfahrpläne der Direktion Posen, der Ostbahn und der RVD wurde von vornherein Antiqua-Schriftarten (u.a. Akzidenz-Grotesk, Futura und ähnliche) verwendet. Dies leitete sich auch aus der relativen Eigenständigkeit der Ostbahn ab, die – wie auch die Verwaltung des Generalgouvernements – die Frakturschrif-

ten ablehnte, zumal in den vorhandenen polnischen Druckereien die benötigten Sätze und Lettern nicht zur Verfügung standen.

Anhänge zu den Buchfahrplänen

In den Buchfahrplanheften waren neben den gemäß Verkehrstageregelung verkehrenden Regelzügen auch immer eine Reihe von Bedarfszügen aufgeführt, die nur zu besonderen Zwecken (Produktionsspitzen in der Industrie, Ernteverkehre, Großbauvorhaben) verkehrten. Mit Kriegsbeginn wurde die Problematik der Umleitung von Zügen durch Überlastung von Strecken, Streckenunterbrechungen und Luftangriffe bedeutsamer. Der Bedarfsverkehr, der vor dem Krieg nur etwa 10 v. H. des gesamten Verkehrs betrug, stieg immer mehr an, insbesondere im Güterverkehr. Entsprechend ging der Umfang des Stammplanes zurück.

Auf der Grundlage der Übersichten der Umleitungsstrecken und Umleitungswegeverzeichnisse, die bei den GBL, OZL und ZL vorhanden waren, wurden daher für alle Hauptbahnen und alle Nebenbahnen mit Netzcharakter, d.h. ohne die Stichbahnen, zusätzliche Anhänge zu den jeweiligen Buchfahrplanheften herausgegeben. Dies erfolgte erstmalig mit der Ausarbeitung der Höchstleistungsfahrpläne zum Fahrplanwechsel im Oktober 1937. Diese Anhänge beinhalteten den unter Ausnutzung der maximalen Streckenleistungsfähigkeit möglichen, vorab trassierten zusätzlich zum Stammfahrplan möglichen Verkehr. Dabei wurden die als Bedarfs-Durchgangsgüterzüge (B-Dg) bezeichneten Züge in die Zugnummerngruppe 90000-99000, teilweise auch nur bis 96999 oder 97999 eingeordnet. In den Bedarfstrassen (sog. „Plänen") konnten auch Reisezüge oder SF-Züge

verkehren, wenn dies betrieblich erforderlich war, z.B. nach Luftangriffen. Wie im Kapitel zu den M-Fahrplanbüchern beschrieben wurden ab 1939 schrittweise die erforderlichen W-(Wehrmachts-)-Fahrpläne in die Anhänge eingearbeitet. Auch in den Stammheften gab es regelmäßig verkehrenden Nachschubzüge mit der Bezeichnung „W-Nachschubzug". Ab dem Fahrplanabschnitt 1943/44 fiel der Höchstleistungsfahrplan fort und es gab nur noch den Anhang zum Buchfahrplan. Damit stellten Stammheft und Anhang den Gesamtfahrplan für eine Strecke dar.

Das Bild oben rechts zeigt eine Buchfahrplanseite aus dem Anhang zu einem Heft der RBD Berlin von 1944. Der Spalten- und Zeilenaufbau entsprach den zugehörigen Stammheften. Die B-Dg verkehrten mit Geschwindigkeiten von 50-60 km/h, was auf die Leistungsfähigkeit der eingesetzten Baureihen (vor allem BR 50, $55^{25\text{-}56}$, $56^{20\text{-}30}$, $57^{10\text{-}40}$ und $58^{10\text{-}22}$ sowie E 44 und E 94) und auf die Streckenverhältnisse abgestimmt war. Gleichzeitig wurde damit auch die Grundgeschwindigkeit an den übrigen Güterverkehr angeglichen, der Reiseverkehr wurde hinsichtlich der Fahrgeschwindigkeiten ebenfalls immer weiter verlangsamt. Dazu mehr im Abschnitt zu den M-Buchfahrplänen.

Die Bespannung wurde einheitlich für jede Strecke einmal mit einer der vor Ort in den Bw vorhandenen Baureihen angegeben. Interessant ist, dass für elektrifizierte Strecken, wie z.B. die Saalbahn Großheringen – Saalfeld – Probstzella die Fahrpläne für die Bedarfszüge mit Dampfbespannung und Vorspann angegeben wurden, da man offenbar auch mit der Möglichkeit eines Ausfalles der Oberleitung rechnete, während die Züge des Regelfahrplanes noch mit Elektrotraktion und damit auch höheren Zuglasten ausgewiesen wurden. Die Zuglast wurde entweder mit 850 t, der Regelzuglast für halbe Wehrmachtszüge oder mit einem

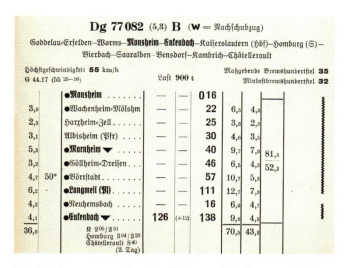

Dg 77082 (5,3) B (W = Nachschubzug)

Goddelau–Erfelden–Worms–**Monsheim–Enkenbach**–Kaiserslautern (Hbf)–Homburg (S)–
Bierbach–Saaralben–Bensdorf–Kambrich–Châtellerault

Höchstgeschwindigkeit **55 km/h** G 44.17 (55 25—56) Laſt **900 t** Maßgebende Bremshundertſtel **35** Mindeſtbremshundertſtel **32**

	●Monsheim	—	—	016				
3,0	●Wachenheim=Mölsheim	—	22	6,5	4,0		
2,3	Harxheim=Zell	—	25	3,8	2,6		
3,1	Albisheim (Pfr)	—	30	4,6	3,5		
5,2	●Marnheim ▼	—	40	9,7	7,0	81,5	
3,2	●Göllheim=Dreisen . . .	—	46	6,5	4,8	52,2	
4,7 50*	●Börrstadt	—	57	10,7	5,8		
6,2	●Langmeil (Bl)	—	111	12,7	7,8		
4,2	●Neuhemsbach	—	16	6,9	4,7		
4,1	●Enkenbach ▼	126	(+12) 138	9,6	4,5		
36,0	K 200/210 Homburg 304/333 Châtellerault 840 (2. Tag)			70,9	43,2		

Im Mai 1943 wurden die Wehrmachtszüge zum Teil noch in den Stammheften aufgeführt (Buchfahrplan Heft 5b RBD Mainz vom 17. Mai 1943).

Anhang zum Buchfahrplan Heft 7b RBD Berlin vom 3. Juli 1944).

Berlin=Schönholz=Kremmen 37

Höchſtgeſchwindigkeit Snl—Blt **55** km/h Blt—Krm **50** km/h G 45.17 (56 20—30) Zuggattungsnummer (5,3) Laſt **1200 t** Maßgebende Bremshundertſtel **35** Mindeſtbremshundertſtel **32**

			Dg 91 701 B			Dg 91 703 B †			
1	2	3	4	6	10	4	6	10	8
		Berlin=Schönholz .	—	031		—	110		
1,5		Abzw Iga		34			13		1,8
0,8		Bln=Reinickendorf .		35			14		1,0
1,5		Wittenau (Kr Bahn)		38			17		1,7
0,8		Eichbornstraße		39			18		0,9
2,2		Berlin=Tegel		43			22		3,0
2,2		Bf Tegelgrund . . .		47			26		2,7
2,1		Schulzendf b Tegel .		51			30		2,6
1,7		Heiligensee		53			32		2,0
2,5		Hennigsdf (Kr Ofth)		57			36		3,0
2,8		Bf Jägerberg . . .		101			40		3,4
3,1		Velten (Mark) . . .	107	20		146			3,7
5,6		Vehlefanz		29					7,0
2,1		Schwante		32					2,8
4,2		Kremmen	139						5,7
33,1									41,3

der Bespannung und den Streckenverhältnissen angepassten Wert angegeben (zwischen 900 und 1400 t).

Bei zweigleisigen Strecken, die im Regelfahrplan aufgrund des im Kriege eingeschränkten Reiseverkehrs nur gering belastet waren, konnte es vorkommen, dass der Anhang zum Buchfahrplan einen größeren Umfang als das Stammheft für die betreffende Strecke hatte. In der folgenden Tabelle ist dies am Beispiel der Strecke Hamburg – Wittenberge für zwei aufeinanderfolgende Fahrplanperioden dargestellt:

Wie die Tabelle zeigt, ist bei etwa konstantem Anteil der Stammplanzüge innerhalb eines Jahres der Anteil der Bedarfs-Durchgangs-

güterzüge am gesamten Ferngüterverkehr um 8 % angestiegen und betrug im Juli etwa 70,1 % des Gesamtverkehrs. Dabei sind in der Tabelle nur die Dg, nicht aber die Nahgüter-, De- und Leig-Züge berücksichtigt, da diese z.T. nur auf Teilabschnitten verkehrten. Es wurde dabei durch die Direktionen versucht, die Leistungsfähigkeit des betreffenden Abschnittes möglichst weitgehend auszunutzen. Im Sommer 1944 konnten so auf dem genannten Abschnitt insgesamt 184 Züge gefahren werden, hinzu kommt noch der Güterverkehr der genannten anderen Gattungen und der Personenverkehr, woraus sich eine Streckenleistungsfähigkeit von etwa 220 Zügen pro Tag ergab.

Für die zeitliche Reihenfolge des Verkehrens der in den Anhängen zum Buchfahrplan jeweils aufgeführten Bedarfszüge waren die letzten drei Ziffern der Zugnummern maßgebend.

Die Zugkreuzungen und Überholungen mit den Bdg-Zügen der Nummernreihe 90000-99000 waren in der Regel nicht in Spalte 10 der Buchfahrpläne aufgeführt. Ausnahmen waren vielbelastete Strecken oder im Gemeinschaftsbetrieb mit einer anderen RBD betriebene wie die Strecke Lindau – Friedrichshafen (RBD Augsburg und Stuttgart).

Nach dem Krieg wurden die Anhänge zu den Buchfahrplänen im Bereich der britischen und amerikanischen Besatzungszone beibehalten. Nun ging es nicht mehr um kriegswichtige Transporte, sondern in den Vorbemerkungen solcher Anhänge war angegeben, dass die BDg-Pläne vorwiegend für den Bedarf der Besatzungsmächte vorgesehen waren, also auch militärische Güter und Truppenteile transportieren konnten. Mit der Teilung in Besatzungszonen wurden zum 30. Juni 1946 neue Zuggattungsnummern eingeführt und die BDg-Züge erhielten nun statt der Zuggattungsnummer (5,3) die (60,5).

Buchfahrplanhefte mit Bedarfszügen

Wie bereits ausgeführt, gab es in jeder Direktion besondere Buchfahrplanhefte mit den Bedarfszügen innerhalb des Bezirks mit den Heftnummern 51 bis 56. Das Heft 51 enthielt die vorsorglich für großes Verkehrsaufkommen trassierten Vor- und Nachzüge zu den planmäßig verkehrenden Reisezügen und die damit in Zusammenhang

Übersicht der Stammplanzüge und der Bedarfszüge des Anhanges zum Buchfahrplan Heft 1c der RBD Hamburg für die Fahrpläne vom 17.5.1943 und 3.7.1944,

Jahr	1943	1944
Stammplan; Anzahl der Durchgangsgüterzüge	42 Dg 13 Dg (B)	44 Dg 11 Dg (B)
Bedarfszüge gemäß Anhang zum Bfpl.	90 Dg (B)	129 Dg (B)
Anteil Stammplan am Güterverkehr	37,9 %	29,9 %

107

stehenden Leer- und Überstellzüge. In den Heften mit der Nummer 55, die ab 1940/41 hinzukamen, waren die inner-, z.T. auch überbezirklich verkehrenden, vorab festgelegten Bedarfszüge enthalten. Das Heft 56 gab es nur bei einigen Direktionen, es beinhaltete, sofern nicht bereits in den regulären Buchfahrplanheften enthalten, die Probezüge und zugehörigen Leerfahrten der Reichsbahn-Ausbesserungswerke, etwa für Indizier- und Leerprobefahrten.

Ein besonderes Kapitel stellten die Durchführung der im folgenden beschriebenen Bedarfszüge für Umsiedler, die sog. Kinderlandverschickung und die Transporte in und aus Konzentrationslagern in der Kriegszeit dar, für die eine Vielzahl in der VBL – DV 407 – nicht aufgeführter Zugbezeichnungen und Sonderkennzeichnungen verwendet wurde. Dazu gehören auch die Fremdarbeiter-, „Umsiedler-" und „Durchwanderersonderzüge" (Da). Letztere Zugbezeichnung „Da" gab es schon ab 1938, als mit der Annexion Österreichs und der

Tschechoslowakei größere Bevölkerungsbewegungen aus diesen Ländern in Richtung Frankreich, Belgien und weiter in Richtung England in Gang gesetzt wurden. Dies muss auch abweichend zu bisherigen Angaben in der Fachliteratur [23] angemerkt werden.

Belegt ist diese Abkürzung aus Buchfahrplänen der RBD Nürnberg vom Mai 1939. Später wurden mit der Bezeichnung „Da" und auch „Pj" – für polnische Juden – die Züge in die Vernichtungslager der Nationalsozialisten umschrieben. Die Zuggattung nach DV 407 war für diese Züge 30,9 bzw. 30,11 für die Leerzüge. Parallel dazu gab es die entsprechenden Züge für Begleitmannschaften, Einsatzgruppen der SS und Polizeieinheiten, die zur Zugnummer den Zusatz „Pol" erhielten (Zuggattung 30,8 bzw. 30,13). Zu diesem Komplex gibt es detaillierte Forschungen, auf die hier nicht näher eingegangen wird und bei denen beispielhaft auf die Quellen Nr. [15] und [23] verwiesen wird. Das Bild auf Seite 109 zeigt eine Seite aus den Vorbemer-

kungen zum Buchfahrplan Heft 55c der RBD Halle aus dem Jahre 1944, die die Vielzahl der zusätzlichen Zuggattungen für Bedarfszüge verdeutlicht. Ein Sonderfall war hierbei, dass die im Buchfahrplan verzeichneten Zugnummern gleich den Plannummern waren, d.h. dass die einmal vergebene Zugnummer bis zum Endbahnhof beibehalten wurde, was aber nicht ausschloß, dass z.B. bei Umleitungen ein solcher Zug auf Teilabschnitten auch im Plan eines anderen Bedarfszuges verkehren konnte, wie hier als Beispiel angegeben: „Es verkehrt Ru 9542 (d.h. ein Sonderzug mit gewerblichen Arbeitern aus Russland) im Plane Os 1611" (Os für Plannummern der Generalbetriebsleitung Ost). Im Zugmeldebuch, im Merkkalender und an der Merktafel nach § 6 Abs. 9 der FV war die Zugnummer umrahmt und zusätzlich hinter der Plannummer anzugeben. In den Fahrtberichten waren die Zugnummern in solchen Fällen ebenfalls umrahmt anzugeben, zusätzlich war die Plannummer am oberen Rand des Fahrtbe-

Mit einem letzten Blick auf die Weinlagen des Würzburger Steins warten die Juden der Stadt am 25.4.1942 auf den Befehl zum Einsteigen. Das Gepäck liegt zur Verladung in den Deportationszug DA 52 bereit.

Foto: Staatsarchiv Würzburg

Vorbemerkungen

A. Allgemeine Erläuterungen (siehe Sonderheft)

Daneben gilt für Sonderzüge allgemein noch folgendes:

1. Die **Überholungen** der nicht genannten Güter= und Wehrmachtzüge sowie der Bedarfs= züge regeln die Bfe im gegenseitigen Einvernehmen.

2. **Die Gestellung der Lok und der Zugbegleitmannschaften wird jeweils besonders geregelt.**

3. Die Aufnahme der Bedarfsreisezüge in die Bahnhoffahrordnung erfolgt nach ABl Verf 420/44 (FV § 20 (5) zweiter Absatz).

4. Es bedeutet der **Zusatz zur Zugnummer:** (FV § 5 (3))

Ar	Sdz	für	ausländische Arbeiterurlauber
War	„	„	Wochenendarbeiterurlauber
Bar	„	„	belgische
Bg	„	„	bulgarische
Far	„	„	französische
Har	„	„	holländische
It	„	„	italienische
Kt	„	„	kroatische
Fa	„	„	Feldarbeiter
Pr	„	„	gewerbliche Arbeiter aus dem Protektorat
Gga	„	„	gewerbliche Arbeiter aus dem Generalgouvernement
Gw	„	„	gewerbliche Arbeiter bei Umlegungen innerhalb des Reiches
Ki	„	„	Kinder der Kinderlandverschickung
El	„	„	Eltern
Mk	„	„	Mutter und Kind
Um	„	„	Umquartierte
Ol	„	„	Obdachlose
Da	„	„	besondere Personenkreise
Ru	„	„	gewerbliche Arbeiter aus Rußland
Vd	„	„	Volksdeutsche

(die Zeilen Bar, Bg, Far, Har, It, Kt sind mit „gewerbliche Arbeiter" zusammengefaßt)

Außerdem erscheinen als Zusatz zur Zugnummer auch die in FV Anl 8C aufgeführten Abkürzungen der Ausgangsdirektionen: Au, Bln, Hl usw.

5. Zugart: Bedarfsreisezüge — Personenzüge — FV § 5 (4).

B. Bestimmungen der Reichsbahndirektion für örtliche Besonderheiten.

1. Die **Verkehrstage** werden von Fall zu Fall schriftlich oder telegraphisch **bekanntgegeben**.

2. Im Kopfe vor jeder listenmäßig zusammengefaßten Fahrplangruppe ist die Höchst= geschwindigkeit, die Zuggattung, die Last usw angegeben.

3. In den kürzesten Fahrzeiten — Spalte 8 — der Listenfahrpläne ist der Halte= und An= fahrzuschlag auch dann enthalten, wenn nicht alle aufgenommenen Züge auf den vor= gesehenen Haltebahnhöfen halten.

4. In den Fußnoten zu den Plänen bedeuten die Zeichen und Abkürzungen:

⊙	= Überholung durch Zug	V	= Verpflegung
×	= Kreuzung mit Zug	T	= Trinkwasserversorgung
Ubh des	= Überholung des Zuges	U	= wagentechnische Untersuchung
f	= folgt	N	= Notdurft

5. **Verspätungsmeldungen** sind wie bei Regelzügen nach FV § 34 zu machen, insbesondere an Verpflegungsbahnhöfe.

6. **Fahrdienstliche Behandlung der Sonderzüge.** Im Kopfe der Listenfahrpläne sind im allgemeinen die Zugnummern angegeben, die zugleich Plannummern sind (FV § 5 (3)).

Abweichend davon sind für Sonderzüge mit vielgestaltigen, wechselseitigen Verkehrs= beziehungen nur Plannummern — mit dem Zusatz Os — angegeben. — Os bedeutet Plannummer der Generalsbetriebsleitung Ost (Os) — Bei Bekanntgabe der Verkehrs= tage wird zu dieser Os=Plannummer noch die eigentliche Zugnummer angegeben.

Die Ansage würde z B lauten: Es verkehrt Ru 9542 im Plane Os 1611. Fahrdienstlich sind die Sonderzüge grundsätzlich mit ihrer Plannummer abzumelden. **FV § 11 (3).**

55c   11

„Besondere Personenkreise". Vorbemerkungen zum Buchfahrplan für Bedarfszüge, Heft 55c der RBD Halle vom 3. Juli 1944. Mit der Zuggattungsbezeichnung „Da" waren die Züge in die Vernichtungslager gemeint.

Deutsche Reichsbahn

Bahndiensttelegramm

Bahnmeisterei Coswig (Anh.) 0 .02 1944 Abgegeben

Erhalten: Telegraphenstelle		an Telegraphenstelle	Ltg od Pl	Tag	Zeit	Name
am … um 23.35 Uhr						
von … Ltg 68k						
Name …						

Gattung … von (Ursprungsstelle) … Halle … (Ursprungs-) Nummer 185

Sam Eiz

(handschriftlicher Text, weitgehend unleserlich)

41001/1 Bahndiensttelegramm A 5 q Bk 100 6c gelb Dresden II 41 50000 Kirchner

Erhaltenes Bahndiensttelegramm für einen Da-Zug nach Auschwitz: „Mo den 9.2.(1944) verk(ehrt) P Da 703 nach Fplo 2024 Seite 13-17; Lok Bw Magdeburg Roth(ensee) bis Roßlau, Bw Dessau Hbf bis Fak (Falkenberg/Elster), Bw Fak bis Hw (Hoyerswerda), Hw-Ko (Kohlfurt). Zugbegleitpersonal Mg (Magdeburg) Ro (Rothensee) bis Ko (Kohlfurt)."

richtes zu vermerken. Die für den betreffenden Betriebstag maßgebenden Fahrtnummern mussten ebenfalls mit Kreide an der Merktafel angeschrieben werden.

Dass im Falle der Transporte in die Vernichtungslager die Zugnummern gleich den Plannummern waren, weist auch auf die besondere Regelmäßigkeit und die Überwachung der Zugläufe für diese Verkehre hin. Dabei wurden auch die entsprechenden Zugeinheiten in der Regel im Umlauf und nach erfolgter Reinigung immer wieder verwendet.

Der in der Buchstabenkombination verschlüsselte Fahrtzweck der Züge mit Deportierten (Zuggattung P mit dem Zusatz „Da" oder auch BP Da oder BP Pj) führte in den Vorbemerkungen zum Buchfahrplan für Bedarfs-Personenzüge der RBD Halle hinsichtlich der zu befördernden Personen die Bezeichnung „Besondere Personenkreise", da die Durchführung dieser Trans-

	Magdeburg Hbf b) Strecke: Magdebg=Rothensee Vbf Biederitz	Dessau Hbf De=Roßlau Gbf	Bitterfeld Falkenberg
	Zuggattung: a) Vollzüge (30,9) b) Leerzüge (30,11)		

Höchstgeschwindigkeit **65 km/h** — P 35.17 (38¹⁰—40) — Last 500 t — Mindestbremshundertstel

		Da 703			
	(Bis Magdeburg nach Buchfahrpl d RBD Hannover)				
	Magdeburg Hbf ▼	1 00	1 20		
2,3	Magdeburg=Neust ..	—	24		2,7
1,8	Abzw Brücke	—	27		1,7
2,0	Bf Herrenkrug ...	—	28		0,6
2,0	**Biederitz**	—	32₅		3,1
3,8	Königsborn	—	37		3,5
3,5	Bf Wahlitz Hp ...	—	41		3,3
5,2	Gommern	—	47		4,8
3,5	Bf Dannigkow ...	—	51₅		3,2
3,1	Prödel	—	55₅		2,8
2,5	Lübs (Bez Magdb)	—	59		2,3
4,6	**Güterglück**	—	2 04₅		4,3

55 c

Fahrplan für den Da 703 aus dem Buchfahrplan 55c der RBD Halle vom 3. Juli 1944.

porte und die Umläufe der einmal gebildeten Züge im Einzelfall zwischen den zuständigen Stellen im RVM und Reichssicherheits-Hauptamt (RSHA) vereinbart und dann nur durch Einlegetelegramm ein bis zwei Tage vorab bekanntgegeben wurde, wenn dieser Zug an einem bestimmten Tag verkehren oder ausfallen sollte. In einigen Bahndiensttelegrammen, die erhalten geblieben sind, ist allerdings genau benannt, welche Personen und wie viele sich in dem betreffenden Zug befanden und wohin er verkehrte, womit deutlich wird, dass die Verschleierung dieser Transporte nicht vollkommen war. Für diese Züge und Züge mit Fremdarbeitern war eine Behängung mit 25 Güterwagen und eine Besetzung mit bis zu 1000 Personen vorgeschrieben (Erlaß des RVM 21 Bfsv 435 v. 17.4.1942), was durch Bahndiensttelegramme für das Einlegen von Sonderzügen aus der RBD Halle von 1943/44 auch belegt ist. Darüber hinaus konnten auch Doppelzüge mit einer Besetzung bis zu 2000 Personen gefahren werden. Die genaue Abrechnung erfolgte dann nach der Kopfzahl, was in [15] genau beschrieben ist.

In den Buchfahrplänen und z.T. auch zur Präzisierung in den Einlegetelegrammen war auch genannt, wo Verpflegung, Trinkwasserversorgung oder Notdurft erfolgen sollten, teilweise war für bestimmte Bahnhöfe abweichend vom Buchfahrplan im Einlegetelegramm auch angegeben, dass Verpflegung und Notdurft der Insassen dort verboten waren. Diese Anordnungen decken sich mit den Zeugenaussagen aus den einschlägigen Prozessen zu den Transporten in die Vernichtungslager.

Die genannten Sonderzüge für Juden, Fremdarbeiter, Polizeieinheiten u.a. wurden durch die zuständigen Stellen in den Direktionen bei der Vorbestellung und der Fahrplanbearbeitung bis zuletzt als „Gesellschaftssonderzüge" geführt, wozu in den Direktionen gesonderte Tagesverzeichnisse für Reisesonderzüge angelegt wurden.

In den Buchfahrplanheften für Bedarfszüge waren deren gesamte Zugläufe innerhalb eines Direktionsbezirkes dargestellt, d.h. es wurden die Fahrplantabellen mehrerer Strecken nahtlos zusammengefügt und ggf. Einschränkungen für Zug-

lasten und Höchstgeschwindigkeiten gemacht, wenn die Züge z.B. auf Strecken mit steigungsreichen Abschnitten übergingen.

Sonderverkehre zu besonderen Anlässen

Der Begriff des Höchstleistungsfahrplanes ist nicht nur durch die Fahrpläne für den Mobilmachungs- oder Kriegsfall bekannt, es gibt ihn auch in den „Vorläufigen Richtlinien für die Einleitung, Durchführung und Überwachung großer Transporte im Reisezugdienst", DV 467, Ritra, eingeführt mit Verfügung 23 Bsfv 82 vom 14.12.1935. In § 2 Abs. (2) ist ausgeführt, dass aus den Bildfahrplänen ein Höchstleistungsfahrplan zu konstruieren ist, der neben dem Wegfall nicht unbedingt notwendiger Reisezug- und Güterverkehre ein Maximum an zusätzlichen Güterzugtrassen ermöglicht. Dabei wollte man dem

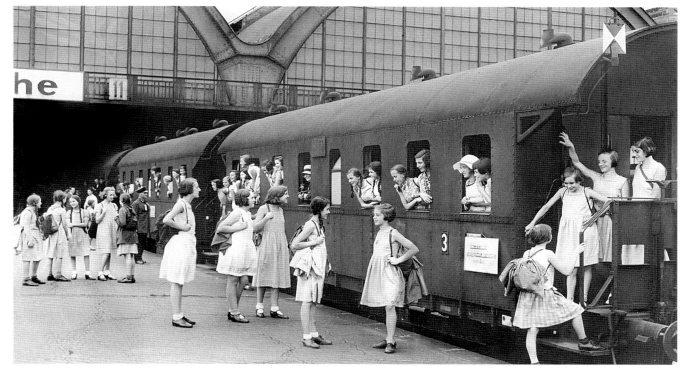

Kulturnation. Tag des Ausflugs. Auf dem Zuglaufschild steht „Vorbehalten für Lessingschule Karlsruhe". Sie wurde 1893 als erstes Mädchengymnasium Deutschlands gegründet und nach dem Dichter der Aufklärung Gotthold Ephraim Lessing benannt.

Foto: RVM/Sammlung Gerhard

zunehmenden Verkehr anlässlich von Großveranstaltungen, wie den Reichsparteitagen in Nürnberg, der Olympiade in Berlin 1936 und den Ferienverkehren der Organisation „Kraft durch Freude" Rechnung tragen. Federführend durch die RBD Altona war 1935 bereits eine Richtlinie für Sonderreisezüge (Riso) entstanden, die mit Verfügung 21 Bfsv 93 v. 24.7.1935 eingeführt wurde. Darin wurden auch Empfehlungen für die Geschwindigkeiten und die Bespannung dieser Züge gegeben. Es wurde entweder auf die Betriebsgattung P 35.17 (38$^{10-40}$) bzw. G 45.17 (56$^{20-30}$) orientiert. Die Geschwindigkeit der Züge sollte 75 bis 80 km/h, für mit Güterzuglok zu bespannende Züge 65 km/h und die Zuglast 500 t nicht übersteigen. Dabei wurde davon ausgegangen, dass 20 je 2- oder 3-achsige Personenwagen beigestellt wurden, die zusammen etwa 1000 Personen befördern konnten. Man kann daraus auch entnehmen, dass die Massenverkehre zu den Reichsparteitagen und anderen Großveranstaltungen als eine Art Vorbereitung auf die späteren Massentransporte von militärischen Einheiten, Fremdarbeitern und Gefangenen dienten.

Für die Aufstellung der Fahrpläne wurde in der DV 467 empfohlen, entweder Fahrplananordnungen oder gesonderte Fahrplanbücher aufzustellen, die neben den üblichen Angaben zum Betriebsdienst und der Bespannung auch alle Bestimmungen enthalten sollten, die für die betreffenden Verkehre galten. Dies konnten auch Regelungen über den Fahrkartenverkauf, die Betreuung durch Reisebegleiter und Transportführer sowie die Verpflegung sein. Die Pläne für Sonderzüge (Riso-Pläne) sollte auch in die Bildfahrpläne eingearbeitet werden, um die Übersichtlichkeit für die Zugdisponenten in den Zugleitungen bzw. die Fahrdienstleiter zu verbessern.

Die Sonderzugtrassen aus diesem Fahrplangefüge sollten jedoch nach Maßgabe der DV 467 möglichst nur

1	2	3	4	5	6	7	8	9	10	11
		Bis Hof Hbf nach Fahrplan der RBD Dresden								
		Hof Hbf ▼	1 15	10	1 25			—		
2,1		Bf Hof-Moschendorf Hp . .	—	—	28					
1,6		Abzw Oberkotzau Rbf . . .	—	—	30					
1,9		● **Oberkotzau Pbf** ▼ . . .	—	—	33					
2,8		Bf Fattigau	—	—	37					
3,1		● **Martinlamitz** ▼	—	—	41					
3,8		Bf Fahrenbühl	—	—	46					
2,7		● **Kirchenlamitz Ost** . . .	—	—	49			51,5 / 41,3		
5,1		● **Marktleuthen**	—	—	55					
3,8		Bf Neudes	—	—	2 00					
3,4		● **Röslau**	—	—	04					
3,9		● **Holenbrunn**	—	—	08					
3,5		Bf Thölau	—	—	12					
3,9		[40] ● **Marktredwitz** ▼ . . .	2 16	7	2 23			—		
3,0		● **Waldershof**	—	—	27					
8,4		● **Neusorg**	—	—	37					
10,5		● **Immenreuth**	—	—	47					
4,8		● **Heidenaab-Göppmannsbühl** Hp	—	—	2 52			52,0 / 44,5		
3,9		**Kirchenlaibach**	—	×	2 56					

Oben: 48 — Ges **SP 4484** (30,9) 3. Klasse — Hof Hbf—Schnabelwaid (—Nürnberg Hbf) — Höchstgeschwindigkeit: Ho—S 65 km/h — Mindestbremshundertstel: $\frac{38}{\cdot}$ — Lok: G 56.16 (58^{10}) — Last 450 t IV

Fahrplanbuch Heft Sp 2 RBD Regensburg vom 15. Mai 1935, mit einem Bedarfsplan für Züge zum Reichsparteitag 1935 in Nürnberg.

zu 75 % ausgenutzt werden, um Reserven für Fälle von Zugverspätungen und Störungen bereitzuhalten. In der Praxis wurden die einzelnen Streckenabschnitte hinsichtlich ihrer Leistungsfähigkeit untersucht und diese Angaben in Anlagen und Streckenübersichten zusammengefasst (Anlagen 2a und 2b der DV 467). Dabei wurde bereits der Begriff der Streckenleistungsfähigkeit in Zügen/Tag bzw. pro Stunde verwendet, der nach dem Krieg im Gebiet der DDR vor dem Hintergrund vieler auf Eingleisigkeit und fehlenden Streckenblock zurückgebauter Strecken einen besonderen Gegenstand wissenschaftlicher Forschungen bilden sollte.

Zur Bezeichnung solcher Züge wurden – wie schon im vorangegangenen Kapitel erwähnt – Sonderbezeichnungen eingeführt, die nicht in der VBL enthalten waren, wie im Bild oben an der Zugbezeichnung „Ges SP" (Gesellschaftssonderzug als Personenzug) erkennbar. Mit Verfügung 24 Bavf 145 vom 27. Oktober 1937 und 24 Bavf 145 des RVM vom 4. März 1938 wurden weitere Kürzel eingeführt, z.B. „Ki" für Züge mit Ferienkindern, „Tu" für Züge zum Deutschen Turnerfest und „Ns" für Züge zur den Reichsparteitagen in Nürnberg. Diese Bezeichnungen ersetzten die bis dahin gebräuchlichen Kürzel „Sp" bzw. „Bp" für Sonder- bzw. Bedarfsreisezüge.

Zum Reichsparteitag. Abfahrbereit nach Nürnberg steht die aufwendig geschmückte 58 1525 im Bahnhof von Meiningen (8. September 1934).

M-Fahrplan-bücher

Die Organisation und Durchführung der Militärverkehre im Bereich der Heeresverwaltung im Zusammenwirken mit dem Reichsverkehrsministerium ist detailliert in der entsprechenden Fachliteratur beschrieben und soll daher hier nur insoweit behandelt werden, als es für das Verständnis der für den Militärverkehr herausgegebenen Fahrplanunterlagen erforderlich ist.

Für die Landesverteidigung im RVM war die Gruppe L (Landesverteidigung) zuständig, die sich in 5 Abteilungen gliederte. Bei betrieblichen Angelegenheiten war auch die Abteilung E II (Betriebsabteilung) im RVM mit beteiligt. Im Mobilmachungskalender war vorgesehen, dass für diesen Fall die Gruppe L dem Chef des Transportwesens beim Chef des Generalstabes (Transportchef) zugeordnet wird. Nach Beginn der Kampf-

handlungen 1939 verblieb aber nur eine kleinere Gruppe von höheren Beamten beim Transportchef, Min-eis (L) genannt, die Verbindung zwischen dem Transportchef, dem RVM und den Reichsbahndirektionen hielt und alle wesentlichen, raumübergreifenden Transportfragen regelte. Bei den Reichsbahndirektionen waren für Militärangelegenheiten schon immer Bahnbevollmächtigte (Bbv) zuständig, die mit den bevollmächtigten Transportoffizieren bei den Heeresgruppen in Kontakt standen. Diese waren vollständig in die Organisationsstruktur der RBD eingebunden und konnten in Personalunion auch noch andere Funktionen, wie etwa die des Referatsleiters für den Güterzugfahrplan, ausüben.

Für die Durchführung der Militärverkehre galt nach 1918 noch die alte Militär-Transport-Ordnung von 1899 mit den bis 1914 herausgegebenen Nachträgen und der Dienstanweisung zur Durchführung der Militärtransporte im Mo-

bilmachungsfalle (DAzD, Ausgabe 1914). Mit Wirkung vom 1. Januar 1932 wurde die Wehrmacht-Eisenbahn-Ordnung (WEO; DV 457, bei der Wehrmacht als H. Dv. 67 bezeichnet) eingeführt. Ab 1932 wurden daher die alten, aus der Zeit vor 1914 überkommenen Militärfahrpläne durch die sog. „Grünen" oder M-Fahrplanbücher ersetzt. Grün deshalb, weil auf den Deckblättern, die meist in Bordeauxrot oder Braun gehalten waren, ein umlaufender 23-25 mm breiter grüner Streifen abgedruckt war, um diese Hefte von den sonstigen Dienstfahrplänen und Druckschriften zu unterscheiden. Ausgangspunkt für die Überarbeitung war neben militärpolitischen Erwägungen die Notwendigkeit einer Einarbeitung der geänderten Streckenverhältnisse und die Anhebung der Grundgeschwindigkeit von früher 30 auf 45 bzw. auf Hauptbahnen bis 55 km/h (damalige Geschwindigkeit der Durchgangsgüterzüge). Damit konnte auch die Anzahl der möglichen zusätzlichen Züge gesteigert werden. Die M-Fahrplanbücher wurden für jede Direktion gesondert herausgegeben und durch Anhänge oder Neuherausgaben berichtigt. Die darin verzeichneten Züge erhielten die Zugbezeichnung M und jeweils für die befahrene Strecke eine ein- bis dreistellige Zugnummer (auch als „Plan"-Nr. bezeichnet) mit dem Vorsatz „M", die sich innerhalb einer Direktion wiederholen konnte (Zuggattungsnummer 59,4). Wehrmachtszüge in Bedarfsplänen erhielten die Zuggattung (5,1) oder (5,7), bis zur Einführung der Gruppennummern in der DV 407 die (69,10). Die Last betrug 850 t, für Halbzüge 500 t, die größte Zuglänge 550 m. Diese Angaben waren noch auf die bis zum Kriegsausbruch in großen Anzahlen vorhandenen Lokomotiven der Baureihen 55$^{25-56}$ und 57$^{10-40}$ und die Länge der Überholgleise auf den Unterwegsbahnhöfen zugeschnitten. Bis 1914 waren die Militärfahrpläne auf die Gattung G7 der KPEV ausgerichtet, die Regelzuglast nach der DAzD von 1914 betrug daher nur 650 t, für Halbzüge 325 t. In die M-Fahrplanbücher wurden als Ausweichstrecken auch Privatbahnen aufgenommen, so die Brandenburgische Städtebahn Brandenburg/Havel – Rathenow als Teil einer Westumfahrung von Berlin unter Einbeziehung der Strecken Nauen – Kremmen und Zossen – Jüterbog, dies zu einer Zeit, als der Berliner Güteraußenring noch nicht vorhanden war.

In den M-Fahrplanbüchern waren keine Entfernungsangaben zwischen den Betriebsstellen angegeben, lediglich in Spalte 2 der Zeitaufwand für das Durchfahren einer bestimmten Strecke, in der Regel zwischen 2 Zugbildungsbahnhöfen. Die Pläne waren mit der gleichen Fahrzeit in dem für die zugehörige Strecke möglichen zeitlichen Abstand, meist 10 Minuten, dargestellt.

Mit Ausbruch des Krieges erhielten die in der Weimarer Republik und bis 1937 getroffenen verkehr-

lichen Vorbereitungen eine besondere Bedeutung. Für die Durchführung der Militärverkehre zu den Fronten wurden sogenannte Transportstraßen als eine Aneinanderreihung besonders leistungsfähiger Bahnlinien definiert, die in das betreffende Gebiet führten. Der Ausbau dieser Trassen war Gegenstand besonderer Bauprogramme, besonders im Bereich der Ostbahn und der RVD (Otto-Programm 1940, Ostbau 1941, 1942 usw.). Eine der längsten Transportstraßen führte 1942/43 von Hendaye an der französisch-spanischen Grenze bis Armavir in Südrussland. Es galt das Prinzip, dass zu jeder Heeresgruppe mindestens eine, möglichst 2 Transportstraßen mit einer ausreichenden Menge an Querverbindungen, sog. „Rochierstrecken" zu den benachbarten auf die Front zulaufenden Hauptbahnen führten.

An den Transportstraßen wurden wichtige Bahnhöfe als M-Betriebsstellen (Melde-Betriebsstellen) definiert, die den Zuglauf der Militärzüge nach den vergebenen sog. „Fahrtnummern" verfolgten und die Fortbewegung der einzelnen Züge untereinander sowie an die Transportkommandanturen, andere militärische Dienststellen und an die Oberzugleitungen und Zugleitungen weitergaben. Die Bahnhöfe, die gleichzeitig M-Betriebsstellen waren, wurden in Verzeichnissen bei den Oberbetriebsleitungen und den Direktionen geführt, für die konkret befahrenen Strecken standen sie in den Vorbemerkungen zu den M-Buchfahrplänen bzw. den Anhängen zu den regulären Buchfahrplanheften.

Wehrmachtszüge erhielten nach der WEO eine sechsstellige (vor 1918 fünfstellige) Fahrtnummer, die sie über den gesamten Laufweg des Zuges beibehielten und die durch die militärischen Transportkommandanturen (TK) vergeben wurde. Mit Fahrtnummer versehene Züge hatten betrieblich Vorrang vor anderen Transporten, mit Ausnahme von Hilfszügen. Präzisierte Rangfolgen wurden in den ein-

zelnen frontnahen Abschnitten durch den Transportchef und seine Bevollmächtigten festgelegt. Die M-Betriebsstellen meldeten die Fahrtnummern untereinander z.B. wie folgt weiter: „Z 196960 im Plan 97832 ab A später 65 Minuten".

Nach Vergabe der Fahrtnummer durch die TK entschied daher die OZL bzw. die Zugleitung, unter welcher Zugnummer der Zug seine Fahrt begann und in welche verschiedenen Pläne er auf seinem Laufweg eingelegt wurde. Für die Vergabe der Zugnummern benutzte man bei Fahrten nach dem Höchstleistungsfahrplan die Nummern aus den M-Fahrplanbüchern/ Buchfahrplänen. In der Praxis kam es kriegsbedingt – wie Einlegetelegramme der RBD Halle beweisen – auch oft vor, dass Militär- oder Nachschubzüge in Pläne von Dg des Bedarfsplanes (aus den Anhängen zum jeweiligen Stamm-Buchfahrplan mit der Nummerngruppe 90000 bis 99999) in Trassen von Leerzügen oder normalen Dg eingelegt wurden und über andere als die fahrplanmäßig vorgesehenen Strecken verkehrten, also auf Teilabschnitten des Laufweges ebenfalls eine von der Zugnummer abweichende Nummer erhielten, die als Plannummer bezeichnet wurde. Häufig kam dies bei Umleitungen infolge von Streckenunterbrechungen vor. Diese Begrifflichkeiten von Fahrt-, Plan- und Zugnummer sind für den Außenstehenden etwas verwirrend, für die Betriebsabwicklung und die Abgrenzung zwischen militärischen und bahnbetrieblichen Stellen waren sie erforderlich.

Die Fahrtnummer wurde an den Zügen außen entweder im Anschriftenfeld oder auf einer Tafel am Güterzuggepäckwagen oder bei Wagenzügen aus Personen- oder Schnellzugwagen außen am Wagen des Zugbegleiters mit Kreide oder abwaschbarer weißer bzw. gelber Farbe angeschrieben. Bei Personenwagen konnte sie außerdem auf dem Trittbrett des Abteils, das der Zugführer benutzte, angeschrieben werden, damit sie vom Stellwerks-

1	2	3	4	5	6	7	8	9	10	11	12	13	14
		Wagenzahl	Leerzug für Einladung kommt von	Tag		Tag	Einladen			Einlade-Einbruchs-	Tag		Tag
Lfd Nr	Fahrtnummer	Einheits-zug-gattung	Bahnhof u M-Plan	Zeit	Bahnhof u M-Plan	Zeit	von	bis	Ladestelle	Bahnhof u M-Plan	Zeit	Bahnhof u M-Plan	Zeit
1	151 858	J	Bufleben / M 1o8	11. / 3.34	Gotha M 1o6 / Ohrdruf	11. / 3,47 4,05 / 4.43	11. 5.3o	11. 7.3o		/Ohrdruf/ M 125	11. 8.17	Georgenthal M 17o	11. 8.27 8.32
2	151 866	J	Neudietendorf M 128 / Gräfenroda M 11o	11. 5.23 / 6,o8 6.1o	f / Ohrdruf	11. / 7.1o	11. 8.00	11. 1o.00		/Ohrdruf/ M 155	11. 1o.47	Georgenthal M 2oo	11. 1o.57 11.o2
3	151 862	J	Crawinkel	11.		11.	11. 7.00	11. 1o.00		/Crawinkel/ M 167	11. 11.1o	Georgenthal M218	11. 11.57 12.32
4	151 859	J	Mühlhausen M 168	11. 7.25	Gotha M 172 / Ohrdruf	11. 8,47 9,35 / 1o.13	11. 1o.3o	11. 12.3o		/Ohrdruf/ M 185	11. 13.17	Georgenthal M 23o	11. 13.27 13.32
5	151 867	J	Herleshausen M 147 / Fröttstädt M 149	11. 1o.o4 / 1o.44 11.oo	Georgenthal M 196 / Ohrdruf	11. 12.oo 12.o4 / 12.13	11. 13.oo	11. 15.00		/Ohrdruf/ M 215	11. 15.47	Georgenthal M 26o	11. 15.57 16.o2
6	151 863	J	Wartha M 141 / Fröttstädt M 143	11. 9.37 / 1o.14 1o.3o	Georgenthal M 19o / Crawinkel	11. 11.3o 11.34 / 12.o8	11. 13.oo	11. 16.00		/Crawinkel/ M 233	11. 16.4o	Georgenthal M 266	11. 17.27 17.32
7	151 86o	J	Fröttstädt M 191	11. 14.24	Gotha M 238 / Ohrdruf	11. 14.36 15.o5 / 15.43	11. 16.3o	11. 18.3o		/Ohrdruf/ M 257	11. 19.17	Georgenthal M 14	11. 19.27 19.32
8	151 868	J	Waltershausen M 191	11. 14.37	Georgenthal	11. 15.3o	11. 16.3o	11. 2o.3o		Georgenthal M 39	11. 21.32		11.

Militärzüge: Diese Fahrplananordnung der RBD Erfurt vom November 1939 für Wehrmachtszüge zeigt gut, dass die Züge einer Fahrtnummer auf einzelnen Abschnitten in verschiedenen M-Plänen unterwegs waren.

Abmarsch nach Frankreich. Das der Organisation Todt, einer paramilitärischen Bautruppe, zugehörige Erste Friesen-Bataillon auf dem Weg nach Frankreich im Sommer 1940 – während eines Wasserhaltes der Zuglokomotive 56[20].

personal gesehen werden konnte.

Für die Verwendung von Zug- und Plannummer ein Beispiel aus der SBV der RBD Regensburg vom März 1943:

Hier heißt es in Ergänzung zu § 5 Abs. (3) der FV zur Problematik des Verkehrens von Sonderzügen:

Wenn ein Sonderzug (Reise-, Wehrmacht-, Güter- oder Dienstzug) in einem Güterzugfahrplan der Nummernreihe 90000-99999 verkehrt, so ist diese Güterzugsnummer auch als Zugnummer im Zugmeldedienst anzuwenden. Um jedoch die Züge voneinander zu unterscheiden, ist die Zugmeldung bei Reisesonderzügen durch den Zusatz „P", bei Wehrmachtzügen durch den Zusatz „W", bei Gütersonderzügen durch den Zusatz „G" zu ergänzen. Fährt z.B. der Verwaltungssonderzug Ar 322 (ein Zug zur Arbeiterbeförderung, Anm. des Verfassers) im Plane des Dg 94212, so ist er im Zugmeldedienst als „Pz 94212" zu bezeichnen, ein Wehrmachtszug im Plane des Dg 92299 ist im Zugmeldedienst als „Wz 92299" zu behandeln" usw.

Auf der Merktafel und im Merkkalender nach der FV waren diese Züge mit den Plannummern anzugeben, nach dem o.g. Beispiel also als „Pz 94212" bzw. „Wz 92299"; in den Meldungen zwischen den M-Betriebsstellen war zusätzlich die ursprüngliche Zugnummer und natürlich wie bereits genannt die Fahrtnummer mit anzugeben.

Interessant ist auch, dass es betrieblich auch zulässig war, Reisesonder- oder Güterzüge in Plänen des Militärverkehrs nach den M-Buchfahrplänen verkehren zu lassen, wenn Zugtrassen für Wehrmacht- und Nachschubzüge vorübergehend nicht benötigt wurden.

Die militärischen Dienststellen und die M-Betriebsstellen überwachten daher für sich den Verlauf der Fahrtnummern im Netz, während die Dienststellen der Reichsbahn die Zugnummern und denen ggf. zugewiesene Plannummern verfolgten. Dazu gab es insbesondere in den RVD in der besetzten Sowjetunion besondere Systeme zur Zuglaufüberwachung mithilfe von Netzkarten und Fähnchen für

jede Fahrtnummer (RVD Minsk) bzw. mittels Karteikästen für jeden Streckenabschnitt (RVD Kiew).

Wie bereits erläutert, wurde in Friedenszeiten zum Zwecke der Landesverteidigung der Regelfahrplan um Bedarfszüge für den Militärverkehr ergänzt, z. B. für Truppenverschiebungen oder größere Manöver. Damit blieb aber der Regelfahrplan unangetastet und es konnten bei voller Ausnutzung der Streckenleistungsfähigkeit eine begrenzte Zahl zusätzlicher Züge verkehren. Ab 1935 wurde dann der sogenannte Höchstleistungsfahrplan aufgestellt, der auf den in die Vorbereitungen einbezogenen Strecken ein Maximum an militärischen Transporten ermöglichte und daneben einen reduzierten Stammplan des zivilen Verkehrs. Die dabei zusätzlich eingelegten Züge hatten wegen der gleichen Grundgeschwindigkeit und der gleichen Aufenthaltszeiten in der Weg-Zeit-Darstellung des grafischen Fahrplanes die gleiche Neigung, nur meist unregelmäßige Abfahrts- und Ankunftszeiten, um die weiterhin verkehrenden Züge des zivilen Verkehrs durchführen zu können. Daher wurden die Fahrplantrassen für die BM- und M-Züge auch als Parallelfahrpläne bezeichnet.

Die jährliche Neuaufstellung des Höchstleistungsfahrplanes sorgte wegen der notwendigen Einarbeitung geänderter Fahrzeiten der Stammplanzüge bei der Reichsbahn für einen enormen Aufwand. Bis 1936 wurden die M-Fahrplanbücher aus dem Jahre 1932 berichtigt. Man ging daher im Jahre 1937 dazu über, die in diesem Jahr aufgestellten Fahrpläne einschließlich des Stammplanes zu konservieren und für den Mobilmachungsfall einzulagern. Für die Durchführung der Militärtransporte im Höchstleistungsfahrplan wurde die zugehörige Dienstanweisung DV 1106

mit Wirkung vom 2. November 1937 eingeführt, die als „Geheime Reichssache" einer besonderen Geheimhaltung unterlag.

Um die Fahrplanunterlagen für den sog. „Mob-", sprich Mobilisierungsfall schnell an die Empfänger zustellen zu können, wurden im Frühjahr 1937 bei den Betriebsämtern Verteilerstellen geschaffen. Die Verteilung sollte mit motorisierten Kurieren erfolgen, so dass das bahneigene Fernschreib- und Fernsprechnetz sowie die Eisenbahndienstpost nicht genutzt werden musste. Gegenstand der in diesen Unterlagen enthaltenen Anweisungen war auch die Bekanntgabe des Stammfahrplanes mit den verbleibenden zivilen Zügen.

Ein Charakteristikum des Höchstleistungsfahrplanes war,

dass bei dessen Einführung der vorab definiert Stammfahrplan weiterhin gefahren werden konnte, dass jedoch zusätzliche Bedarfsverkehre für zivile Zwecke nur noch in ganz geringem Umfang möglich waren. Vorsorglich wurden dennoch – auch aus anderen Gründen wie der Kraftstoffersparnis – ab Ende August 1939 ein Teil der schnellfahrenden Züge eingestellt, da diese Züge mit ihren hohen Fahrgeschwindigkeiten das Fahrplangefüge besonders beeinflussten. Nach dem Ende der Kampfhandlungen gegen Polen im September 1939 wurden dann die verhängten Annahmensperren für Güter schnell wieder gelockert und z.T. auch wieder zusätzliche, den geänderten Verkehrsbedürfnissen entsprechende Züge eingelegt. Der Höchstleistungsfahrplan war nun nicht mehr auf allen militärisch bedeutsamen Strecken im Reichsgebiet, sondern nur noch zeit- und ortsabhängig im Bereich der für die nächsten militärischen Operationen vorgesehenen grenznahen Bereiche und Zulaufstrecken notwendig. Man ging daher ab Dezember 1939 dazu über, einen Großteil des militärischen Zugverkehrs in die Bedarfspläne für den Güterverkehr einzuarbeiten, so dass auf den zweigleisigen Strecken im Höchstleistungsfahrplan zusätzlich zum zivilen Verkehr ein Tempo 36 auf eingleisigen und ein Tempo 72 auf zweigleisigen Strecken gefahren werden konnte. Unter Tempo war die Anzahl der zum zivilen oder Regel-Fahrplan möglichen zusätzlichen Züge zu verstehen. So entstanden neben den „grünen" M- oder „Manöver-"Buchfahrplänen die Anhänge „W" zu den einzelnen Heften (z.B. „Heft 8 - W") mit Bedarfstrassen für Wehrmachts-, Wehrmachtsnachschub und andere Züge. Für diese Züge wurden die Nummerngruppen 70000 bis 99000

Deutsche Reichsbahn
Reichsbahndirektion Berlin

Buchfahrplan

vom 5. Mai 1941

Heft 13 - W -

enthaltend die Bedarfs-Wehrmachtzüge
der Strecken

Jüterbog—Nauen—Oranienburg . . . . . Seite 1—57
Jüterbog—Zossen . . . . 58—105

Aufbewahren!
Rückgabe an Bbv-Büro erst nach
Eingang des neuen Buchfahrplans

Nur für den Dienstgebrauch (nfD)!

Berlin 1941
Ernst Steiniger Druck- und Verlagsanstalt Berlin SW68

Bevor die Anhänge zu den Buchfahrplänen eingeführt wurden, gab es Zusatzhefte „W" zu den Stammheften, in denen nur der Militärverkehr enthalten war.

Molodeczno – Bohda now –(Lida Mosty)

Höchstgeschw. 45 Km./h · Last 750 T. · Mindestbremshundertstel 38.

Km	Betriebsstellen	M 602	M 606	M 610	M 614	M 618	M 622	M 626	M 630
	Molodeczno	0^{20} Kr mit M 655	1^{20} Kr mit M 659	2^{20} Kr mit M 663	3^{20} Kr mit M 667	4^{20} Kr mit M 671	5^{20} Kr mit M 675	6^{20} Kr mit M 679	7^{20} Kr mit M 683
7,5	Krst Wiazanka *(Miniutki)*	0^{41} Kr mit M 659	1^{41} Kr mit M 663	2^{41} Kr mit M 667	3^{41} Kr mit M 671	4^{41} Kr mit M 675	5^{41} Kr mit M 679	6^{41} Kr mit M 683	7^{41} Kr mit M 687
5,5	Krst Minintki *(Wiazanka)*	$0^{58}/1^{25}$ Kr mit M 663	$1^{58}/2^{25}$ Kr mit M 667	$2^{58}/3^{25}$ Kr mit M 671	$3^{58}/4^{25}$ Kr mit M 675	$4^{58}/5^{25}$ Kr mit M 679	$5^{58}/6^{25}$ Kr mit M 683	$6^{58}/7^{25}$ Kr mit M 687	$7^{58}/8^{25}$ Kr mit M 691
6,2	Poloczany	1^{43} Kr mit M 667	2^{43} Kr mit M 671	3^{43} Kr mit M 675	4^{43} Kr mit M 679	5^{43} Kr mit M 683	6^{43} Kr mit M 687	7^{43} Kr mit M 691	8^{43} Kr mit M 695
8,0	Krst Kodluszki	$2^{02}/2^{25}$ Kr mit M 671	$3^{02}/3^{25}$ Kr mit M 675	$4^{02}/4^{25}$ Kr mit M 679	$5^{02}/5^{25}$ Kr mit M 683	$6^{02}/6^{25}$ Kr mit M 687	$7^{02}/7^{25}$ Kr mit M 691	$8^{02}/8^{25}$ Kr mit M 695	$9^{02}/9^{25}$ Kr mit M 603
8,7	Wolozyn	2^{43} Kr mit M 675	3^{43} Kr mit M 679	4^{43} Kr mit M 683	5^{43} Kr mit M 687	6^{43} Kr mit M 691	7^{43} Kr mit M 695	8^{43} Kr mit M 603	9^{43} Kr mit M 607
5,1	Krst Listopady	$2^{58}/3^{30}$ Kr mit M 679	$3^{58}/4^{30}$ Kr mit M 683	$4^{58}/5^{30}$ Kr mit M 687	$5^{58}/6^{30}$ Kr mit M 691	$6^{58}/7^{30}$ Kr mit M 695	$7^{58}/8^{30}$ Kr mit M 603	$8^{58}/9^{30}$ Kr mit M 607	$9^{58}/10^{30}$ Kr mit M 611
8,8	Krst Milkowszczyzna	$3^{53}/4^{15}$ Kr mit M 683	$4^{53}/5^{15}$ Kr mit M 687	$5^{53}/6^{15}$ Kr mit M 691	$6^{53}/7^{15}$ Kr mit M 695	$7^{53}/8^{15}$ Kr mit M 603	$8^{53}/9^{15}$ Kr mit M 607	$9^{53}/10^{15}$ Kr mit M 611	$10^{53}/11^{15}$ Kr mit M 615
8,3	Bohdanow	$4^{35}/5^{15}$	$5^{35}/6^{15}$	$6^{35}/7^{15}$	$7^{35}/8^{15}$	$8^{35}/9^{15}$	$9^{35}/10^{15}$	$10^{35}/11^{15}$	$11^{35}/12^{15}$

Handschriftliche Randnotizen: 669, 674, 688, 211; Miniutki, Wiazanka

20 · 21

Verwendung dreistelliger M-Zugnummern im Bereich der Feldeisenbahndirektion 2 in Minsk vom 5.9.41.

mit dem Zusatz „M", „BM" oder „W" benutzt, die Zuggattungsnummer war 5,7. Diese Buchfahrpläne waren bis Mai 1942 mit roten Umschlägen ohne den grünen Erkennungsstreifen gefertigt. Sie durften wie die M-Planunterlagen nur auf den M-Betriebsstellen an die Lok- und Zugpersonale ausgegeben werden und mussten nach Benutzung sofort zurückgegeben werden, die Rückgabe war für die fahrenden Personale durch die M-Betriebsstellen zu überwachen und auch die an die örtlichen Dienststellen ausgegebenen Fahrpläne waren nach dem Fahrplanwechsel gegen Nachweis zurückzugeben. Dazu waren zum Teil sogar die einzelnen Hefte abgezählt und mit Prüfnummern versehen.

Mit der Zunahme der Wirtschaftsverkehre in die besetzten Gebiete und der Dislozierung und Verlagerung von Rüstungsindustrien wurden ab 1943/44 die roten W-Buchfahrpläne nicht mehr gesondert herausgegeben und es gab nur noch die allgemeinen Anhänge zu den Buchfahrplanheften, deren Bedarfsstrassen nicht nur für Militärtransporte und Nachschubzüge (z.B. Munition, Verpflegung, Treibstoff, Kohle), sondern auch für Lazarettzüge, Baustofftransporte oder die Beförderung von Kriegsgefangenen und Fremdarbeitern verwendet werden konnten. Züge des reinen Militärverkehrs mit dem Zusatzbuchstaben „M" kamen nur noch in den frontnahen Bereichen der HBD und RVD vor und waren in den Buchfahrplänen in einem gesonderten Teil mit den von den M-Fahrplanbüchern der 30er Jahre gewohnten dreistelligen Zugnummern enthalten.

Um die unterschiedlichen Bedarfsträger zu koordinieren, die um die freien Fahrplantrassen konkurrierten und insbesondere im frontnahen Bereich die erforderlichen Offensiv- und Absetzbewegungen zu ermöglichen, ohne dass ein Rückstau oder das Zurücklassen von Zügen eintrat, entstand 1941/42 der sog. Zugverteiler. Dieser im Zusammenwirken der Bedarfsträger und der Gruppe Landesverteidigung im RVM mit dem Chef des Transportwesens erstellte Verteiler berücksichtigte die der Leistungsfähigkeit der Zulaufstrecken angepasste Zuteilung der Fahrplantrassen und wurde monatlich, bei sich überschlagenden Ereignissen auch wöchentlich überarbeitet.

Die vielen zusätzlichen Organisationseinheiten, die bei der Koordinierung der militärischen und rüstungsaffinen Verkehre mitwirkten, sind sehr gut und ausgesprochen detailliert in den Darstellungen von Kreidler und Rohde zum Wehrmachttransportwesen dargestellt und sollen daher hier nicht weiter behandelt werden. Sie waren ein Abbild der ständig wechselnden kriegsbedingten Anforderungen, aber auch der Auswirkungen des Führerstaates mit einer Vielzahl von Zuständigkeiten, Sonderdezernaten, Ausschüssen, „Sonderführern" und auf Erlasse höchster Stellen zurückzuführender Einzelbefehle.

Die Anordnung der M-, BM- oder W-Züge erfolgte durch das

Fahrplanbüro der RBD im Benehmen mit dem für Militärverkehre zuständigen Bahnbevollmächtigten der RBD (in der RBD Erfurt z. B. mit dem Arbeitsanteil 37 Bbv L 11/12 Bmbt), den Bahnbevollmächtigten selbst oder durch die Zugleitungen im Benehmen mit den Betriebsämtern durch Fahrplananordnung (Fplo), sofern nicht der Höchstleistungsfahrplan angeordnet war und auch alle darin enthaltenen Fahrplantrassen tatsächlich ausgenutzt wurden.

Die nebenstehende Abbildung zeigt in Ermangelung von Fplo für Wehrmachtszüge ein Beispiel aus der RBD Halle für einen Zug des Reichsarbeitsdienstes, der vermutlich Arbeitskräfte für den Stellungsbau beförderte. Dafür wurden leere Buchfahrplanseiten verwendet, die Angaben zu Verkehrstagen, Zuglast und Bespannung, Bremshundertsteln, Zuggattungsnummer sowie die Abfahrts-, Ankunfts- und Durchfahrtszeiten handschriftlich eingetragen und die Seiten vor der Verteilung im Umdruckverfahren vervielfältigt. Die Besetzung der Züge mit Zugpersonal, die Bespannung durch die Bw und ggf. auch die Verpflegung der Zugbegleitmannschaften wurde im Bahndienstfernschreiben, dass der Fplo vorausging oder mit dieser vereinigt wurde oder im Einlegetelegramm geregelt. Das hing immer davon ab, wie umfangreich der zu regelnde Sonderverkehr im Einzelnen war und ob die nötige Zeit für die Herausgabe vervielfältigter Fahrplanblätter vorhanden war. War dies nicht der Fall, wurde nur der Plan eines im Buchfahrplan vorhandenen Zuges mit den wesentlichen Ankunfts- und Abfahrtszeiten auf den Knotenbahnhöfen angegeben.

Der Aufbau von Bahndienstfernschreiben, die mit betrieblichen Belangen zu tun hatten, war in den Fahrplanvorschriften als Muster aufgeführt. Zu den Fahrplananordnungen war vorgeschrieben, dass das Lok- und Zugpersonal dazu gleichzeitig über die für die durchfahrene Strecke gültigen Buchfahrpläne verfügen musste.

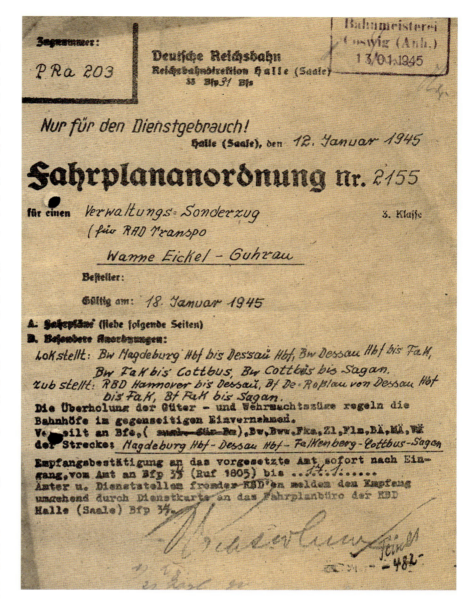

Wer ist wohl mit dem Sonderzug des Reichsarbeitsdienstes (RAD) am 12. Januar 1945 in Richtung der sich abzeichnenden Katastrophe gefahren? Guhrau lag in der Nähe der früheren Reichsgrenze, nördlich von Breslau und war drei Wochen später von den Russen besetzt.

Übermittlung von Fahrplänen mittels Fernschreiben und Telegrammen

Nach der FV § 11 war für alle betrieblichen Mitteilungen der Fernschreiber zu benutzen. Die dabei abgesetzten Mitteilungen wurden als Bahndienstfernschreiben bezeichnet. Darüber hinaus konnten betriebliche Anordnungen wie Fahrplananordnungen oder Berichtigungen zu einzelnen im Buchfahrplan enthaltenen Zügen auch als Dienstpost in Form des sog.

„Telegrammbriefes" nach Vordruck WKV 437 mit dem Zug versandt werden, wenn bis zum Wirksamwerden der Änderung ausreichend Zeit zur Verfügung stand.

Der Begriff des „Einlegetelegramms" bezieht sich daher auf die Art der Nachrichtenübermittlung mittels Fernschreiber. In den o.g. Fällen besonderer Dringlichkeit wurden Bahndienstfernschreiben nach Anlage 3 der DV 476 - Dienstvorschrift für den Reichsbahn-Fernschreibdienst - verwendet und deren Inhalt von der Fernschreibstelle der betreffenden Dienststelle dann als Bahndiensttelegramm an die übrigen noch zu verständigenden Stellen übermittelt.

Fernschreiben wurden auf der anordnenden Stelle (Betriebs- oder Fahrplanbüro der Direktion, des Amtes oder Zugausgangsbahnhofes) als Text an die Fernschreibstelle gegeben, dort auf Lochstreifen übertragen und dann als G- oder K-Fernschreiben an alle beteiligten Stellen innerhalb der RBD versandt oder über Morsefernschreiber übermittelt. Der Lochstreifenbetrieb hatte dabei den Vorteil, dass die auf einer Betriebsstelle ankommenden Mitteilungen über das Neueinlegen des Lochstreifens sofort an alle über die Sonderzugfahrt zu verständigenden Stellen weitergeleitet, d.h. nicht mit Hand weitergegeben (umtelegrafiert) werden mussten. Dabei waren zwischen 5 und 8 Vervielfältigungen möglich. Die Namen der Betriebsstellen wurden dabei mit bis zu 4 Buchstaben abgekürzt, dazu gab es in jeder Direktion ein „Verzeichnis der telegraphischen Bezeichnungen der Bahnhöfe, Haltepunkte, Blockstellen und Stellwerke, DV 506", früher „Verzeichnis der Telegraphenstellen und deren Anrufe". Die in den Nachbardirektionen zusätzlich zu verständigenden Bahnhöfe, zugleich M-Betriebsstellen, waren in der SBV aufgeführt (Ergänzungen zu FV § 68 Abs. (4)). Bei Wehrmachtszügen war der Zugausgangs- oder Einlegebahnhof z.T. dafür verantwortlich, das vollständige Einlegefernschreiben als U-Fernschreiben (Umlauffernschreiben) an alle M-Betriebsstellen bis zum Zugendbahnhof zu übermitteln (vgl. SBV RBD München v. 1.4.1944, S. 50 ff). Welche Bahnhöfe „Einlegebahnhöfe" waren, d.h. Sonderzüge einlegen durften, war ebenfalls in der SBV angegeben. Wie die Verfügung 30 B 17 Bafv der RBD Dresden vom 19. März 1938

zum Einlegen von Sonderzügen belegt, durften die Durchschriften von Telegrammen mit den darauf enthaltenen Fahrzeiten wegen der schlechten Lesbarkeit nicht an die Lokpersonale als Fahrplan übergeben werden, dafür war der Vordruck 499 26 zu verwenden.

Anbei dazu noch ein kleiner Exkurs in die Fernschreibtechnik. Im

Der Telegrammbrief war ein Briefumschlag im Format A4, hier mit Aufdruck aus dem Bereich „B" für Betrieb.

der Wirkungsweise auch Springschreiber) bzw. K- (kleinem) Fernschreiber. Bei den Gr-Fernschreibern wurden die Bauarten Siemens und Lorenz unterschieden, es gab mechanische und elektrische. Die Übertragungsgeschwindigkeit betrug im Handbetrieb etwa 180-250 Zeichen/min, im Lochstreifenbetrieb 428 Zeichen/min. Die Lochstreifen wurden mit Handlochern erstellt und über den Lochstreifensender versandt. Der K-Schreiber war langsamer als der G-Schreiber. Man konnte damit nur etwa 2 ½ Zeichen in der Sekunde übertragen. Er war auch kleiner als der G-Schreiber (23x30 cm Grundfläche) und wog etwa 16 kg. Diese Fernschreiber waren ab 1937 für den Ersatz der Morsefernschreiber und der Übertragungswege über Tb- und Tz-Leitungen (Bezirks- und Zugmeldeleitungen) in Gebrauch und

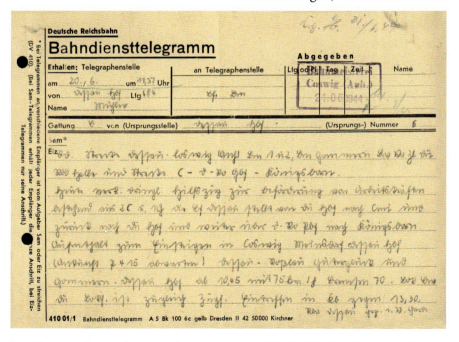

In diesem Bahndiensttelegramm vom 20. Juni 1944 geht es um das Verkehren eines dringlichen Hilfszuges mit Arbeitskräften von Dessau in Richtung Königsborn. Auf die angespannte Lage weist folgender Vermerk hin: „Lokführer ist zugleich Zugführer".

Jahre 1939 gab es neben der Übermittlung von Sonderzugfahrplänen über Fernsprecher oder einen Betriebsbediensteten im Wesentlichen 3 Arten der Übermittlung von Fernschreiben: Morsefernschreiben sowie die Übermittlung mittels G- oder auch Gr (großem, wegen

wurden daher auch für die Übermittlung von Sonderzugfahrplänen benutzt. G- und K-Schreiber hatten jeweils unterschiedliche Alphabete zur Eincodierung und Darstellung der übertragenen Zeichen. Für die Weiterleitung an mehrere Empfänger, z. B. innerhalb eines Bahnhofes

Die elektrische Telegrafie (mittels Morseapparaten) war im Zugmeldedienst bei der Deutschen Reichsbahn in den dreißiger Jahren noch gang und gäbe.

Deckblatt einer Fahrplananordnung für SF-Züge aus dem Bezirk der RBD Halle vom 28. August 1944.

auch an das dort befindliche Bw, das Bww und die Bm, galt neben § 16 der DV 476 die DV 410 „Anweisung über Telegramme gleichen Inhaltes an verschiedene Empfänger" mit dem zugehörigen Vordruck 410.01.

Fernschreiben an mehrere Empfänger konnten dabei als Einzelfernschreiben, U-Fernschreiben oder Kf-Fernschreiben versandt werden, dabei bedeutete:

- U-Fernschreiben - Umlauffernschreiben an die Minderzahl der Fernschreibstellen einer Bezirksverbindung
- Kf-Fernschreiben - Kreisfernschreiben an alle oder die Mehrzahl der Fernschreibstellen einer Bezirksverbindung.

Foto: RVM/Sammlung Gerhard

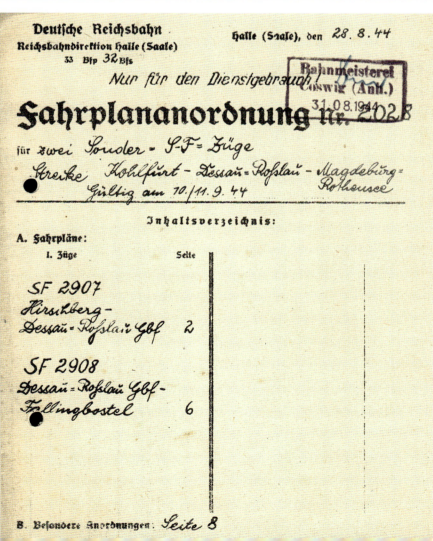

Betriebliche Behandlung von Sonderzügen

Um Sonderzüge vom Regelverkehr abzugrenzen, wurde in der FV in § 66 Abs. (1) definiert, dass diese nur auf besondere Anordnung an einem einzelnen Tag oder über einen kürzeren Zeitraum verkehren sollten. Weiter wurde an dieser Stelle festgelegt, dass es sich bei einem Bedarfszug um einen Sonderzug handelt, dessen Fahrplan im voraus im Buchfahrplan abgedruckt ist. Das waren also keine „echten", nur einmalig verkehrende Sonderzüge. Eine telegrafische Anordnung für den konkreten Verkehrstag dieses Zuges musste aber in jedem Falle erfolgen. Dazu dienten Fahrplananordnungen und – bei geringem zeilichem Vorlauf – Fernschreiben, Bahndiensttelegramme bzw. fahrdienstliche Verständigungen.

Die im Buchfahrplan abgedruckten vorab fahrplantechnisch konstruierten Bedarfszüge waren im Buchfahrplankopf mit einem „B" entweder direkt vor der Zuggattung oder nach der Zugnummer gekennzeichnet (z.B. BVz = Bedarfs-Vorzug, BM = Bedarfs-Militärzug bzw. Dg 27365 B) gekennzeichnet. Die Unternummer der Zuggattung war in der Regel die 3, bei Militärzügen auch 7.

Die Sonderzüge waren gemäß FV § 66 Abs. (2) so lange als Sonderzüge zu behandeln, bis sie zu Regelzügen erklärt worden waren. Das war in der Regel mit der Neuherausgabe der Buchfahrpläne oder mit der Herausgabe eines Einlage, Deck- und Berichtigungsblattes zum jeweiligen Buchfahrplan der Fall.

Nach FV § 67 durften Sonderzüge nur verkehren, wenn sie eingelegt wurden, d.h. wenn für ihr Verkehren Fahrpläne aufgestellt und die Bekanntgabe an alle betroffenen Stellen erfolgt war. Das bezog sich sowohl auf die vorab aufgestellten Fahrpläne als auch auf Fahrpläne, die nur für einzelne Züge und kurzfristig erstellt wurden.

FV § 68 befasste sich speziell mit dem Einlegen von Sonderzügen, hier waren die Verantwortlichkei-

Deckblatt eines Buchfahrplanes der RBD Mainz, der nur bei Streckensperrungen durch Luftangriffe an die Lok- und Zugpersonale ausgegeben wurde.

ten für das Einlegen geregelt, demnach war grundsätzlich die Direktion und innerhalb der Direktion die Oberzugleitung in ihrem Bereich für das Einlegen vor allem für den hochwertigen Reise- und Güterverkehr zuständig, jedoch durften die Zugleitungen

– für Bedarfsgüter- und Bedarfsprobezüge
– für andere Sondergüterzüge nach nahe liegenden Bahnhöfen
– für Züge, die infolge von Betriebsstörungen gefahren werden müssen sowie
– für einzelne Lokomotiven

tätig werden. Näheres hierzu war in den SBV der Bezirke geregelt. In allen anderen Fällen, besonders für den unmittelbaren Nachbarschaftsverkehr zwischen benachbarten Bahnhöfen und für Arbeitszüge, waren die Bahnhöfe selbst zuständig, darüber hinaus auch für das Einlegen von Ersatzzügen und Verstärkerzügen, die direkt ihren Verwaltungsbereich betrafen; darüber hinaus galt dies auch für Hilfszüge, leere Triebwagen, Sonderübergabezüge und Umleiterzüge (FV § 68 Abs. 1d). Die Bahnhöfe waren darüber hinaus auch dafür zuständig, die auf der freien Strecke vorhandenen Dienstposten vom Verkehren der Sonderzüge zu verständigen.

Das Einlegen selbst erfolgte nach FV § 68 Abs. (2) entweder:

- schriftlich durch eine Fahrplananordnung (Fplo)
- fernschriftlich über ein Einlegetelegramm oder
- durch direkte Verständigung zwischen den Zugmeldestellen.

Das Einlegetelegramm wurde von der einlegenden Stelle immer an den Zugausgangsbahnhof und die zwischenliegenden Anschlussbahnhöfe übermittelt. Für die telegrafische Bekanntgabe an die übrigen vom Zuglauf berührten Betriebsstellen und den Endbahnhof waren dann die Anschlussbahnhöfe zuständig. Näheres hierzu regelte der jeweilige Telegramm-Wegweiser

der Direktion. Die Art der Weitergabe der Telegramme richtete sich nach der auf den Betriebsstellen vorhandenen Fernschreibtechnik.

Bei Sonderzügen, die über den Bereich einer Direktion hinausgingen, verständigte der letzte Anschlussbahnhof den benachbarten Anschlussbahnhof in der folgenden RBD. Ein Verzeichnis der Hauptanschluss- und Anschlussbahnhöfe war in der SBV abgedruckt.

Auf die fernschreibtechnische und fernmündliche Übermittlung der Fahrpläne wurde im Kapitel zu den Fahrplänen für die Militärzüge und für Bedarfszüge bereits eingegangen.

Züge, die in benachbarte Bezirke (Direktionen) übergehen sollten, waren auch diesen bekanntzugeben, da dort gleichfalls Bespannung, Wagengestellung und Besetzung mit Personal sowie der Fahrplan zu regeln waren. Nach

§ 68 Abs. 4 und 5 waren die Verkehrstage, die Haltebahnhöfe oder durchfahrenen Betriebsstellen bekanntzugeben:

- den vom Sonderzug berührten Zugmeldestellen, Bw und Bww sowie den besetzten Haltepunkten, auf denen der Zug zu halten hatte
- den vom Zug nicht berührten Bahnhöfen, die Lokomotiven, Wagen, Ausrüstung oder Zugmannschaften zu stellen oder eine wagentechnische Untersuchung durchzuführen hatten
- den für die vom Zug fahrplantechnisch und organisatorisch berührten Betriebs- und Maschinenämtern (BA; MA)
- den beteiligten Zugleitungen
- den an der Strecke gelegenen Dienststellen der Bahnunterhaltung
- den Lokomotiv- und Zugpersonalen
- Fahrkartenausgaben, Bahnkraftwerken, soweit erforderlich.

Für das Verkehren von Sonderzügen zu besonderen Anlässen und großen Veranstaltungen, von denen es in der hier behandelten Zeit genügend gab, oder für Wintersport- und Urlaubsverkehre (sog. Kdf-Sonderzüge) wurden besondere Fahrplananordnungen in der Aufmachung von Buchfahrplänen herausgegeben, die z.T. bis zu 150 Seiten und in einem Heft alle zu der betreffenden Veranstaltung gehörenden Züge innerhalb einer Direktion beinhalten konnten. In anderen Fällen erfolgte die Herstellung in maschinengeschriebener Form mittels Schreibmaschine. Diese Blätter wurden dann hektografiert und auf das Format A5 verkleinert, bei mehreren in einem bestimmten Zeitraum verkehrenden Zügen auch in gebundener Form herausgegeben.

Für das Verkehren von Umleiterzügen im eigenen Bezirk wurden durch die Direktionen gemäß FV § 70 gesonderte Umleitungspläne aufgestellt. In den letzten Kriegsjah-

Falls der Rhein zufriert! Nach den Erfahrungen mit den Wintern 1928/29 und 1939/40 musste man auch im Krieg damit rechnen, dass der Rhein zufrieren konnte. Die RBD Köln gab für diesen Fall eine besondere Vorschrift heraus.

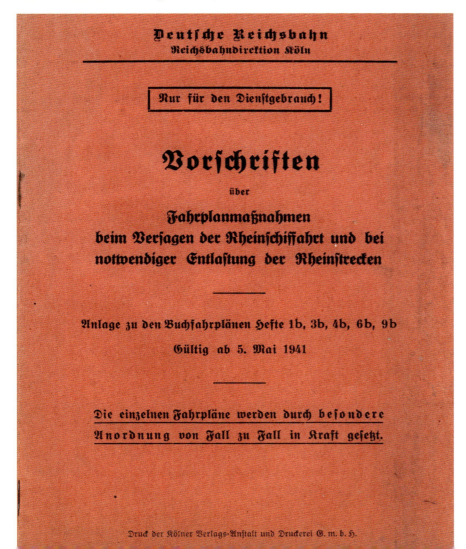

lfd Nr	Bei Störungen auf der Strecke	der Zuggattung	können die Züge von (Zugbildungsbahnhof)	nach (Zugauflösebahnhof)	über den Weg umgeleitet werden	Höchstbelastung auf dem Umleitungsweg t	Bemerkungen
noch 41:							
	Deblin - Lublin	Dg	Deblin	Lublin	Lukow - Lublin	800	
		Dg	"	Chola			
		Dg	"	Zawada			sind abzustellen
	Lublin - Deblin	Dg	Lublin	Deblin	Lublin - Lukow	800	
		Dg	Chola	"			sind abzustellen
		Dg	Zawada				
		Dg	RVD'en	Nasielsk	Lublin - Lukow - Siedlce - Warschau	1400	
		Dg	"	Kutno			
		Dg	"	Hohensalza			
		Dg	"	Schneidemühl			
	Lublin - Rejowiec	Dg	Lublin	Chola			sind abzustellen
		Dg	Deblin	"			" "
		Dg	"	Zawada			" "
	Rejowiec - Lublin	Dg	Chola	Lublin	Kowel - Brest Litowsk - Czeremcha - Siedlce - Warschau	1400	" "
		Dg	"	Deblin			" "
		Dg	Zawada				" "
		Dg	RVD'en	Nasielsk			
		Dg	"	Kutno			
		Dg	"	Hohensalza			
		Dg	"	Schneidemühl			
	Rejowiec - Kowel						
	Kowel - Rejowiec	Dg	RVD'en	Nasielsk	Kowel - Brest - Litowsk - Czeremcha - Siedlce - Warschau	1400	
		Dg	"	Kutno			
		Dg	"	Hohensalza			
		Dg	"	Schneidemühl			

Für den Fall von Angriffen sowjetischer Partisanen oder der polnischen Heimatarmee war das Umleitungswegeverzeichnis angelegt worden (GBL Ost, Ausgabe vom 1. März 1943).

ren, als diese Problematik durch die Luftangriffe der Alliierten eine besondere Bedeutung bekam, wurden insbesondere in den Direktionen entlang des Rheins separate Buchfahrpläne für Umleiterzüge bzw. für Maßnahmen beim Versagen der Rheinschifffahrt herausgegeben. Dabei spielten sicher auch die Erfahrungen aus dem Winter 1939/40 eine Rolle, als sogar der Rhein für längere Zeit zugefroren war.

Bei den Generalbetriebsleitungen wurden separate Umleitungswegeverzeichnisse (UWV) für den überregionalen Güterverkehr geführt, die für die Hauptmagistralen abschnittsweise die Umleitungswege und für die über längere Entfernungen laufenden Zuggattungen (De, Dg, Gdg, Ne) die auf den Umleitungswegen zulässigen Zuglasten auswiesen. Zuständig für die Herausgabe war bei den GBL ein Sachbearbeiter für Güterzug-Umleitungsfahrpläne (im Bereich der GBL Ost nach DV 121a abgekürzt mit 23 Bfgu 5).

Für die Verteilung der Sonderfahrpläne wurden in den Direktionen und Ämtern Listen geführt und die Empfangsbestätigungen kontrolliert. Die Überwachung war den (Verkehrs-)Ämtern und von diesen den Bahnhöfen und Betriebswerken übertragen. Bei Zügen, die über größere Entfernungen verkehrten, war die Kenntnisnahme direkt an den zuständigen Fahrplanbearbeiter Personenzug- bzw. Güterzugfahrplan in der Direktion mittels Meldekarte zu bestätigen.

Auf den Betriebsstellen wurden die verkehrenden Sonderzüge täglich der Reihenfolge nach an einer Merktafel nach FV § 6 Abs. (9) bekanntgegeben. Die Merktafel war eine ca. 40x70 cm große, mit Tafelfarbe gestrichene Holztafel, auf der die am betreffenden Tag gültigen Fplo, Betra und die verkehrenden Sonderzüge mit Kreide sowie ggf. andere betriebliche Besonderheiten angeschrieben waren.

Auf der Ebene der Direktionen wurde das Einlegen von Sonderzügen detailliert beschrieben, wie Originalunterlagen aus dieser Zeit beweisen. Nach der SBV für die Strecken der Ostmark der RBD Augsburg, Seiten 65/66 war zusätzlich zu dem oben bereits Ausgeführten noch geregelt, dass im Fahrplan zusätzlich die Züge anzugeben waren, die der Sonderzug überholte bzw. mit denen er auf anderen Bahnhöfen kreuzen musste.

Einzelne Direktionen schrieben auch vor, dass die Gestellung von Lok- und Zugpersonal auf dem Fahrplan zu vermerken war. Darüber hinaus wurden den anordnenden Stellen (BA, ZL, Bfe) Zugnummerngruppen zugewiesen, die diese bei Bedarf vergeben konnten (siehe dazu auch das auf Seite 46 abgebildete Dokument). Die Sonderzugnummer wurde bis zum Bestimmungsbahnhof beibehalten und solche Züge wurden auf einzelnen Abschnitten in Bedarfsplänen von BDg-Zügen mit z.T. anderen Zugnummern gefahren. Dies wurde im Einlegetelegramm aufgeführt (z.B. „Zug 17120 Augsburg – Ludwigshafen (Rhein) verkehrt zwischen Augsburg Hbf bis Ulm Rbf im Plan BDg 90312 und von Ulm Rbf bis Kornwestheim im Plan BDg 94318" usw.)

Für die Aufstellung von Sonderfahrplänen war das Formblatt 49926 (Fahrplangerippe) zu verwenden. Dieses bestand aus 3 im Durchschreibeverfahren erstellten Blättern, von denen Blatt 1 für den Lokführer, Blatt 2 für den Zugführer und Blatt 3 für den Ausgabebahnhof bestimmt war. Blatt 3 bildete die Grundlage für das Einlegetelegramm.

Eine noch zu erwähnende Besonderheit waren in den letzten Kriegsjahren Sonderzüge, die in Verbindung mit der Verlagerung der Rüstungsindustrie in bombensichere Bereiche und dem Ausbau

Auszug aus der SBV der RBD Augsburg für die Strecken der „Ostmark" vom 30. November 1939 mit Anweisungen zum Verkehren von Sonderzügen.

von Konzentrationslagern gefahren wurden. Diese wurden als „Güterzüge von besonderer Bedeutung" bezeichnet und erhielten zur Zuglaufüberwachung zusätzlich ein Kennwort und eine Kennzahl. Das Kennwort bezeichnete in verschlüsselter Form die Bezeichnung des Objektes bzw. der Baumaßnahme und die Kennzahl die Abkürzung der Ausgangsdirektion gemäß DV 407 und eine fortlaufende Nummer, mit der die Anzahl der für das einzelne Vorhaben gefahrenen Züge überwacht werden konnte. So bedeutete die Abkürzung „Lenz Erf 117", dass es sich hierbei um einen in der Direktion Erfurt aufkommenden Sonderzug für das Bauvorhaben „Lenz" handelte, der ggf. in einer anderen Direktion enden konnte und innerhalb des laufenden Monats der 117. Zug für dieses Vorhaben war. Betrieblich wurden auch diese Züge meist in Pläne des Bdg-Verkehrs mit der Nummerngruppe bis 99999 eingelegt.

Die Streckenbehelfe waren geheim und zusätzlich mit Prüfnummern versehen.

Strecken- behelfe

Diese Unterlagen wurden als Anhänge zu den grünen M-Fahrplanbüchern mit deren Neufassung ab

1931 überarbeitet und neu herausgegeben und enthielten getrennt nach Strecken Angaben zu Neigungs- und Krümmungsverhältnissen, engen Bogenhalbmessern, Prinzipskizzen der Unterwegsbahnhöfe sowie Angaben zu Wasserstationen, größeren Brücken und Tunneln.

Aufgrund der Vielzahl von internen Detailinformationen zur Streckeninfrastruktur ähnlich der Beiblätter zu den Bildfahrplänen wurde sie hinsichtlich der Vertraulichkeit wie die M-Fahrplanbücher selbst behandelt und nur gegen Unterschrift mit Angabe einer zusätzlichen Prüfnummer herausgegeben. In einem Heft konnten mehrere Strecken enthalten sein. Mit der Einführung der DV 1106 zur Durchführung der Militärtransporte im November 1937 wurde auch der Inhalt der Streckenhelfe präzisiert und als Anlage 8 in die genannte Vorschrift aufgenommen. Vor 1932 wurden die Streckenbehelfe auch als Streckenpläne bezeichnet, was ihrem wirklichen Inhalt näherkam.

Die Streckenbehelfe bekamen die Triebfahrzeugführer und Zugführer von Militärtransporten, Nachschubzügen und Zügen mit besonderen Personenkreisen, die im Zusammenhang mit der Kriegswirtschaft oder von und zu den Fronten befördert wurden wie Verwundete und Kranke, Umsiedler, Fremdarbeiter, Kriegsgefangene und andere.

Darüber hinaus war in einigen RBD vorgeschrieben, nicht streckenkundigen Personalen, denen aus unterschiedlichen Gründen kein Lotse gestellt werden konnte, einen Streckenbehelf auszuhändigen, der ihnen die Orientierung auf den befahrenen Strecken erleichtern sollte. Dieser war nach Fahrtende ebenfalls sofort zurückzugeben. Zusätzlich zum Streckenbehelf musste das Lok- und Zugpersonal über die erforderlichen Fahrplanunterlagen (handgeschriebener Fahrplan, Fplo, Buchfahrplan oder Anhang dazu) verfügen.

Beispiele für bestimmte Zugarten und Verkehre
Fahrpläne für Schnelltriebwagen und deren Ersatzpläne

Linke Tabelle:

Züge 421, 422, 426, 437, D 479, 480, F Dt 551, 552,
Nz F Dt 551 B, FD 551 B und 552 B siehe Buchfahrplan Heft 8

F Dt 571 (16,1) 2. Klasse
Karlsruhe Hbf—Mannheim—Biblis—Frankfurt (Main) Hbf—Faßdorf—Weißenfels—
Leipzig Hbf—Berlin Anb
Es gelten nur die Vorbemerkungen unter Ziffer 1, 2a—c, 6 und 8 des Abschnittes A
Höchstgeschwindigkeit 135 km/h
VT

1	2	3	4	5	6	7	8	9	10	11
		Abzw Faßdorf	Durchfahrt	—	9 47					
		● Ronshausen Hp Ag.	—	—	48₁					
		● Bf Friedewald	—	—	49₄					
		● Abzw Stw Ht	—	—	51₅					
		Hönebach...........	—	—	52₅					
		Bf Großensee......	—	—	53₇					
		Bf Bosserode......	—	—	54₉					
		Bf Schildhof......	—	—	55₇					
		Obersuhl Hp	—	—	56₂					
		Abzw Gerstungen Gw	—	—	56₈			22,9 21,6		
		Gerstungen........	—	—	57₄					
		Abzw Gerstungen Go	—	—	57₉					
		Bf Neustedt (Werra)	—	—	59₃					
		Wommen...........	—	—	10 00₉					
		Herleshausen......	—	—	03₂					
		Wartha (Werra) (Ag)	—	—	04₆					
		Hörschel Hp	—	—	05₄					
		Stedtfeld.........	—	—	07₂					

Rechte Tabelle:

142   FD 571 (12,7) 2. Klasse B (140 t)
Karlsruhe—Mannheim—Biblis—Frankfurt (Main) Hbf—Faßdorf—Weißenfels—
Leipzig Hbf—Berlin Anb
Höchstgeschwindigkeit 110 km/h
S 36.17 (03)   Last 150 t   Mindestbremshundertstel 1

1	2	3	4	5	6	7	8	9	10	11
		Abzw Faßdorf ▼ 1)	Durchfahrt	—	10 06					
1,2		● Ronshausen Hp Ag	—		07₂	1,2	1,1			
1,7		● Bf Friedewald......	—		08₇	1,5	1,1			
3,0		● Abzw Stw Ht......	—		11₂	2,5	2,0			
1,7		Hönebach............	—		12₄	1,2	1,1			
2,2	105	Bf Großensee......	—		13₈	1,4	1,3			
2,5		Bf Bosserode 193,3	—		15₅	1,7	1,5			
1,6		Bf Schildhof......	—		16₅	1,0	0,9			
0,9		Obersuhl Hp......	—		17₁	0,6	0,5			
1,2		Abzw Gerstungen Gw	—		19	1,9	0,7			
1,1		Gerstungen......	—		20	1,0	0,6			
1,0		Abzw Gerstungen Go	—		20₆	0,6	0,5			
2,7		Bf Neustedt (Werra)	—		22₂	1,6	1,5			
2,9		Wommen............	—		23₉	1,7	1,6			
4,3		Herleshausen......	—		26₄	2,5	2,4			
2,8		Wartha (Werra)(Ag) 1)	—		28	1,6	1,5			
1,6		Hörschel Hp......	—		28₉	0,9	0,9			
3,6		Stedtfeld......	—		31	2,1	2,0			
3,1		● Abzw Eisenach West Hp	—		33	2,0	1,7			
2,0		● Eisenach ▼	—		34₅	1,5	1,2			
1,1		Abzw » Eo (Gbf)	—		35₂	0,7	0,7			
0,8		Abzw » Ef	—		35₇	0,5	0,5			

Schnellverkehr: Fahrpläne für den F Dt 571 mit VT 137 und den zugehörigen Ersatzzug mit Lok der Baureihe 03 aus dem Buchfahrplan 1a der RBD Erfurt vom 15. Mai 1938.

Für das Verkehren von Schnelltriebwagen, die statt der für Dampfzüge bis dahin maximal zulässigen 120 bzw. 130 km/h nunmehr mit bis zu 160 km/h fahren durften, wurden mit Einführung des deutschlandweiten Netzes schnellfahrender Triebwagenzüge besondere Richtlinien herausgegeben. Für Schnelltriebwagen waren diese Vorschriften in der Verfügung Verf RVM 24 Bas vom 25. März 1935 zusammengefasst. Dabei ging es vor allem um die fahrzeugtechnischen und fahrdynamischen Besonderheiten, aber auch um die Geschwindigkeitskonzeption für die befahrenen Streckenabschnitte, die Zuständigkeit der RBD'en für die Erarbeitung besonderer Fahrschaubilder und Bestimmungen zur Reisendensicherung bei durchfahrenden Zügen auf den Betriebsstellen.

Für die Fahrzeitberechnung wurden für die einzelnen Direktionen gesonderte Fahrschaubilder herausgegeben, die auch den Ausbauzustand der Streckeninfrastruktur berücksichtigten. Denn die zulässige Fahrgeschwindigkeit der Fahrzeuge konnte aufgrund vorgenannter Ursache und infolge der Trassierung nicht auf allen Streckenabschnitten erreicht werden. Dazu zwei Beispiele:

Im Direktionsbezirk Erfurt ist im Buchfahrplan Heft 1a vom Mai 1938 die Höchstgeschwindigkeit für den FDt 571 Karlsruhe – Berlin Anh. Bf. in der Bespannung mit „VT" mit 135 km/h, also dem zulässigen Wert nach der BO angegeben. Hier spielte sicher die Trassierung des in der RBD Erfurt befahrenen Abschnittes von Weißenfels (RBD-Grenze) bis Faßdorf (b. Bebra) eine Rolle, die damals keine höheren Geschwindigkeiten zuließ. Für den Falle des Ausfalles der Triebwageneinheit ist ein Ersatzplan mit BR 03 für 110 km/h abgedruckt, der naturgemäß verlängerte Fahrzeiten bedeutete. Im Abschnitt 21 des AzFV ist die Höchstgeschwindigkeit ab Weißenfels mit 110 km/h angegeben, passend zu dem Ersatzplan. Die Höchstgeschwindigkeit für SVT beträgt dort ebenfalls 135 km/h.

Ferndurchgangsschnelltriebzug: Blick in den Führerstand eines dieselelektrischen Triebwagens der Bauart „Berlin" (Ende der dreißiger Jahre).

Im Bereich der RBD Nürnberg verkehrten u.a. die FDt 551/552 München – Berlin Anh. Bf und zurück. Für die befahrene Strecke zwischen Nürnberg Hbf und Treuchtlingen zeigt der Buchfahrplan ohne Angabe der Bespannung eine Höchstgeschwindigkeit von 160 km/h an. Auf der nächsten Seite ist ein Ersatzplan für den Fall eines Ausfalles der Triebwageneinheit angegeben. In der Geschwindigkeitsübersicht zum AzFV ist die Höchstgeschwindigkeit 120 km/h für lokbespannte und ebenfalls 160 km/h für „Schnelltriebwagen" angegeben, womit im vorliegenden Fall die dreiteilige Bauart „Köln" gemeint war.

Für die in der RBD Halle gelegenen Streckenabschnitte konnten als Ersatz für den Henschel-Wegmann-Zug oder den VT 137 ebenfalls lokbespannte Züge mit der Baureihe 03 verkehren. Im Abschnitt 5 des AzFV vom 15. Mai 1938 war dazu ausgeführt: „Werden 03 Lok zur

1. Halle–Bebra Bremstafel Halle–Weißenfels 1000 m, Weißenfels–Bebra 700 m

Zulässige Geschwindigkeit { Halle–Weißenfels 120 km/h / Weißenfels–Bebra 110 km/h

Zulässige Geschwindigkeit für Schnelltriebwagen 135 km/h

Die Geschwindigkeitsbeschränkungen für Schnelltriebwagen werden den betr. Bediensteten durch besondere Fahrschaubilder bekanntgegeben.

Die Güterzuggleise Weißenfels–Uichteritz und Erfurt–Neudietendorf dürfen in beiden Fahrtrichtungen nur mit einer Höchstgeschwindigkeit von 65 km/h befahren werden.

a) Ri Halle–Bebra

120	1	Halle A	0,60	0,90	0,30	410 / 930	u Übg	90
	2	Halle-Ammendorf...	2,60	3,70	1,10	600 / 740	u Übg	110
	3	Halle-Ammendorf...	3,30	3,70	0,40	500	u Übg	85
	4	Burgwerben-Weißenfels	29,40	30,60	1,20	550	—	95 {Grenze mit Rbd Halle in km 28,00
	5	Weißenfels	30,60	31,50	0,90	420	—	85
120 / 110	6	Weißenfels	31,50	32,10	0,60	—	W 500	80
	7	Weißenfels	32,10	33,50	1,40	400 / 575	u Üh u Übg	80
	8	Bk Henne-Naumburg	45,18	45,31	0,13	750	u Üh u Übg	100
	9	Bad Kösen	52,60	54,10	1,50	685	u Üh	95
	10	Niedertrebra-Apolda	71,05	71,30	0,25	750 / 870	u Übg u Üh	95

Auszug aus der Geschwindigkeitsübersicht Abschnitt 21 des AzFV der RBD Erfurt für die Strecke Halle – Bebra vom 15. Mai 1938.

Ersatzlok vor dem Henschel-Wegmann-Zug. Weil die Einzelgängerin 61 001 mehr Reparatur- als Einsatztage aufweisen konnte, ersetzte sie eine von wenigen Dresdener 01; hier vor dem vormittäglichen D 53 im Auslauf zum Anhalter Bahnhof.

Beförderung von Ersatzdampfzügen für Schnelltriebwagen oder Henscheldampfzüge verwendet, dann darf auf den Strecken Jüterbog – Leipzig und Wünsdorf – Elsterwerda die Geschwindigkeit von 130 km/h überschritten werden,

wenn dies nach dem Geschwindigkeitsschild der Lok zugelassen ist."

Wie in den einschlägigen Veröffentlichungen zum Schnelltriebwagenverkehr erwähnt, war die Aufstellung von Ersatzfahrplänen sinnvoll, gab es doch einzelne Aus-

fälle von Triebwagen und im III. und IV. Quartal 1937 sogar eine längere Periode, in der wegen Abstellung von Fahrzeugen aufgrund von Problemen mit den Achswellen häufig lokbespannte Züge verkehren mussten.

128

Treuchtlingen—Nürnberg Hbf Bremstafel 1000 m
Reichelsdorf—Nürnberg Rbf 700 m

Zulässige Geschwindigkeit | Treuchtlingen—Nürnberg Hbf = 120 km/h
| Reichelsdorf—Nürnberg Rbf = 50 „

(Für Schnelltriebwagen zulässige Geschwindigkeit 160 km/h; die örtlichen Geschwindigkeitsbeschränkungen werden durch besondere Fahrschaubilder bekanntgegeben).

a) Ri Treuchtlingen (ausschl.)—Nürnberg

120	Grenze bei Treuchtlingen . . .		1,40	—	—	
1	Weißenburg (Bay)-Ellingen (Bay)	9,10	10,66	1,56	700	—	110
2	Ellingen (Bay) E . . .	12,35	12,90	0,55	704	—	110
3	Ellingen (Bay)-Pleinfeld	15,95	17,05	1,10	719	—	110
4	Pleinfeld E . . .	17,05	17,65	0,60	560 / 530	u Übg W	100
5	desgl A . . .	18,51	18,93	0,42	700	u Übg W	105
6	Pleinfeld-Mühlstetten	18,93	19,83	0,90	785 / 710		110

Geschwindigkeitsübersicht der RBD Nürnberg für den Sommerfahrplan 1939 und passender Fahrplan für den FDt 551/552 zwischen Treuchtlingen und Nürnberg (rechts) sowie der betreffende Ersatzfahrplan für die Dampftraktion (BR 03); alle vom 15. Mai 1939.

50	FDt 551 (16,1)	2. Klasse W		FDt 552 (16,1)	2. Klasse W

München Hbf—Ingolstadt Hbf—Treuchtlingen—Nürnberg Hbf—Probstzella—Leipzig Hbf—Berlin Ahb

Berlin Ahb—Leipzig Hbf—Probstzella—Nürnberg Hbf—Treuchtlingen—Ingolstadt Hbf—München Hbf

Nach Fahrschaubild
Höchstgeschwindigkeit 160 km/h
Es gelten nur die Vorbemerkungen unter Ziffer 1, 2 a—c, 6 und 8 des Abschnittes A.

	1	2	3	4	5		1	2	3	4	5
Treuchtlingen	Durchfahrt	—	7 56			Nürnberg Hbf	(21 42)	(4)	21 46		
● Bk Grönhart Hst		58₆	5,0 / 4,7			● Bk Nür-Sandreuth Hp		49₃	4,6 / 4,3		
Weißenburg (Bay)		8 01				Nürnberg-Eibach		50₆			
Ellingen (Bay)		03₇	4,9 / 4,8			● Nür-Reichelsdorf		52₇	5,2 / 4,8		
Pleinfeld		05₈				● Bk Katzwang Hp		53₉			
Bk Mühlstetten Hp		08₁	4,9 / 4,7			● Schwabach		55₈			
Georgensgmünd		10₈				● Bk Rednitzhembach Hp		57₉	6,4 / 5,2		
Bk Unterheckenhofen Hp		13₁	4,4 / 4,0			● Bk Büchenbach Hp		22 00₁			
Roth		15₂				Roth		02₄			
Bk Büchenbach Hp		17₁	5,8 / 5,4			● Bk Unterheckenhofen Hp		04₇	5,1 / 4,3		
● Bk Rednitzhembach Hp		19₁				Georgensgmünd		07₃			
Schwabach		21				Bk Mühlstetten Hp		09₆	5,7 / 4,7		
Bk Katzwang Hp		23	5,7			Pleinfeld		13			
Nür-Reichelsdorf		25	4,9			Ellingen (Bay)		16₁	5,7 / 4,9		
Nürnberg-Eibach		26₇				● Weißenburg (Bay)		18₇			
Bk Nür-Sandreuth Hp		28	4,3			Bk Grönhart Hst		21₄	5,3 / 4,3		
● Nürnberg Hbf	8 31	(6)	(8 37)	3,5		Treuchtlingen	Durchfahrt	—	22 24		

FD 551 (16,1) 2. Klasse B (150 t)   51

München—Ingolstadt—Treuchtlingen—Nürnberg Hbf—Probstzella—Leipzig—Berlin Ahb

(Lokersatzzug für FDt 551)

Höchstgeschwindigkeit 120 km/h
S 36.18 (03)   **Last 150 t**   Mindestbremshundertstel I 107

1	2	3	4	5	6	7	8	9	10	11
		● Treuchtlingen . . .	Durchfahrt	—	**8 06**₅					
3,8		● Bk Grönhart Hst .	—	—	**09**₄	2,9	2,3			
5,0		Weißenburg (Bay)	—	—	**11**₉	2,5	2,5			
4,4		Ellingen (Bay) ▼	—	—	**14**₂	2,3	2,3	19,5		
4,9		● Pleinfeld . . .	—	—	**16**₉	2,7	2,6	19,2		
5,9		Bk Mühlstetten Hp	—	—	**20**	3,1	3,1			⌇
3,8		Georgensgmünd	—	—	**22**	2,0	2,0			
4,6		Bk Unterheckenhofen Hp	—	—	**24**₄	2,4	2,4			
3,8		Roth ▼	—	—	**26**₅	2,1	2,0			
3,1		Bk Büchenbach Hp	—	—	**28**₂	1,7	1,6			⌇
4,1		● Bk Rednitzhembach Hp ▼	—	—	**30**₄	2,2	2,1			
3,4		Schwabach ▼	—	—	**32**₃	1,9	1,7			⌇
3,5		Bk Katzwang Hp	—	—	**34**₃	2,0	1,8	15,5		
3,1		Nür-Reichelsdorf ▼	—	—	**36**₂	1,9	1,6	13,9		
3,2		Nürnberg-Eibach	—	—	**38**	1,8	1,7			
2,2		Bk Nür-Sandreuth Hp	—	—	**39**₄	1,4	1,2			
3,0		● Nürnberg Hbf ▼	8 42		(**8 48**)	2,6	2,2			
61,8						35,5	33,1			

Regierungssonderzüge

Auch eine kurze Bemerkung zu diesen Zügen soll hier nicht fehlen, da zu den Sonderzügen der damaligen Reichsregierung, die nach Sondervorschrift erfolgten, ebenfalls Unterlagen vorliegen. Die Regierungssonderzüge waren in den Buchfahrplänen mit der Nr. 51 bzw. 55/56 aufgeführt, die Bedarfsreise- und Probezüge einer Direktion enthielten. Ein besonders reger Sonderzugverkehr entwickelte sich nach der Machtübernahme ab 1933 und nach dem Ausbau der Region am Obersalzberg zwischen der Reichshauptstadt Berlin und dem zugehörigen Bahnhof Berchtesgaden im Bereich der RBD München. Dazu gab es in den Dienstfahrplänen der beteiligten Direktionen Berlin, Halle, Erfurt, Nürnberg Augsburg und München insgesamt acht Bedarfspläne für die Züge D 1066 bis 1073 zwischen Berlin Anh. Bf. und Berchtesgaden. Die Bespannung erfolgte mit den modernsten Triebfahrzeugen der damaligen Zeit, mit der Baureihe 01 und der E 18 auf den elektrifizierten Abschnitten.

Für den Bereich der RBD Nürnberg zeigt der abgedruckte Buchfahrplanauszug aus dem Heft 51 vom 15. Mai 1939 den Fahrtverlauf und weitere Angaben zu den Geschwindigkeiten und Zuglasten. Aus historischem Bildmaterial ist zudem die Bespannung mit 2 Triebfahrzeugen überliefert.

Die Vorstellung, wer in diesen Zügen als Staatsgast mitfuhr und welche historisch bedeutsamen Beschlüsse auf den Beratungen in den Regierungszügen gefasst wurden, bleibt dem Leser überlassen. Die dargestellten Sonderzugtrassen konnten aber auch mit anderen Sonderzügen, etwa dem von Hermann Göring oder anderen NS-Führern bzw. mit Sonderzügen der Wehrmachtführung oder des OKW belegt werden, so dass hier der Fantasie keine Grenzen gesetzt werden sollen.

234 D 1066 (15,9) 1. 2. Klasse
Berlin Anh Bf—Halle (S)—Probstzella—Nürnberg Hbf—Treuchtlingen—Augsburg—München Hbf—Berchtesgaden

Höchstgeschwindigkeit Probstzella—Steinbach (W) 50 km/h
Steinbach (W)—Förtschendorf 75 km/h
Förtschendorf—Rothenkirchen 85 km/h
Rothenkirchen—Treuchtlingen 90 km/h

S 36.20 (01)   Last 650 t   Mindestbremshundertstel
E 18
Probstzella—Steinbach (W) Schiebelok Gt 57.19 (95⁰) = 450 t, S 36.20 (01) = 200 t.

1	2	3	4	5	6	7	8	9	10	11
		Berlin Anh Bf . . .	—	—	837					
		Halle (Saale)	10 51	12	11 03					
		Saalfeld	13 08	12	13 20					
		●Probstzella	50	3+	53					
1,7		●Bf Falkenstein . .	—		56	3,0	2,3			
2,4		●Bf Lauenstein(Oberfr) Hp	—		14 00	4,0	2,9	30,0/17,4		
3,0		●Ludwigsstadt . . .	—		06₈	6,8	3,7			
3,4		●Bf Leinenmühle . .	—		15₅	8,7	4,2			80
2,8		●Steinbach (Wald) . .	14 23	11+	34	7,5	4,3			
2,4		Bf Bastelsmühle . .	—		37₂	3,2	3,8			
1,9		Bf Kohlmühle . .	—		39₁	1,9	1,7	13,0/12,5		
2,1		Förtschendorf . .	—		41₂	2,1	1,8			
3,0		Bf Hessenmühle . .	—		43₈	2,6	2,7			
2,9		Pressig-Rothenkirchen	—		47	3,2	2,5			
3,0		Bf Neukenroth . .	—		49₂	2,2	1,9			
2,5		Stockheim (Oberfr) .	—		51₂	2,0	1,8			
3,4		Gundelsdorf	—		53₇	2,5	2,3			
4,8		Kronach ▼	—		57₄	3,7	3,3			
2,8		Neuses (b Kronach) .	—		59₂	2,4	2,2			
3,6		Küps	—		15 02₅	2,7	2,4	31,0/25,7		
1,9		Bf Oberlangenstadt Hp	—		04	1,5	1,3			
3,7		●Redwitz (Rodach) . .	—		06₈	2,8	2,5			
3,5		Hochstadt-Marktzeuln	—		09₄	2,6	2,4			
2,2		Bf Trieb	—		15 11₁	1,7	1,5			

Regierungssonderzüge. Einer der acht Fahrpläne ist hier dargestellt, zwischen Probstzella und Steinbach (Wald) mit Schiebelok der Baureihe 95; Auszug aus dem Buchfahrplan Heft 51 der RBD Nürnberg vom 15. Mai 1939.

Wie das Bild zeigt, waren die Fahrzeiten für eine Zuglast von 650 t berechnet, auch hier ist dokumentiert, dass in dem Sonderzug Adolf Hitlers verschiedene zusätzliche Schlaf- und Speisewagen, Waggons für das „Führergefolge" und im Krieg auch spezielle Fahrzeuge mit Flakbewaffnung mitgeführt wurden. Behängungen mit bis zu 16 Wagen, davon zwei gepanzerte Begleitwagen, sind belegt.

„Italienkohle"

In Italien gab es schon seit 1920 eine faschistische Bewegung unter Benito Mussolini, die 1922 auch die Macht übernahm („Marsch auf Rom" vom 27.-30. Oktober 1922). Seit dem ersten Besuch von Adolf Hitler in Rom am 14. Juni 1934 erfolgte eine schrittweise politische Annäherung beider Länder, die ab November 1936 mit der Schaf-

Kohlezüge im Ruhrgebiet. Das „schwarze Gold", hier fast ausschließlich in Zweiachsern geladen, war Elexir für Deutschlands Industrie und Eisenbahn. Später erst wurde das Öl zum Schmierstoff von Wirtschaft und Verkehr.

fung der „Achse" Berlin – Rom in eine offene Kooperation mündete (Beteiligung beider Staaten am Spanischen Bürgerkrieg 1936-39). Bedingt durch die Expansionspläne Italiens in Nordafrika ab 1935 und den noch ungenügenden Stand seiner Aufrüstung bestand seitens Italiens großes Interesse an Lieferungen von Militärtechnik, Halbzeugen und Kohle aus Deutschland. Zudem liefen die Feldzüge in

Libyen, Äthiopien und später auch in Griechenland alles andere als erfolgreich, so dass Italien dringend auf wirtschaftlichen Beistand des Deutschen Reiches angewiesen war. Am 22. Mai 1939 schlossen beide Staaten einen Freundschafts- und Bündnispakt (sog. „Stahlpakt"), der unter anderem auch umfangreiche Kooperationen auf dem Gebiet der Kriegswirtschaft beinhaltete, für deren Konkretisierung gemäß Arti-

kel IV des Vertrages mehrere Kommissionen gebildet werden sollten.

Anfang des Jahres 1940 wurde ein Kriegseintritt Italiens an der Seite Deutschlands immer wahrscheinlicher, so dass sich mit Beginn des März auch die Beziehungen zum bisher wichtigsten Kohlelieferanten England weiter verschlechterten. Zudem war die Zufuhr deutscher Kohle über den Seeweg durch die britische Marine versperrt. Bei einem Besuch in Rom sicherte der deutsche Außenminister von Ribbentrop am 10. März für Mussolini überraschend die Verstärkung der Kohlelieferungen auf dem Landweg zu und erreichte damit letztlich die zunächst mündliche Zusage des „Duce", sich an künftigen Kriegshandlungen Deutschlands zu beteiligen.

Vereinbart wurde nun, dass ab März 1940 jährlich über 12 Mio. Tonnen Kohle an das verbündete Italien geliefert werden mussten. Dazu wurde am 13. März 1940 in Rom ein Transportabkommen geschlossen. Dies bedeutete eine Einbindung sowohl des Ruhrgebietes als auch des oberschlesischen Fördergebietes in die Transporte. Nach Anlaufen der Kohletransporte im Frühjahr 1940 meldete die Zeitung des Vereins Mitteleuropäischer Eisenbahnen, dass im Zeitraum von April bis Juli 1940 insgesamt 4.145.000 t Kohle nach Italien befördert wurden. Das Ziel vom monatlich über 1 Mio. Tonnen wurde also eingehalten, nur im April 1940 blieb der Umfang der Transporte mit 986.000 t noch geringfügig unter dieser Marke. Eine Übersicht aus [41] mit Stand Juni 1943 gibt an, dass aus dem Ruhr- und Saargebiet täglich 32 Trassen für Kohlezüge (mit dem Kürzel IKO= Italienkohle) zur Verfügung standen, mit denen bei 1200–1600 t Bruttolast unter Berücksichtigung des Wagenzugsgewichtes bei damals 26 Werktagen im Monat monatlich etwa 825.000 t Kohle transportiert werden konnten. Aus Oberschlesien kamen 14 Züge hinzu, mit denen im Monat etwa 375.000 t auf die

Reise geschickt werden konnten. Es musste also im Monatsdurchschnitt nicht die gesamte Zuganzahl ausgenutzt werden, jedoch ist anzunehmen, dass infolge der Jahresganglinie des Kohlebedarfs in den Wintermonaten das volle Programm gefahren werden musste.

Aus den Fahrplanperioden 1942/43 und 1944/45 sind Dienstfahrpläne erhalten geblieben, so dass hieraus einige Angaben zu Laufwegen, Lasten und Bespannungen dargestellt werden können.

Die Brennerstrecke Rosenheim-Innsbruck-Brenner trug die Hauptlast der Kohleverkehre nach Italien. Als letzter war zum 15. August 1939 der Abschnitt Kufstein – Wörgl zweigleisig in Betrieb genommen worden. Durch Witterungsunbilden wie Lawinen oder Muren und ab 1943 durch Fliegerangriffe war diese Strecke sehr störanfällig. Ein Liegenbleiben von Zügen musste unbedingt vermieden werden. Die RBD München gab daher zum 1. Januar 1942 Tafeln für die Grenzbelastungen der einzelnen Lokbaureihen heraus (23 Mk Bavf), die nicht überschritten werden durften.

Der Anhang zum Buchfahrplan Heft 4b der RBD München, gültig vom 2. November 1942 ab, wies für den genannten Streckenabschnitt allein je Richtung 48 Bedarfstrassen für Durchgangsgüterzüge aus, die mit bis zu 1100 t Last entweder mit E 77, E 44 oder E 45[2] verkehrten. Nach dem Stammplan verkehrten zusätzlich 10, im Jahresfahrplan 1942/43 dann 12 Regelzüge von Gremberg bzw. Hagen-Vorhalle mit E 77 bzw. 2 x E 45 bis zur Station Brenner, deren Ladegut mutmaßlich ebenfalls aus Steinkohle und Stahlerzeugnissen bestand. In Brennero/Brenner erfolgte dann die Übergabe der Züge an die Italienischen Staatsbahnen (FS). Die Baureihe E 94 war ab 1940 in Innsbruck stationiert, sie erscheint aber als Bespannung nur für einige Züge des Stammheftes 4b vom 2. November 1942.

Über die rechte Rheintalstrecke mit Laufweg über Mainz und

			Dg 6690 (5,3) B (Italien-Kohle) Osterfeld Süd—Wedau—Troisdorf—Oberlahnstein—Mainz-Bischofsheim—Mannh.-Friedrichsfeld—Basel DRB Rbf Höchstgeschw 55 km/h · Maßgeb Br 37 · G 45.17 (56 20—30) · Mindestbr 33 · Last 1600 t			Dg 6692 (5,3) B (Italien-Kohle) Osterfeld Süd—Wedau—Troisdorf—Oberlahnstein—Mainz-Bischofsheim—Mannheim-Friedrichsfeld—Basel Höchstgeschw 55 km/h · Maßgeb Br 37 · G 45.17 (56 20—30) · Mindestbr 33 · Last 1600 t		
1	2	3	4	6	8	4	6	8
		Niederlahnstein . .	—	1156	—	—	1738	—
1,9		Oberlahnstein . . .		59	1,9		41	1,9
0,5		" Gbf	1201	1219	1,1	1743	1830	1,1
1,9		Abzw Stellwerk I		25	3,4		36	3,4
1,6		Braubach		29	1,8		40	1,8
2,8		Bf Dinkholder . .		33	3,1		44	3,1
3,1		Osterspai . . .		37	3,5		48	3,5
3,0		Bf Filsen . . .		41	3,8		52	3,8
2,9		Kamp (Rhein) . .		45	3,3		56	3,3
2,2		Bf Bornhofen .		48	2,4		59	2,4
3,1		• Kestert		52	3,4		1903	3,4
3,1		Bf Ehrenthal . .		56	3,5		07	3,5
3,5		St Goarshausen .	1301		3,9		12	3,9
5,3		• Bf Loreley . .	1308		5,9		19	5,9
2,6		Bf Roßstein . .		12	2,9		23	2,9
2,7		Kaub		15	2,9		26	2,9
3,6		Lorchhausen . . .		20	4,0	—	31	4,0
2,9		Lorch (Rhein) . .		24	3,2		35	3,2
3,6		Bf Bodental . .		29	4,0		40	4,0
4,1		Aßmannshausen . .		34	4,5		45	4,5
4,2		Rüdesheim (Rh)▼		40	4,6		51	4,6
1,6		Abzw Floß . . .		43	1,8		54	1,8
1,1		• Abzw Kellergr		45	1,2	—	1956	1,2

In den Direktionen Mainz und Köln wurde der Italienkohleverkehr über die rechte Rheinstrecke abgewickelt, hier für zwei Bedarfstrassen aus dem Buchfahrplan Heft 1b der RBD Mainz vom 3. Juli 1944.

Mannheim-Friedrichsfeld nach Basel Rbf bestanden im Jahresfahrplan 1944/45 insgesamt 10 Bedarfszugtrassen für Durchgangsgüterzüge aus dem Ruhrgebiet mit der Nummerngruppe Dg 6610 bis 6694 ab Wedau und Osterfeld-Süd, die Last war gemäß Buchfahrplan Heft 1b der RBD Mainz mit 1600 t, die Bespannung mit der G 8[2] (56[20-30]) angegeben. Diese Züge wurden bei Verkehren durch die GBL West an die beteiligten RBDen Köln, Mainz und Karlsruhe bekanntgegeben und durch Bahndienstfernschreiben oder Einlegetelegramm eingelegt.

Einen Teil der Kohle- und Stahllieferungen an Italien musste auch das oberschlesische Revier beisteuern. Die Züge verkehrten von den Verladebahnhöfen Czarnolesie/Schwarzwald, Mittel Suchau, Karwin bzw. Ruderswald und bezogen auch Stahl vom Bahnhof Borsigwerk b. Beuthen/OS über die Nordbahnstrecke, die Strecken Stadlau-Simmering bzw. Stockerau-Tulln an Wien vorbei und dann entweder über den Semmering und die Südbahnstrecke oder die Westbahn bis Salzburg und dann weiter in Richtung Brenner zu den Zielbahnhö-

Dg

7904 (Czarnolesie)—Oderberg—**Lundenburg Vorbf**—Stadlau—Simmering Übg—
Gramatneusiedl—Wr Neustadt—Bruck (Mur)—Tarvis
7906 (Riedobschütz)—Ruderswald—**Lundenburg Vorbf**—Stadlau—Simmering Übg—
Gramatneusiedl—Wr Neustadt—Bruck (Mur)—Tarvis

Höchstgeschwindigkeit 45 km/h Mindestbremshundertstel 13
G 56.15 (52)   Last Lv—Str 1800 t (B T 443 d)
               Str—Sd 1650 t
               Sd—Ü   930 t   (B T 476 b)

1	2	3	7904[1] (5,3) B			7906[2] (5,3) B		
			4	6	8	4	6	8
		Ruderswald	—	—		—	9.59	
		Oderberg	—	8.51				
		Prerau	13.22	14.30		14.36	15.25	
		Lundenburg Vorbf ▼	(18 22)	21 03		(19 31)	0 02	
2,1		**Lundenburg** ▼ .	21 10	11	3,8	0 09	10	3,8
2,6		Bf Jungmais .	—	18	4,0	—	17	4,0
3,7		Bf Holzfeld . .	—	23	5,0	—	23	5,0
2,9		Bernhardsthal Gbf .	—	28	3,9	—	28	3,9
2,9		Bf Rabensburg Hp .	—	32	3,9	—	32	3,9
3,0		Bf Oberfeld . .	—	36	4,0	—	36	4,0
3,1	45	**Hohenau**	—	41	4,2	—	41	4,2
3,3		Bf Langfeld . .	—	46	4,4	—	46	4,4
3,1		**Drösing**	—	51	4,2	—	51	4,2
3,2		Bf Sierndorf . .	—	56	4,3	—	56	4,3
2,0		Bf Jedenspeigen Hp .	—	59	2,7	—	59	2,7
3,2		**Dürnkrut**	—	[3]22 04	4,3	—	104	4,3
3,7		Bf Grub	—	10	5,0	—	10	5,0
3,7		Bf Mannersdorf .	—	15	5,0	—	15	5,0
2,8		**Angern**	—	22 20	3,8	—	120	3,8

[1]) Darf bei Verkehr 92678 Lb—Str nicht verkehren.
[2]) Darf bei Verkehr 92694 Lb—Str; 99624 Str—Sr; 99724 Str—Sd; 98325 El—Ü nicht fahren.
[3]) Hält Abstand nach Zug 732.

Schwer arbeiten mussten die Lokomotive der Baureihe 52 auf der Nordbahnstrecke von Lundenburg bis Wien, die Geschwindigkeit der Züge wurde dafür von 55 auf 45 km/h herabgesetzt (Buchfahrplan Heft 9 RBD Wien vom 3.7.44).

fen Tarvisio bzw. Piedicolle und Marburg/Salloch in Slowenien. Im Buchfahrplan 9 der RBD Wien vom 3. Juli 1944 ab sind insgesamt 13 Durchgangsgüterzüge zu den angegebenen Zielen verzeichnet, die nach Bedarf eingelegt werden konnten. Diese verkehrten zwischen Lundenburg und Straßhof mit der für die angegebene Baureihe 52 schon grenzwertigen Last von 1800 t nach Belastungstafel 443d bzw. 476b.

Die ehemalige Kaiser Ferdinands-Nordbahn zwischen Wien und Oderberg war ab Ende 1939 einer der am stärksten belasteten Stre-

cken der DR und der BMB, auf ihr verkehrten bis zu 190 Züge täglich. Wegen der gestiegenen Streckenbelastung wurden z.B. im Bereich der BMB die Bahnhöfe Hulín, Staré Město, Otrokovice und Hodonín mit zwei Fahrdienstleitern besetzt.

Weniger bekannt ist, dass nach Italien nicht nur Steinkohle, sondern auch Braunkohlenbriketts für den Hausbrand und die Versorgung der Wehrmacht geliefert wurden. So gab es im Jahresfahrplan 1944/45 zwei planmäßige Zugläufe mit Dg von Meuselwitz bei Altenburg nach Brenner, die dann von

dort aus im Benehmen zwischen der RBD München und der WVD Italien an die Bedarfsträger weiterverfügt wurden.

Ostdienstkohle und Dienstkohle der Reichsbahn

Neben der Versorgung Italiens ergab sich nach der Eroberung von Gebieten in der Sowjetunion auch die Notwendigkeit der Versorgung der eigenen Truppen und der zivilen Dienststellen mit Steinkohle, da sich die im Donezgebiet vorgefundene Kohle wegen der Neigung zum Zusammenbacken und zur Schlackenbildung nur eingeschränkt und unter Zusetzung deutscher Steinkohle mindestens im Mischungsverhältnis von 1:1 für die Verfeuerung in Lokomotiven eignete. Im Kaukasusgebiet herrschte zudem vor der Eroberung Lokomotivbetrieb mit Ölfeuerung, so dass auch hier rostgefeuerte Lokomotiven zugeführt werden mussten. Zusätzlich mussten eingedenk des ersten Kriegswinters 1941/42 auch die vielen Brennstellen in militärischen Gebäuden und Unterkünften mit Brennholz und Braunkohlenbriketts versorgt werden.

Die Steinkohle und auch Steinkohlenkoks wurde aus dem oberschlesischen Abbaugebiet, die Braunkohle als Braunkohlenbriketts aus dem Leipziger Becken und dem damals schon zum Teil erschlossenen Senftenberger Revier herangebracht. Bei der Steinkohle wurde nach verschiedenen Sorten unterschieden, etwa Schmiede-, Sieb-, Flamm- oder Stückkohle sowie Anthrazit. Ende 1942 bestand für den besetzten Osten ein Bedarf von etwa 700.000 t Kohle monatlich.

Die Dringlichkeit der Dienstkohlezüge schwankte. In der Rangfolge der betrieblichen Behandlung rangierten sie nach dem Wehr-

84								
Łazy—Poraj—Osten								
Höchstgeschw 55 km/h					Maßgebende Bremshundertstel 31			
G 56.15			Last 1700 t			Mindestbremshundertstel 28		
			Dstg 6791 B (7,3)		**Dstg 6793 B** (7,3)		**Dstg 6795 B** (7,3)	
1	2	3	4	6	4	6	4	6	8
		Łazy Stellw Ln	—	10 26	—	6 56	—	8 29	
2,0		Abzw Otternbach	—	35	—	7 05	—	37	3,3
1,8		Warthenau	—	40	—	10	—	42	2,1
6,2		Bf Nieraba	—	49	—	19	—	51	7,0
3,2		Bf Glodenau	—	53	—	23	—	55	3,6
3,8		Myszkow	—	59	—	29	—	9 01	4,6
6,8		Bf Zarki	—	11 08	—	38	—	09	7,4
3,4		Bf Ostdorf	—	13	—	43	—	13	3,9
4,3		Poraj	11 20	11 45	7 50	8 15	9 20	10 12	6,2
31,5								38,1

Die Dienstkohlezüge waren von den sonstigen Kohlezügen durch die Zuggattung Dstg zu unterscheiden, hier für einen Abschnitt in der RBD Oppeln dargestellt (Buchfahrplan Heft 15a vom 3. Juli 1944).

machts-, aber vor dem Wirtschaftsverkehr in den besetzten Gebieten. Die Dienstkohlezüge wurden fahrplantechnisch so konstruiert, dass ein Teil als Stammzüge immer verkehrte und ein anderer Teil nur auf besondere Anordnung. Sammelbahnhöfe für die Ostdienstkohlezüge und auch die übrigen Dienstkohlezüge für den Eigenbedarf der Reichsbahn waren die oberschlesischen Rangierbahnhöfe Lazy, Czarnolesie/Schwarzwald und nach seinem Ausbau ab 1941/42 auch Tarnowitz.

Einige wertvolle Angaben zu den im Bezirk der RBD Oppeln gebildeten Kohlezügen lassen sich dem Buch „Die Baureihe 50", Band 1 [10] und aus [41] entnehmen, so dass hier nur die aus Fahrplanunterlagen der RBD Oppeln entnommenen Angaben verarbeitet werden sollen.

Für die vom Rangierbahnhof in Tarnowitz ausgehenden Strecken lässt sich für den ab dem 3. Juli 1944 geltenden Fahrplan der Kohleverkehr in Richtung Norden und Osten rekonstruieren. Dieser erst nach der deutschen Besetzung ausgebaute Rangierbahnhof vermittelte den Kohleverkehr in Richtung Osten und Norden. Nach den vorliegenden Unterlagen verkehrten auf der Strecke in Richtung Karschnitz/

Kolo 19 planmäßige und 13 Bedarfszüge mit 2250 t Last, bespannt mit der Baureihe 44. Zuvor waren bis zum Fahrplanwechsel zum 4. Mai 1942 die polnischen Güterzugloks der Reihe Ty 23 (58 23-27) im Einsatz, die aber auf der Kohlenmagistrale nur 2000 t befördern konnten. Dies waren nach Recherche des Verfassers die schwersten im Bereich der Deutschen Reichsbahn verkehrenden Züge. Selbst auf der später für ihre Schwerlastverkehre bekannt gewordenen Magistrale von Rheine nach Emden gab es damals nur Züge mit bis zu 1500 t Last. Zusätzlich gab es auf der Kohlenmagistrale ab Tarnowitz noch acht Dienstgüterzüge mit 1700 t Last, wie auch schon im Sommerfahrplan 1943 [41]. Als Bestimmungsbahnhöfe der Dienstkohlezüge waren Lida, Eydtkau, Danzig Troyl und Gotenhafen angegeben, von wo aus ab Oktober 1944 die Truppen in Kurland versorgt wurden.

Unter Berücksichtigung der 19 Züge des Stammplanes konnten so bei Verwendung der damals üblichen zweiachsigen Güterwagen der Gattungsbezirke Breslau, Essen oder Villach auf der Kohlenmagistrale in Richtung Hohensalza/Danzig im Monat etwa 850.000 Lasttonnen abgefahren werden, unter

Berücksichtigung der Bedarfspläne sogar bis zu 1.400.000 Tonnen. Das Verhältnis der Dienstkohle- zu den übrigen Kohlezügen zeigt zudem, welchen Anteil die Reichsbahn selbst am Kohleverbrauch hatte.

Auf der Strecke Łazy – Poraj verkehrten dahingegen 30 planmäßige Züge und 19 Bedarfszüge mit 1700 bis 2250 t Last, an der Leistungsgrenze bespannt mit der Baureihe 52. Zusätzlich gab es auf dieser Strecke, die weiter in Richtung Tschenstochau führte, Verkehre mit 10 Dienstkohlezügen (Sommerfahrplan 1943: ebenfalls 10 Züge), deren Endpunkte mit Brest, Minsk, Bialystok und „Osten" angegeben waren.

Zwischen Tarnowitz und der RBD-Grenze zur Direktion Posen bei Pitschen an der Strecke in Richtung Ostrowo verkehrten sechs Dg und fünf Bedarfs-Dg sowie zwei Dienstkohlezüge mit 1600 t Last, die Zielbahnhöfe waren Stettin Gbf, Jarotschin, Frankfurt/Oder und Glogau.

Über die in Richtung Nordwesten führende Strecke von Tarnowitz in Richtung Kreuzburg – Oels wurden drei Dg und zwei Bedarfszüge mit 1600 t Last mit der BR 50 abgefahren, Zielbahnhof war 1944 noch der Bahnhof Posen-Dembsen, obwohl seit Ende 1943 schon der neu errichtete, auf der Ostseite der Warthe gelegene Rangierbahnhof Posen Vbf (Franowo) in Betrieb war.

Die in Tarnowitz gebildeten Kohlenzüge wurden aus Richtung Süden von den Gruben als Übergabezüge oder Dg zugefahren.

Der Bedarf an Steinkohle für die Reichshauptstadt Berlin wurde traditionell aus dem schon bis 1939 deutschen Teil Oberschlesiens gedeckt und aus dem Kohlebezirk um Gleiwitz, Hindenburg/OS und Beuthen über die Strecken von Beuthen-Stadtwald und Peiskretscham in Richtung Oppeln abgefahren. Der weitere Weg führte entweder über die Kohlenschleppbahn Oppeln – Fünfteichen – Breslau oder über die Stammstrecke via Brieg – Ohlau und dann entweder über Kohlfurt – Cottbus oder über

Dg 26773 (5,3) B

Bitterfeld—Wittenberg—Falkenberg—Kohlfurt—Arnsdorf—Breslau—Oels—Kreuzburg—Tschenstochau (Anschluß an Ostdienstkohlenzug 6773 Lazy—Kowel)

Verkehrt auf besondere Anordnung

Höchstgeschwindigkeit 55 km/h
G 56.15 (50°) mit Vorspann

Last 1700 t

Maßgebende Bremshundert / Mindestbremshundert

1	2	3	4	5	6	7	8	9	10	11
					Anfang Heft 1					
		Wittenberg (Pr Sa)	**204**	66	**310**					
2,8		Abzw Wendel	—	—	**16**	5,7	3,4			
4,0		Mühlanger	—	—	**21**	5,1	4,4			
6,1		Elster (Elbe)	—	—	**29**	7,7	6,7			
4,3		Bf Gorsdorf	—	—	**34**	5,4	4,7			
5,6		Jessen (Elster)	—	—	**41**	7,6	6,1			
4,0		Bf Purzien	—	—	**46**	5,1	4,4	70,4		
5,0		Annaburg (Kr Torgau)	—	—	**53**	6,3	5,5	59,3		
5,1		Bf Silberdamm ...	—	—	**59**	6,4	5,5			
3,8		Bf Züllsdorf	—	—	**404**	4,7	4,1			
4,7		Fermerswalde (Elst)	—	—	**10**	6,1	5,2			
4,2		Bf Bayern	—	—	**15**	5,3	4,6			
3,2		●Falkenberg	**420**	29	**449**	5,8	4,7			
52,8				95		70,4	59,3			

Beispiel für einen langlaufenden Dienstkohlenzug mit Braunkohlenbriketts aus dem Buchfahrplan 8 der RBD Halle vom 3. Juli 1944.

Dieses Bahndiensttelegramm vom 6.2.1944 regelte das Verkehren eines Umleiterzuges Nr. 66964 mit Briketts von Mückenberg (ab 1950 Lauchhammer West) über Magdeburg bis Stendal (RBD-Grenze) und weiter bis Hamburg-Wilhelmsburg. Er lief in den Nächten 7./8.2. von Mückenberg bis Falkenberg im Plan des Dg 6464, bis Wittenberg im Plan 96324, dann bis Dessau-Roßlau im Plan des Leerzuges 10866, ab dort im Bedarfsplan 92322 bis Magdeburg-Rothensee nach Fplo 1035. Ein Beispiel für die betriebliche Behandlung solcher Züge, hier mit Dienstkohle.

egnitz – Sagan/Glogau – Frankfurt (Oder). Zum Teil liefen die Kohlezüge direkt von den Gruben zu den Rangierbahnhöfen Berlin-Schöneweide, Rüdnitz und Bad Freienwalde durch, zum Teil wurden die Züge in Peiskretscham neu gebildet. Die letztgenannten zwei Bahnhöfe hatte man als Auffang-Rangierbahnhöfe bei Luftangriffen auf Berlin ausgebaut, was an beiden Orten auch heute noch deutlich zu erkennen ist. Für die von Peiskretscham ab beginnende Zugbildung verkehrten u.a. zehn Dg und vier Bedarfs-Dg zwischen Gleiwitz und Peiskretscham, mit 1500 t Last und mit der Baureihe 50 bespannt.

Die Grenzen des Liefergebietes für Steinkohle an industrielle Abnehmer, das von Oberschlesien aus bedient wurde, sind ausweislich der erhaltenen Fahrpläne und GZV in etwa auf einer Linie von Pölitz bei Stettin über Berlin-Schöneweide bis nach Dresden zu ziehen, wobei einzelne Kohlesorten wegen ihrer Eigenschaften auch bis an die damaligen „Reichswerke Hermann Göring" in Salzgitter und an die zum IG-Farben-Konzern gehörige Firma Anorgana in Kastl/Obb. geliefert wurden.

Für die Beheizung der Bahnhofsgebäude, Stellwerke, Unterkünfte und anderer Nebengebäude in den besetzten Gebieten musste auch Braunkohle aus dem Reichsgebiet herangeführt werden, da Steinkohle wegen ihres hohen Heizwertes nicht für den Hausbrand und die Befeuerung von Öfen aus Metall (Kanonenöfen) geeignet war.

Die Aufkommenspunkte für Braunkohlenbriketts waren u.a. Kötzschen, Senftenberg, Wittichenau und Lübbenau. Wie das nebenstehende Dokument zeigt, waren einzelne Züge mit planmäßig verkehrenden Ostdienstkohlezügen verknüpft, oder wie es im Fahrplanwesen heißt „gekuppelt". Dieser hier verkehrte ab 3. Juli 1944 nur noch bis Kowel, im Sommerfahrplan 1943 reichte die Zugleistung für den Dg 6773 vom Rangierbahnhof Łazy aus über Małkinia noch bis Dünaburg.

Ersatzbespannungen für elektrisch betriebene Strecken

16		D 37 (15,1) 1. 2. 3. Klasse (450 t)							
Karlsruhe—Stuttgart Hbf—Ulm Hbf—München Hbf—Salzburg Hbf—Wien West									
Höchstgeschwindigkeit Ub—Ob 110 km/h									
Ob—A 90 km/h					Last 600 t V		Mindestbremshundertstel 87		
E 17 oder E 18 A—Pa 110 km/h									
(S 36.18 (18⁴)) Pa—Mhh 90 km/h									

1	2	3	4	5	6	7	8	9	10
		●Ulm Hbf ▼	11 43	(3)	11 46				
2,2		●Neu=Ulm ▼	—	—	50_4	4,4	3,1		
5,4		Bf Burlafingen Hp.	—	—	54_6	4,2	3,4		
4,2		Nersingen	—	—	57_7	3,1	2,3		
3,2		●Unterfahlheim	—	—	12 00	2,3	1,7		
4,5		Leipheim	—	—	03_3	3,3	2,5		
5,1		●Günzburg	—	—	07_1	3,8	2,9	35,5 / 26,3	
5,5		Neuoffingen	—	—	11_2	4,1	3,0		
2,7		●Offingen	—	—	13_2	2,0	1,5		
3,7		Bf Mindelaltheim Hp.	—	—	15_9	2,7	2,0		
3,8		●Burgau (Schwab)	—	—	18_8	2,9	2,1		
3,2		●Jettingen	—	—	21_5	2,7	1,8		
4,8		●Bf Freihalden Hp.	—	—	26_2	4,7	2,7		
4,3		●Gabelbach ▼	—	—	30_1	3,9	2,4		
5,5		Dinkelscherben	—	—	34_2	4,1	3,3		
5,1		●Mödishofen	—	—	38	3,8	2,8		
6,2		●Gessertshausen	—	—	42_9	4,9	3,4	35,5 / 25,9	
4,2		●Diedorf (Schwab)	—	—	46_1	3,2	2,3		
4,5		●Westheim (Schwab)	—	—	49_5	3,4	2,5		
3,3		●Abzw Hirblingerstr Hp	—	—	52_2	2,7	1,8		
2,6		Bf Augsburg-Oberhausen	—	—	54_3	2,1	1,9		
2,0		●Augsburg Hbf ▼	12 57	4	13 01	2,7	2,8		
2,8		Bf Siebentisch	—	—	05_8	4,8	3,0		
2,0		●Augsburg=Hochzoll	—	—	07_5	1,7	1,2		
5,1		●Kissing	—	—	11_2	3,7	2,8		
3,3		●Bf Friedenau	—	—	13 13_6	2,4	1,8		

Schon vor Kriegsbeginn rechnete man seitens der zuständigen Stellen der Reichsbahn auch mit Luftangriffen auf Bahnanlagen. Neben den Lokomotiv- und Wagenbehandlungsanlagen und den Hochbauten der Bahnhöfe galten dabei auch die elektrisch betriebenen Strecken als besonders anfällig. Mit Aufstellung der Fahrpläne für den kleinen Fahrplanwechsel zum 21. Januar 1940 wurde daher auf elektrifizierten Streckenabschnitten Ersatzpläne für eine Bespannung mit Dampflokomotiven aufgestellt. Ausnahme hierbei bildete die Brennerstrecke, die aufgrund der Trassierung und der Ausrüstung der an der Strecke gelegenen Betriebswerke nicht ohne weiteres auf Dampfkraft umgestellt werden konnte, so dass im Falle von Beschädigungen eine umgehende Reparatur der betroffenen Abschnitte anzustreben war.

Beispielhaft ist eine Bespannung für einen Schnellzug zwischen Ulm und Augsburg dargestellt. Das in Klammern gesetzte zweite Zuggewicht hinter der Zugnummer entsprach dem der Dampflokomotive, da die Elektrolok aufgrund ihrer höheren Leistung ein größeres Wagenzuggewicht befördern konnte.

Ab 1940 gab es in den Buchfahrplänen Angaben zu Ersatzbespannungen bei Ausfall der Oberleitung, hier aus dem Buchfahrplan 2a der RBD Augsburg vom 21. Januar 1940.

„Schnellzüge für Fronturlauber" (SF-Züge)

Bis September 1939 gab es in Europa keine Fronten, an denen Krieg geführt wurde, obwohl es im Deutschen Reich bereits seit 1935 wieder die allgemeine Wehrpflicht, eine Wehrmacht und ein Kriegsministerium mit einem Kriegsminister gab. Die Stärke des offiziellen Heeres entwickelte sich schnell von den im Versailler Vertrag zugestandenen 100.000 Mann zu einem Massenheer von ca. 550.000 Mann im Jahre 1939, es kamen die Luftwaffe mit 400.000 und eine auf etwa 50.000 Mann angewachsene Kriegsmarine hinzu. Um die Belastungen für den zivilen Reiseverkehr in Grenzen zu halten, wurde durch die DRG ein Sonderverkehr für Feiertage und so bezeichnete „Große Feste" (Weihnachten, Neujahr, Ostern und Pfingsten) angeboten, mit dem die Masse der Urlauber in Zügen außerhalb der veröffentlichten Fahrpläne befördert wurde (sog. Wu-Züge, Zugbezeichnung „Muz"). Ausnahmen gab es für Fahrten unter 300 km Entfernung, Fahrten einzelner Wehrmachtsangehöriger mit Familie, für den Fall des verspäteten Eintreffens von Schiffen der Kriegsmarine und andere Sonderfälle. Geregelt war all dies in der DV 473 „Vorschrift über die Vorbereitung und Durchführung des Wehrmachturlauberverkehrs zu den großen Festen" v. 15.12.1938, eingeführt durch Erlaß der Eisenbahn-Abteilung im RVM Bfsf (Wu) 34 vom 22.11.1938.

Für die Durchführung der Urlauberverkehre gab es ein eigenes Kursbuch für Wehrmachturlauberverkehre. Die Beförderung erfolgte auf Wehrmachtfahrkarten, die von der urlaubsgewährenden Stelle unter Vorlage der Urlaubsscheine bei der nächstgelegenen Fahrkarten-

⊗ SF 83 (32,7) 2.3. Klasse (450 t)

Brest-Litowsk–Deblin–Radom–Kielce–Myslowitz–Oderberg–Teschen–Sillein–
Preßburg-Neustadt–**Engerau**–**Parndorf**–**Wien Ostbf**

Höchstgeschwindigkeit S–Pd 50 km/h   Mindestbremshundertstel 78

Pt 36.15 (77²)

Last E–Pd   500 t   (BT 58 b)
Pd–O   600 t   (Sonderbelastung) ⑮

1	2	3	4	5	6	7	8	9	10	11
		Brest-Litowsk Hbf .	—	—	17.38					
		Oderberg	8.09		8.29					
		Teschen	9 05		9.08					
		Cadca	10.04		10.35					
		Sillein	11.10		11.34					
		Preßburg Neust . .	16.04		16.10					
		Engerau	**16 20**		**16 55**				4645 (11657)	
5,2		Kittsee	—		17 06 ₅	11,5	6,6			
4,8	50	Pama	—		15	8,5	5,8			
5,7		●Gattendorf . . .	—		25	10,0	7,8	47,0 / 31,8	(92107)	
3,5		●Neudorf (b Parndorf)	—		31 ₅	6,5	4,4			
5,7		**Parndorf . . . .**	**17 42**	5	47	10,5	7,2			
3,6		Bk Wassergrund	—	—	54	7,0	3,5	14,0 / 7,1		
2,9		●Bruck (Leitha) Gbf	—	—	58	4,0	2,0			
1,5		●Bruck (Leitha) Hbf	18 01	6	18 07	3,0	1,6			
1,5		Bruck (Leitha) Rbf Stw Ost	—	—	12	5,0	2,0			
1,0		Bruck (Leitha) Rbf Stw Mitte	—	—	15	3,0	0,7			
1,4	90	Bruck (Leitha) Rbf Stw West	—	—	17	2,0	0,9			
0,8		Wilfleinsdorf . .	—	—	18	1,0	0,5			
5,5		Trautmannsdorf (L)	—	—	24	6,0	3,8	63,0 / 33,7		
4,0		**Götzendorf ▼ .** .	—	—	29	5,0	3,2			
3,2		Bk Führbachbrücke	—	—	34	5,0	3,2			
4,2		●Gramatneusiedl	—	—	38	4,0	2,6			
3,3		Bk Gutenhof-Velm Ost	—	—	18 42	4,0	2,4			

Beispiel für einen langen Zuglauf eines SF-Zuges, hier auf einem Abschnitt in der RBD Wien mit der Baureihe 77² (Reihe 629 der BBÖ) bespannt.

ausgabe zu beantragen waren: Rote Urlaubsscheine galten nur für Personen- und Wu-Züge, weiße auch für D- und Eilzüge. Die Schnellzüge für Militärurlauber waren in den Buchfahrplänen für Bedarfsreisezüge (Sp-Hefte oder Hefte Nr. 51) der Direktionen verzeichnet, führten die Zugbezeichnung B Muz für „Bedarfs-Militärurlauberzug" und trugen die Zuggattungsnummer (30,7). Sie wurden meist aus Wagen der 3. Klasse gebildet.

Schnellzüge für Fronturlauber wurden erst mit Kriegsbeginn eingeführt und erhielten die Zugbezeichnung SF (Zuggattung (32,1) oder (32,7) bei Bedarfszügen; Schnellzug für Fronturlauber) und

SFR (Zuggattung (32,1); SF-Zug mit Reisezugabteil für den öffentlichen Verkehr) und Schnellzüge für Heimaturlauber (SH, Zuggattung (33,1)). Sie sollten zur Entlastung der D- und Eilzüge des Regelfahrplanes beitragen. Ansonsten waren die SF-Züge nur für die Benutzung durch Wehrmachtsangehörige, Angehörige der SS-Verbände und des RAD sowie Personal des Roten Kreuzes zugelassen. Einige SF-Züge wurden auf Teilabschnitten des Gesamtlaufweges als SFR geführt, die Abschnitte, auf denen das der Fall war, waren im Buchfahrplan besonders gekennzeichnet. Die Zugbezeichnung SH wurde nur für Züge verwendet, die auf Strecken

im sogenannten „Altreich" verkehrten. Diese Züge fuhren nach gesonderten Plänen, die nicht im öffentlichen Fahrplanstoff erschienen, sondern für die ein gesondertes „Verzeichnis der Schnellzüge für Fronturlauber" mit besonderen Anhängen für einzelne Front- und Besatzungsgebiete als Anhänge (z.B. Anhang Frankreich, Anhang Russland) herausgegeben wurde, das auch alle Züge des öffentlichen Verkehrs mit Wehrmachtszugteil enthielt. Gleichfalls gab es auch grafische Fahrpläne, in denen nur die SF-Züge mit ihren Anschlüssen dargestellt wurden.

Die SF-Verzeichnisse wurden meist zu den im Krieg durchgeführten Fahrplanwechseln oder im Ergebnis umfangreicher Kampfhandlungen neu herausgegeben. So gab es zum 10. April 1940 bereits das 6. und zum Fahrplanwechsel am 4. Mai 1942 das 13. SF-Verzeichnis. Einzelne Züge verkehrten dabei nur nach Bedarf oder auf besondere Anordnung. Die Zugbildung wurde durch die GBL Ost, Bereich PW geregelt. Es handelte sich bei diesen Zügen um die schwersten im damaligen Reichsgebiet verkehrenden Reisezüge mit bis zu 17 Schnellzugwagen und bis zu 680 Tonnen Last (Erlaß 20 Bfp 247 des RVM vom 15. Mai 1942). Einige dieser Züge waren so schwer, das sie selbst bei einer Bespannung mit modernsten Schnellzuglokomotiven der Baureihen 01, 01¹⁰ und 03¹⁰ in einigen Haltebahnhöfen an- bzw. nachgeschoben werden mussten. Gefahren wurden diese Züge mit maximal 100 km/h.

Die Zugläufe waren exotisch, teilweise gab es Durchläufe von Brest-Litowsk bis Wien und von Paris Ost bis Wien Westbahnhof. In den Reichsverkehrsdirektionen im besetzten Gebiet der Sowjetunion wurden die Zuganfangsbahnhöfe nach Frontlage und der Lage der Betriebsspitze zu den Feldeisenbahnkommandos festgelegt, östlichste Endbahnhöfe waren z.B. mit Stand vom 17. Mai 1943 Charkow und Gattschina bei Leningrad. Die

SF-Züge aus den RVD wurden aus hygienischen und auch aus fahrplantechnischen Gründen an den Grenzbahnhöfen zum Reichsgebiet bzw. Generalgouvernement gebrochen, die Umsteigebeziehungen zu den Anschlusszügen waren aus dem Anhang Russland zum Verzeichnis der SF-Züge ersichtlich. Auf den Strecken in den besetzten Teilen der Sowjetunion waren aufgrund des Zustandes von Oberbau und Brücken nur geringe Geschwindigkeiten bis zu 45 km/h möglich. So war z.B. der SF 975 im besetzten Weißrussland von Wolkowysk nach Orel zwischen den in der RVD Minsk gelegenen, 849 km entfernten Bahnhöfen Mosty und Brjansk II mit einer Lok der Baureihe $55^{25\text{-}56}$ planmäßig genau 33 Stunden und 42 Minuten unterwegs, das entspricht einer Reisegeschwindigkeit von 25,2 km/h. Durch die Vielzahl der Aufenthalte und wiederholte Partisanenanschläge mit Streckenunterbrechungen waren die SF-Züge besonders verspätungsanfällig. An weiteren Bespannungen von SF-Zügen in Russland sind die Baureihen $38^{10\text{-}40}$, 52 (ab Mai 1943) $57^{10\text{-}40}$ und $58^{23\text{-}27}$ (poln. Ty 23) bekannt.

Die Vergabe der Zugnummern erfolgte unterschiedlich, meist für Hinzüge eine kleine Ordnungsnummer (SF 1 Oldenburg – Königsberg) und für die Gegenrichtung eine um 100 erhöhte Zugnummer (SF 101 Königsberg – Oldenburg, Angaben aus dem Jahresfahrplan 1944/45). Die Wagenreihung war in einem speziellen Zugbildungsplan Zp SF geregelt, während die Reihung der für die Wehrmachtsangehörigen bestimmten Wagen in den DmW, EmW und PmW in den Zugbildungsplänen A und B angegeben waren.

Die Züge wurden von einem Transportführer (Offizier, in Ausnahmen Feldwebel) und einer Zugwache begleitet. Die Zugwache bestand aus einem Unteroffizier und einem Mannschaftsdienstgrad, für die ein besonderes Abteil 3. Klasse vorzuhalten war. Die Zugwache war

Teil I: Wagenreihung

1 Zug-Nr und Wagenklasse	2 Zahl, Gattung und Reihenfolge der Wagen	3 Kommt aus Zug	4 Wagenlauf (Anfang- und Endbahnhof)	5 Geht über in Zug	6 Nr des Umlaufplans Teil II	7 Bemerkungen
SF † 3 2. 3. * 600 t	(⊠Roermond—Maastricht—Aachen—) Düren—Wuppertal—Soest—Northeim—Halle (S)—Leipzig—Dresden-Neustadt—Breslau—Heydebreck (Oberschles)—Gleiwitz ×					† ab Dresden SFR
	Ab (Roermond), Düren und ab Leipzig:					
	1 Pw 4 ü (Feldp)	103	Düren—Gleiwitz	103	7125	Feldpost 55/224
	6 C 4 ü	"	"	"	"	
	1 C 4 ü ◇	"	"	"	"	3 Abt 2. Kl 4 Abt 3. Kl für Verwundete
	1 B 4 ü ◆	"	"	"	"	
	1 BC 4 ü ●	"	"	"	"	
	1 C 4 ü ●	"	"	"	"	
	Ab Halle (S) und ab Dresden-N umgekehrte Wagenreihung × Von Dresden bis Gleiwitz für Kindertransporte gesperrt					
SFR 4 2. 3. bis Kuln 700 t ab Kuln 600 t	Düsseldorf—Duisburg—Essen—Dortmund—Hannover—Berlin Stadtb					
	1 Pw 4	104	Düsseldorf—Berlin Stadtb	104	774	
	1 C 4 ü	"	"	"	"	Schutzwagen
	1 C 4 ü	"	"	"	"	
	3 C 4 ü	"	"	"	"	
	1 C 4 ü ◇	"	"	"	"	
	1 B 4 ü ◆	"	"	"	"	
	1 B 4 ü ●	"	"	"	"	
	2 C 4 ü ●	"	"	"	"	

Interessant sind die zusätzlichen Angaben aus dem Zugbildungsplan SF vom 3. Juli 1944 zu freizuhaltenden Abteilen für Verwundete, für Feldpost und die Einreihung von Schutzwagen. Der SF 3 verkehrte ab Dresden als SFR.

in Reisezügen mit Wehrmachtsabteil nur für die Wagen mit Wehrmachtsabteil zuständig. Aufgabe der Zugwache war auch die Überwachung von Öfen in den damit ausgerüsteten Wagen. Jeder Zug verfügte darüber hinaus meist noch über Kurierabteile für sogenannte „Befehlsempfänger" mit Kuriergepäck und ein Abteil 3. Klasse für einen Kochtrupp. Durch die Zugführer waren auf den gesamten Zugläufen Zählzettel zu führen, um die Beförderungszahlen und dabei evtl. auftretende Besonderheiten zu erfassen. Das Zugpersonal blieb oftmals über den gesamten Zuglauf

innerhalb einer Direktion, manchmal auch über zwei oder drei Direktionen hinweg am Zug, was durch Fahrplananordnungen belegt ist. Die Zuglokomotiven und Personale wurden von den Bw entlang des Zuglaufes gestellt, die Bespannung wechselte im Abstand von etwa 100 bis 150 Kilometern am Standort der größeren Bahnbetriebswerke. Geregelt war die Begleitung der Züge in einer vom Befehlshaber des Ersatzheeres im April 1942 herausgegebenen „Dienstanweisung für die Transportführer der SF-Züge mit Wehrmachtsteil". Diese Anweisung war nicht im Verzeichnis der

Dienstvorschriften der Reichsbahn enthalten und wurde direkt vom Oberkommando der Wehrmacht (OKW) herausgegeben.

Für die Benutzung der SF-Züge waren eine Zulassungskarte und ein kleiner Wehrmachtfahrschein mit blauem Diagonalstreifen erforderlich.

Durch die seit Kriegsbeginn geltenden Luftschutzbestimmungen und Verdunklungsvorschriften (schon seit dem 1. Mai 1939 gab es vorläufige Richtlinien zur Verdunkelung von Bahnanlagen) waren bei Dunkelheit viele Bahnhofswegweiser und die Bahnhofsnamen für die Reisenden nicht mehr zu erkennen. Für die SF-Züge war in den Vorbemerkungen der Buchfahrpläne, für die Bahnhöfe in den Bahnhofsbüchern festgelegt, dass die Bahnhofsnamen durch das Aufsichtspersonal auszurufen bzw. – sofern auf größeren Bahnhöfen vorhanden – über die örtlichen Lautsprecher anzusagen waren.

Die letzte Änderung des Fahrplangerüstes der SF-Züge datiert vom 17.12.1944, die Fronten rückten zunehmend näher, bevor ab Ende Januar 1945 der Schnellzugverkehr im Reich eingestellt und schnellfahrende Züge nur noch auf besondere Anordnung gefahren wurden.

Neben den SF- und SFR-Zügen wurden auch im verbliebenen Zivilreiseverkehr Schnellzüge mit Wehrmachtsabteil ergänzt, bezeichnet als DmW (Zuggattung 14,1). Diese Züge erreichten ebenfalls Lasten zwischen 450 und 650 Tonnen und wurden mit allen auf den Bespannungs-Bw vorhandenen Lokomotivgattungen befördert. Auf Strecken, die infolge der kriegsbedingten Ausdünnung des Reiseverkehrs keinen Schnellzugverkehr hatten, gab es als Besonderheit auch Eilzüge mit Wehrmachtsabteil (EmW, Zuggattung 24,1) und auf einzelnen Strecken, auf denen 1944 fast nur noch einige wenige Personenzüge verkehrten, wie der Strecke Dessau – Falkenberg/E. – Kohlfurt, auch Personenzüge mit Wehrmachtsteil (PmW, Zuggattung 34,1). Für die Beförderung wurde

dabei die Baureihe 38$^{10-40}$ eingesetzt, die Höchstgeschwindigkeit betrug maximal 85 km/h.

Als innerbetriebliches Pendant zu den SF-Verzeichnissen für die Urlauber gab es ab November 1939 in den einzelnen Direktionen gesonderte Buchfahrplanhefte, in denen alle Züge der Zugbezeichnungen SF und SFR einer Direktion zusammengefasst waren. Züge des öffentlichen Verkehrs mit Wehrmachtszugteil (DmW, EmW, PmW) erschienen weiterhin in den Fahrplanheften für Reisezüge oder für den Gesamtverkehr der jeweiligen Strecke und waren darüber hinaus auch aus dem öffentlichen Fahrplanstoff ersicht-

lich. Die Buchfahrplanhefte mit den Schnellzügen für Fronturlauber erhielten die einheitliche Heftnummer 60. Diese Verfahrensweise wurde auch bei der Gedob, den BMB und den RVD in den besetzten Ostgebieten angewendet, für die Wehrmacht-Verkehrsdirektionen in Frankreich, für die Niederlande und Belgien sowie das besetzte Italien ist dies nicht sicher bekannt.

Hinsichtlich der Rangfolge wurden die SF-Züge betrieblich wie Regelzüge der zugehörigen Hauptgattungen (Schnell-, Eil- oder Personenzug) behandelt. Ausnahmen von dieser Verfahrensweise konnten die einzelnen Direktionen bestimmen.

Dargebotener Kaffee und Butterstullen waren für Soldaten in Fronturlauberzügen auf Unterwegshalten heiß begehrt.

Feldpostzüge

Im Zusammenhang mit den SF-Zügen ist auch eine kurze Erwähnung der Beförderung von Feldpost für die an der Ostfront und in der dortigen Etappe stationierten Truppenteile angebracht. Die Feldpost war für die Moral der Truppe enorm wichtig, stellte sie doch den Kontakt zur Heimat her und es bestand die Möglichkeit, mit den in kleineren Päckchen oder Paketen enthaltenen Lebensmitteln die eigene Ernährung aufzubessern. Im Gegensatz zu den in Frankreich oder Belgien stationierten Einheiten bestanden für die Wehrmachtsangehörigen auf dem östlichen Kriegsschauplatz nur eingeschränkte Möglichkeiten, sich zur ausgegebenen Verpflegung zusätzliche Lebensmittel, Unterwäsche, Seife oder Rasierklingen zu beschaffen. Diese verschlechterten sich weiter mit der zunehmenden Entfremdung von Wehrmachts-einheiten und einheimischer Bevölkerung im Gefolge des repressiven Vorgehens der deutschen Besatzungsorgane. Obwohl in Abhängigkeit von den Kriegsereignissen Feldpost zuweilen auch mit den SF-Zügen befördert werden musste, gab es besondere Zugläufe zwischen Front und Heimat, die allein der Beförderung von Feldpostsendungen dienten. Diese verkehrten in der Zuggattung De als Durchgangseilgüterzüge. Aus vorhandenen Unterlagen lässt sich die Bespannung und die Belastung des Zugpaares De 5101/5102 rekonstruieren, das zwischen Berditschew in der westlichen Ukraine und Dnjepropetrowsk verkehrte. Im Sommer 1942 konnte dieses Zugpaar über Rostow am Don bis nach Kawkaskaja im Kaukasus verlängert werden. Seite 2 des Buchfahrplanes 43 der Haupteisenbahndirektion Süd, aus der im gleichen Jahr die RVD Kiew hervorging, zeigt im Auszug den vom 6. Juli 1942 gültigen Zuglauf und Fahrplan des De 5101 vom Zuganfangsbahnhof Berditschew zur RVD-Grenze bei Bobrinskaja.

140

De 5101 (60,1) (Feldpostzug)
Berditschew — Kasatin 2 — Fastow 1 Pbf — Bobrinskaja — Snamenka — Dnjepropetrowsk

Höchstgeschwindigkeit 45 km/h · Mindestbremshundertstel 38

Lok { G 55,15 (57¹⁰—40) / G 56,16 (58) Mir-Bobr · Last 850 t

1	2	3	4	5	6	7	8	9	10	11
Entfernung km	Beschränkung der Höchstgeschw. im Gefälle km/h	Betriebsstellen	Ankunft	Aufenthalt M	Abfahrt	Planmäßige Fahrzeiten M	Kürzeste Fahrzeiten M	Summe der planm. Fahrzeit / kürzesten Fahrzeit	Kreuzung mit Zug	Überholung durch Zug
		Berditschew			2³⁵					
2,8		Bk 24			44	9	4			
2,5		Bk Semenowka . . .			49	5	3	41/25		
4,5		Bk Iwankowzy . . .			58	9	6			
3,0		Gluchowzy			3⁰³	5	4			
3,4		Bk 10			09	6	4			
3,7		Kasatin 2	3¹⁶	+19	3³⁵	7	4			
2,2		Abzw Pleschowaja .			42	7	4			
5,5		Abzw Jankowzy . . .			52	10	8			
2,3		Sestrenowka			3⁵⁷	5	4			
5,8		Bk Wernigorodok . .			4⁰⁷	10	8			
4,3		Bk Belopolje			15	8	6	111/82		
4,0		Tschernorudka			21	6	5			
3,8		Bk Greblja			29	8	5			
4,6		Bk Wtscherajsche .			37	8	6			
4,7		Bk Lebedinzy			45	8	6			

---

a) Strecke: Bobrinskaja—Snamenka

Höchstgeschwindigkeit 55 km/h · Mindestbremshundertstel

Lok G 56,16 (58) · Last 850 t

1	2	3	De 5101		Dg 6081		Dg 6091	
			4	6	4	6	4	6
		● Bobrinskaja	(16¹²)	17 15	(12²⁴)	12 45	(5 48)	6 15
3,2		● Bk Jablunowka .		23		53		23
4,0		● Beresnjaki		31	13 01			31
1,8		● Bk Sunki . .		35		05		35
5,5		● Raigorod		44		14		44
3,7		● Bk Rewowka . . .		49		19		49
5,8		Kamenka		58		28		58
3,2		● Bk Pljakiwka . .	18 03		33		7 03	
2,4		● Bk Jürtschicha . .		07		37		07
2,8		Kosary		11		41		11
3,5		Bk Osota		16		46		16
3,8		Alexandrowka-Funduklejewka	18 22	32	13 52	14 02	7 22	32
3,1		● Bk Birki		39		09		39
3,5		● Bk Olga . . .		44		14		44
3,2		Sosnowka		48		18		48
3,9		Bk Wereschtschaky		53		23		53
6,5		● Zybulewo	19 03		33		8 03	
3,7		● Bk Michajlowka .		16		46		16
3,9		Krasnoselje		25		55		25
4,0		● Bk Kuschnerewo . .		31	15 01			31
5,5		Chirowka		39		09		39
6,7		Bk Snamenka-West		48		18		48
4,9		Snamenka	19 55	(20 49)	15 25		8 55	
88,6								

Nikolajew. Berge von Feldpost sind eingetroffen (Herbst 1943).

Der Feldpostzug De 5101 wurde in der HBD Süd zwischen Berditschew und Mironowka mit der Baureihe 57 bespannt (Buchfahrplan 43 vom 6. Juli 1942).

Ab Bobrinskaja übernahm die polnische Ty 23 (DR 58²³⁻²⁷), bevor in Snamenka ein Zugteil in Richtung Krim zurückgelassen wurde (Buchfahrplan 30 der RVD Kiew vom 1. November 1943).

Aus dem Bereich der RVD Kiew ist aus dem Heft 30 vom 1. November 1943 auf Seite 16 der Zuglauf des De 5101 zwischen Bobrinskaja und Snamenka dargestellt. Der Zug wurde auf diesem Abschnitt von einer Lokomotive der Reihe 58 ²³⁻²⁷, der bis 1939 polnischen Ty 23 geführt. Die Betriebsgattung ist hier nicht korrekt, weil für die pr. G 12 angegeben, richtig wäre G 56.17, also wieder ei-

ner der in der Kriegszeit recht häufigen Druckfehler. Die Zuglast wurde in beiden Fällen mit 850 t angegeben, diese entspricht der Last eines halben Wehrmachtszuges. Damit war es möglich, mit diesen Zügen auch andere Güter zu befördern, die einer besonderen Dringlichkeit bedurften, wie z.B. Butter oder Seefische.

In dem ab November 1943 gültigen Heft der RVD Kiew ist in den

Vorbemerkungen der Zuglauf nur noch bis Dolginzewo angegeben, da der bis dahin gültige Endbahnhof Dnjepropetrowsk schon am 23./24. Oktober 1943 von der Roten Armee zurückerobert wurde und sich die RVD zunächst nach dem genannten Dolginzewo, schon Anfang November 1943 aber nach Uman, also noch weiter in Richtung Westen zurückziehen musste.

Beispiele für Einsätze bestimmter Baureihen

Baureihe 19⁰, „Sachsenstolz"

Diese für den Schnellzugdienst mit Höchstgeschwindigkeiten von bis zu 120 km/h konzipierten Maschinen wurden zwischen 1918 und 1923 von der Sächsischen Maschinenfabrik, vorm Rich. Hartmann in Chemnitz gebaut und mit dem Tender sä. 2'2 T31 gekuppelt. Es handelte sich dabei um Vierzylinder-Verbundmaschinen. Von der Leistung her waren sie in etwa mit der Baureihe 03 vergleichbar. Die Maschinen waren überwiegend in den Bahnbetriebswerken Dresden-Altstadt und Reichenbach (Vogtl.) beheimatet.

Das Haupteinsatzgebiet der Baureihe 19⁰ waren bis in die fünfziger Jahre die Strecken Dresden – Hof und Hof – Leipzig, wo auf letzterer Strecke diese Lokomotiven aufgrund des Reibungsgewichts und der Achslast im Wechsel mit den Baureihen 01, 02 sowie 39⁰⁻² am besten eingesetzt werden konnten. Dazu ein Beispiel aus dem Buchfahrplan Heft 9a der RBD Dresden vom 15. Mai 1938.

Eine der bedeutsamsten Relationen, die von der Baureihe 19 über die Strecke Dresden – Hof bedient wurden, war dabei mit zwei Zugpaaren die Relation von berschle-

D 123 (15,1) 1. 2. 3. Klasse (360 t)
Schweinfurt–Hof Hbf–Reichenbach (V) ob Bf–Dresden Hbf
Höchstgeschwindigkeit 100 km/h   Von Hof siehe Buchfpl 16a.   Mindestbremshundertstel 95
8 46.17 (19⁰)   Last 450 t

		1900	1	1901			
	Reichenbach (V) ob Bf ▼	1900	1	1901			
1,4	Reichenbach(V) ob Bf Stellw 1	—		03 9	2,9	1,8	9,7
2,5	Bf Linde	—		06 5	2,6	1,7	7,3
2,4	Bf Schönbach	—		08 3	1,8	1,6	
2,4	Neumark (Sachs)	10 7	0,5	11 2	2,4	2,2	
2,3	Bf Beiersdorf	—		14 2	3,0	2,3	
2,0	Bf Römertal	—		15 7	1,5	1,5	
2,3	Bf Bogendreieck ▼	—		17 6	1,9	1,8	
1,1	Steinpleis	—		—			14,8
0,4	Bf Steinpleis			19	1,4	1,2	13,0
1,7	Lichtentanne(Sachs) ▼			20 4	1,4	1,4	
1,2	Zwickau (Sachs) Stellw 15			21 5	1,1	1,0	
1,0	Zwickau (Sachs) Stellw 13			1923 1	1,6	1,4	

Der D 123 Schweinfurt – Dresden war von Hof bis Dresden eine Stammleistung der sä. XX HV (19⁰), Auszug aus dem Buchfahrplan 9a der RBD Dresden vom 15. Mai 1938.

Auf der Rampe zwischen Tharandt und Klingenberg-Colmnitz kämpfen 19 006 vor und eine G 12 als Drucklok hinter dem D 110 (Dresden – München); Aufnahme um 1930.

Fotos: Werner Hubert/Sammlung Klaus Heinemann

„Sachsenstolz" 19 014 ist mit D 128 aus Breslau in Dresden-Neustadt eingetroffen und fährt nun weiter zum Hauptbahnhof (1927).

D 26 (15,1)	1. 2. 3. Klasse	(640 t)	37

Berlin Anh—Leipzig—Beuthen—Breslau—Dresden— — Hof Hbf—München Hbf—Kufstein—Rom

Höchstgeschwindigkeit Ho—Okp 70 km/h, Okp—Rt 90 km/h, Rt—Nw 75 km/h, Nw—Mi 90 km/h, Mi—Mhh 100 km/h, 80 Ho—Rh

Ho—Rh S 46.17 (19 9), Rh—Mhh E 16 — Last 700 t III — Mindestbremshundertstel 92 Rh—Mhh

1	2	3	4	5	6	7	8	9	10	11
		Hof Hbf ▼	2 54	27	3 21					
2,1		Bf Hof-Moschendorf Hp	—		26 2	5,2	2,7			
1,6		Abzw Oberkotzau Rbf	—		27 8	1,6	1,5			
1,9		Oberkotzau Pbf ▼	—		29 6	1,8	1,7			
2,8		Bf Fattigau ..	—		32 4	2,8	2,4			
3,1		Martinlamitz ...	—		35 8	3,4	2,2			
3,8		Bf Fahrenbühl ..	—		39 9	4,1	2,9	41,5/32,2		
2,7		Kirchenlamitz Ost .	—		43	3,1	2,1			
5,1		Marktleuthen ..	—		47 7	4,7	3,6			
3,8		Bf Neudes ...	—		50 6	2,9	2,6			
3,4		Röslau	—		53 7	3,1	2,3			
3,9		Holenbrunn ..	—		56 7	3,0	2,6			
3,9		Bf Thölau ..	—		59 4	2,7	2,6			
3,5		Marktredwitz ▼	4 02 5	2	4 04 5	3,1	3,0			
5,2		Bf Reutlas ..	—		12	7,5	4,4			
4,5		Groschlattengrün .	—		16 2	4,2	3,0	17,7/13,2		
4,1		Bf Oberteich ..	—		19	2,8	2,7			
4,0		Wiesau (Oberpf)	22 2	1	23 2	3,2	3,1			
6,6		Bf Rechenlohe ..	—		29 7	6,5	5,1			
3,8		Reuth (b Erbend) ▼	—		32 5	2,8	2,7			
3,6		Bf Anschl Pleisdorf .	—		35 6	3,1	3,0	28,4/26,1		
3,9		Windischeschenbach	—		4 38 9	3,3	3,2			

sien bzw. Breslau nach München. Von Dresden bzw. Reichenbach (Vogtl.) aus liefen diese Lokomotiven neben Leistungen, die sie bis Bayreuth und Nürnberg führten, auch bis Regensburg durch, belegt ist dies für die Jahre 1934 und 1935 für die Züge D 26 sowie P 850 und P 855. Der D 26, später in D 126 umgewandelt, lief von Beuthen/OS über Breslau bis München und weiter nach Rom, wobei in Hof auch ein Zugteil von Berlin Anh. Bf. beigestellt wurde. Mit 640 t Regellast und 700 t Höchstlast war es einer der schwersten Schnellzüge seiner Zeit. Auf dem Abschnitt von Dresden bis Reichenbach betrug die Höchstlast nur 500 t, wobei für das Teilstück von Dresden bis Freiberg eine Vorspannlok der Baureihe 38.10-40 und zwischen Tharandt und Klingenberg-Colmnitz zusätzlich eine Schiebelok der Reihe 58.10-22 benötigt wurde, um den Zug mit der Höchstlast über die mit 27 ‰ geneigte Tharandter Steilrampe zu befördern.

Die Abbildung links zeigt auch einen Druckfehler bei der Baureihenbezeichnung („BR 19⁹"), der sich nach den vorliegenden Unterlagen von 1934 bis 1936 durchzog, bis eine Korrektur erfolgte.

Mit 700 t Zuggewicht fast schon zu schwer war der D 26 für die Baureihe 19 im Abschnitt von Hof nach Regensburg (Buchfahrplan 5 RBD Regensburg vom 6.10.35).

143

Eine der letzten P 4² auf der Drehscheibe in Nordhausen. Der weiße Kragen ihres Lokführers blitzt hervor (ca. 1936).

Baureihe 36

Unter dieser Baureihennummer waren die preußischen P 4¹ und P 4² zusammengefasst, die nach dem Zusammenschluss der Länderbahnen zur DRG gekommen waren. Vor dem Erscheinen der preußischen P 8 waren die Lokomotiven der Gattung P 4 neben anderen, schwächeren Lokomotiven wie der in den Personenzugdienst abgewanderten S 1 und S 3 und der P 3, die dominierenden Lokomotiven für den leichten und mittelschweren Reisezugdienst.

Einige Exemplare der Gattung P 4² hielten sich noch bis Ende der dreißiger Jahre in untergeordneten Diensten, wie etwa bei der Beförderung von Nah-eilgüter- (Ne) und Leig-Zügen. Solche Einsätze sind von den drei beim Bw Nordhausen der RBD Kassel verbliebenen P 4² mit den Ordnungsnummern 36 201, 411 und 434 belegt (siehe rechts).

Im Zuge der Besetzung Polens kamen außerdem ab Ende 1939 noch insgesamt 77 Lokomotiven der Gattung P 4² (PKP Od 2) zur Deutschen Reichsbahn, davon 64

		Ne 5935 (4,1)							23
		Göttingen Vbf—Northeim (Han)—Nordhausen Vbf							
Höchstgeschwindigkeit: 60 km/h P 24.15 (36 ⁰⁻⁵)		Laft 100 t					Maßgebende Bremshundertstel 48 Mindestbremshundertstel 43		
1	2	3	4	5	6	7	8	9	11
		Northeim (Han) G/P* .	14 03	(9)	14 12				
5,2		Bf Hammenftedt .	—		18	6,5	5,4	11,5	
3,5		Katlenburg ...	23	5	28	5,0	3,8	9,2	
3,1		Bf Lindau ..	—	—	32	4,5	3,6	8,5	
3,2		●Wulften	36	3	39	4,0	3,5	7,1	
4,6		●Hattorf	46	3	49	7,0	5,6		
3,8		Bf Auekrug ..	—		55	6,0	4,4	11,0	
3,8		●Herzberg (Harz) ..	15 00	16	15 16	5,0	4,0	8,4	3727
5,6		●Scharzfeld ...	24	15	39	7,5	6,3		5025
4,2		Bf Bartolfelde ..	—		45	6,0	4,8	10,5	
3,3		●Ofterhagen ...	50	3	53	4,5	3,5	8,3	
4,6		Tettenborn ...	16 00	5	16 05	6,5	2,8		
2,3		Bad Sachsa Hp	10	1	11	4,3	3,0		
2,7		●Walkenried ...	16	10	26	4,4	4,2		
4,5		●Ellrich	32	19	51	6,0	5,2		282
4,8		●Bf Woffleben ..	—	—	56	5,6	5,1	10,1	
3,4		●Niedersachswerfen Rb .	17 01	15	17 16	4,5	3,7	8,8	287
		Salza Hp ..	19	3	22	—	—		
4,3		Bf Steinmühle ..	—		25	5,0	4,7	8,1	
3,1		Nordhaufen Vbf ..	28	—	—	3,1	2,7	7,4	
70,0				98		95,4	76,3		

Die letzten P 4² im „Altreich" waren rund um Nordhausen im Einsatz, hier mit einem Ne zwischen Northeim und Nordhausen im Winterfahrplan 1941/42 (Heft 4b RBD Kassel vom 6. Oktober 1941).

144

Fotos: Rudolf Kreutzer/Sammlung Garn, Kurt Herbener /Sammlung FDE

Zu den langlebigsten P4² zählte Lok Kattowitz 1928, hier als PKP Od2-36 (alsbald 36 463) am 23.9.40 in Gnesen.

aus dem Bestand der PKP und 13 Lokomotiven, die erst mit der Eroberung von Gebieten in der Sowjetunion zur Reichsbahn kamen. Diese Lokomotiven wurden gemäß Verteilungsplan des RVM vom 28. März 1940 auf die RBDen Danzig,

Oppeln und Posen verteilt. Im Bereich der RBD Posen befuhren sie mit Personenzügen die zahlreichen Nebenbahnen im damaligen Wartheland, dem Gebiet der heutigen Woiwodschaften Großpolen, Łodz und Kujawien-Pommern.

Aus diesem Bereich sind auch Einsätze belegt, so dass hier ein Auszug aus einem Buchfahrplan der RBD Posen von November 1943 gezeigt werden kann.

Man sieht hier auch die Folgen der zwangsweisen, weit über das zur Zeit der preußischen Verwaltung hinausgehende Maß der Umbenennung und Eindeutschung der polnischen Bahnhofsnamen. So hieß z.B. der Bahnhof Żnin, Ausgangspunkt eines umfangreichen Schmalspurnetzes, jetzt „Dietfurt (Wartheland)" und war gleichzeitig Sitz einer Kreisverwaltung. Auch die anderen Namen wie „Steinbockshof" und „Freihohenstein" muten abenteuerlich und gekünstelt an, ihre Einführung hat damals sicherlich nicht zur Verständigung der zu diesem Zeitpunkt noch gemischten und mehrsprachigen, durch den kujawischen Dialekt bereicherten deutsch-polnischen Bevölkerung beigetragen.

Im Wartheland waren viele der von der PKP übernommenen P4² eingesetzt, hier zwischen Wongrowitz (damals Eichenbrück) und Hohensalza mit Personenzügen (Buchfahrplan 5 RBD Posen vom 1. November 1943).

P (30,1) 2. 3. Klasse (200 t)

Kreuz—Rogasen—**Eichenbrück—Hohensalza**

Höchstgeschwindigkeit 40 km/h   Bd P 24.15 (36⁰⁻⁵)   Last 250 t   Mindestbremshundertstel 33

23

1	2	3	4	6	4	6	8
			1069				
		Eichenbrück	**1452**	**1503**			
8,2		Grünlinden	**1516**	17			12,3
4,1		Freihohenstein	24	25			6,2
3,1		Steinbockshof	31	32			4,7
6,9		Elsenau	43	53			10,4
7,7		● Potthorst	**1605**⁵	**1606**			11,6
9,8		Dietfurt (Warthel) ..	21	23			14,7
7,6		● Jaden	35	35⁵			11,4
7,0		▼ Bartelstädt	46⁵	47⁵			10,5
2,7		● Wappin Hst	52	53			4,1
5,4		Hansdorf (Warthel) Hst	**1701**⁵	**1702**⁵			8,1
3,4		Pakosch	08	09			6,1
6,2		▼ Rabenburg (Warth) Hst	18⁵	19			9,3
3,9		Hohensalza Stellw Hv		25⁵			5,9
1,5		Hohensalza	**1728**				2,4
77,5							116,7

145

Kriegslokomotiven, Baureihen 42/52

Seit dem September 1942 gab es die Kriegslokomotiven der Baureihe 52, im Januar 1944 begann die Serienproduktion der schweren Kriegslokbaureihe 42, KDL 2. In den Buchfahrplänen spiegelte sich dies in den Bespannungsangaben nur schrittweise wider. Erste Angaben zum Einsatz der BR 52 in Buchfahrplänen datieren vom November 1943 aus der RVD Minsk, hier vor SF-Zügen. Ansonsten wurden überwiegend auch noch bis Ende 1944 in den Buchfahrplänen fast aller Direktionen die Baureihen 50, 55 [25-56], 56[20-30] und 58[10-22] genannt, obwohl viele dieser Leistungen schon längst mit den Lokomotiven der Kriegsbauart gefahren wurden. Lediglich aus den Direktionen Dresden, Linz, München, Wien und Oppeln ist die durchgängige Darstellung der Bespannung mit der BR 52 aus den ab dem 3. Juli 1944 gültigen Buchfahrplänen bekannt, in den übrigen Direktionen erfolgte die korrekte Darstellung erst mit den ersten Nachkriegsausgaben ab August/November 1945 und mit dem ersten friedensmäßigen Jahresfahrplan, gültig ab 1. Juli 1946.

Eine Ausweisung der BR 42 als Zuglok ist vor dem Zusammenbruch nur für die RBD Regensburg im Buchfahrplan, Heft 60 vom 17. Dezember 1944 für die Züge SF 2044/2144 belegt, hier wurde die BR 42 als Ersatzbespannung für den Ausfall einer E 18 auf dem Streckenabschnitt Regensburg – München-Trudering angegeben. Andere Bespannungen mit der zweiten Kriegslok sind erst aus den ersten Fahrplanperioden der Nachkriegszeit überliefert, konkret ab dem 4. Mai 1947 in den Direktionen Karlsruhe, Regensburg, Nürnberg und Stuttgart. Dabei wurden z.T. auch Schnellzüge auf der Schwarzwaldbahn mit der Reihe 42 befördert.

Wegen der starken Zuckbewegungen ab etwa 60 km/h waren die Kriegslokomotiven bei der Bespannung von Personenzügen nicht beliebt. Für Lazarettzüge wurde ab April 1944 sogar vorgeschrieben, statt der im Buchfahrplan vorgesehenen Bespannung mit der Baureihe 52 Zuglokomotiven der S- und P-Gattungen zu verwenden (Schreiben der GBL Ost M 61 Bl 22 vom 17. April 1944).

Fabrikneu präsentiert sich 42 0001 (in Erwartung tausender Schwestermaschinen) in den Henschel-Werken am 3. August 1943.

56

SF 2044 (32,1) 2. 3. Klasse (450 t)

Bozen—Brenner—Kufstein—Rosenheim—München-Trudering—München-Feldmoching—Landshut (Bay) Hbf—Hof Hbf—Dresden Hbf—Breslau Hbf

	Höchstgeschwindigkeit	
München-Feldmoching—Regensburg Hbf	85 km/h
Regensburg Hbf—Schwandorf	90 km/h
Schwandorf—Neustadt (Waldnaab)	95 km/h
Neustadt (Waldnaab)—Reuth (b Erbendorf)	70 km/h
Reuth (b Erbendorf)—Oberkotzau Pbf	90 km/h
Oberkotzau Pbf—Hof Hbf	70 km/h

München-Trudering—Regensburg Hbf E 18 oder G 56.17 (42)
Regensburg Hbf—Hof Hbf S 36.20 (01)

Laft 600 t ⑮ Mindestbremshundertstel 97

1	2	3	4	5	6	7	8	9	10	11
		Rosenheim	**356**	3	**359**					
		München-Trudering .	**442**	15	**457**					
		Moosburg	durch	—	**645**					
7,5		Bruckberg (Oberbay) .		—	51	6,0	4,7	16,0		
2,9		Bf Gündlkofen Hbf		—	54	3,0	1,7	11,8		
8,1		Landshut (Bay) Hbf ▼	**701**	5	**706**	7,0	5,4			
4,1		● Bf Ergolding Hp .		—	12⁵	6,5	4,2			
3,9		● Mirskofen ▼ .		—	17	4,5	3,1	26,5		
6,9		● Bf Klähamm Hp .		—	25⁵	8,5	5,3	18,8		
4,1		● Ergoldsbach . . .		—	29	3,5	3,1			
4,2		Neufahrn (Niederbay) .		—	32⁵	3,5	3,1			
4,9		● Steinrain		—	37	4,5	3,7			
6,2		Bf Buchhausen . .		—	42⁵	5,5	4,6			
3,1		● Eggmühl		—	45	2,5	2,4			
7,9		● Hagelstadt . . .		—	51⁵	6,5	5,9			
4,2		● Köfering		—	55	3,5	3,1	35,5		
4,9		Obertraubling ▼ .		—	59	4,0	3,8	30,1		
3,0		● Regensburg Oft Stw 1		—	**801**⁵	2,5	2,0			
1,6		● Regensburg Oft Stw 3		—	**04**	2,5	2,0			
3,2		● Regensburg Hbf ▼	**808**	15	**23**	4,0	2,6			
2,7		Abzw Hafenbrücke .		—	**829**	6,0	2,9			

Bei Überschreitung der Zuglast von 600 t um 15 %, wie im Buchfahrplan 60 der RBD Regensburg vom 17. Dezember 1944 angegeben, hatte selbst die KDL 2 (Reihe 42) mit dem SF 2044 schwer zu arbeiten.

Foto: Rudolf Kreutzer/Sammlung Garn

Baureihe 68 (ČSD 464)

Eine der bemerkenswertesten Schöpfungen tschechischer Ingenieure war die Baureihe 464.0 der ČSD, von der mit der Übergabe der Sudetengebiete im Jahre 1938 auch 15 Lokomotiven zur Deutschen Reichsbahn kamen. Gemäß dem tschechischen Baureihenschema handelte es sich dabei um eine vierfach gekuppelte Lokomotive mit 90 km/h Höchstgeschwindigkeit und 14 Tonnen Achslast. Zu diesen formschönen Tenderlokomotiven mit der Achsfolge 2'D2' gab es bei der DRB an Tenderlokomotiven nichts Vergleichbares, nur in Frankreich liefen bei der AL Lokomotiven der Reihe T 20 mit der gleichen Achsanordnung. Die beiden tschechischen Lokomotivfabriken Č.M.K. und Škoda lieferten zwischen 1934 und 1938 insgesamt 67 Lokomotiven an die ČSD aus. 1939 wurden noch die Lokomotiven 464.067 bis 464.076 an die BMB/ČMD übergeben. Ab Nummer 045 wurde die Abschrägung des Führerhauses etwas verändert, ab Ordnungsnummer 068 wurden die Laufachsen versuchsweise mit Rollenlagern der Bauart SKF ausgerüstet, der Wasservorrat von 13 auf 13,5 m³ vergrößert. Die Baureihe 464.0 war die Lokomotive zur Beförderung leichter bis mittelschwerer Schnellzüge auf Hügellandstrecken mit einer zulässigen Achslast bis 14 Tonnen. Bei der ČSD trug sie später den Spitznamen „Ušate", was auf Deutsch in etwa „die Langohrige" heißt und mit der Ausbildung der Windleitbleche zusammenhing.

Die Deutsche Reichsbahn konzentrierte die bei ihr als Baureihe 68.0 mit der Betriebsgattung Pt 48.14 bezeichneten Lokomotiven, zu denen ab 1940 noch sechs weitere, von der BMB angekaufte hinzukamen, bei den Bahnbetriebswerken Eger, Komotau und Reichenberg. Von dort aus waren sie auf der Hauptbahn Reichenberg – Eger und auf anderen Strecken unterwegs. Die Unterhaltung der zur DRB gekommenen Maschinen erfolgte u.a. im RAW Chemnitz. Nach 1945 kehrten alle Lokomotiven zur ČSD zurück. Aus dem Buchfahrplan 60 der RBD Regensburg vom 17. Dezember 1944 sind Leistungen vor bis zu 500 t schweren SF-Zügen zwischen Pilsen und Eger überliefert, von denen hier ein Ausschnitt gezeigt werden soll.

Foto: Werner Hubert/Sammlung Klaus Heinemann

80

SFR 3047 (32,1) **2. 3. Klasse** (300 t)
Wien FJB—Gmünd—Pilsen—Tuschkau-Kosolup—Eger—Adorf—Leipzig—Berlin Ahb
Höchstgeschwindigkeit Tuschkau-Kosolup—Schweißing-Tschern 60 km/h
Schweißing-Tschern—Eger 70 km/h
Pt 48.14 (68 ⁰)   Last 500 t   (15) Mindestbremshundertstel 50

1	2	3	4	5	6	7	8	9	10	11
		Pilsen	19 26	17	19 43					
		● Tuschkau-Kosolup	19 58	(4)	20 02					
5,9		● Ullitz-Pleschnitz	—		12	10,0	6,5			
3,1		● Piwana Hp	—		16	4,0	3,1			
3,1		● Neuhof (b Mies)	—		20	4,0	3,1	29,0		
3,8		Solislau Hp	—		24	4,0	3,8	23,0		
1,7		Bf Johanniwald	—		26	2,0	1,8			
4,5		● Mies ▼	20 31	6	37	5,0	4,7		(123)	
5,1		● Milikau Hp	—		48	11,0	5,9			
3,7		● Schweißing-Tschern ▼	—		54 5	6,5	3,9			
5,1		● Oschelin Hp			21 01 5	7,0	4,9	50,0		
0,9		Bf Schweppermühle	—		03 5	2,0	0,7	29,6		
7,0		● Josefihütte	—		13	9,5	6,0			
5,0		Bf Bruck am Hammer Hp	—		21	8,0	4,2			
3,7		● Plan (b Marienbad) ▼	21 27	5	32	6,0	4,0		(93422)	
5,0		● Kuttenplan ▼	—		45 5	13,5	5,6	27,0	714	
3,1		● Marienbad Flugplatz Hp	—		51	5,5	2,8	12,5		
3,9		● Marienbad Hbf ▼	59	5	22 04	8,0	4,1			
2,4		● Schanz (b Marienbad) Hp	—		11	7,0	3,5			
5,3		● Bad Königswart	—		18 5	7,5	4,0	30,0		
6,1		● Sandau (b Marienbad)	—		25 5	7,0	5,2	19,0		
3,3		● Konradsgrün Hp	—		29 5	4,0	2,8			
3,9		● Lindenhau	22 34	+3	37	4,5	3,5		3147	
3,5		● Stabnitz Hp	—		42	5,0	3,0	14,0		
2,2		● Bf Schöba Hp	—		44	2,0	2,3	11,1		
3,7		● Eger ▼	22 51	17	23 08	7,0	5,8			
95,0				36		150,0	95,2			

Die eingleisige Strecke von Pilsen bis Eger gehörte damals fast komplett zur RBD Regensburg (Buchfahrplan 60 vom 17. Dezember 1944).

Der tschechischen 464.019 wurde im Jahre 1939 die deutsche Nummer 68 015 aufschabloniert.

Baureihe 78^6 bzw. 78.6 (BBÖ 729)

Diese 2'C2'-gekuppelten Tenderlokomotiven kamen erst mit der Eingliederung Österreichs in das Deutsche Reich zur Reichsbahn. Ausgangspunkt für die Beschaffung war ähnlich wie bei der DRG mit den Baureihen 78$^{0-5}$ und 62 die Notwendigkeit einer starken und schnellen Tenderlok, die sowohl vorwärts als auch rückwärts eine hohe Geschwindigkeit erreichen konnte und daher auch für die Beförderung leichter Schnell- und Eilzüge auf den seit 1918 nur noch kurzen Streckenabschnitten von Wien zu den im Ausland gelegenen Umspannbahnhöfen Gmünd, Lundenburg und Passau einsetzbar war. Zusätzlich gab es bei der BBÖ den Beweggrund, dass man im Ausland die Gebühren für das Drehen der Lok sparen wollte.

Die Konstruktion der bei den BBÖ als Reihe 729 bezeichneten Lokomotiven erfolgte durch die Wiener Lokfabrik Floridsdorf unter Leitung von Alexander Lehner. Es wurden 1931 zunächst sechs, 1936 vier weitere geliefert. 1936 wurden sechs weitere mit Nicholson-Wasserkammern nachbestellt. Die letzten zehn Lokomotiven wurden 1938/39 schon an die DRB als 78 657 bis 666 geliefert und im Dezember 1938 in 78 617-626 umgezeichnet. Die Reichsbahn ordnete sie wegen der Einsetzbarkeit als Schnellzuglok zunächst unter der Betriebsgattung St 37.16, ab 1941 nach Neuherausgabe des Merkbuches DV 939 a/b; Nachtrag 4 dann als Pt 37.16 in ihr Nummernschema ein. Das Leistungsprogramm der 78^6 sah im Vergleich mit ihrer preußischen Schwester T 18 (78$^{0-5}$) etwas geringere Zuglasten vor. Die Höchstgeschwindigkeit betrug zuerst 95, später dann 105 km/h.

Die Reihe 78.6 wurde auch vor Schnell- und Eilzügen auf der Westbahn und den Strecken um Linz eingesetzt. So beförderte sie im Jahresfahrplan 1944/45 das Zugpaar E 228/229 von Linz nach Bad Aussee und zurück (Last 400 t) und auf der Strecke von Graz nach Linz das Zugpaar E 141/142 im Abschnitt zwischen Linz und Selzthal (Last 330 t). Darüber hinaus standen auch SF-Züge auf der Salzkammergutbahn auf dem Programm (z.B. SF 35 Luxemburg – Graz Hbf). Im Lokverzeichnis (Dienstbehelf 805) der ÖBB vom März 1953 waren noch 13 Maschinen enthalten.

E 141 (20,1) 2. 3. Klasse (250 t)
Graz—Selzthal—Linz (Donau) Hbf
Höchstgeschwindigkeit 80 km/h
Pt 37.16 (78,6)
Last 250 t St—St (BT 24b)
320 t St—Lz (BT 24b) ⑩
Mindestbremshundertstel 76

1 Entfernung km	2 Streckenhöchstgeschwindigkeiten km/h	3 Betriebsstellen	4 Ankunft	5 Aufenthalt M	6 Abfahrt	7 Planmäßige Fahrzeiten M	8 Kürzeste Fahrzeiten M	9 Summe der planm Fahrzeit/kürzesten Fahrzeit M	10 Kreuzung mit Zug	11 Überholung durch Zug
		●Selzthal ▼ …	13 08	(27)	13 35				7842*	
6,2		●Ardning …	45$_5$	2	47$_5$	10,5	7,9			
6,1		●Bf Linzerhaus Hp1)			56	8,5	7,0	14,0		
4,5		●Spital(Pyhrn) ▼	14 01$_5$	2	14 03$_5$	5,5	5,0	12,0	(76340)(90614)	
5,7		●Windischgarsten	11	2	13	7,5	6,5		1014	
6,2		●Pießling-Vorderst	21	2	23	8,0	7,0			
4,3		●Bf St Pankraz Hst			28$_5$	5,5	4,6	10,0		
3,5	60	●Hinterstoder …	33	2	35	4,5	4,0	8,6	(90616)	
3,6		●Steyrling …	40	2	42	5,0	4,4			
3,7		Klaus(Pyhrnb) …	47$_5$	2	49$_5$	5,5	4,6		8236*	
7,1		●Micheldorf …			58$_5$	9,0	7,5	12,5		
2,8		●Kirchdorf(Kr) a)	15 02	3	15 05	3,5	3,3	10,8	142	
4,0		●Schlierbach(Kr)			10	5,0	4,3	21,5		
6,2		●Wartberg(Kr) ▼			17	7,0	6,3	19,1		
7,9		●Kremsmünster M	26$_5$	2	28$_5$	9,5	8,5		1028	
4,3	70	●Rohr(Obd) ▼ …	34	4	38	5,5	4,7		1030	
5,4	60	●Kematen(Kr) ▼			44$_5$	6,5	5,8			
3,8	70	●Neuhofen(Kr) ▼			48	3,5	3,3	20,5		
6,5		●Nettingsdorf ▼			53$_5$	5,5	5,2	18,5		
1,9		●Ansfelden ▼			55$_5$	2,5	1,6		3224*(15184)	
2,4		●Traun ▼	58$_5$	2	16 00$_5$	3,0	2,6		8244*	
3,4		●Linz-Wegscheid ▼			04$_5$	4,0	3,1	9,5	15178*(13560)	
4,7		Linz(D)Hbf ▼ a)	16 10			5,5	4,6	7,7		
104.2				25		130,0	111,8			

a) Einfahrt in die Ablenkung. 1) Außer Betrieb.

Mit 250 bzw. 320 t Zuglast waren die 78^6 auf der Pyhrnbahn nicht überfordert, hier mit einer der wenigen im Sommer 1944 noch verbliebenen Eilzugleistungen (Buchfahrplan 5a RBD Linz vom 3.7.44).

Die Österreicherin, 1938 gebaut und hier in Wien aufgenommen, wurde sofort als 78 618 eingedeutscht. Sie existiert heute noch.

148

Foto: Hermann Maey/Sammlung Garn

Baureihe E 95

Diese aus damaliger Sicht mit einem Dienstgewicht von 138,5 Tonnen überschweren Elektrolokomotiven wurden ab Dezember 1927 in sechs Exemplaren an die Direktion Breslau für den Einsatz auf der ab dem 28. Januar 1928 komplett elektrifizierten Relation Schlauroth Vbf – Görlitz – Waldenburg=Dittersbach – Königszelt – Breslau Freib. Bf. geliefert. Ursprünglich waren sie für die Strecke Breslau – Liegnitz – Arnsdorf/b. Lieg. vorgesehen, die jedoch nicht elektrifiziert wurde. Die zweiteiligen Lokomotiven mit der Achsfolge 1'Co + Co1' verfügten bereits über Einzelachsantrieb und eine Dauerleistung von 2418 kW bei einer Geschwindigkeit von 50 km/h. Diese Leistungsdaten wurden erst mit der Lieferung der ersten Lokomotiven der Reihe E 94 ab 1940 übertroffen, die eine Dauerleistung von 3300 kW hatten.

Das Fahrplanbuch 11 der RBD Breslau vom 15. Mai 1936 zeigt den Einsatz auf ihrer Stammstrecke in Schlesien. Die Zuglasten waren dabei beachtenswert, wenngleich aber durch die Trassierung der ab Waldenburg auch „schlesische Gebirgsbahn" genannten Strecke begrenzt.

Nach ihrem Abtransport in die Sowjetunion im Zusammenhang mit der Demontage der elektrifizierten Netze in Schlesien und Mitteldeutschland kehrten die Lokomotiven 1952/53 in die damalige DDR zurück und wurden von der Reichsbahn in drei Exemplaren noch bis 1969 im Zugdienst verwendet.

Die elektrifizierten Kohlenbahnen Schlesiens waren die ursprüngliche Heimat der sechs großen E 95.

Dg 7902 (60,1) SGB							53		
Hirschberg (Rsgb)—Kohlfurt									
hwindigkeit **55** km/h 91), Co+Co 1 (E 95)		**Last 1400 t**			Maßgebende Bremshundertstel $\frac{37}{33}$ Mindestbremshundertstel				
3	4	5	6	7	8	9	10	11
Hirschberg (Rsgb) .	—		148					
Abzw Hausberg . .	—		54	6,3	4,8			
Bf Cunnersdorf .	—		58	3,7	2,9			
●Reibnitz	—		204	6,3	5,0	50,3		
Alt Kemnitz (Rsgb)	—	×	11	6,7	6,3	43,0		
●Blumendorf . . .	—		17	6,8	5,3			
Rabishau	—		24	6,6	5,5			
●Mühlseiffen . . .	—		30	6,3	6,0			
Greiffenbg (Schles)	238	10	48	7,6	7,2			
●Schosdorf	—		52	4,6	3,9			
Langenöls	—		57	4,5	4,2	19,1		
Bf Langenöls .	—		301	4,2	4,0	17,6		
Lauban	307	31	38	5,8	5,5		9721	
Wünschendorf . . .	—		45	7,5	6,7	16,9		
●Gersdorf=Waldau	54	6	400	9,4	8,2	14,9	5373	
Kohlfurt	413		—	13,1	12,0			
		47		99,4	87,5			
Dg 7914 (60,1)								
Waldenburg=Dittersbach—Kohlfurt								
hwindigkeit **55** km/h 91), 1 Co+Co 1(E 95)		**Last 1400 t**			Maßgebende Bremshundertstel $\frac{37}{33}$ Mindestbremshundertstel				
●Waldbg=Dittersb .	—		539					
Betriebstelle Stu .	—		43	4,8	3,6			
Weichenbude Wb .	—		45	1,8	1,8			
●Fellhammer Pbf .	—		547	2,4	1,9			

Mit Waldenburger Kohle war die E 95 nach Kohlfurt unterwegs, wo neue Züge in Richtung Mitteldeutschland und nach Berlin gebildet wurden.

Kleinlokomotiven

Zur Verkürzung der Aufenthaltszeiten der Nahgüterzüge auf Unterwegsbahnhöfen und zur Beschleunigung des Wagenumlaufes wurden durch die DRG ab 1930 eine Reihe von Kleinlokomotiven in zwei Leistungsklassen bis 39 und von 40 bis 150 PS mit einer Höchstgeschwindigkeit bis zu 30 km/h beschafft, die von ihren Heimatbahnhöfen aus die Bedienung der zwischengelegenen Bahnhöfe und Gleisanschlüsse übernahmen. Die Kleinlokomotiven hatten einen übersichtlichen Führerstand und Bedienräder auf beiden Seiten, so dass eine einmännige Bedienung der Lok möglich wurde. Für die Bedienung dieser Maschinen war keine Lokführerprüfung, sondern nur eine Abnahmeprüfung als Bediener von Kleinlokomotiven nach Anlage 1 der DA 005 erforderlich, die der Fahrlehrer des zuständigen Bahnbetriebswerkes abnahm.

Die Kleinlokomotiven erhielten keine Baureihennummer, sondern wurden mit dem Großbuchstaben K gekennzeichnet, ergänzt um einen oder zwei Kleinbuchstaben, der die Antriebsart widerspiegelte, von denen die häufigsten „Kö" (Kleinlok mit Dieselmotor und schaltbarem Rädergetriebe), „Kb" (Kleinlok mit Vergaser-/Benzolmotor) und „Köf" (Kleinlok mit Dieselmotor und Kraftübertragung durch Flüssigkeitsgetriebe) waren.

In der Regel wurde in den Buchfahrplänen für die mit Kleinlok bespannten Übergabezüge als Bespannung nur „Kö", „Kö II" (für Kleinlok der Leistungsklasse II) oder „Kleinlok" angegeben, woraus keine Rückschlüsse auf den Einsatz bestimmter Loknummern und die Antriebsart bei den einzelnen Direktionen sowie deren Zuordnung zu Bahnhöfen gezogen werden konnten. Dabei waren die Betriebsnummern 0001-3999 den Kleinloks der Leistungsklasse I, die Nummern von 4000 an aufwärts bis 9999 den Lokomotiven der Leistungsklasse II zugewiesen. Im Bezirk der Reichsbahndirektion Dresden bestand aber die Besonderheit, dass sich aus den Buchfahrplänen der Einsatz bestimmter Kleinlokomotiven auf den einzelnen Strecken anhand der Buchfahrpläne exakt nachvollziehen lässt.

Dazu ist als Beispiel die Bedienung der im Einzugsbereich der Bahnhöfe Hetzdorf (Flöhatal) und Grünhainichen-Borstendorf gelegenen Gleisanschlüsse aus dem Buchfahrplan 10 der RBD Dresden vom 15 Mai 1938 im Foto rechts dargestellt. Auf diesen Bahnhöfen war im Jahre 1938 jeweils eine Kleinlok stationiert, bis diese ab 1942 zum Osteinsatz abgegeben werden mussten. Die dort eingesetzten Kö 4184 und 4185 stammten aus Lieferungen der Jahre 1933 und 1934 der Fa. Orenstein & Koppel und waren mit einem Viertakt-Dieselmotor der Fa. Deutz der Reihenbezeichnung A 6 M 317 mit einer Dauerleistung von 75 PS ausgerüstet. Sie erreichten eine Höchstgeschwindigkeit von 30 km/h, auf den befahrenen, mit bis zu 15 ‰ geneigten Abschnitten der Flöhatalbahn konnten aber nur 20 km/h erreicht werden. Für den Einsatz der Kleinlokomotiven wur-

In voller Fahrt ist hier die Kleinlok des Bahnhofes Hetzdorf mit der Übergabe in Richtung Hohenfichte abgebildet (Sommer 1938).

Übergabezüge mit Kö auf der unteren Flöhatalbahn, abgebildet im Buchfahrplan Heft 10 (RBD Dresden), Mai '38.

den statt der Leistungstafeln nach DV 939 a/b Schlepplastentafeln aufgestellt, die auf die konkret vor Ort vorhandenen Streckenwiderstände abgestimmt waren. Nach der DV 939e von 1941 konnten die genannten Kö 4184 und 4185 in der Ebene 370 t mit 5 km/h Höchstgeschwindigkeit befördern.

Fotos: Sammlung Andreas Rasemann, Sammlung Carl Asmus

Fremdlokomotiven

Zu diesem Kapitel existiert bereits eine umfangreiche Literatur, da sich die Stationierung von Fremdlokomotiven im Reichsgebiet von 1940 bis 1945 erstreckte und auch nach Kriegsende noch eine ganze Reihe aus anderen Ländern stammender Lokomotiven bei der Deutschen Reichsbahn (Ost) in Betrieb waren. Aufgrund der langen Stationierungszeiten wurden diese Lokomotiven auch in die Dienstpläne der Bahnbetriebswerke übernommen und finden sich daher auch in den Umlaufplänen und Buchfahrplänen wieder. Zwei Beispiele sollen auch hier genügen, um den Einsatz solcher Lokomotiven zu belegen.

Der Buchfahrplan Heft 15b der RBD Oppeln zeigt, dass es einige der 600, später fast 1400 in den Jahren 1940 und 1942 von der SNCF und der belgischen Staatsbahn an die Reichsbahn abgegebenen sog. „Pershing"-Lokomotiven der Achsfolge 1'D bis nach Ostoberschlesien verschlagen hatte, wo sie in untergeordneten Diensten eingesetzt wurden. Für den Bereich der RBD Mainz ist zudem bekannt, dass diese Lokomotiven auch im Personenzugdienst auf der Strecke Lauterecken=Grumbach – Staudernheim – Kirn eingesetzt wurden (Buchfahrplan 5a der RBD Mainz vom 3. Juli 1944).

Die bei der Reichsbahn gut bekannten Bauarten der nach 1918 an die Siegermächte des ersten Weltkrieges abgegebenen preußischen Gattungen wurden auch im regulären Personen- und Güterzugdienst eingesetzt. Dazu gibt es viele Beispiele, der abgebildete Auszug aus dem Buchfahrplan 12 der RBD Stuttgart vom November 1943 zeigt eine Bespannung mit einer der aus Frankreich nach Deutschland zurücküberwiesenen Lokomotiven der ehemaligen preußischen P 8, die hier ausweislich der Buchfahrplantabellen in einem Mischplan mit Reichsbahnlokomotiven der gleichen Bauart eingesetzt war.

		Üb Stradom—Tschenstochau Gbf						
Höchstgeschw 45 km/h G 45.16 (Franz 140)				Last 800 t			Maßgebende Bremshundertstel 23 Mindestbremshundertstel 21	
			15 753 (6,1)		15 755 (6,1)			
1	2	3	4	6	4	6	4	6	8
		Stradom . . .	—	20 22		9 55			
2,7		Tschenstochau Stellw Tgs . .	—	30	—	10 03			4,0
0,6		Tschenstochau Gbf (Gl 63) . .	20 33	—	10 11	—			1,1
3,3									5,1
			15 757 (6,1)					
		Stradom . . .		15 05					
2,7		Tschenstochau Stellw Tgs . .	—	13					4,0
0,6		Tschenstochau Gbf (Gl 63) . .	15 21	—					1,1
3,3									5,1

In dem zur RBD Oppeln gehörenden Streckennetz um Tarnowitz und Tschenstochau war die französische 140 vor Übergabezügen anzutreffen (Buchfahrplan 15b vom 3.7.44).

90		Kp 2842 (31,1) 2. 3. Klasse (200 t)								
Höchstgeschwindigkeit 75 km/h P 230 (fr Leihlok)					Last 220 t				Mindestbremshundertstel 48	
1	2	3	4	5	6	7	8	9	10	11
		●Horb Pbf ▼	—	—	2008				2835	
3,2		●Mühlen (b Horb) . .	2012 5	1	13 5	4,5	4,0			
4,6		●Eyach	19	2	21	5,5	5,0			
6,2		●Bieringen (b Horb) .	28	1	29	7,0	6,4			
3,1		●Bad Niedernau . .	33 5	1	34 5	4,5	3,9			
1,7		Anschl Landesgefängnis	—	—	—	—	—	4,5		
1,8		Rottenburg (Neckar) .	39	2	41	4,5	4,2	4,2		
3,0		●Niebingen Hp . . .	45 5	1	46 5	4,5	4,0			
2,8		●Kilchberg	50 4	1	51 4	3,9	3,5			
1,9		Weilheim (b Tübingen) Hp	54 8	1	55 8	3,4	2,9			
2,7		●Tübingen Hbf . . .	2100	—		4,2	3,7			
31,6				10		42,0	37,6			

Zwischen Horb und Tübingen waren im Winterfahrplan 1943/44 französische Leihloks im Einsatz, gemeinsam mit ihren deutschen Schwestern der Baureihe 38[10-40] (Buchfahrplan RBD Stuttgart vom 1. November 1943).

Auf einer Fahrzeugschau des Winterhilfswerks wurde auch die erbeutete ETAT 140 1127 in München Hbf gezeigt (18. Januar 1942).

Verteilung der Buchfahrpläne

Die Anforderung und Verteilung von Fahrplandrucksachen soll im Folgenden beispielhaft anhand einer Anweisung des für die Gruppenverwaltung Bayern zuständigen Zentral-Verkehrsamtes München, Arbeitsanteil Bfd, aus dem Jahr 1932 dargestellt werden: Demnach wurde durch das Eisenbahn-Nachrichtenblatt der Gruppenverwaltung vor jedem Fahrplanwechsel angekündigt, welche Fahrplandrucksachen neu herausgegeben werden, oder in welchem Teil des Netzes sich die Nummerierung der Bildfahrplanblätter und der Fahrplanbücher ändert.

Grundlage der Fahrplanbestellung bildete die Fahrplanbedarfsliste, die den Ämtern und Dienststellen ohne Anforderung von der Direktion zuging. Es galt folgende Verfahrensweise:

Das Zentral-Verkehrsamt stellte den Bedarf für die eigenen Geschäftsbereiche, die zentralen Ämter, Betriebskontrollbezirke und die Oberbetriebsleitung Süd fest. Es verfügte dafür wie auch jede Direktion über eine Fahrplandrucksachen-Verteilungsstelle (FVSt). Die RBDen Augsburg, München, Nürnberg und Regensburg ermittelten den Bedarf für sich und alle Stellen ihres Bereiches. Das Büro D (Drucksachen) der RBD München ermittelte den Bedarf an Drucksachen für sämtliche fremde Stellen (Hauptverwaltung DRG, fremde RBD, Privatbahnen, Ausland).

Die Direktionen hatten zusätzlich ihren Bedarf an Fahrplandrucksachen der benachbarten RBD selbständig festzustellen und diese Unterlagen in eigener Zuständigkeit zu bestellen.

Für die Versendung und Rücksendung der Bedarfslisten galten für die beiden Fahrplanabschnitte des Jahresfahrplanes die folgenden Termine (siehe kleine Tabelle). Für den Versand der gedruckten Unterlagen wurde angestrebt, diesen direkt von den Vertragsdruckereien aus durchführen zu lassen. Dieser wurde von den FVSt überwacht. Alle durch Änderung der Dienst-

pläne, Verminderung von Personalstellen und dergleichen überzählig werdenden Fahrpläne waren an die FVSt des eigenen Bezirkes zurückzusenden. Es war ein Zettel beizufügen, aus dem der Grund der Rücksendung hervorging, z.B:
„Angefordert und überwiesen 30 Stück Fahrplanbuch Heft 3b, überzählig infolge Leistungs- und Personalminderung 6 Stück Fahrplanbuch Heft 3b."

Versandliste eines Buchfahrplans Troisdorf – Gießen der RBD Frankfurt.

Analog wurde bei der Versendung der Unterlagen für Fahrplanänderungen verfahren. Beispielhaft ist im obigen Bild eine Versendeliste für die Änderung von zwei Reisezugfahrplänen im Heft 6b der RBD Frankfurt aus dem Jahre 1940 dargestellt. Die aufgeführten dreistelligen Abkürzungen sind die Bezeichnungen der Bahnhöfe, Abteilungen und Arbeitsanteile in der Direktion, offensichtlich wurde damals auch auf den Papierbedarf geachtet.

Der Versand der Fahrplananordnungen und Berichtigungsblätter erfolgte in der Regel als Eisenbahndienstsache, die der Bildfahrpläne als Einschreiben. Auch für Reisezüge nach Sondervorschrift wie die Regierungssonderzüge galt die Bestimmung, dass die entsprechen-

den Fahrplananordnungen ebenfalls eingeschrieben zu versenden waren.

Vertraulichkeit und Rückgabe

Interne Unterlagen zur Betriebsführung der Reichsbahn unterlagen einer besonderen Vertraulichkeit. In der DV 019 „Allgemeine Dienstanweisung für die Reichsbahnbeamten (ADA)" in der Fassung vom 1.4.1938 ist unter § 12 Abs. 1 ausgeführt:

„Der Reichsbahnbeamte hat – auch nach Beendigung seines Beamtenverhältnisses – über die ihm bei seiner amtlichen Tätigkeit bekannt gewordenen Angelegenheiten, deren Geheimhaltung durch Gesetz oder dienstliche Anordnung vorgeschrieben oder ihrer Art nach erforderlich ist, Verschwiegenheit gegen jedermann zu bewahren. Von dieser Amtspflicht kann ihn keinerlei andere persönliche Bindung bewahren".

Diese Formulierung war sinngemäß aus dem § 8 Abs. 1 des Deutschen Beamtengesetzes vom 26. Januar 1937 übernommen.

Die erwähnte Bestimmung galt nicht nur für die Beamten der inneren und allgemeinen Verwaltung, sondern ist hinsichtlich ihrer Kenntnis und Beachtung auch für die Beamten in anderen Beschäftigungsverhältnissen (Lokomotivführer, Zugschaffner, Fahrdienstleiter) verbindlich gewesen, wie z.B. Anlage 1 der DV 010 „Dienstan-

Terminstellung für den Umlauf der Bedarfslisten für Fahrplandrucksachen der GV Bayern, gültig ab Jahresfahrplan 1933/34

(Quelle: Amtsblatt ZVA München)

Termine für	Sommerfahrplanabschnitt	Winterfahrplanabschnitt
Versand durch FVSt	12. Februar	8. August
Rücksendung an FVSt	1. März	1. September

Zugabfertigerinnen im Kriegsjahr 1943, siehe Kalender am Holzschränkchen. Im Hintergrund die Netzkarte der Berliner S-Bahn.

weisung für die Lokomotivbeamten" i.d.F. vom 1. September 1940 aussagt.

Fahrplanunterlagen, Geschwindigkeitsübersichten und AzFV sowie die Merkbücher für Fahrzeuge, in denen detaillierte Angaben zu den einzelnen Strecken und Betriebsstellen sowie über die verwendeten Betriebsmittel enthalten waren, gehörten naturgemäß zu den als vertraulich zu behandelnden Unterlagen, die zudem – wie im Falle der Buchfahrpläne und Ersatzfahrpläne – nach Ablauf der Gültigkeit an die ausgebende Stelle zurückzugeben waren. Dort, d.h. bei den für die Ausgabe zuständigen selbständigen Bahnhöfen bzw. in den Bahnbetriebswerken und Bww, waren sogenannte „Empfangsbücher" für Fahrplandrucksa-

chen" bzw. bei einigen Direktionen auch „Bescheinigungsbücher" oder in der GV Bayern bei jeder Dienststelle „Quittungsbücher" nach Anlage 12 der DV 209 bzw. in Bayern „nach Vordruck" zu führen und auch die Verwendung der Vorratsstücke nachzuweisen. Die genannten Bücher waren nach dem Fahrplanwechsel mindestens 1 Jahr lang aufzubewahren.

Die Weitergabe von Bildfahrplänen an außerdeutsche Eisenbahnverwaltungen oder außerhalb der Verwaltung stehende Personen war mit Erlaß der Abteilung E IV des RVM vom 7. Juli 1924 ebenfalls verboten; soweit aus betrieblichen Rücksichten erforderlich, sollten nur solche Fahrpläne abgegeben werden, die keine Angaben über die Streckenverhältnisse und

Kreuzungsgleise enthielten. Für die äußeren Dienststellen und Schrankenposten war sogar angewiesen, bei den Bildfahrplänen nur den für diese Dienststellen maßgebenden Streckenabschnitt an diese auszugeben.

Bei den M-Buchfahrplänen wurde zusätzlich für jedes Heft eine Prüfnummer vergeben, die bei der Rückgabe kontrolliert wurden. Diese waren schon von der Druckerei auf die Hefte aufgedruckt und konnten somit nicht verändert werden. Diese Verfahrensweise ist bezüglich der normalen Buchfahrplanhefte ansonsten nur von den RBD Osten und Stettin für die Fahrplanjahre 1941/42 bis 1944/45 bekannt, wo neben den M-Buchfahrplänen auch sämtliche Stammhefte und Anhänge zu den

Foto: RVM/Sammlung Gerhard

153

Hier hat ein Lokführer vermerkt, dass er sein letztes Fahrplanbuch entgegen der Vorschrift mit nach Hause genommen hat.

So sahen die Transportkisten für Buchfahrpläne und Dienstvorschriften aus.

Buchfahrplänen fortlaufend nummeriert wurden.

Dennoch ist es auch einzelnen Lokführern gelungen, ein Exemplar an der Maschinerie der Erfassung und Registrierung vorbeizuschmuggeln. So findet sich auf einem Buchfahrplan der RBD Wuppertal aus dem Jahre 1931 der handschriftliche Hinweis: „Mein letzter Fahrplan" (siehe oben links). Offenbar war dieser Buchfahrplan als Erinnerung eines Lokführers an seine Dienstzeit gedacht. Man sieht daraus, wie wichtig diese Fahrpläne aus der Sicht des Lokpersonals waren, wenngleich gelegentlich zum Abschied von der Dienststelle auch lieber ein Lok- oder Heimatschild als Andenken übergeben wurde.

Nach der Rückgabe der Fahrpläne wurden diese Unterlagen gesammelt und auf Veranlassung des Betriebsamtes oder Maschinenamtes in der Regel in eine Papiermühle oder Papierfabrik unter Aufsicht zur Unbrauchbarmachung verbracht. Fahrplansätze wurden auf Anweisung der Direktion auch in die Archive und Drucksachenlager (vgl. DV 209, Anhang I) zur Archivierung verbracht, jedoch sind in Folge der Kriegsereignisse eine Vielzahl von Standorten zerstört wurden. In einigen Bezirken, wie z.B. im Bereich der RBD München

(Fahrpläne der RBDen Augsburg, München, Nürnberg, Regensburg) und im zentralen Drucksachenlager der RBD Berlin (Bereich RBD Berlin, Stettin und Schwerin), hat jedoch auch eine große Anzahl an Dienstfahrplänen überlebt und wurde teilweise erst in den neunziger Jahren wiederentdeckt.

Die Beschäftigten waren verpflichtet, die Ihnen übergebenen Fahrpläne „richtigzuhalten", d.h. Deckblätter einzukleben und durch die Betriebsämter und Amtsblätter bekanntgegebene Änderungen handschriftlich einzubessern.

Für den Transport der Dienstfahrpläne und zugehörigen Vorschriften erhielten die Lok- und Zugpersonale spezielle Transportkisten aus Weißblech mit zwei Innenfächern für das Format A5 und einem für Unterlagen im Format A4.

Mit Beginn der Kriegszeit wurden die Vorschriften für den Umgang mit vertraulichen Unterlagen verändert. Zunächst wurden ab 1938 schrittweise Buchfahrpläne mit dem Vermerk „Nur für den Dienstgebrauch" versehen, ab April 1940 galt dies für fast alle neu herausgegebenen Hefte. Gleichlautende Sperrvermerke galten z.B. auch für die Heeresdienstvorschriften der Deutschen Wehrmacht. Mit Fortschreiten des Krieges und insbeson-

dere nach dem Kriegsbeginn gegen die Sowjetunion am 22. Juni 1941 wurden die Vorschriften für die Behandlung der Buchfahrpläne weiter verschärft. Mit dem Fahrplanwechsel zum 4.5.1942, der eine ganze Reihe von Verkehrseinschränkungen, insbesondere den Wegfall von Reisezügen und die Einführung von Reisebeschränkungen nach sich zog (erinnert sei hier an die dem Staatssekretär im Reichsverkehrsministerium Albert Ganzenmüller zugeschriebene Parole „Räder müssen rollen für den Sieg"), wurden auch die Regeln für die Behandlung und Rückgabe der Buchfahrpläne konkretisiert. Auf der Innenseite jedes Heftes und Anhanges befand sich nun folgender Schriftsatz:
„Diese Sache ist nur für den internen Gebrauch der Reichsbahn bestimmt und darf Unbefugten nicht zugänglich gemacht werden. Mißbrauch wird nach dem Reichsstrafgesetzbuch neuer Fassung bestraft, sofern nicht andere Strafbestimmungen in Frage kommen. Empfänger haftet für sichere Aufbewahrung".

Die „neue Fassung" des Reichsstrafgesetzbuches bezog sich auf die Neufassung des RStGB vom 4.9.1941.

Mit „anderen Strafbestimmungen" war z.B. Landesverrat oder „Begünstigung des Feindes" gemäß § 91b

Foto: Andreas Rasemann

Der Buchfahrplan U2 der RBD Mainz trug neben dem im Text erläuterten Innenvermerk noch eine besondere Aufforderung zur sofortigen Rücksendung an den Ausgabebahnhof.

RStGB gemeint, der durch Weitergabe dieser Unterlagen an Außenstehende, Agenten der „Feindmächte" oder gar in den besetzten Gebieten an Mitglieder der Widerstandsbewegungen eintreten konnte. Gelegenheiten dazu gab es genug, waren doch gerade in Oberschlesien, den RBD Posen und Danzig sowie im besetzten Belgien und Frankreich und nicht zuletzt in den besetzten Gebie-

ten der Sowjetunion eine Vielzahl Einheimischer im Lokfahrdienst und Zugbegleitdienst oder als Stellwerkspersonal eingesetzt. Für den zuletzt genannten Bereich der besetzten Gebiete im Osten galt zusätzlich noch die „Dienststraffordnung für die in den besetzten Gebieten eingesetzten und dem Reichsverkehrsminister unterstellten Eisenbahner" vom 14. Januar 1942.

Andere Hefte, die nur in beschränkter Anzahl vorhanden waren, und daher nach Benutzung umgehend zurückzugeben waren, wie auch die M-Buchfahrpläne trugen neben dem oben genannten Vermerk noch einen Hinweis auf unbedingte Rückgabe nach Fahrtende an die ausgebende Stelle. Dies betraf z.B. Buchfahrpläne für Umleitungen bei Streckensperrungen in den Bezirken der RBD Köln und Mainz, die ab Sommer 1943 von den Luftangriffen der Alliierten besonders betroffen waren.

Zur Vertraulichkeit im Umgang mit den Bildfahrplänen wurde bereits etwas gesagt. Besonders ergiebig war hier der Inhalt der Beiblätter zu den Fahrplanblättern, da in ihm zusätzlich zu den in den Streckenbehelfen enthaltenen Informationen auch weitere für die operative Betriebsführung wesentliche Angaben zu den Unterwegsbahnhöfen zusammengefasst waren.

Buchfahrpläne anderer Bahnen unter deutscher Regie
Ostbahn und Reichsverkehrsdirektionen (RVD)

Zur Generaldirektion der Ostbahn mit Sitz in Krakau (Gedob) gehörten die Ostbahndirektionen (OBD) Krakau, Warschau, Lemberg und Radom, letztere fiel ab dem 1. Mai 1943 weg. Die Gedob versuchte bis zuletzt immer eine gewisse Selbständigkeit gegenüber dem RVM und auch der politischen Verwaltung ihres Gebietes zu bewahren, was nicht

immer gelang. Mit dem Fahrplanwechsel im Mai 1943 wurde die Organisationsstruktur der Gedob an die der Reichsbahn angepasst, die Bezeichnung der Baureihen erfolgte nach dem Reichsbahnschema unter Beibehaltung der bisherigen polnischen Baureihenbezeichnung. Eine Abbildung aus einem erhaltenen Buchfahrplan der OBD Lemberg vom Mai 1943 soll dies verdeutli-

chen. Im Gegensatz zu den eroberten Gebieten im Gebiet um Posen und in Ostoberschlesien war offenbar im ehemaligen Galizien die deutsche Umbenennung von Orten noch nicht sehr weit fortgeschritten. Bei den im Bild dargestellten Baureihen Tr 11 und Ol 12 handelt es sich um Loks der ehemaligen Baureihen 429 und 170 der KKStB. Es ist erstaunlich, dass zu dieser Zeit

Kein Tempel. Das Gebäudeensemble der Ostbahndirektion Warschau (1943).

Personenzugleistung aus dem ehemals österreichischen Gebiet im Bereich der OBD Lemberg mit Lokomotiven der KkStB. Die Höchstgeschwindigkeit war bescheiden. Buchfahrplan 4 der Gedob vom 17. Mai 1943.

P 1331 (30,1) 3. Klasse (180 t)

Lemberg Podzamcze—Podhajce

Höchstgeschwindigkeit **40** km/h   Mindestbremshundertstel **50**

Lok { P 35.14 (35³) [Ol 12]   Lemberg—Potutory
{ G 45.14 (56³¹⁻³³) [Tr 11]   Potutory—Podhajce

Last 200 t

1	2	3	4	5	6	7	8	9	10	11
		Lemberg Podzamcze .	—	—	5 30				(7584)	
7,1		Lemberg Lyczakow .	5 50	1	51	20	9,3			
1,9		Lesienice Hp	—	—	55	4	2,8	14		
1,9		Mariowka Hp . . .	—	—	59	4	2,3	9,1		
3,2		Winniki	6 05	1	6 06	6	4,0			
6,8		Podberezce Hp . .	—	—	17	11	8,7	17		
3,7		Gaje Czyzykow . . .	23	1	24	6	4,7	13,4		
2,9		Hermanow Hp . . .	—	—	30	6	4,0	15		
4,5		Mikolajow	39	1	40	9	5,6	9,6		
5,8		Kurowice	52	1	53	12	7,7			
6,4		Lahodow	7 06	1	7 07	13	8,4			
4,2		Krosienko Zaciemne .	19	1	20	12	5,7			
6,0		Przemyslany	31	1	32	11	7,9			
7,7		Wolkow	47	10	57	15	10,0			
5,9		Poluhow Maly . . .	8 11	1	8 12	14	7,8			
5,8		Biale	25	1	26	13	7,7			
6,4		Dunajow	38	1	39	12	8,4			
5,0		Rekszyn Hp . . .	—	—	51	12	6,5	19		
2,4		uszcze	58	1	59	7	4,3	10,8		
8,2		Hinowice	9 13	1	9 14	14	10,5			
7,3		Brzezany	27	15	42	13	9,5			
5,4		Zolnowka Hp . . .	—	—	52	10	6,7	17		
3,0		**Potutory**	59	20	10 19	7	4,3	11,0	(7582)	
2,8		Saranczuki Hp . . .	—	—	29	10	3,8	21		
5,9		Litwinow Bozykow .	40	1	41	11	7,3	11,1		
5,2		Rudniki bei Podhajce Hp .	55	1	56	14	7,0			
8,2		**Podhajce**	11 14	—	—	18	10,8			
134,1				60		284	175,7			

trotz der bereits auf dem Rückzug befindlichen Fronten noch ein erheblicher ziviler Personenverkehr durchgeführt werden konnte. Es wurde trotz der kriegsbedingten Einschränkungen auf allen Strecken der OBD Lemberg noch mehrere täglich verkehrende Personenzugpaare durchgeführt, wobei auch 1943 in der Relation zwischen Lemberg Hbf und Boryslau über Stryj sogar noch Triebwagen eingesetzt wurden. Dies führte in der Kriegszeit wiederholt zu Spannungen zwischen dem RVM und der politischen Verwaltung des Generalgouvernements, der hier eine zu starke Bevorzugung des zivilen Reiseverkehrs gegenüber dem Wehrmachtverkehr vorgeworfen wurde.

Die Vorbemerkungen zu den Buchfahrplänen, den AzFV und der VBL der Ostbahn waren zweisprachig in Deutsch-Polnisch ausgeführt. Dies galt im Übrigen auch für alle übrigen Vorschriften, die gesamte Bahnhofsbeschilderung und auch für die Beschriftung der Stellwerks- und Blockeinrichtungen.

Protektoratsbahnen (BMB/ČMD)

Mit der Besetzung der nach dem Münchner Abkommen vom September 1938 selbständig gebliebenen Teile der Tschechoslowakei entstand nach der Abspaltung der Slowakei ab dem 15. März 1939 das sog. „Reichsprotektorat Böhmen und Mähren" mit dem Sitz der politischen Verwaltung in Prag. Die Tschechischen Bahnen (ČSD) firmierten nun als „Protektoratsbahnen" bzw. böhmisch-mährische Bahnen (BMB/ČMD) und waren dem RVM und dem „Reichsprotektor" unterstellt. Die ČMD waren in 5 Direktionen mit Sitz in Brno, Hradec Králove, Olomouc, Prag/ Práha und Pilsen gegliedert. Sie blieben weitgehend selbständig, jedoch gab es bei jeder Direktion einen deut-schen Bahnbevollmächtigten und eine Transportkommandantur der Wehrmacht. Die internen Fahrpläne für die Lokpersonale wurden als Dienstfahrpläne, ab Mai 1943 als Buchfahrpläne bezeichnet, Bildfahrpläne als Grafikon oder Nàkresni Jìzdni Řàd.

In den Dienstfahrplänen waren in jedem Heft für die befahrenen Strecken neben den Vorbemerkungen unter Teil A im Teil B zusätzlich folgende Angaben abgedruckt:

– eine Zeichenerklärung (analog den Vorbemerkungen zum Buchfahrplan nach DV 408.51)
– Zugverzeichnis und Belastungstafeln (analog den RBD Linz, Wien und Villach)

– Kilometertafeln für die Verkehrsstatistik (analog Anhang I/III zur DV 407)
– Regelungen für das zwischenzeitliche Teilen und Abstellen von Zügen
– Beschränkungen der zulässigen Achsenzahl.

Im Teil C der Dienstfahrpläne waren die sog. „störenden Züge" aufgeführt, für die zusätzliche betriebliche Maßnahmen, d.h. außerplanmäßige Kreuzungen und Überholungen oder das Wegsetzen von Zügen erforderlich waren. In einem Teil D waren die Züge des Regelfahrplanes und des Bedarfsplanes mit ihren Nummern aufgeführt, Anhänge wie zu den Buchfahrplänen der DRB gab es bei den BMB offenbar nicht. Wie das abgedruckte Bild zeigt, gab es aber wie bei der DRB zusätzlich zu den Stammheften für jede Direktion noch die Hefte 51-56 mit überregionalen Bedarfszügen.

Es waren also bei den Dienstfahrplänen bereits der AzFV und die Kilometertafeln mit enthalten. Diese gab es aber nochmals als gesonderte Vorschrift für das gesamte Gebiet der BMB (Teil 1 inhaltlich wie AzFV der DRB; Teil 2 mit den Geschwindigkeiten, hier als „Anhang zu den Fahrplänen, Betriebs- und Signalvorschriften" – Dodatek k jizdnim Řàdum – bezeichnet). In Kriegszeiten stellte dies naturgemäß einen zusätzlichen Aufwand dar, so dass man hier seitens der aufsichtsführenden Stellen im RVM an einer Straffung interessiert war.

Die Besonderheit der Belastungstafeln wurde auf Seite 61 bereits erläutert und stellte ein Relikt aus der Zeit der K. u. K.-Monarchie dar. Bei den BMB wurden die Tafeln mit Buchstaben und römischen Ziffern bezeichnet, z.B. „K/ VII". Durch die Aufnahme der vorstehend genannten Angaben wurden die Dienstfahrpläne vom Seitenumfang her sehr dick, zumal für jeden Zug eine Fahrplantabelle

1	2	3a	3b	4	5	6	7	8	10	11
		Prag Hbf **Praha hl. n.** ▼	. . . .	—	—	12 10	—	—	(Os 3507), (92560), **2384***	
3,0		● Veitsberg Vítkov		—	—	18	8	7		
3,0		● **Wissotschan** ▼ **Vysočany**		—	—	22	4	3	(90562)	9617§
4,5		Bk Schwarze Brücke Černý most		—	—	32	10	10		
1,4		Felsen Abzw Skály	. . . .	—	—	35	3	3	(POs 2609) **5888**	
1,6		● Satalitz ▼ Satalice		12 39	3	42	4	4	1188	
2,0		● Gbell Kbely		—	—	46	4	4		
3,3		● Tschakowitz Čakovice		51	4	55	5	5	**9612, 1106,** (90564)†	
4,0		● Bk Howortschowitz Hovorčovice Hp	. . .	—	—	13 01	6	6		
3,1		● Mieschitz b Prag Měšice u Prahy	. . . .	—	—	06	5	5	9614†	
4,1		● Kojetitz b Prag Kojetice u Prahy	. . . .	—	—	12	6	6	(90566)†	
3,6		● **Neratowitz** ▼ **Neratovice**		—	—	13 17	5	5	9616	**9615**!

Sonder ⊗ **Zvláštní** PO₅ 2110 (30,9) 3. Klasse Třída

Nach Bedarf. — Podle potřeby.

Prag Hbf–Wschetat–Liboch–Kiel **Praha hl. n.**–Všetaty–Liboch–Kiel

Höchstgeschwindigkeit: Nejvyšší rychlost: **60** km/h

Last: Zatížení: E/VII = 480 t

Mindestbremshundertstel: Nejmenší brzdící procenta: 58

Lok.: - Str.: 464,0

Auf der rechten Elbtalstrecke über Liboch in Richtung Dresden war dieser Bedarfszug der Staatsbahndirektion Prag unterwegs, Auszug aus dem Buchfahrplan 55a vom Juli 1944.

in deutscher und eine in tschechischer Sprache abgedruckt war. Der Übergang zum Buchfahrplan nach Muster der DRB war daher eine Vereinfachung, zumal die Angaben zu den Zügen und Bahnhofsnamen nun zweisprachig auf nur einer Seite erfolgten. Weitere Änderungen waren die Aufnahme der Bespannung und der Zuglasten.

Alle Unterlagen, auch die Vorbemerkungen zu den Fahrplänen, die AzFV der Protektoratsbahnen mit den Belastungstafeln und die Geschwindigkeitsübersichten waren zweisprachig gedruckt. Da im Gegensatz zur Gedob keine Umzeichnung der Lokomotiven erfolgte, blieben im Zuständigkeitsbereich der BMB die tschechischen Baureihenbezeichnungen bestehen. Spaltenaufbau und Inhalt der Buchfahrpläne waren ähnlich denen bei der Reichsbahn. Auf die Unterscheidung in Mindest- und maßgebende Bremshundertstel wurde verzichtet. Die abgedruckte Seite zeigt einen Auszug aus dem Buchfahrplan 55a für Bedarfszüge der Direktion Prag vom 31. Juli 1944 mit einem Fahrplan für einen Bedarfspersonenzug, bespannt mit der Baureihe 464.0 (DRB 68⁰).

Privatbahnen

Die in der Zeit von 1938 bis 1945 selbständig gebliebenen Privatbahnen gaben eigene Buchfahrpläne heraus, zum Teil auch als Dienstfahrplanbücher oder Dienstfahrpläne bezeichnet. Da die Privatbahnen über eigene Lokomotiven in geringer Stückzahl verfügten, die nicht nach dem Reichsbahnsystem in Betriebsgattungen eingeteilt waren, fehlen oft die Baureihenangaben. Stellvertretend für die Vielzahl der Bahnen sollen hier die Raab-Oedenburg-Ebenfurther Eisenbahn und die AG der Wiener Lokalbahnen (WLB) vorgestellt werden.

Diese grenzüberschreitende, bereits seit 1897 bestehende Eisenbahngesellschaft blieb in ihren Eigentums- und Betriebsverhältnissen sowohl in der Zeit nach

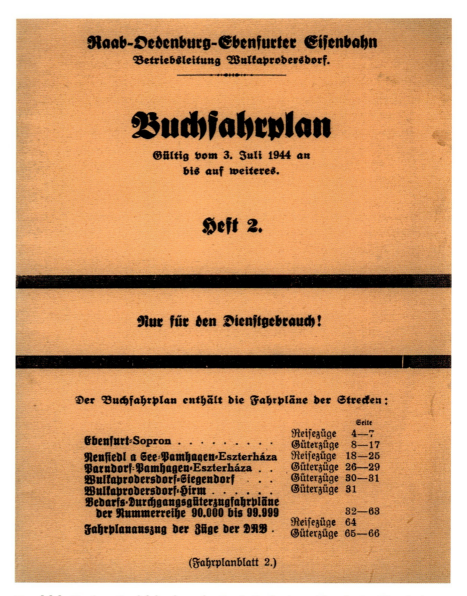

Deckblatt eines Buchfahrplans der Raab-Oedenburg-Ebenfurter Eisenbahn von 1944. Die Aufmachung ähnelt sehr dem Muster der Deutschen Reichsbahn.

1938 als auch nach 1945 unangetastet. Die Betriebsleitung in Wulkaprodersdorf gab eigene Bild- und Buchfahrpläne in 2 Heften nach dem Muster der DRB heraus. Auf den Streckenabschnitten Parndorf – Neusiedl am See und Wulkaprodersdorf – Sopron bestand Durchgangsverkehr mit Zügen der Deutschen Reichsbahn. Die Fahrplantabellen waren nach dem Muster der Reichsbahn aufgebaut, es fehlten gegenüber dem Muster der BBÖ der Vorkriegszeit die Angaben zur Last, die Baureihenangaben und die maßgebenden Bremshundertstel. Das Bild zeigt das Deckblatt des Heftes 2 vom Juli 1944. Die durchlaufenden Züge der DRB im Güterverkehr wurden in diesem

Jahr schon von der Baureihe 52 geführt. Die Achslasten waren im ungarischen und im österreichischen Teil auf 16 t, die Meterlasten auf 5,0 bzw. 6,4 t/m begrenzt (Stand März 1942).

Die AG der Wiener Lokalbahnen (WLB) bestand seit dem Jahre 1888. Die erste Strecke führte von Wien nach Wiener Neudorf, im Jahre 1895 bis Guntramsdorf und zum 11. Mai 1899 bis Baden Leesdorf und später noch bis Baden Josefsplatz verlängert. Bis April 1907 wurde die gesamte Strecke – elektrisch und weitgehend zweigleisig – bis 1945 mit Wechselstrom betrieben. Mit den Abschnitten von Inzersdorf Lokalbahnhof nach Maxing DRB und Traiskirchen –

Traiskirchen DRB bestanden zwei Anbindungen an das Netz der Staatsbahn, über die auch Güterverkehr mit eigenen Lokomotiven abgewickelt wurde. Das rollende Material der WLB bestand 1944 aus 6 Dampflokomotiven, 1 Elektrolok, 25 elektrischen Triebwagen, davon die bekanntesten, 1927/28 in Graz gebauten mit den Betriebsnummern 220-233, 43 Personen- sowie 28 gedeckte und 55 offene Güterwagen. Die Triebwagen verkehrten ausweislich des Buchfahrplanes vom Juni 1944 in dreifacher Behängung auf der Stammlinie zwischen Wien Margaretengürtel und Baden Josefsplatz. Die Höchstgeschwindigkeit betrug auf dieser Strecke 50 km/h. Im Dampfbetrieb waren maximal 35 km/h zugelassen. Bei den Dampflokomotiven waren die Nummern 71-73, ähnlich der kkStB-Reihe 178 (DRB-Reihe 92[22]) und die Nummer 74, eine Lok der BBÖ-Reihe 378 (DRB-Reihe 93[13-14]) besonders hervorzuheben. Letztere wurde als Einzelgänger 1950 gegen die Lok 92.2256 der ÖBB eingetauscht. Im nachfolgenden Buchfahrplanausschnitt sieht man, dass auch bei der WLB die damals übli-

Die Buchfahrpläne der WLB wurden im letzten Kriegsjahr handschriftlich erstellt und anschließend vervielfältigt. Hier eine Güterzugleistung mit den Loks 72 bzw. 73, vergleichbar der Reihe 92[22] der DR.

chen Belastungstafeln (BT) für die einzelnen Streckenabschnitte angewendet wurden. Die Dampflokomotiven mussten übrigens im November 1944 für mehrere Tage den gesamten Betrieb übernehmen, als durch einen Luftangriff das Hochspannungskabel der Bahnstromversorgung für den elektrischen Betrieb unterbrochen war.

D-Kuppler BBÖ 178.215 bekam unter dem deutschen Schema die Nummer 92 2269 (heute Vorbild eines HO-Modells).

Foto: Hermann Maey/Sammlung Klaus Heinemann

Endzeit-Fahrpläne

In der RBD Regensburg datieren letzte Änderungen von Buchfahrplänen vom 17. Dezember 1944, hier das Heft für die SF-Züge.

Wenige Wochen nach dem Inkrafttreten dieses Heftes waren viele hierin verzeichneten Endbahnhöfe wie Stolp, Belgard oder Neustettin schon von russischen Truppen besetzt.

Mit der Zunahme der Luftangriffe auf das Deutsche Reich wurde ab Mai 1942 der zivile Reiseverkehr immer weiter eingeschränkt. Durch Streckenunterbrechungen und die Bombardierung von Verkehrsknotenpunkten kam es ab Anfang 1944 zu massiven Verkehrsproblemen [34]. Die Direktionen hatten sog. Stammplanverzeichnisse aufgestellt, die die für die Aufrechterhaltung der Kriegswirtschaft unbedingt notwendigen Güterverkehre enthielten.

Letzte Ausgaben von Buchfahrplänen der RBD Berlin und Linz datieren vom 17. Dezember 1944 und vom 15./18. Januar und 1. Februar 1945. Die Druckqualität und Aufmachung war bis zuletzt bestechend, die Papierqualität schon weniger. Am 1. Februar 1945 waren

zudem einige Endbahnhöfe der in den Fahrplänen aufgeführten von Seddin, Wustermark, Pankow und anderen Bahnhöfen der RBD Berlin ausgehenden De- und Dg-Züge in Ostpreußen schon von der Roten Armee besetzt.

Im besetzten Polen machten neben der näher rückenden Front ab Mitte 1944 zunehmend auch Anschläge Probleme. Man muss dabei berücksichtigen, dass in den östlichen Direktionen und den OBD der überwiegende Teil des Bahnhofs-, Lokomotiv- und Stellwerkspersonals polnischer und ukrainischer Nationalität war.

Darüber hinaus fanden aus den Brückenköpfen der Roten Armee an Weichsel und San auch bereits Stoßtruppunternehmen auf deutsch besetztes Gebiet statt, so dass die Betriebsführung nicht

mehr störungsfrei abgewickelt werden konnte. Ab Juli 1944 kam es auch im Gebiet von Lublin wieder zu Partisanenanschlägen. Überliefert ist aus einer Übersicht La-Teil B der RBD Oppeln vom September 1944, dass in den Nachtstunden auf einigen Strecken in den bis 1939 polnischen Gebieten der Direktion und den angrenzenden Strecken zur RBD Posen und OBD Krakau nur mit einer Höchstgeschwindigkeit von 30 km/h gefahren werden durfte. Lediglich im schon immer deutschen Bereich der RBD und im inneren Kernbereich des oberschlesischen Industriegebietes erfolgte noch der unter den damaligen Umständen normale Zugbetrieb mit den fahrplanmäßigen Geschwindigkeiten und einer bis auf die überregionalen D- und SF-Züge hohen Pünktlichkeit.

Im kaputten Hannover ist an einem Novembertag 1944 ein D-Zug mit Wehrmachtsteil aus Richtung Südwesten einge-laufen. Ihn führt 41 016 des Bw Hamm. Wie viele der Zusteigenden einen Marschbefehl an die Ostfront in der Tasche haben?

Wochen nach dem großen Luftangriff auf Braunschweig am 15. Oktober 1944 spreizt sich am Hauptbahnhof ein durch die Detonationswucht verformtes Gleisstück wie ein Mahnmal auf. Im Hintergrund steht eine 93 vor einem Personenzug.

Fotos: Walter Hollnagel/Sammlung Garn

Buchfahrpläne nach 1945
Britische und amerikanische Besatzungszone

Nach dem Zusammenbruch blieben die geltenden Buchfahrpläne der Ausgabe vom 3. Juli 1944 und die letztmals zum 17. Dezember 1944 und zum 18. Januar 1945/1. Februar 1945 neu herausgegebenen Hefte weiter in Kraft. Schrittweise wurden nach Wiederaufnahme des Verkehrs auf den einzelnen Strecken entweder die alten Buchfahrpläne für bestimmte Netzteile, die keine oder nur geringe Zerstörungen aufwiesen, weiter als gültig erklärt oder zum 1. August 1945 und zum 1. November 1945 neue behelfsmäßige Buchfahrpläne herausgegeben. Diese Verfahrensweise ist für die Direktionen Hannover, Nürnberg und München im britischen und amerikanischen Besatzungsgebiet überliefert.

Erste neue Buchfahrpläne für größere Bereiche einer Direktion sind für die RBD Nürnberg zum 1. November 1945 und für die Nebenbahnen der RBD Augsburg vom 25. Januar 1946 bekannt. Bis zum Fahrplanwechsel am 1. Juli 1946, der den Versuch einer ersten Normalisierung des Verkehrs auch über Zonengrenzen (im Westen) hinweg beinhaltete, wurden noch die im Krieg üblichen Zugbezeichnungen verwendet, so DmW für die Züge der Besatzungsmächte und auch noch „Da" für Züge zwischen dem Münchener Hauptbahnhof und dem ehemaligen Konzentrationslager Dachau. Danach wurden schnell neue Bezeichnungen wie DUs und DBa für D-Züge der US- bzw. britischen Armee eingeführt, die Buchfahrpläne erhielten als ersten einen Teil I oder A mit den Zügen der Besatzungsmächte und dann einen zweiten Teil mit den Zügen des zivilen Reiseverkehrs. Durchgangsgüterzüge für die Besatzungsmächte wurden mit der Zugbezeichnung „Dgb" eingeführt.

			P 1739		P 1741 S		
1	2	3	4	6	4	6	8
		Braunschweig Hbf .	—	449	—	650	
1,1		Bf Bs	—	52	—	53	1,5
2,1		Braunschweig Ost...	—	55	—	56	2,0
1,7		Abzw Mückenburg	—	58	—	59	1,5
0,7		„ Lünischteich	—	500	—	701	1,0
1,7		Brschw-Gliesmarode	503	04	704	08	2,7
2,7		● Braunschweig-Querum	09	10	13	14	7,4
4,1		● Wenden-Bechtsbüttel ..	18	19	22	23	3,4
2,7		Meinholz	24	25	28	29	3,9
3,3		● Meine	31	32	35	36	4,7
4,2		● Rötgesbüttel	39	40	43	44	5,6
4,1		● Isenbüttel Dorf ..	46	47	50	51	5,5
3,6		Isenbüttel-Gifhorn .	53[1)	59	57	803	5,1
3,5		Gifhorn Stadt.....	605	608	809	12	4,8
4,3		Triangel	15	16	19	20	5,8
4,9		Neudorf-Platendorf .	24	25	28	29	6,5
6,7		Wahrenholz.......	35	36	39	40	9,2
4,1		Schönewörde	43	44	47	.48	5,5
5,7		● Knesebeck	53	54	57	58	7,6
6,0		● Wittingen Reichsb	704	708	908	912	7,9
4,6		Stöcken	17	18	21	22	6,4
3,6		Langenbrügge	25	26	29	30	5,0
4,4		● Bodenteich	34	35	38	39	5,9
7,5		● Wieren .▼.....	747	749	951	952	9,9

P 1739 (30,1) 3. Klasse W (138 t)
Braunschweig–Isenbüttel-Gifhorn–Uelzen

P 1741 (30,1) 3. Klasse S (138 t)
Braunschweig Hbf–Isenbüttel-Gifhorn–Uelzen

Höchstgeschwindigkeit Abzw Mückenburg—Wieren 50 km/h sonst 60 km/h — G 34.14 (54 8—11) — Last 200 t — Mindestbremshundertstel I 38, II 48

[1) Kreuzung mit 1742

Mit bescheidenen Fahrzeiten war man ab 7. Oktober 1946 zwischen Braunschweig und Uelzen auf Reisen, zudem mit der preußischen G 5[4], deren Höchstgeschwindigkeit nur 65 km/h betrug. Aber das Überleben zählte.

Die Fahrgeschwindigkeiten waren gegenüber der Kriegszeit weiter reduziert. Für die Schnellzüge der Strecke Helmstedt – Magdeburg – Brandenburg ist im Sommerfahrplan 1947, gültig ab 4. Mai 1947, die Bespannung mit der Baureihe 38[10-40], der Last von 500 t und einer Höchstgeschwindigkeit von 75 km/h angegeben. In den Buchfahrplänen der RBD Hannover ist die Zonengrenze auf der einzigen damals bedeutsamen Hauptbahn, die über die Grenze nach Berlin führte, als „Zonengrenze" mit einer besondere Kilometerangabe aufgeführt, obwohl sich dort keine Betriebsstelle befand. Dies diente wahrscheinlich der Abgrenzung der in den einzelnen Zonen erbrach-

Altona. Auf dem Gebäude der RBD Hamburg weht 1946 der Union Jack Großbritanniens.

ten Betriebsleistungen. Auch in der RBD Hamburg waren die Geschwindigkeiten bescheiden: auf der von Hamburg nach Berlin führenden, nun nur noch bis Büchen dargestellten Strecke ist im Abschnitt 21 des AzFV vom 4. Mai 1947 nur eine zulässige Höchstgeschwindigkeit von 100 km/h angegeben.

Aber auch in der RBD Nürnberg, von der der Abschnitt 21 des AzFV nach dem Zusammenbruch mit Stand vom 21. April 1946 neu herausgegeben wurde, waren die Fahrgeschwindigkeiten der Vorkriegszeit noch nicht wieder erreicht. Auf der Hauptstrecke von Nürnberg nach Treuchtlingen, 1939 noch für den FDt 551/552 für 160 km/h und nach einem Ersatzplan für die Baureihe 03 mit 120 km/h ausgewiesen, waren im April 1946 gerade einmal 100 Stundenkilometer als Höchstgeschwindigkeit zugelassen und gab es im Abschnitt zwischen Schwabach und Weißenburg allein sieben Behelfsbrücken, die nur mit 30 bzw. 50 km/h passiert werden durften. Dafür wurde dort das zweite Gleis nicht abgebaut ...

In der RBD Regensburg wurde der AzFV mit Wirkung vom 1. August

Britische Militäreisenbahner begutachten 1946 in Lüneburg eine (nach alliierten Luftangriffen) beschädigte Baldwin-Lokomotive („Pershing"-1'D) von 1919.

1948 neu herausgegeben. Dort setzte man z.B. im Abschnitt 5 für die Strecken des RBD-Bezirks die zulässige Höchstgeschwindigkeit der Baureihen 01 und 18^4 auf 100 km/h fest.

Die Papierqualität der Buchfahrpläne war insbesondere bei den Buchfahrplänen der RBD Hannover bis zum Fahrplanwechsel am 3. Oktober 1948 z.T. sehr schlecht.

Mit der Umbenennung der Reichsbahn in „Deutsche Bundesbahn" am 7. September 1949 endete ab dem Fahrplanwechsel zum 2.

Oktober 1949 die Ära der Reichsbahn in den Westzonen, die Reichsbahndirektionen wurden nun als Eisenbahndirektionen bezeichnet.

Der Neubeginn war in beiden Teilen Deutschlands schwierig. Aufgrund des hohen Schadlokbestandes wurden auch Lokomotiven aus dem Strandgut des Krieges eingesetzt, wie die preußische G 5^4 in der RBD Hannover, die vermutlich als polnische Reihe Ti 4 mit einem Räumzug aus dem Osten in die Region Braunschweig gekommen war.

Französische Besatzungszone, Rheinland

In Süddeutschland bildete sich in der französisch besetzten Zone, die Baden südlich von Karlsruhe, Teile Württembergs, das Saarland, das spätere Rheinland-Pfalz und den Bereich Lindau umfasste, die Verwaltung der „Eisenbahnen in der französisch besetzten Zone" heraus, die – von der französischen Militärregierung am 8. Januar 1946 gebildet – die RBDen Karlsruhe, Saarbrücken und Teile der früheren RBD Stuttgart, Mainz, Frankfurt/Main und Köln erfasste. Die französische Besatzungsmacht, die ursprünglich weitreichende territoriale Ziele in Deutschland verfolgte, die schon nach dem Ersten Weltkrieg nicht erreicht worden waren, versuchte naturgemäß, alle auf die Begriffe „Reich" und „Reichsbahn" hindeutenden Bezeichnungen zu unterdrücken. Es gab daher nur „Eisenbahndirektionen" statt RBD und „Eisenbahn-Ausbesserungswerke" anstelle der RAW.

Erste Buchfahrpläne aus der Nachkriegszeit als Ersatz für die Ausgabe vom Juli 1944 datieren vom 7. Juli bzw. 7. Oktober 1946. Dabei verkehrten schon ab Oktober 1946 auf der Rheintalstrecke Karlsruhe – Basel im Abschnitt zwischen Karlsruhe und Kehl wieder die Luxuszüge L5/6 von Wien/Prag nach Paris mit der Baureihe 38$^{10-40}$ und einer Buchfahrplanlast von 500 t. Die zulässige Geschwindigkeit war auf 85 km/h begrenzt, gegenüber 120 km/h im Jahre 1939. Die Aufmachung der Buchfahrpläne und die Schriftmuster orientierten sich an den Ausgaben der Kriegszeit, die Papierqualität war gut bis sehr gut. Bis auf die Bezeichnung der Bahnverwaltung änderte sich auch am Deckblatt nichts.

Aus der Eisenbahnverwaltung der französischen Besatzungszone entstand nach der Ausgliederung des Saargebietes und der erneuten Schaffung einer Eisenbahndirektion in Trier zum 25. Juli 1947 die „Betriebsvereinigung der Südwestdeutschen Eisenbahnen". Die Betriebsvereinigung der Südwestdeutschen Eisenbahnen mit der Generaldirektion in Speyer gab bis zum 15. Oktober 1949 eigene Dienstfahrpläne heraus, bevor ab 1950 in Mainz wieder eine zunächst als Eisenbahndirektion bezeichnete Verwaltungseinheit der Deutschen Bundesbahn bestand. Mit dem Bundesbahngesetz vom 13. Dezember 1951 endete auch die Zeit der Betriebsvereinigung.

Die Buchfahrplanhefte des Gebietes der Betriebsvereinigung wurden ab 1947 in drei Heften völlig neu eingeteilt. Die Unterteilung erfolgte zusätzlich nach Reisezug- und Güterzugplänen (a- und b-Hefte). Die Vorbemerkungen waren sehr knapp gehalten und gingen vor allem auf (störungsbedingt) noch ausgeschaltete bzw. gänzlich außer Betrieb befindlichen Betriebsstellen, deren Hauptsignale z.T. ausgekreuzt waren, ein.

Der Luxuszug L6 wurde im Winterfahrplan 1946/47 von der BR 38 geführt, im Sommer 1939 konnte man auf diesem Abschnitt noch mit 160 km/h fahren.

Zugleistungen für die BR 50 zwischen Landau und Kaiserslautern, aus dem Buchfahrplan 6b der SWDE vom 3. Oktober 1948.

Kaiserslautern Hbf – straßenseitig
1947 eine von Baracken umsäumte Ruine.

Ohne Eigentumsschild. Mitte 1950
gehörte die Landauer 50 2231 nicht mehr
den Südwestdeutschen Eisenbahnen und
noch nicht der Bundesbahn.

Behelfsausbesserung. Bahnbetriebswerke, wie Worms, sprangen bei kleineren Fristar-
beiten für die großen Werkstätten ein (1948).

Fotos: ED Mainz/Slg. Wolfgang Löckel (2),
Freytag/Slg. Günter Hünerfauth

Reichsbahn in der Sowjetisch Besetzten Zone

Bei der Reichsbahn in der Sowjetisch Besetzten Zone wurde bis August 1945 der Betrieb unter Regie der Besatzungsmacht durchgeführt, erst danach wurde die Betriebsführung auf der Grundlage militärischer Befehle wieder schrittweise an die Reichsbahn übergeben. Die damit verbundenen Prozesse einschließlich der Neuerrichtung von Reichsbahndirektionen sind im Detail in der betreffenden Fachliteratur beschrieben, so dass deren Kenntnis hier vorausgesetzt wird.

Auch bei der Reichsbahn in dieser Zone blieben die alten Buch- und Bildfahrpläne nach dem Zusammenbruch vorerst in Kraft. Erste Neuherausgaben erfolgten durch regional zuständige Behörden wie Stadt- oder Landkreisverwaltungen schon im Juli 1945. Als die Betriebsführung bis Ende 1945/Anfang 1946 bis auf Ausnahmen wieder auf die Reichsbahn übergegangen war, folgten zum 7. Januar und zum 15. April 1946 die ersten neu herausgegebenen Fahrpläne und AzFV, mit denen auch die bisher gültigen Buchfahrpläne von 1944 für aufgehoben erklärt wurden.

Diese Neuherausgabe war auch dringend notwendig, da eine Vielzahl von Strecken ihr zweites Gleis und die Einrichtungen des Streckenblocks verloren hatten und nunmehr Kreuzungen und Überholungen zu berücksichtigen waren. In den Buchfahrplänen und AzFV der Direktionen Dresden und Halle waren zudem Strecken verzeichnet, die jetzt unter fremder Verwaltung standen, so dass auch von daher eine Änderung anstand.

Die Züge verkehrten ab dem 20. Mai 1945, 0:00 Uhr, nach anderen Angaben aus Buchfahrplänen der RBD Dresden ab 9. Juli 1945, 17:00 Uhr nach Moskauer Zeit, d.h. mit einer Zeitverschiebung von zwei Stunden. Diese Verfahrensweise wurde bis zum 18. November 1945 beibehalten.

Ein nennenswerter Schnell- und Eilzugverkehr war erst mit Herausgabe des Fahrplanes zum 4. November 1946 wieder möglich, vor allem zwischen den größeren Städten und Berlin. So verkehrte z.B. auf der vor dem Krieg bedeutsamen, jetzt eingleisigen Strecke Chemnitz – Riesa nur ein einziges Eilzugpaar, der E 71/72 zwischen Chemnitz Hbf und Berlin Schlesischer Bahnhof mit der Baureihe 38$^{10-40}$ und maximal 90 km/h. Die durchschnittliche Reisegeschwindigkeit betrug dabei zwischen Chemnitz und Riesa 37,7 km/h. Vor Personenzügen wie dem für den öffentlichen Verkehr zugelassenen Dstp 3414 war auf dieser Strecke sogar die Baureihe 89$^{2-3}$, die sächs. VT, im Einsatz, die auf der vor 1945 für 100 km/h zugelassenen Strecke gerade einmal mit 50 Stundenkilometern unterwegs war.

Die Aufmachung der Buchfahrpläne und die Qualität der Einbände näherte sich schrittweise wieder der Vorkriegsqualität, wobei in den Direktionen Dresden und Halle am Anfang sehr stark holzhaltige Papiere geringer Qualität und in der RBD Greifswald auch farbige Papiere verwendet wurden. Die Frakturschriften verschwanden ab 1947 vollständig, teilweise musste beim Druck auch improvisiert werden. Die RBD Erfurt führte z.B. in einem Bericht ihrer Tätigkeit von Juni bis November 1945 auf, dass nach dem Zusammenbruch die Buchfahrpläne im Umdruckverfahren hergestellt werden mussten, da die Vertragsdruckerei (die Fa. Ernst Stenger in Erfurt, d. Verf.) noch

A. Reisezüge

E 71 (20,1) 3. Klasse (300 t)
Beschränkte Platzzahl
Chemnitz Hbf—Röderau—Falkenberg (Elster)—Berlin Schles Bf

Höchstgeschwindigkeit 90 km/h   Last 350 t/315 t   Mindestbremshundertstel 88
P 35.17 (38$^{10-40}$)

1	2	3	4	5	6	7	8	9	10	11
Entfernung km	Beschränkung der Höchstgeschw im Gefälle km/h	Betriebsstellen	Ankunft	Aufenthalt M	Abfahrt	Planmäßige Fahrzeiten M	Kürzeste Fahrzeiten M	Summe der planm Fahrzeit kürzesten Fahrzeit M	Kreuzung mit Zug	Überholung durch Zug
.		Chemnitz Hbf	—		15|13					
2,5		Abzw Furth			18	5,0	3,6			
3,6		Chemnitz Kinderwaldst..			23	5,0	2,6			
2,7		Oberlichtenau			26	3,0	1,8	23,0	3420*	
3,1		Ottendorf (b Mittweida)			29 5	3,5	2,1	15,0		
	85*	51,0—50,5								
3,9		Altmittweida.........	—		33	3,5	2,6			
2,1		**Mittweida** ▼	15 36	3	39	3,0	2,3		(7806* \ 18300*	
2,6		Erlau (Sachs)			45	6,0	2,8			
3,8		Schweikershain			49	4,0	2,5	17,0	3418*	
3,6		Bk Reinsdorf	—		52 5	3,5	2,4	10,6		
3,0		**Waldheim**	56	3	59	3,5	2,9			
3,3		Steina	—		16 05	6,0	3,3	15,0		
2,8		Limmritz (Sachs)			09	4,0	2,1	8,8		
3,5		**Döbeln Hbf** ▼	16 14	6	20	5,0	3,4		9232*	
0,9		Döbeln Nord	—		25	5,0	2,0			
1,3		Gärtitz	—		27	2,0	1,0			
4,4		Zschaitz ▼	—		32	5,0	3,3			
3,6		Ostrau	—		37	5,0	3,2	38,0	3422*	
5,7		Stauchitz	—		16 43	6,0	4,3	22,7	9228	

Höchstgeschwindigkeit 90 statt früher 100 km/h, eingleisige Strecke und eine geringere mögliche Zuglast bei Braunkohlenfeuerung, das waren die Bedingungen im Winterfahrplan 1946/47 auf der Strecke Chemnitz – Riesa (Buchfahrplan 8a RBD Dresden vom 4. November 1946).

Die Demontage elektrischer Fahrleitungen in der SBZ machte aus dem hochmodernen ET 25 Reisezugwagen (Halle 1946).

nicht von der Besatzungsmacht freigegeben wurde [18].

Die Vorbemerkungen Teil B zu den Buchfahrplänen wurden nach Kriegsende wieder in voller Länge abgedruckt. Neu war ein Verzeichnis mit Abkürzungen für Verspätungsgründe, die in den Fahrtberichten zu vermerken waren und von denen es durch minderwertige Brennstoffe, Überladung, Eingleisigkeit, Bremsstörungen und Schienenbrüche u.a. sehr viele Fälle gab.

Bei der Fahrzeitermittlung wurde in den Vorbemerkungen, Teil B bereits ab Juli 1946 auf die Braunkohlenfeuerung hingewiesen und dafür besondere Lastangaben abgedruckt. Die zweite, geringere Zahl bedeutete dabei die Last für die Feuerung mit Braunkohle.

Die Fahrzeiten waren bedingt durch fortdauernde Streckenschäden und Eingleisigkeit bescheiden. Auf der Berlin-Hamburger Bahn, vor 1939 für 140 bzw. 160 km/h zugelassen, war im Abschnitt 21 des AzFV vom 1. April 1948 der RBD Berlin nur eine Höchstgeschwindigkeit von 80 km/h erlaubt, desgleichen auf den anderen von Berlin ausgehenden Fernbahnen nach Frankfurt (Oder), Jüterbog (-Leipzig), Wünsdorf (-Dresden), Stendal und Magdeburg. Im Jahre 1954 konnte in Richtung Leipzig schon wieder abschnittsweise mit 120 km/h gefahren werden, sofern entsprechende Triebfahrzeuge und hochwertige Kohle zur Verfügung standen.

Einige Strecken, insbesondere in der RBD Berlin, waren auch 1948 immer noch nicht mit den Geschwindigkeiten der Vorkriegszeit befahrbar oder unterbrochen. So konnte die im Südosten der RBD gelegene Strecke Nr. 67 Beeskow – Königs Wusterhausen nicht durchgängig betrieben werden, weil auch im April 1948 noch der Viadukt bei km 21,65-22,45 in der Ortslage Lindenberg noch nicht wieder aufgebaut war. Auf der Strecke der ehemaligen Berlin-Stettiner Eisenbahn von Frankfurt (Oder) in Richtung Werbig – (Eberswalde)

Im Juni 1945 ist der Wiederaufbau des Lichtenberger Viaduktes (Strecke Freiberg – Moldau) im Gange. Das zweite Gleis wurde dabei nicht wiederhergestellt.

		N 8465 (70,3) B								
		Swinemünde Hbf—Seebad Heringsdorf								
Höchstgeschwindigkeit 45 km/h Pt 37. 17 (78⁰⁻¹⁰)					Last 500 t				Maßgebende Bremshunderstel Mindestbremshunderstel	
1	2	3	4	5	6	7	8	9	10	11
		Swinemünde Hbf ▼	—	—	21 00					
1,5		Swinemünde Bad ▼	—	—	05	5,0	4,8	12,0		
								11,3		
4,2		Ahlbeck Seebad ▼	21 12	5	17	7,0	6,5			
2,0		Seebad Heringsdorf ▼	21 22	—	—	5,0	4,8			
7,7				5		17,0	16,1			

Bis Anfang 1948 wurde der Flugplatz bei Garz auf Usedom noch über den nun polnischen Bahnhof Swinemünde bedient, Buchfahrplan 4a RBD Greifswald vom 4. November 1946.

gab es zu diesem Zeitpunkt allein fünf Behelfsbrücken bei km 101,1; 104,5; 107,4, 110,62 und 121,21, die nur mit 10 km/h befahren werden durften. In diesem Bereich hatte die Rote Armee vom 16. bis 19. April 1945 ihre Offensive auf Berlin vorgetragen, die insbesondere im Bereich um Seelow zu verheerenden Zerstörungen geführt hatte.

Die Verkehre zu den neuen Grenzbahnhöfen an der nun bestehenden neuen Ostgrenze wurden nur bis zu den in Deutschland liegenden Bahnhöfen dargestellt, es finden sich in den dem Autor vorliegenden Unterlagen keine Hinweise auf Zugläufe über diese Bahnhöfe hinaus. Möglicherweise war dies bei der Strecke Berlin – Frankfurt (Oder) anders, jedoch konnte dies nicht endgültig geklärt werden. In der neu geschaffenen RBD Greifs-

wald sind in Buchfahrplänen vom 4. November 1946 Zugfahrten zwischen den Bahnhöfen Heringsdorf auf Usedom und dem nunmehr polnischen Swinemünde dargestellt, von dort aus wurden noch Industrieanschlüsse und ein Militärflugplatz der Sowjetarmee bei Garz bedient. Der Bahnhof Swinemünde war zu diesem Zeitpunkt bereits mit Personal der polnischen Staatsbahn PKP besetzt.

Durch die Verwendung von Braunkohlenbriketts statt der üblichen Steinkohle konnten die gleichen Zuglokomotiven deutlich geringere Lasten als in der Kriegszeit befördern. So sank z.B. die mögliche Zuglast für Durchgangsgüterzüge auf der Hauptbahn von Cottbus in Richtung Falkenberg/Elster – Torgau von vorher 1500/1600 t auf 1000 t ab.

Foto: Sammlung Andreas Rasemann

Polen – ehemalige deutsche Gebiete

Mit der neuen Grenzziehung an Oder und Neiße fiel nach dem Mai 1945 auch der östlich der Lausitzer Neiße gelegene Teil Schlesiens an Polen. Die Polen versuchten sehr schnell, z.T. noch mit Hilfe der vor Ort verbliebenen deutschen Eisenbahner, den Verkehr wieder in Gang zu bringen. Auf der am 1. Oktober 1895 eröffneten und seit 1939 von der Reichsbahn betriebenen Strecke von Priebus (Przewóz) nach Hansdorf gab es schon bald wieder Zugverkehr, jetzt sogar um 11,1 km über Hansdorf bis Sagan verlängert. Der Auszug des Buchfahrplans 60 der Eisenbahndirektion (DOKP) Wrocław vom 1. Juli 1946 zeigt neben den polnischen Ortsnamen, dass die deutschen Baureihenbezeichnungen (hier BR 38^{10-40}) weiterverwendet wurden, bis diese Lokomotiven in das Nummernschema der PKP eingereiht worden waren. Die zuvor durch die Kriegswirren anderweitig verschlagenen Lokomotiven der LAG tauchen in den Buchfahrplänen nicht mehr auf.

Auch bei den Ortsnamen wird deutlich, dass die Polen zunächst Mühe hatten, sich passende Namen einfallen zu lassen, obwohl dafür 1945/46 unter Vorsitz von Stanisław Srokowski eine besondere Kommission für die „Bestimmung und Standardisierung von Ortsnamen" gebildet worden war. So ist hier der Bahnhof Sagan noch als Żegań, später dann als Żagań bezeichnet, Hansdorf heißt noch Łukowice, jetzt Jankowa Żagańska. Auf dem Deckblatt ist als Endpunkt der Bahnhof „Łodniowa" aufgeführt, was auf den westlich der Neiße gelegenen Bahnhof Lodenau der Strecke nach Horka hindeutet. Es war wohl hier geplant, den Verkehr über die Neiße hinweg bis nach Deutschland wieder aufzunehmen. Die Neißebrücke bei Sanice wurde aber entgegen offenbar vorhandenem Interesse nicht wieder aufgebaut, so dass nach 1945 kein durchgehender Verkehr nach Deutschland mehr stattfinden konnte. Der Aufbau der Buchfahrplanseiten ähnelt dem preußischen Vorbild nach den Fahrplanvorschriften von 1906, was auch für viele polnische Buchfahrpläne aus der Zwischenkriegszeit belegt ist.

Linia: ŁODNIOWA — PRZEWÓZ — ŁUKOWICE — ŻEGAŃ

Ruch osobowy

Pasażerski Nr 6622
Szybkość największa 30 km/godz.

Odległość	Stacje, posterunki następcze, osłonne, przystanki osobowe, ładownie i bocznice	Czas jazdy normalny	skrócony	Przyjście (g)	(m)	Postój (m)	Odejście (g)	(m)	Krzyżuje się z pociągiem nr	Wyprzedzanie pociągu nr	przez pociąg nr	Konieczny ciężar hamowania w⁰	Przepisane obciążenie parowozu seria / ton
1	2	3	4	5	6	7	8	9	10	11	12	13	14
0.0	Przewóz	—		—		—	5	13	6651			26	38 / 250
5.2	Żelatów	14		5	27	1		28					
4.4	Łuków Żegański	11			39	1		40					
3.0	Twierdzin Górny	8			48	1		49					
4.7	Ołdrzychowice Górne	12		6	01	1	6	02					
1.3	Stawsk	6			08	1		09					
2.3	Ołdrzychowice	8			17	1		18					
2.0	Łukowice	6			24	25		49	6677				
7.8	Siedlichów	17		7	06	1	7	07					
3.3	Żegań	8		7	15	—							

Czas jazdy 1 godz. 30 min. Postoje 0 godz. 32 min. Razem 2 godz. 02 min.

Długość linii 34,0 km. Szybkość $\frac{\text{techniczna } 22,7}{\text{handlowa } 16,7}$ km na godz.

Pasażerski Nr 6623
Szybkość największa 30 km/godz.

Odległość	Stacja	normalny	skrócony	Przyjście (g)	(m)	Postój	Odejście (g)	(m)	Krzyżuje	poc. nr	przez	ciężar	seria/ton
0.0	Żegań	—		—		—	16	20				26	38 / 350
3.3	Siedlichów	8		16	28	1		29					
7.8	Łukowice	17			46	21	17	07	6686				
2.0	Ołdrzychowice	6		17	13	1		14					
2.3	Stawsk	8			22	1		23					

Ciąg dalszy na stronie następnej

Schon unter polnischer Regie wurde im Juli 1946 auf der Strecke von Priebus nach Sagan die Baureihe 38^{10-40} eingesetzt, bevor die Umzeichnung in Ok 1 der PKP erfolgte (Buchfahrplan 60 der DOKP Wrocław vom 1. Juli 1946).

Epilog
Druckfehler – wie gründlich waren unsere Vorfahren?

Alzey wurde hier etwas abgekürzt:
Buchfahrplan 7a RBD Mainz vom 1. November 1943.

106					‖b 15 337 (6,1)			Maßgebende Bremshundertf	
Höchstgeschwindigkeit 30 km/h.								Mindestbremshundertf	
Gt 55 17 (54 5-18)					Laft 900 t				
1	2	3	4	5	6	7	8	9	10
		Gleiwitz Got ...	—	—	12 27				
1,7		Gleiwitz Azt ...	—	—	33	6,3	3,9	14,0	
2,6		● Hindenburg Hbf	12 41	—	—	7,7	5,4	9,3	
4,3						14,0	9,3		

Im Raum Gleiwitz waren vor den Kohleschleppzügen natürlich die 94er (pr. T 16 [1]) unterwegs, eine Baureihe 54 gab es dort nicht.

Flüchtigkeitsfehler beim Setzen der Buchfahrpläne ließen sich in der Hektik nicht immer vermeiden, auch wenn unseren Vorfahren mit Recht eine deutlich höhere Gründlichkeit nachgesagt wird, als dies heute üblich ist. Auch muss berücksichtigt werden, dass die Darstellung der Fahrzeiten in den Buchfahrplänen und die Angaben zu den kürzesten Fahrzeiten gegenüber einer konventionellen Buchseite durchaus unüblich waren, noch mehr gilt dies für die Bezeichnung der Lokbaureihen, die für einen Außenstehenden wie einen Setzer doch eher an einen bizarren Code zur Verschlüsselung von Nachrichten erinnert. Die Mehrzahl der bekannten Druckfehler findet sich daher auch in diesem Bereich und verstärkt ab dem Jahr 1941. Einige Flüchtigkeitsfehler, die sich in der Eile eingeschlichen hatten, wurden bereits bei den Erläuterungen zu einzelnen Baureihen gezeigt. Im Bild sind fehlerhafte Bahnhofsbezeichnungen im Bereich der RBD Mainz und unkorrekte Bespannungen im Bereich der RBD Oppeln dargestellt. Offenbar fehlte zuletzt auch die Zeit für die Korrektur der Druckstücke, da vieles schon den Vertragsdruckereien übertragen war.

Ein Spaß am Rande

Beim Schreiben dieses Buches fiel eines Tages aus der vom Autor verwendeten Fahrdienstvorschrift ein Faltblatt im Format A6 heraus. Bei näherem Hinsehen handelte es sich um ein Merkblatt aus dem Jahre 1939 der RBD Münster zur Unfallverhütung „für neu eingestellte Bedienstete" im Bahnunterhaltungs-, Betriebs- und Verkehrsdienst. Unter Punkt 4 der allgemeinen Hinweise hieß es:
„In Gleisanlagen, auf denen Betriebshandlungen vorgenommen werden, wird beim Deutschen Gruß der rechte Arm nicht erhoben".
Dazu muss bemerkt werden, dass

bereits seit dem 15. Juli 1933 bei der DRG der Deutsche Gruß eingeführt worden war. Man legte also Wert auf diese Grußform. Warum dann dieser Hinweis?

Handzeichen wurden im Bahnbetrieb vor allem im Rangierdienst und bei der Bremsprobe von Zügen verwendet. Nach dem damals gültigen Signalbuch wurde der rechte Arm für das Signal Ra 1 („Wegfahren") und für das Signal Zp 14 („Bremse in Ordnung") benötigt. Hier war es offenbar zu Verwechslungen gekommen, so dass man das Heben des rechten Armes im Betriebsdienst untersagen musste.

Und auf diesen Umstand wurden natürlich die „Anfänger" zuerst hingewiesen, da diese in der Regel besonders eifrig und bemüht waren, am Anfang möglichst alles richtig zu machen und dem Vorgesetzten zu gefallen. Nun musste auf das Handzeichen verzichtet und sich auf den Wortlaut beschränkt werden! Millionenmal riefen Eisenbahner sich bis Mai 1945 diese zwei Worte zu, doch niemand konnte den Adressaten heilen. So nahm das Verhängnis seinen Lauf, das uns mehr als sechs Millionen Tote und den Verlust eines Viertels des Staatsgebietes einbringen sollte.

Zusammenfassung

Mit der Vereinigung der Länderbahnen hatte sich bei der Deutschen Reichsbahn ein einheitliches Fahrplanwesen herausgebildet, das im Kriege weitgehend auch auf die Bahnen in den besetzten Ländern übertragen wurde. Nach dem Zusammenbruch 1945 wurde es bei der Deutschen Reichsbahn (West), den Bahnen in der französisch besetzten Zone und bei der Reichsbahn in der Sowjetisch Besetzten Zone Deutschlands unter anderen Vorzeichen weiterhin angewendet.

Seine wesentlichen Elemente, der Buchfahrplan und der Bildfahrplan, haben in abgewandelter Form auch heute noch ihre Berechtigung, bei einigen Privatbahnen im Westen Deutschlands hat sich das Satzbild der Buchfahrpläne z.T. bis heute erhalten. Gleichfalls gilt dies für einige Begriffe, wie den des „Schriftlichen Befehls", der an die Nähe der Bahn zu den militärischen Strukturen der Vergangenheit erinnert.

Dagegen ist derzeit durch die Zergliederung der Deutschen Bahn und den Wettbewerb auf der Schiene mit seiner Trennung in Eisenbahnverkehrs- und Eisenbahninfrastrukturunternehmen das betriebliche Vorschriftenwerk zerfasert, man könnte auch sagen atomisiert und nur noch für einen Eingeweihten, der die Zeit vor der Vereinigung von Bundesbahn und Reichsbahn kennt, in seiner Gesamtheit und Sinnhaftigkeit erkennbar.

Das Prinzip der einheitlichen Verwaltung des Verkehrssystems Bahn ist heute ersetzt durch ein bloßes Reagieren auf europarechtliche Vorgaben, die sich bis in die kleinsten Ecken des Nebenbahnbetriebs und der Schmalspurbahnen auswirken und den Bahnbetrieb auf der Schiene zu ersticken drohen. Fachkompetenz ist heute meist nur noch auf den untersten Ebenen der Verkehrsdurchführung zu finden. Technisierung, Digitalisierung, Angst und die zunehmende Entfremdung der Beschäftigten von den Managementebenen sind festzustellen. Insofern ist ein Blick zurück nicht immer ein Blick ins Museum, sondern in diesem Falle hoffentlich auch ein Blick in die Zukunft.

Da das vorliegende Buch hauptsächlich auf den dem Verfasser vorliegenden Unterlagen und einigen Dokumenten aus öffentlichen und Privatarchiven basiert, kann es in Details auch zu Ungenauigkeiten und auch unbeantworteten Fragen gekommen sein. Der Verlag und der Autor sind daher für Hinweise jeder Art wie auch die Zurverfügungstellung von bisher unbekannten Dokumenten dankbar.

In einer Fortsetzung dieses Buches ist eine detailliertere Betrachtung zur Thematik der Buchfahrpläne in den besetzten Gebieten der Niederlande, Belgiens und Frankreichs und der Bildfahrpläne geplant.

Freiberg, im August 2017

A. Rasemann

Verzeichnis der verwendeten Dienstvorschriften

A) Dienstvorschriften

DV 010	Dienstanweisung für die Lokomotivbeamten vom 1.9.1940
DV 019	Allgemeine Dienstanweisung für die Reichsbahnbeamten (ADA) vom 1.4.1938
DV 047 Erf	Vorschriften über die Wartezeiten bei Verspätung der Reisezüge vom 15.5.1939
DV 121	Gruppenplan für die Reichsbahndirektionen, Ämter und Ausbesserungswerke vom 1.3.1940 (§ 4 der Planvorschrift)
DV 121a	Dienstvorschrift für das Planwesen bei den Dienststellen (Planvo) vom 1.1.1933
DV 209	Dienstvorschrift über die Drucksachen, Schreib- und Zeichenstoffe vom 1.1.1939
DV 300	Eisenbahn-Bau- und Betriebsordnung (BO) vom 1.3.1943
DV 301	Signalbuch vom 1.4.1935, Ausgabe 1941
DV 307	Achsdruckverzeichnis, Ausgabe 03/1942
DV 308	Bahnhofsverzeichnis zum Achsdruckverzeichnis, Ausgabe 09/1940
DV 404	Dienstvorschrift für die Aufstellung der Bildfahrpläne, Ausgabe 1940
DV 404 IV	Fahrplanvorschriften (Fpl V), Aufstellung des Buchfahrplans und der Fahrplananordnungen für Sonderzüge vom 1.1.1962
DV 406	Dienstvorschrift für die Aufstellung und Bekanntgabe von Betriebs- und Bauanweisungen bei Abweichungen vom Regelbetrieb (BAR) vom 18.6.1939
DV 407	Dienstvorschrift für die Ermittlung der Betriebsleistungen (VBL) vom 1.3.1941
DV 407 Ostbahn	Dienstvorschrift für die Ermittlung der Betriebsleistungen (VBL), Gekürzte Ausgabe, vom 1.3.1941
DV 407	Anhänge I und III (verschiedene Ausgaben der einzelnen RBD)
DV 407II	Anhang II zur Dienstvorschrift für die Ermittlung der Betriebsleistungen (Nummerung der Lokomotiv- und Triebwagenarten für die Betriebsleistungermittlung) vom 1.1.1937
DV 408	Fahrdienstvorschriften (FV) vom 1.4.1944
DV 408	Gruppenverwaltung Bayern, Fahrdienstvorschriften (FV) vom 1.8.1926
DV 1 408	Vorläufige Fahrdienstvorschriften für die Strecken der Ostmark (FV Ostmark), Ausgabe 1941
DV 2 408	Ostbahn, Fahrdienstvorschriften (Przepisy Ruchu), Ausgabe 1943
Zu DV 408	RBD Villach, Behelf für das Erlernen der in der Ostmark neu einzuführenden Fahrdienstvorschriften
DV 408.51	Vorbemerkungen Teil A zum Buchfahrplan, Ausgabe 1942
DV 409	Vorschriften für die Verteilung und Verwendung der Personenwagen und der Trieb-, Steuer- und Beiwagen (PWV) vom 1.1.1938, Ausgabe 1942
DV 411	Dienstvorschrift für die Aufstellung des Anhangs zu den Fahrdienstvorschriften (Muster AzFV) vom 15.6.1939
DV 415	Bahnhofsbuchvorschrift vom 1.12.1941
DV 416	Vorschrift für die Ermittelung der Leistungen der Lokomotiven und Triebwagen, Ausgabe 1926
DV 424	Dienstvorschrift für Zugleitungsstellen und Betriebslagemeldungen und Betriebsbericht (ZLV) vom 1.2.1935 mit Anlage zur ZLV der RBD Nürnberg (Bezirksübersicht)
DV 424 A	RBD Wien, Bestimmungen für die Vormeldungen bei Güterzügen, Ausgabe 1942
DV 439	Anordnungen für die Vormeldungen der Reisezüge vom 15.4.1937
DV 441	Dienstvorschrift für den Strecken- und Signalfernsprechdienst vom 1.8.1941
DV 445	Verzeichnis der Strecken und der Aushangfahrplanblätter vom 1.9.1940 mit Berichtigungsblättern bis zum 3.7.1944
DV 450	Dienstvorschrift für die Aufstellung der Abfahrt- und Ankunftpläne der Reisezüge vom 1.10.1934
DV 455	Richtlinien für Bearbeitung der Fahrtberichte vom 1.8.1931
DV 457	Wehrmacht-Eisenbahn-Ordnung (WEO) vom Januar 1932
DV 461	Dienstvorschrift für den Einsatz und die Bewirtschaftung der Leigeinheiten (Leigvo) vom 1.3.1937
DV 467	Vorläufige Richtlinien für die Einleitung, Durchführung und Überwachung großer Transporte im Reisezugdienst (Ritra) vom 1.2.1935
DV 470	Vorschriften bei Reisen bestimmter Personen vom 15.2.1946
DV 473	Vorschrift über die Vorbereitung und Durchführung des Wehrmachturlauberverkehrs zu den großen Festen (Wu Fe) vom 15.12.1938
DV 499.12	Bezeichnung und Benummerung der Fernmeldeverbindungen vom 1.11.1940
DV 506 Bln	Verzeichnis der telegraphischen Bezeichnungen der Bahnhöfe, Haltepunkte, Blockstellen und Stellwerke vom 15.5.1939 (RBD Berlin)
DV Bln 537	Vorschriften für die Regelung des Betriebes bei Zugverspätungen und Betriebsstörungen auf den Berliner S-Bahnen mit Anhang: „Maßnahmen bei Massenverkehr aus Anlaß besonderer Veranstaltungen" (RBB) vom 1.6.1932

DV 600	Vorschriften für die Abfertigung von Personen, Reisegepäck und Expreßgut (Personenabfertigungsvorschriften) vom 1.11.1938
DV 601	Vorschriften für die Beförderung von Personen, Reisegepäck und Expreßgut, Teil I Personen (Personenbeförderungsvorschriften I) vom 1.10.1938
DV 602	Vorschriften für die Beförderung von Personen, Reisegepäck und Expreßgut, Teil II Beförderung von Reisegepäck und Expreßgut (Personenbeförderungsvorschriften II) vom 1.12.1938
DV 603	Vorschriften für die Abfertigung von Leichen, lebenden Tieren, Gütern und Milch vom 1.6.1942
DV 604	Vorschriften für die Erhebung von Frachtzuschlägen (Frachtzuschlagvorschriften) vom 1.6.1942
DV 605	Vorschriften für die Annahme, Verladung, Beförderung, Ausladung und Aus-lieferung von Leichen, lebenden Tieren, Gütern und Milch, Teil I Ortsdienst (Güterbeförderungsvorschriften Teil I), 1.6.1942
DV 606	Vorschriften für die Annahme, Verladung, Beförderung, Ausladung und Auslieferung von Leichen, lebenden Tieren, Gütern und Milch, Teil II Zugbegleitdienst (Güterbeförderungsvorschriften Teil II) vom 1.10.1938
DV 607	Vorschriften für die Beladung von Wagen (Sonderabdruck der Anlage I zum Deutschen Eisenbahngütertarif - DEGT, Teil IA) vom 1.10.1940
DV 608	Vorschriften über die Verpackung und Verladung bestimmter Güter, Sonderdruck der Anlage III zum Deutschen Eisenbahngütertarif - DEGT, Teil IA vom 1.10.1940
DV 637	Kriegsmerkbuch für die Abfertigung von Transporten der Wehrmacht und der Waffen-SS, Berichtigungsblatt 1 vom 15.2.1942
DV 804	Berechnungsgrundlagen für stählerne Eisenbahnbrücken (B E) vom 1.2.1934
DV 805	Grundsätze für die bauliche Durchbildung stählerner Eisenbahnbrücken (G E) vom 1.11.1938
DV 939a	Merkbuch für die Fahrzeuge der Reichsbahn, I. Dampflokomotiven und Tender (Regelspur); Ausgabe 1944 (1945/0010)
Zu DV 939 a/b	Nachtrag 1, Lokomotiven der Lokalbahn AG München vom 1.1.1940
Zu DV 939 a/b	Nachtrag 6, Dampflokomotiven und Tender der tschechoslowakischen Staatsbahnen vom 1.1.1942
DV 939b	Merkbuch für die Fahrzeuge der Reichsbahn, II. Schmalspurfahrzeuge, Ausgabe 1927
DV 939c	Merkbuch für die Fahrzeuge der Reichsbahn, III. Elektrische Lokomotiven, Elektrische Trieb-, Steuer- und Beiwagen, Ausgabe 1941
DV 939e	Merkbuch für die Fahrzeuge der Reichsbahn, V. Kleinlokomotiven, Ausgabe 1941
Zu DV 939	RBD München, Tafel der Grenzbelastungen für elektrische Lokomotiven auf der Strecke Salzburg – Rosenheim – München, Ausgabe Januar 1942 (23 Mk 2 Bavf)
DV 1104	Richtlinien über Maßnahmen zum Schutz der Bahnanlagen gegen Angriffe aus der Luft (Eluri) vom 1.1.1937
DV 1106	Dienstanweisung zur Durchführung der Militärtransporte im Höchstleistungsfahrplan (DAzD) vom 2.11.1937
RBD Altona	Richtlinien für den Gang der Geschäftssachen und die Formen ihrer Erledigung bei den Reichsbahndirektionen vom 1.8.1930 und Ausführungsbestimmungen der RBD Altona vom 1.8.1931

Merkblatt für die Tonnenbremsung vom 15.5.1926
Generalbetriebsleitung Ost, Umleitungswegeverzeichnis (UWV) vom 1.3.1943
Verzeichnis der Maschinenämter, Bahnbetriebswerke, Bahnbetriebswagenwerke, Lokomotivbahnhöfe, Bahnhofsschlossereien und Hilfszüge vom 1.4.1939
Preußisch-Hessische Staatseisenbahnen, Fahrplanvorschriften (FplV) vom 1.3.1906
Bayerische Staatseisenbahnen, Rechtsrheinisches Netz, Belastungsvorschriften (BelV) vom 1.3.1920
Vorschriften für die Lieferung von Papier an Preußische Staatsbehörden, Rd. Erl. des Preuß. Staatsministeriums vom 10.1.1926

B) Lehrstoffhefte und Hilfshefte für das dienstliche Fortbildungswesen

H 301	Signale und Kennzeichen der Deutschen Reichsbahn, Ausgabe 1938
H 303	Der Bildfahrplan, 4. Ausgabe 1944
H 520	Der Dienst des Schrankenwärters, Ausgabe 1943
a3	Organisation der Reichsbahn, 2. Auflage 1943
b3I	Fahrdienst auf den Betriebsstellen, 2. Auflage 1942
b4	Bilden der Züge, 2. Auflage 1942
b6II	Zugförderung, Ausgabe 1941
i9 II	Fernmeldeanlagen, 2. Auflage 1939

Quellenverzeichnis

[1] Bäzold/Fiebig; Ellok-Archiv, transpress VEB Verlag für Verkehrswesen Berlin, 5. Auflage 1984

[2] Behrends, Hensel, Wiedau; Güterwagen-Archiv, Band 1, Transpress VEB Verlag für Verkehrswesen, Berlin, 1989

[3] Breusing, Eisenbahn-Betriebshandbuch, Verkehrswissenschaftliche Lehrmittelgesellschaft m.b.H. bei der Deutschen Reichsbahn, Berlin, 1925

[4] Bufe; Eisenbahnen in Ostbrandenburg und Posen, Bufe Verlag Egglham, 1999

[5] Bufe; Eisenbahnen in Schlesien, Bufe Verlag Egglham, 1993

[6] Ceske Drahy a.s., Praha; Vojenske a válečne lokomotivy, Eigenverlag, 2009

[7] DB-Fachbuch Band 4/21A, Der Fahrplan; Eisenbahn-Fachverlag Heidelberg und Mainz, 1984

[8] Die RBD Erfurt 1945, Ek-Reihe Regionale Eisenbahngeschichte, Band 17, EK-Verlag Freiburg, 1997

[9] Die Reichsbahn, Amtliches Nachrichtenblatt der Deutschen Reichsbahn und der Reichsautobahnen, Reichsverkehrsministerium, Jahrgänge 1927, 1938, 1940, 1941, 1942

[10] Ebel, Wenzel; Die Baureihe 50, Band 1: Deutsche Reichsbahn, EK-Verlag Freiburg, 2. Auflage 2007

[11] Eisenbahn-Geschichte, Heft Nr. 38, DGEG Medien GmbH, Hövelhof, 2010

[12] Eisenbahn-Journal, Archiv V/97, Band No 2, Triebwagen-Report, Hermann Merker Verlag GmbH Fürstenfeldbruck, 1997

[13] Eisenbahn-Kurier, EK-Spezial Nr. 97, EK-Verlag Freiburg, 2010

[14] Elsners Taschenjahrbuch für den nichttechnischen Eisenbahndienst, Jahrgang 1942, Otto Elsner Verlagsgesellschaft Berlin, Wien und Leipzig 1941

[15] Engwert, Kill; Sonderzüge in den Tod: Die Deportationen mit der Deutschen Reichsbahn, Böhlau-Verlag Köln/Weimar/Wien, 2009

[16] Fricke; Die innerdeutsche Grenze und der Schienenverkehr, Ritzau-Verlag, Pürgen 1992

[17] Frister; Bombenziel Deutsche Reichsbahn, EK-Verlag Freiburg, 1999

[18] Frister, Hommel; Die RBD Erfurt 1945, EK Reihe Regionale Eisenbahngeschichte, Band 17, EK Verlag Freiburg 1997

[19] Garn (Hrsg.); BAHNEpoche, Heft 06, Verlagsgruppe Bahn GmbH Fürstenfeldbruck, 2013

[20] Garn (Hrsg.); Reichsbahn ohne Reich, Band 1, Lok Report Verlag, 1996

[21] Garn; Die Baureihe 03.10 der Deutschen Reichsbahn, Lok Report Verlag Berlin, 2005

[22] Gottwaldt; Deutsche Kriegslokomotiven 1939 bis 1945, Transpress-Verlag Stuttgart, 1996

[23] Gottwaldt, Schulle; Die „Judendeportationen" aus dem Deutschen Reich 1941-1945, Marix Verlag Wiesbaden 2005

[24] Hein, Arnulf; Oberschlesien – Land unterm Kreuz, Naródowa Officyjna Sląska, Zabrze, 2012

[25] Helzel, Gerhard; Großer Schriftmuster-Prospekt, Selbstverlag Hamburg, 1. Ausgabe 2013

[26] Jaenecke; Eisenbahnbetrieb, Wissenschaftliche Verlagsanstalt K.G.: Hannover, 1948

[27] Kandler; Deutsche Reichsbahn in Bildern 1930-1945, Heel Verlag Königswinter, 2010

[28] Kisch; Gesammelte Werke, Prager Pitaval, Aufbau-Verlag Berlin und Weimar, 1986

[29] Knipping, Hütter, Wenzel; Lokomotiven Heim ins Reich, EK-Verlag Freiburg, 2009

[30] Knipping, Schulz; Reichsbahn hinter der Ostfront 1941-1944, Transpress-Verlag Stuttgart, 1999

[31] Konzelmann; Die Baureihe 44, Eisenbahn-Kurier Verlag Freiburg 1981

[32] Kuhlmann; Eisenbahnen auf Usedom, 3. Auflage, ALBA Publikation Alf Teloeken GmbH + Co. KG, Düsseldorf, 2005

[33] Kuhne, Eisenbahndirektion Dresden 1869-1993, VBN Verlag Bernd Neddermeyer, 2. Auflage 2010

[34] Mierzejewski; Bomben auf die Reichsbahn, Der Zusammenbruch der deutschen Kriegswirtschaft 1944-1945, EK-Verlag Freiburg, 2. Auflage 1993

[35] Nordmann; Die Mechanik der Zugförderung, Springer Verlag Berlin/Göttingen, 1952

[36] Piekalkiewicz; Die Deutsche Reichsbahn im Zweiten Weltkrieg, Motorbuchverlag Stuttgart, 3. Auflage 1989

[37] Reichsverkehrsministerium, Hundert Jahre Deutsche Eisenbahnen, Verkehrswissenschaftliche Lehrmittelgesellschaft m.b.H., Leipzig, 2. Auflage 1938

[38] Reimer, Kubitzki; Eisenbahn in Polen 1939-1945, Transpress-Verlag Stuttgart, 2004

[39] Samek; Die Baureihe 36, EK-Verlag Freiburg, 2004

[40] Samek; Lokomotivschilder, EK-Verlag Freiburg, 2004

[41] Scharf; Eisenbahnen zwischen Oder und Weichsel, Die Reichsbahn im Osten bis 1945, EK-Verlag Freiburg, 1981

[42] Schiller; Kriegserlebnisse des „blauen" Eisenbahners Hans Rühl in der Ukraine, VBN Verlag B. Neddermeyer, 2005

[43] Schmidt; Deutsche Eisenbahndirektionen, VBN Verlag Bernd Neddermeyer, 2008

[44] Wende; Fahrdynamik, transpress VEB Verlag für das Verkehrswesen, 1983

[45] Zwanglose Hefte für Lernende im Eisenbahndienste, Heft 30, herausgegeben vom Verein der Beamten der Königlich Sächsischen Staatseisenbahnen, Wilhelm Baensch, Dresden, 1899

[46] Sammlung Verfasser (Buchfahrpläne, AzFV, SBV, verschiedene Direktionen, Amtsblätter RBD Dresden, Gruppenverwaltung Bayern)

Abkürzungsverzeichnis

AzFV Anhang zu den Fahrdienstvorschriften
BA, Ba Betriebsamt
BBÖ Bundesbahnen Österreich (1920 – 1938)
Bbv Bahnbevollmächtigter
Bf Bahnhof
Bfpl Buchfahrplan
BM Bedarfs-Militärzug (bis 1941 verwendet)
Bm Bahnmeisterei
BMB Böhmisch-Mährische Bahnen
BO Eisenbahn-Bau- und Betriebsordnung (auch EBO)
BR Baureihe, Bauartreihe
Brh Bremshundertstel
Bt Belastungstafel
Bw Bahnbetriebswerk
Bww Bahnbetriebswagenwerk
ČSD Československe Statni Dráhy (Tschechoslowakische Staatsbahnen)
Da Durchwanderersonderzüge, auch: Züge für Deutsche Aussiedler
DAzD Dienstanweisung zur Durchführung der Militärtransporte im Mobilmachungsfall
DB Deutsche Bundesbahn
De Durchgangseilgüterzug
DmW Schnellzug mit Wehrmachtzugteil
DOKP Dyrekcia Okręgowa Kolej Panstwowych (PKP-Eisenbahndirektion)
DR Deutsche Reichsbahn
DRG Deutsche Reichsbahn-Gesellschaft
Dstg Dienstgüterzug
Dstp Dienstpersonenzug
DV Dienstvorschrift
ED Eisenbahndirektion (1919-22 und 1946-52)
EDS Eisenbahndienstsache
Egmp Eilgüterzug mit Personenbeförderung
EmW Eilzug mit Wehrmachtzugteil
EVO Eisenbahn-Verkehrsordnung
FD Fernschnellzug
Fdl Fahrdienstleiter
Fpl Fahrplan
Fplo Fahrplananordnung
Flm Fahrleitungsmeisterei
FV Fahrdienstvorschrift
FVSt Fahrplandrucksachen-Verteilungsstelle
GA Güterabfertigung
Gas Sonderganzzug
Gbf Güterbahnhof
GBV Güterbeförderungsvorschriften
GDV Görlitz-Dresdner Verbindungsgleis (RBD Dresden, im Bf. Dresden-Neustadt)
GDW Geschäftsführende Direktion für das Werkstättenwesen
GmP Güterzug mit Personenbeförderung
GV Gruppenverwaltung (Bayern, bis 1933)
GVD Generalverkehrsdirektion (Osten, in Warschau)
GZV Güterzugbildungsvorschriften
HBD Haupt-Eisenbahndirektion (Vorläufer der Reichsverkehrsdirektionen)

Isg Ingenieurbau Stationsanlagen Gleisanlagen (Abkürzung nach der Planvorschrift DV 121)
Isl Ingenieurbau Stationsanlagen Lagepläne (Abkürzung nach der Planvorschrift DV 121)
KED Königliche Eisenbahndirektion
KPEV Königlich Preußische Eisenbahnverwaltung
KKÖStB Kaiserlich-königliche Österreichisch-Ungarische Staatsbahnen, auch kkStB
LAG Lokalbahn Actiengesellschaft München
Leig Leichter Güterzug, auch: Leichter Eilgüterzug
Lpaz Leer mit Gepäckwagen fahrende Lokomotive
LÜ Lademaßüberschreitung
M Militärzug
MA,Ma Maschinenamt
Mbr Mindestbremshundertstel
MEO Militär-Eisenbahn-Ordnung
MEZ Mitteleuropäische Zeit
MuZ Militärurlauberzug
Nz Nachzug
OBD Ostbahndirektion
OBL Oberbetriebsleitung
OKW Oberkommando der Wehrmacht
OZL Oberzugleitung
ÖBB Österreichische Bundesbahnen
Pbf Personenbahnhof
PBV Personenbeförderungsvorschriften
PKP Polskie Koleje Państwowe (Polnische Staatsbahnen)
PmG Personenzug mit Güterbeförderung
RAD Reichsarbeitsdienst
RAL Reichsausschuß für Lieferbedingungen
RAW Reichsbahn-Ausbesserungswerk
RBD Reichsbahndirektion
Rbf Rangierbahnhof
RVD Reichsverkehrsdirektion (ab Ende 1942)
RVM Reichsverkehrsministerium
SB Signalbuch
SBB Schweizerische Bundesbahnen
SF-Zug Schnellzug für Fronturlauber
SH-Zug Schnellzug für Heimaturlauber
SBV Sammlung betrieblicher Vorschriften
SFR Schnellzug für Fronturlauber mit Reisezugteil
SGV Vorschriften f. d. Güterverkehr an Sonntagen
SVT Schnellverkehrstriebwagen
TK Transportkommandantur
Üa Übergabezug zu Anschlüssen der freien Strecke
Üb Übergabezug zwischen benachbarten Bahnhöfen
VA,Va Verkehrsamt
Vbf. Verschiebebahnhof (Rangierbahnhof)
VBL (Dienst-)Vorschrift für die Ermittlung der Betriebsleistungen
Vz Vorzug
WEO Wehrmacht-Eisenbahn-Ordnung
WVD Wehrmacht-Verkehrs-Direktion
ZL Zugleitung
Zp Zugbildungsplan
Zugg. Zuggattung
ZVA Zentral-Verkehrs-Amt (der Gruppenverwaltung Bayern, in München)

ZUVERLÄSSIG!
DEUTSCHE REICHSBAHN

Beim Abfahrauftrag
denkt daran:

Es kommt auf
die Sekunde an!

7904 (Czarnolesie)—Oderberg—**Lundenburg Vorbf**—Stadlau—Simmering
—Gramatneusiedl—Wr Neustadt—Bruck (Mur)—Tarvis
7906 (Niedobschütz)—Ruderswald—**Lundenburg Vorbf**—Stadlau—Simmer
—Gramatneusiedl—Wr Neustadt—Bruck (Mur)—Tarvis

Höchstgeschwindigkeit 45 km/h
G 56.15 (52)

Mindestbremshund

Last Lv—Str 1800 t (BT 443 d)
Str—Sd 1650 t } (BT 476 b)
Sd—U 930 t }

	1	2	3	4	6	8	4	6
				7904[1] (5,3) B			7906[2] (5,3) B	
			Ruderswald	—	—		—	9.59
			Oderberg	—	8.51		—	
			Prerau	13.22	14.30		14.36	15.25
2,1			Lundenburg Vorbf ▼	(18 22)	2			
2,6			**Lundenburg ▼**	21 10				
3,7			Bk Jungmais					
2,9			Bk Holzfeld					
2,9			Bernhardsthal Gbf					
3,0			Bk Rabensburg Hp					
3,3			Bk Oberfeld					
	45		**Hohenau**					
3,1			Bk Langfeld					
3,2			**Drösing**					
2,0			Bk Sierndorf					
3,2			Bk Jedenspeigen Hp					
			Dürnkrut	—	[3] 22 0			
3,7			Bk Grub					

A. Lokomotiven

Abschnitt I: Dampflokomotiven

Vorbemerkung

Wenn in Spalte 5 die abgekürzte Länderbezeichnung (bad, bay, sa usw) oder die
der Sonderbauart (Einheitslok, Hochdrucklok, Turbinenlok usw) fehlt, handelt
ehemals preußische Gattungen

1	2	3	4	5	6
Haupt-gattung	Bauart-reihe	Unter-bauart	Betriebs-gattung	frühere Länder-bezeichnung	Betriebs-nummern beginnen m
S-Lok	01		S 36.20	Einheitslok	01 001
	02		S 36.20	Einheitslok	02 001
		1	MS 36.18	Mitteldrucklok	02 101
	03		S 36.17	Einheitslok	03 001
	05		S 37.18	Versuchslok	05 001
	06		S 48.18	Versuchslok	06 001
	17	0—1	S 35.17	S 10	17 001
		2	S 35.17	S 10²	17 201
		4	S 35.15	S 3/5 (bay)	17 401
		5	S 35.16	S 3/5 (bay)	17 501
		10—12	S 35.17	S 10¹	17 1001
	18	0	S 36.17	XVIII H (sa)	18 001
		1	S 36.16	C (wü)	18 101
		3	S 36.17	IV h¹⁻³ (bad)	18 301
		4	S 36.16	S 3/6 (bay)	18 401
			S 36.17		
		5	S 36.18	S 3/6 (bay)	18 509
	19	0	S 46.17	XX HV (sa)	19 001
	H 17	2	HS 35.20	Hochdrucklok	nur 17 206
	T 18	10	TS 36.20	Turbinenlok	
	24		P 34.15	Einheitslok	24 001
			MP 34.15	Mitteldrucklok	24 069 u 70

Deutsche Reich

Reichsbahndirektion **Halle (**

Übersicht

der

vorübergehend eingerichteten
fahrstellen und sonstigen Bes

La

Gültig für die Woche
vom **17. August** bis **23. August**

33. Woche 1930

Pünktlich